Law and Economics of International Telecommunications

Under the Auspices of the
Max Planck Institute for Foreign and International Private Law
edited by Prof. Ernst-Joachim Mestmäcker
and Prof. Christoph Engel

Volume 52

Prof. Dr. Jörn Kruse / Prof. Dr. Justus Haucap /
Ralf Dewenter

Wettbewerb im Mobilfunk in Österreich

Nomos Verlagsgesellschaft
Baden-Baden

Bibliografische Information Der Deutschen Bibliothek

Die Deutsche Bibliothek verzeichnet diese Publikation in
der Deutschen Nationalbibliografie; detaillierte bibliografische
Daten sind im Internet über http://dnb.ddb.de abrufbar.

ISBN 3-8329-0688-6

ISSN 0935-0624

1. Auflage 2004

Vorwort

Das vorliegende Buch ist das Ergebnis der ökonomischen Analyse des österreichischen Mobilfunkmarktes, die von den Unternehmen *Mobilkom Austria, T-Mobile Austria, One* und *tele.ring* angeregt und in den Jahren 2001 bis 2003 in zwei Phasen durchgeführt wurde.

In der ersten Phase erfolgte zunächst eine ökonomische Bestandsaufnahme des österreichischen Mobilfunkmarktes bezüglich seiner Strukturen, Entwicklungen, Marktergebnisse und regulatorischen Vorgaben. Dabei standen die wirtschaftspolitischen Fragen im Vordergrund, wie intensiv der Wettbewerb im GSM-Markt in Österreich ist und wie intensiv er in Zukunft unter Einbeziehung von UMTS-Angeboten sein wird.

In der zweiten Phase wurde einerseits eine detaillierte statistische Analyse durchgeführt, wozu uns Preis- und Mengendaten von allen GSM-Betreibern zur Verfügung standen. Andererseits wurde untersucht, ob für den Mobilfunk in Österreich ein spezifischer Regulierungsbedarf vorhanden ist.

Diese Studie hätte ohne die umfangreiche Bereitstellung von Information durch die Mobilfunkbetreiber und deren häufige Diskussionsbereitschaft nicht entstehen können. Dafür möchten wir in allererster Linie und gleichzeitig stellvertretend für viele andere Alexander Zuser von *Mobilkom Austria*, Bernhard Albrecht von *T-Mobile Austria* und Michael Sprinzl von *One* ganz herzlich danken, sowie auch Heinz Zechner von *tele.ring*, der die Studie bis in die zweite Phase kritisch begleitet hat. Darüber hinaus danken wir Paul Pisjak und seinem Team von der RTR, der österreichischen Regulierungsbehörde, für viele wertvolle Diskussionen.

Für die Erstellung zahlreicher Tabellen, Abbildungen und Folien danken wir insbesondere Malgorzata Stankiewicz. Für die Hilfe bei der Fertigstellung und Durchsicht des Textes danken wir Brigitte Klink, Markus Koch, Julius Scheiper und Thomas Vormann.

Hamburg, im Januar 2004

Jörn Kruse

Justus Haucap

Ralf Dewenter

Inhaltsverzeichnis

Abbildungsverzeichnis

1. Kapitel: Entwicklung des österreichischen Mobilfunkmarktes

Um die Wettbewerbsintensität im Mobilfunkmarkt zu analysieren, ist es bedeutsam, welche Strukturveränderungen im Zeitablauf erfolgt sind. In Österreich ist nicht nur der Schritt vom staatlichen Monopolmarkt zu einem liberalisierten, wettbewerblichen Mobilfunksektor von Interesse, sondern auch die Entwicklung des Marktes nach der Einführung kompetitiver Strukturen bis zum heutigen Tage.

Das vorliegende Kapitel nimmt sich dieser Entwicklung an und ist wie folgt gegliedert: Zunächst erfolgt eine Beschreibung der Mobilfunkkonzessionierung und der Frequenzvergabe in Österreich. In § 2 werden die am Markt tätigen Betreiber und ihre internationalen Verflechtungen dargestellt. Danach erfolgt ein Überblick über die generelle wirtschaftliche Entwicklung des österreichischen Mobilfunks (§ 3), wobei insbesondere die Teilnehmerzahlen und die Preisentwicklung im Vordergrund stehen. Abschließend wird dann, in § 4, ein internationaler Vergleich der Mobilfunkentwicklung vorgenommen.

§ 1: Konzessions- und Frequenzvergabe in Österreich

I. Mobilfunk-Konzessionierung

Ebenso wie in den meisten anderen Ländern war der Mobilfunk in Österreich (wie die Telekommunikation insgesamt) früher im staatlichen Monopol. Die analogen Netze wurden zunächst von der staatlichen Post- und Telegrafenverwaltung und später dann von ihrer Nachfolgerin im Mobilfunksektor, der *Mobilkom Austria*, betrieben. Dazu gehörte seit Mai 1974 das B-Netz, seit November 1984 das C-Netz auf Basis von NMT-450 und seit November 1990 das D-Netz mit der Technik von TACS-900. Die beiden letztgenannten Netze sind ebenso wie die Digitalnetze der zweiten Generation (2G) und die zukünftigen 3G-Netze in Abb. 1.1 aufgelistet.

Mit dem Monopolangebot im analogen Mobilfunk befand sich das Land noch im europäischen Mainstream. Großbritannien war damals mit dem Dyopol von *Cellnet (BT)* und *Racal Vodafon* eher die Ausnahme. Zahlreiche europäische Länder haben jedoch mit der Einführung des digitalen GSM-900-Systems Anfang der 90er Jahre einen zweiten Betreiber konzessioniert und damit Wettbewerb im Mobilfunk eingeführt (vgl. Abb. 1.2).[1] Nicht so in Österreich. Hier wurde auch der GSM-Start im Dezember 1993 noch im Monopol durchgeführt, und diese monopolistische Struktur wurde im internationalen Vergleich auch relativ lange aufrechterhalten. Erst 1995 wurde – offenbar nach Hinweisen seitens der EU – ein Konzessionierungsverfahren für einen zweiten Betreiber einge-

1 Die Abb. 1.2 zeigt die österreichische GSM-Konzessionierungspolitik im Kontext der anderen europäischen Länder. Für jeden Zeitpunkt kann daraus die Zahl der GSM-Betreiber in den einzelnen Ländern abgelesen werden.

leitet. Als dessen Ergebnis erhielt *T-Mobile* (damals *max.mobil*) Anfang 1996 die Konzession und nahm im Oktober 1996 den Betrieb auf.

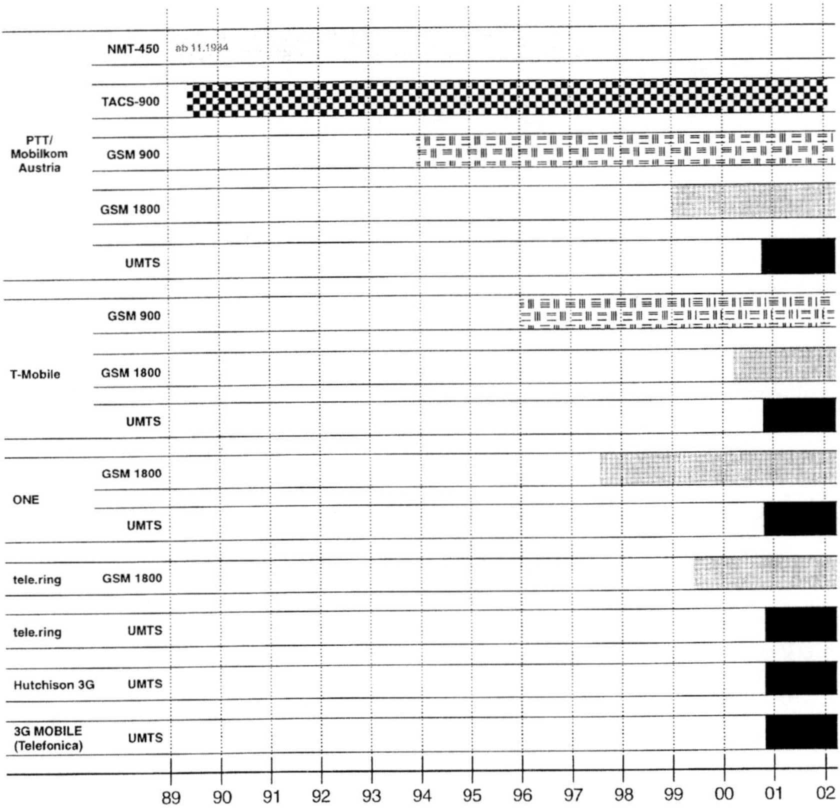

Abb. 1.1: Mobilfunk-Konzessionierung im Zeitablauf

Offenbar hat sich in dieser Zeit in Österreich bezüglich der Wettbewerbsorientierung und der einschlägigen politischen Entscheidungsprozesse einiges relativ schnell in die (aus volkswirtschaftlicher Sicht) vorteilhafte Richtung entwickelt.

Die österreichische Mobilfunkpolitik hat ihren strukturellen Rückstand (bezogen auf die Betreiberzahl) relativ schnell überwunden, da zwei Jahre später (Oktober 1998) der dritte Betreiber *Connect Austria* (der seit 2003 unter dem Namen *One* firmiert) und bereits im Jahr 2000 der vierte Betreiber (*tele.ring*) den Betrieb aufnahmen.

Die UMTS-Konzessionierung erfolgte ebenfalls noch im Jahr 2000 und damit im zeitlichen Gleichschritt mit anderen Ländern in Europa (vgl. ausführlicher § 2). Es wurden sechs UMTS-Konzessionen vergeben (vgl. Abb. 1.3), und damit mehr als in fast allen anderen Ländern. Lediglich in Deutschland wurden ebenfalls sechs Konzessionen vergeben.

In einem Auktionsverfahren erwarben dabei drei der vier bisherigen Mobilfunk-Betreiber eine 3G-Konzession, nämlich *Mobilkom Austria*, *T-Mobile* und *One Austria*. Der damalige Eigner des GSM-Betreibers *tele.ring*, *Mannesmann* bzw. *Vodafone*, hat ebenfalls eine UMTS-Konzession erworben. Hinzu kommen die beiden „ganz neuen" Mobilfunk-Konzessionäre in Österreich, *Hutchison 3G Austria* und *3G Mobile (Telefonica)*.

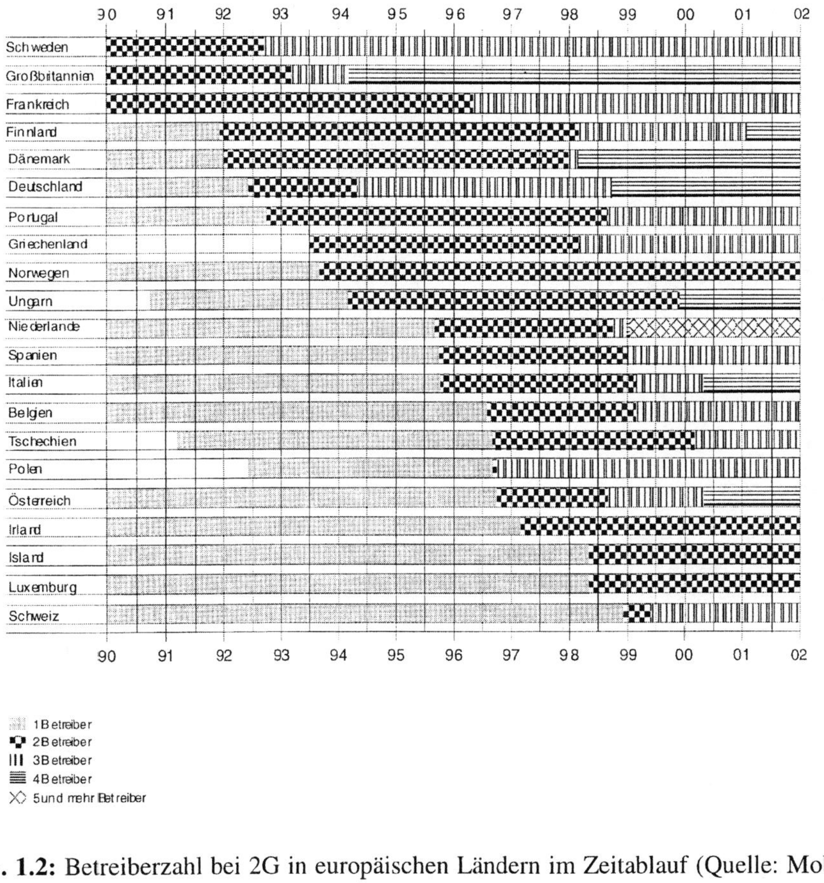

Abb. 1.2: Betreiberzahl bei 2G in europäischen Ländern im Zeitablauf (Quelle: Mobile Communications, ehemals Fintech).

Mobilfunkbetreiber	System	Konzessions-erteilung	Frequenzgebühr in Mrd. Euro	Netzstart	Laufzeit der Konzession
Mobilkom (D)	TACS	6.11.96	--	Juli 90	31.12.2007
Mobilkom (A1)	GSM 900	6.11.96	0,2471	Dezember 93	31.12.2015
Mobilkom (A1)	GSM 1800	07.05.01	0,0364	Mai 01	31.12.2019
Mobilkom (UMTS)	UMTS	20.11.2000	0,1715	--	31.12.2020
T-Mobile (0676)	GSM 900	25.01.1996	0,2906	Oktober 96	31.12.2015
T-Mobile (0676)	GSM 1800	07.05.01	0,0116	Mai 01	31.12.2019
T-Mobile (UMTS)	UMTS	20.11.2000	0,1704	--	31.12.2020
One	GSM 1800	19.08.1997	0,1672	August 98	31.12.2017
One	GSM 1800	07.05.01	0,0218	Mai 01	31.12.2019
One (UMTS)	UMTS	20.11.2000	0,1201	--	31.12.2020
tele.ring*	GSM 1800	03.05.1999	0,0981	Mai 00	31.12.2019
Mannesmann 3G (UMTS)	UMTS	20.11.2000	0,1132	--	31.12.2020
Hutchison 3G	UMTS	20.11.2000	0,1390	--	31.12.2020
3G Mobile (Telefonica)	UMTS	20.11.2000	0,1174	--	31.12.2020

* *tele.ring* hat später die Mannesmann-Lizenz für 1 Euro erworben.

Abb. 1.3: Konzessionen und Frequenzgebühren (GSM und UMTS)

II. Frequenzvergabe

Die Frequenzvergabe im digitalen GSM-Mobilfunk bei den einschlägigen 900 MHz- und 1800 MHz-Frequenzen sowie bei UMTS zeigen die Abbildungen 1.4 und 1.7. Dabei ist zunächst anzumerken, dass von den für GSM international vorgesehenen 2x25 MHz im 900 MHz-Bereich 2x8 MHz für das analoge D-Netz von *Mobilkom* abgezweigt wurden, was die bereits durch die späte Lizenzierung des zweiten Betreibers erzeugte Asymmetrie weiter vergrößerte. Wie zu erwarten, entstanden dadurch relativ schnell Kapazitätsengpässe in den Ballungsgebieten, die zur Forderung der GSM-900-Betreiber nach 1800-MHz-Frequenzen führte. Dies brachte zwangsläufig einen Konflikt mit dem inzwischen konzessionierten GSM-1800-Betreiber *One* mit sich, der bei seinen Investitionsentscheidungen erwarten konnte, vom Kapazitätsüberlauf der 900er-Netze in Form schnelleren Wachstums zu profitieren.

Hervorzuheben ist bei der Konzessionierung und Frequenzvergabe bei GSM in der zweiten Hälfte der 90er Jahre, dass es sich um eine Kombination von Beauty-Contest[2] mit Versteigerungselementen handelte (wobei letztere anscheinend nicht präzise gere-

2 Für eine Gegenüberstellung von Spektrum Auktionen und Beauty-Contests vgl. Pratt und Valetti (2001).

gelt waren). Bei der Vergabe der zweiten GSM-Lizenz haben offenbar die angebotenen Frequenz-Nutzungsentgelte eine wesentliche Rolle bei der Auswahl unter fünf Bewerbern gespielt. Außerdem lagen die angebotenen und gezahlten Frequenz-Nutzungsentgelte von 0,25 bis 0,29 Mrd. Euro weit jenseits von „Verwaltungsgebühren" und stellen in erheblichem Umfang eine Abschöpfung des wirtschaftlichen Wertes der Frequenzen durch den Staat dar. Dies ist als solches aus volkswirtschaftlicher Sicht (bei vorgegebener intermodaler Frequenzallokation) zwar nicht zu kritisieren, schränkt jedoch im erheblichen Maße die „ökonomische Berechtigung" des Staates ein, zu einem späteren Zeitpunkt regulatorische Nachsteuerungen zu Lasten der Konzessionäre vorzunehmen.

Betreiber	Ausstattung GSM 900	Ausstattung GSM 1800	Ausstattung UMTS	Anzahl GSM Nutzkanäle
Mobilkom	2x8 MHz	2x5 MHz, 2x8 MHz, 2x2 MHz	2x10 MHz + 1x10MHz	148
T-Mobile	2x8 MHz	2x5 MHz, 2x2 MHz, 2x1,2 MHz	2x10 MHz + 1x10MHz	105
One	--	2x22,5 MHz, 3mal 2x2 MHz	2x10 MHz	144
tele.ring	--	2x14,8 MHz		73
tele.ring	--	--	2x10 MHz	
3G Mobile (Telefonica)	--	--	2x10 MHz	
Hutchison 3G	--	--	2x10 MHz + 1x5 MHz	

Abb. 1.4: Frequenzen der Betreiber (GSM und UMTS)

Die dritte Konzession wurde zunächst mit 2x16,8 MHz aus dem 1800er Band ausgestattet, die gemäß Konzession auf 2x22,5 MHz aufzustocken waren, sobald 300.000 Teilnehmer und ein Versorgungsgrad von 75 % der Bevölkerung erreicht würden, was im März 2000 erfolgte. Für das Verfahren der dritten Konzession spielten ebenfalls Versteigerungselemente eine wesentliche Rolle. Es haben sich nur zwei Bewerber beteiligt, was vermutlich mit den geringeren wirtschaftlichen Ertragschancen der Konzession bei 1800 MHz gegenüber GSM-900 zusammenhängt. Gemessen daran ist das letztlich gezahlte Frequenz-Entgelt von ca. 0,17 Mrd. Euro beträchtlich.

Die vierte Lizenz war als Versteigerung angelegt. *tele.ring* erhielt die Konzession, nachdem ein Konkurrent vor der eigentlichen Auktion zurückgezogen hatte, für 98 Mio. Euro. Auch der Bewerbermangel für die vierte Konzession dürfte damit in Zusammenhang stehen, dass die Gewinnmöglichkeiten aufgrund der hohen Wettbewerbsintensität im österreichischen Mobilfunk als nicht sehr hoch angesehen wurden.

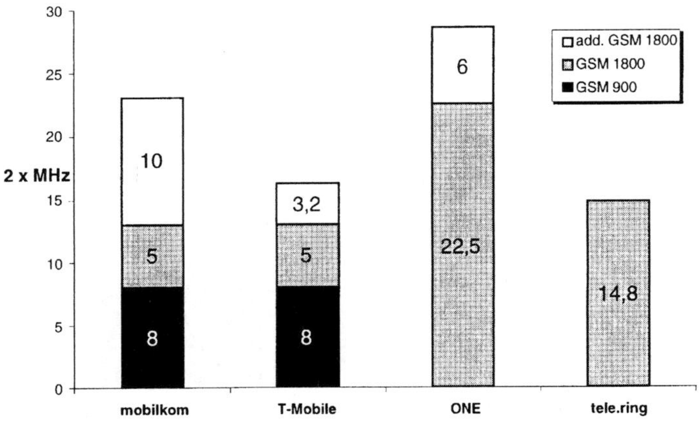

Abb. 1.5: Verteilung des GSM-Spektrums nach der Auktion 2001

1. 1800-MHz-Frequenz-Auktion im Jahre 2001

Nach den erfolgten Frequenzzuteilungen an die Betreiber im 1800 MHz-Bereich war im Jahre 2001 eine Frequenzmenge von 2x21,2 MHz freigeblieben, die dann zur Vergabe gestellt wurde. Dazu wurde am 7. Mai eine Auktion für acht teils unterschiedlich große Frequenzpakete veranstaltet. Dabei wurden für 2x19,2 MHz insgesamt 69,91 Mio. Euro erlöst. Die Verteilung des GSM-Spektrums nach dieser Auktion zeigt Abb. 1.5.

Die verfügbare Menge von 2x21,2 MHz hätte grundsätzlich für einen fünften Betreiber ausgereicht. Es lässt sich jedoch aufgrund des Auktionsdesigns (insb. Englische Auktion) vermuten, dass die Regulierungsbehörde dies nicht wirklich für realistisch gehalten hat, wahrscheinlich auch wegen der schlechten Ertragslage der letzten Konzessionäre. Vermutlich wäre die Nachfrage nach einer fünften Konzession wegen der Erwartungen über die Wettbewerbsintensität und weil gerade vorher die UMTS-Konzessionierung gelaufen war, auch nicht vorhanden gewesen. Aber immerhin wurde von der Regulierungsbehörde durch das Angebot eines größeren Paketes von 2x8 MHz grundsätzlich die Möglichkeit gegeben, dies zusammen mit weiteren Paketersteigerungen (verfügbar waren sechs Pakete á 2x2 MHz und ein Paket á 2x1,2 MHz) als Grundstock für einen fünften GSM-Betreiber zu betrachten. Möglicherweise wäre hierfür einer der beiden 3G-Konzessionäre, die keine GSM-Betreiber sind, in Betracht gekommen. Allerdings können deren 2G-Interessen in Vorbereitung auf den 3G-Markt bereits durch ihre „National Roaming-Ansprüche" befriedigt werden.[3]

3 Ein UMTS-Betreiber benötigt in der Regel in den (noch) nicht versorgten Gebieten dennoch eine Funkabdeckung für mobile Sprachtelefonie, um den eigenen Kunden ein konkurrenzfähiges Angebot zu machen.

Nr.	MHz x 2	Kanäle	Mindestgebot in Mio. Euro	Erwerber	Frequenzpreis in Mio. Euro
1	2	10	7,27	T-Mobile	7,27
2	8	40	29,06	Mobilkom	29,14
3	2	10	7,27	Mobilkom	7,27
4	2	10	7,27	-	-
5	1,2	6	4,36	T-Mobile	4,36
6	2	10	7,27	One	7,34
7	2	10	7,27	One	7,27
8	2	10	7,27	One	7,27
Summe			77,04		69,92

Abb. 1.6: Auktion der restlichen 1800 MHz Frequenzen

Die Ausstattung der einzelnen Frequenzpakete, die Mindest- und Schlussgebote sowie die Zuteilung auf die einzelnen Betreiber zeigt die Abb. 1.6. Bemerkenswert ist, dass die Mindestgebote von der Regulierungsbehörde recht hoch angesetzt wurden, nämlich je MHz und Einwohnerzahl um den Faktor 70 über den Mindestgeboten der entsprechenden Auktion in Deutschland im Jahre 1999. Dies erklärt wahrscheinlich das sehr zurückhaltende Bietverhalten der Betreiber. Im Ergebnis lagen die Frequenzpreise immer noch um den Faktor 1,8 höher als in Deutschland.

Im September 2002 hat dann eine weitere Konzessionierung stattgefunden, bei der sechs Frequenzpakete, darunter zwei 2x2,6 MHz und je ein 4,8 MHz, 4,6 MHz, 2,2 MHz und 2,0 MHz Paket im GSM 900 MHz Band zur Verfügung standen. Hierbei wurden lediglich drei der sechs Pakete an die beiden Antragsteller *Mobilkom Austria* (ein 2x2,6 MHz Paket zu 5,2 Mio. Euro) und *T-Mobile Austria* (je ein 22x2,6 MHz Paket zu 5,2 Mio. Euro und ein 2x2,2 MHz Paket zu 4,4 Mio. Euro) versteigert.

2. UMTS-Frequenzvergabe

Die Konzessionierung der UMTS-Betreiber erfolgte auf der Basis einer vorgelagerten Frequenz-Auktion (vgl. genauer Kapitel 4, § 2). Es wurden einzelne Blöcke mit jeweils 2x5 MHz für den gepaarten und 5 MHz für den ungepaarten Bereich versteigert. Durch das gewählte Verfahren wird die Anzahl und Ausstattung der Konzessionen nicht ex ante durch Entscheidungen der Regulierungsbehörde festgelegt, sondern ergab sich in der Auktion durch das Bietverhalten der Antragsteller. Im Ergebnis erwarben alle sechs zukünftigen UMTS-Betreiber jeweils 2x10 MHz gepaarte Frequenzen. Von den fünf Paketen mit jeweils 5 MHz ungepaarten Frequenzen erwarben *Mobilkom* und *T-Mobile* jeweils zwei und *Hutchison 3G* eines.[4] Die Abb. 1.7 zeigt zusammenfassend die Frequenzausstattung der österreichischen Mobilfunkbetreiber seit 1996.

---

4 Für Europa sind die Frequenzbänder für den terrestrischen Teil von UMTS/IMT-2000 von der CEPT/ERC in den Entscheidungen ERC/DEC/(97)07 und ERC/DEC/(99)25 definiert. Für diesen

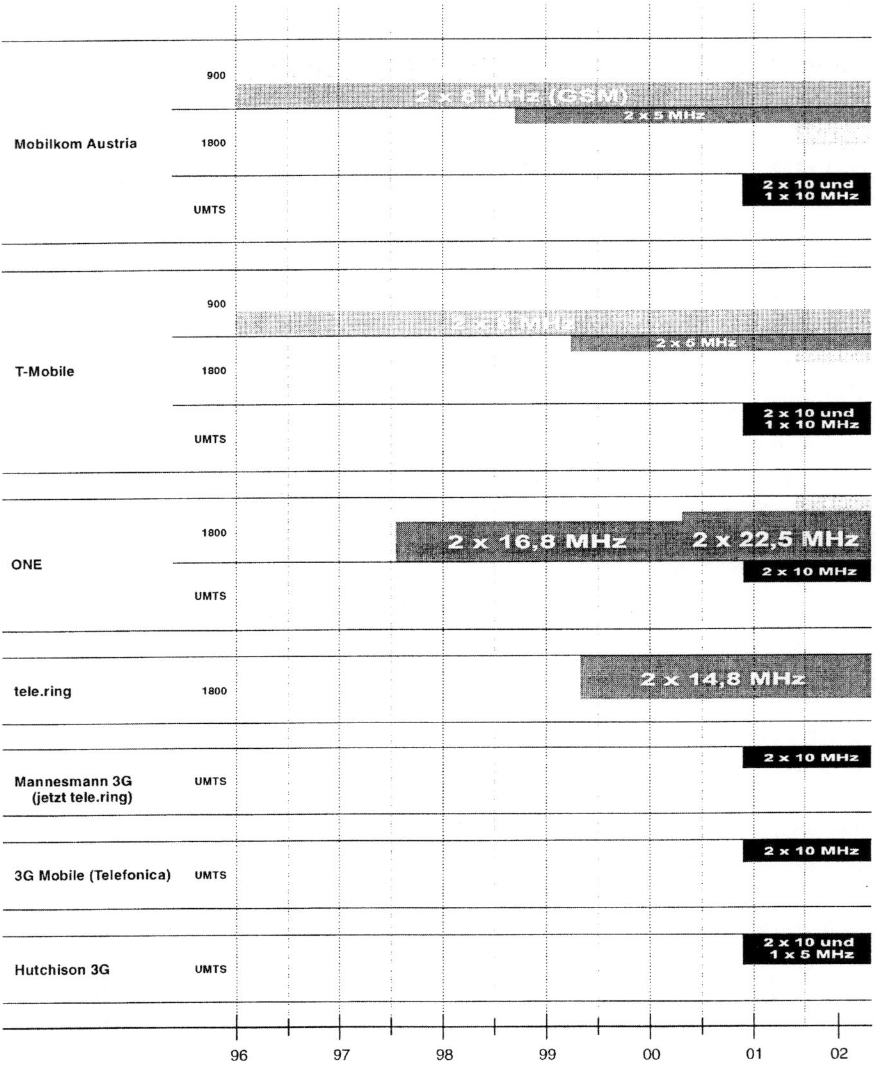

Abb. 1.7: Frequenzzuteilung im Zeitablauf

Teil sind insgesamt 155 MHz vorgesehen. Davon sind die Bereiche 1920 – 1980 MHz und 2110 – 2170 MHz, also 2 x 60 MHz, als gepaarte Frequenzbänder einsetzbar und die Bereiche 1900 – 1920 MHz und 2010 – 2025 MHz, also 35 MHz für den ungepaarten Betrieb geeignet. Es verbleiben für eine Vergabe an Betreiber 2 x 60 MHz aus dem gepaarten und 25 MHz aus dem ungepaarten Frequenzbereich, also insgesamt 145 MHz.

§ 2: Mobilfunkbetreiber in Österreich mit ihren Konzernverflechtungen

Wie der Abb. 1.8 zu entnehmen ist, lassen sich einige Veränderungen der Eigentümerstruktur über die Zeit feststellen. Abgesehen von *Mobilkom Austria* ist es bei den anderen Anbietern durchaus zu Anteilserwerb (oder Erwerb des gesamten Unternehmens) durch unterschiedliche internationale Unternehmen gekommen. Die Abb. 1.9 enthält außerdem die internationalen finanziellen Verflechtungen der der in Österreich und einigen anderen europäischen Mobilfunkmärkten beteiligten Firmen. Wie deutlich zu erkennen ist, zeigen sich starke finanzielle Verflechtungen in den meisten der aufgeführten Ländern. Auffällig ist ebenfalls, dass es ein relativ kleiner Kreis von Unternehmen ist, welcher Beteiligungen in den verschiedensten Ländern hält.

§ 3: Wirtschaftliche Entwicklung des Mobilfunks in Österreich

I. Teilnehmerzahlen, Konzentration und Marktphasen

1. Teilnehmerzahlen

Die übliche Größe zur Abbildung der wirtschaftlichen Entwicklung des Mobilfunks ist die Teilnehmerzahl der Netzbetreiber. Für die nachfolgende Beurteilung des Wettbewerbs erscheint es außerdem sinnvoll, einen Blick auf die Marktphasen und die Konzentration zu werfen.

Die Entwicklung der Teilnehmerzahlen der österreichischen Mobilfunknetze seit 1981 zeigen die folgenden Abbildungen 1.10 und 1.11. Die Darstellung der unterschiedlichen Netze in einer gemeinsamen Skala zeigt den Quantensprung, den der Mobilfunk seit der GSM-Einführung erlebt hat. Es scheint weiterhin, dass sich der Markt gegenwärtig schon nahe an der Sättigungsgrenze bewegt (vgl. Abb. 1.14).[5] Anders als noch zu Beginn der neunziger Jahre ist der Mobilfunk längst kein Luxusgut mehr, sondern hat sich im Laufe der Zeit als Massenprodukt etabliert.

In Abb. 1.12 sind die Teilnehmerzahlen getrennt nach Vertrags- und Prepaid-Kunden abgebildet. Wie deutlich zu erkennen ist, hat die Teilnehmerzahl bezüglich der Prepaid-Kunden sehr rapide zugenommen. Obwohl die Vermarktung von Prepaid-Karten erst Ende 1997 gestartet wurde, haben sie die Anzahl an Vertragskunden schon bald überholt. Besonders in den Jahren 1999 und 2000 weist die Kurve Prepaid eine deutlich höhere Steigung als die der Postpaid-Kunden auf. Mittlerweile weisen beide Bereiche etwa gleiche Teilnehmerzahlen auf.

---

5 Eine genauere Analyse des Diffusionsprozesses folgt in Kapitel 3.

Der Mobilfunk der letzten Jahrzehnte ist durch eine Reihe technischer Innovationen gekennzeichnet, was sich in verschiedenen Generationen von Netzen ausdrückt. In internationaler Perspektive gehört zur ersten Generation (1G) der analoge Mobilfunk, der in den verschiedenen Ländern die Standards NMT-450/900, AMPS, TACS, C-450 umfasst. Die zweite Generation (2G) besteht aus GSM-900 und GSM-1800,[6] wobei letzteres auch als DCS-1800 bezeichnet wurde. Als dritte Generation (3G) bezeichnet man UMTS (Universal Mobile Telecommunication System). In Österreich gehören zur ersten Generation das B-, C- und D-Netz (vgl. Abb. 1.13).

	Mobilkom Austria	**T-Mobile**	**One**	**tele.ring**
Aktuell	**Telekom Austria** 100%	**T-Mobile International (DT)** 100,00%	**E.ON** 50,10% **Telenor** 17,45% **Orange** 17,45% **Tele Danmark** 15,00%	**Western Wireless International Co.** 100,00%
Seit Juli 2002	Telekom Austria 100%			
Bis Juli 2001			E.ON 60,69% Telenor 21,14% Tele Danmark 18,17%	
Anfang 2001				Mannesmann-Vodafone 100,00%
ab 15.12.2000				Mannesmann 79,00% Citykom Austria 21,00%
bis 14.12.2000				Mannesmann 53,80% Citykom Austria 21,00% ÖBB 12,60% Verbund 12,60%
Anfang 2000		Deutsche Telekom 100,00%	VIAG 24,23% TeleDanmark 17% Telenor 21,14% RHI Telekom 24,35% Constantia 21,11%	
September 99		Deutsche Telekom 91,00% Krone 9,00%		
Februar 1999		Deutsche Telekom 81,00% Siemens 10,00% Krone 9,00%	(10/1998)RHI Telekom Gesellschaft 20,10% VIAG Connect 20,00% Telenor Invest AS 17,45% Orange plc 17,45% TeleDanmark A/S 15,00% Constantia Teleco 10,00%	
April 1997	Telekom Austria 74,999% STET (Telecom Italia) 25,001%			

Abb. 1.8: Anteilseigner der Netzbetreiber

6 Die Buchstaben GSM bedeuten eigentlich "Groupe Speciale Mobile" (nach einer Arbeitsgruppe von ETSI), werden heute jedoch für "Global System for Mobile Communication" verwendet, was aufgrund der weltweiten Verbreitung des Standards inhaltlich durchaus treffend ist.

	Vodafone	T-Mobile	Orange, France Tk	Hutchison	Telefonica	Telenor	Tele Danmark	Telekom Austria	MMO2	Telia Sonera	weitere
Österreich (6,67)		T-Mobile (100)	One (17,5)	Hutschison (100)	Telefonica	One (18)	One (15)	Mobilkom (100)			E.ON, Western Wireless International Tele2
Deutschland (55,88)	Vodafcne (100)	T-Mobile (100)	Mobilcom		Group 3G (42,8)				O2 (100)	Group 3G (42,8)	E-Plus (KPN)
Italien (50,80)	Vodafcne (76,6)		Wind (27)	Hutchison (88,2)	Ipse					Ipse (12,6)	T-Italia Mobile
UK (45,58)	Vodafcne (100)	T-Mobile (100)	Orange (100)	Hutchison (65)					MMO2 (100)		
Frankreich (36,99)	SFR (43,9)		Orange (100)								Cegetel, Bouygues
Spanien (29,65)	Vodafone (100)				Telefonica (100)					Xfera (14,3)	Amena (T-Ital)
Niederlande (11,79)	Vodafone (97,2)	T-Mobile (100)	Orange (100)								KPN-Mobile, Tele2
Portugal (8,38)	Vodafone (94,4)		Optimus (20,2)								Portugal Tk, Oniway
Belgien (7,2)	Proximus (25)		Mobistar (50,8)								Mobistar, KPN
Schweden (7,09)	Vodafon (99,1)		Orange	Hutchinson (60)						Telia Sonera (100)	Tele2
Schweiz (5,41)	Swisscom (25)		Orange (100)		Telefonica (100)		Sunrise/ Diax (79)				Tele2
Finnland (4,24)										Telia Sonera (100)	Radiolinja, Somen Kolmagee, Tele2
Dänemark (3,99)			Orange (67,2)	Hutchinson (100)		Sonofom (51)	TDC (15)			Telia Sonera (100)	Tele2
Norwegen (3,39)						Telenor (100)				Netcom (100)	Tele2
Irland (2,95)	Vodafone (100)			Hutchison (100)					O2 (100)		

Anmerkung: Länder-Reihenfolge nach Anzahl der Mobilfunkteilnehmer (aus Mobile Communications, 1/2002) mit Ausnahme von Österreich, Zahl der Mobilfunkteilnehmer in Mio. in Klammern unter Ländername, Anteile der Unternehmen unter dem Betreiber-Namen , Stand Anfang 2003.

Abb. 1.9.: Beteiligungen der großen europäischen Mobilfunk-Unternehmen in europäischen Ländern (Quellen: Handelsblatt v. 20.1.2003 und Whalley und Curwen, 2003).

Stand Ende	Mobilkom								T-Mobile		One		tele.ring		Summe	Konzentrationsrate HHI
	B-Netz		C-Netz		D-Netz		A1-Netz		max.0676		One		tele.ring			
	Teiln.	Marktant.	Teiln.	Marktant.	Teiln.	Marktant.	Teiln.	Marktant.	Teiln.	Marktant.	Teiln.	Marktant.	Teiln.	Marktant.		
1981	1.086	100,00%													1.086	10.000
1982	1.305	100,00%													1.305	10.000
1983	1.597	100,00%													1.597	10.000
1984	1.770	53,17%	1.559	46,83%											3.329	10.000
1985	1.717	14,96%	9.762	85,04%											11.479	10.000
1986	1.650	8,64%	17.454	91,36%											19.104	10.000
1987	1.577	5,67%	26.223	94,33%											27.800	10.000
1988	1.417	3,70%	36.904	96,30%											38.321	10.000
1989	1.296	2,49%	50.721	97,51%											52.017	10.000
1990	1.291	1,75%	63.244	85,82%	9.163	12,43%									73.698	10.000
1991	1.095	0,95%	63.019	54,61%	51.288	44,44%									115.402	10.000
1992	867	0,50%	58.874	34,14%	112.712	65,36%									172.453	10.000
1993	653	0,29%	52.919	23,90%	167.404	75,59%	474	0,21%							221.450	10.000
1994	550	0,20%	46.135	16,55%	219.069	78,59%	12.995	4,66%							278.749	10.000
1995			36.286	9,46%	247.179	64,45%	100.070	26,09%							383.535	10.000
1996			25.337	4,23%	260.467	43,50%	302.702	50,56%	10.202	1,70%					598.708	9.665
1997					250.270	21,50%	688.982	59,18%	225.000	19,33%					1.164.252	6.882
1998					200.306	8,68%	1.280.560	55,49%	787.046	34,10%	40.000	1,73%			2.307.912	5.283
1999					205.955	4,84%	2.055.077	48,34%	1.508.061	35,47%	482.500	11,35%			4.251.593	4.215
2000					163.524	2,69%	2.640.765	43,42%	2.040.200	33,54%	1.103.172	18,14%	134.713	2,21%	6.082.374	3.585
2001							2.855.825	43.54%	2.058.000	31.38%	1.366.416	20.83%	277.958	4.23%	6.120.000	3.438
2002							2.831.727	43.18%	2.04.250	31.14%	1.365.583	20.82%	280.458	4.27%	6.719.000	3.334
4/2003							3.037.000	44.73%	2.001.700	30.75%	1.370.000	20.88%	365.000	5.56%	6.789.000	3.350

Abb. 1.10: Teilnehmerzahlen und Marktanteile aller Netze im Zeitablauf, (Quelle: Mobile Communications, div. Ausgaben)

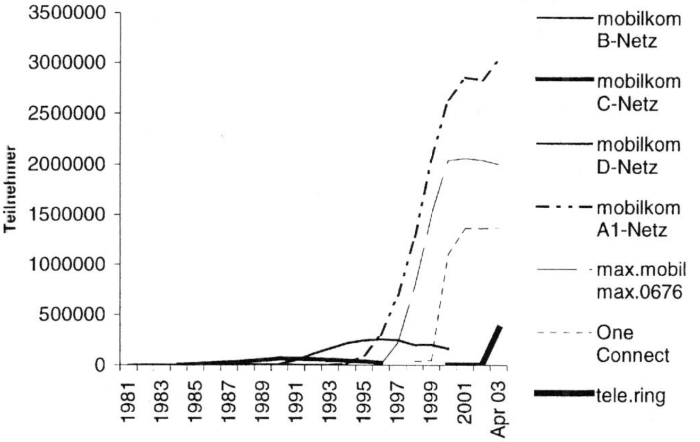

Abb. 1.11: Teilnehmerzahlen aller Netze im Zeitablauf

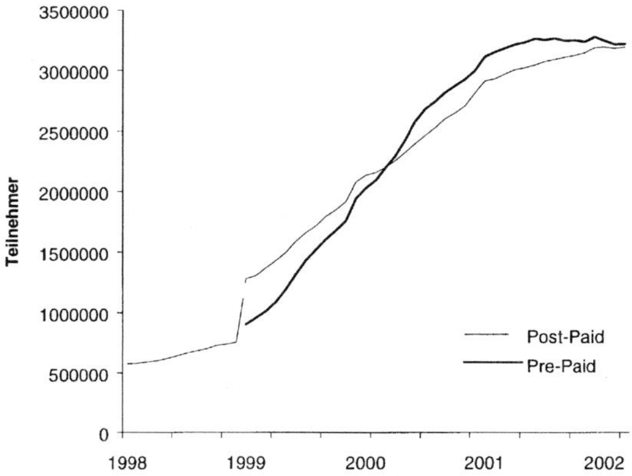

Abb. 1.12: Entwicklung der Teilnehmerzahlen nach Vertrags- und Prepaid-Kunden

Interessanterweise wurde in Österreich, aber auch in anderen europäischen Ländern immer dann mit der Verbreitung der neuen Technologie begonnen, wenn die Adoption der bisherigen ihren Höhepunkt erreicht hat, wobei die Adoption der Folgetechnologie die jeweils vorhergehende übertrifft. Offensichtlich führt auch hier der Wettbewerbsdruck dazu, dass neue Technologien umgehend am Markt eingeführt werden.

3. Konzentration

Die Konzentration gibt Auskunft über die Verteilung der Marktanteile auf verschiedene Unternehmen. Eine besonders hohe Konzentration kann ein Indiz für Marktmacht sein.

Dabei geht es nicht nur um die absolute Höhe der Marktanteile, sondern auch um die zeitliche Veränderung. Grundsätzlich ist bei einem bestimmten Niveau eine im Zeitablauf zunehmende Konzentration aus wettbewerblicher Sicht kritisch zu betrachten, während die abnehmende Konzentration eher auf eine hohe Wettbewerbsintensität hindeutet.

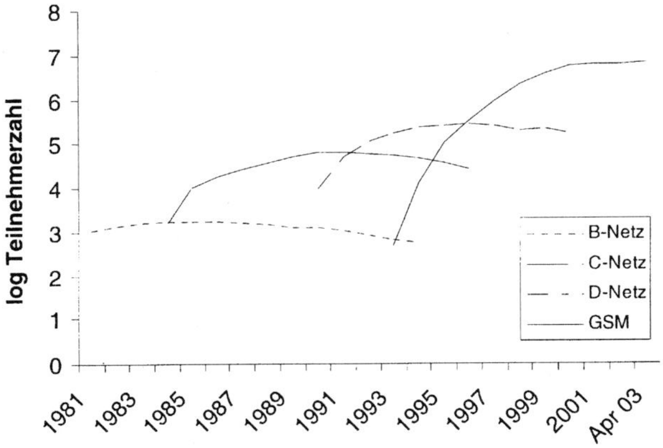

Abb. 1.13: Marktphasen

Das gebräuchlichste Maß für die Konzentration stellt der sog. Hirschman-Herfindahl-Index (HHI) dar. Er wird berechnet als Summe der quadrierten Marktanteile. Die Marktanteile werden im Mobilfunk üblicherweise anhand der Teilnehmerzahlen berechnet. In industriellen Märkten wird normalerweise die Konzentration als gering bezeichnet, wenn der HHI unter 1000, als moderat, wenn er zwischen 1000 und 1800 liegt und als hoch, wenn ein HHI-Wert über 1800 realisiert wird.

Im Mobilfunk aller Länder liegt der HHI-Wert schon wegen der konzessionsbedingten Begrenzung der Anbieterzahl relativ hoch. Da bei Marktanteils-Gleichverteilung aller vier österreichischen Betreiber der HHI bereits 2500 betragen würde, zeigt der darüber hinausgehende Wert das Ausmaß der Ungleichverteilung unter den aktuellen Anbietern.

In der rechten Spalte in Abb. 1.10 sind die Werte für den Hirschman-Herfindahl-Index für den österreichischen Mobilfunk unternehmensbezogen abgebildet. Wie zu erkennen ist, herrschte bis zum Jahre 1995 eine monopolistische Marktstruktur im österreichischen Mobilfunk, welche dann durch die Konzessionierung neuer Anbieter aufgebrochen wurde. Als Folge eines offenbar regen Wettbewerbs hat auch die Konzentration stetig abgenommen und der Herfindahl-Index hat sich auf ein wesentlich geringeres Niveau um ca. 3300 eingestellt, welches auch im internationalen Vergleich als gering zu bezeichnen ist (vgl. dazu § 4, Abb. 1.32).

Aus Abb. 1.14, in der die mittelwertbereinigten Verläufe dargestellt sind lässt sich ersehen, dass sich die Konzentration und die Diffusion des Mobilfunks in Österreich gegenläufig entwickelt haben. Daraus lässt sich zwar keine eindeutige Kausalität ableiten. Allerdings kann man davon ausgehen, dass die sinkende Konzentration zu intensiverem Wettbewerb, sinkenden Preisen und höherer Mobilfunkverbreitung geführt hat.

Die Abbildungen 1.15 bis 1.20 zeigen für die relevanten Jahre die monatlichen Teilnehmerzahlen und Marktanteile der vier österreichischen Mobilfunk-Betreiber, und zwar jeweils getrennt nach Prepaid-Kunden, Vertragskunden und allen Kunden. Wie sich erkennen lässt, ist es im Zeitablauf zu einer recht deutlichen Veränderung der Marktanteile gekommen. Bemerkenswert ist ebenfalls der recht schnelle Anstieg der Teilnehmerzahlen im Prepaid-Bereich.

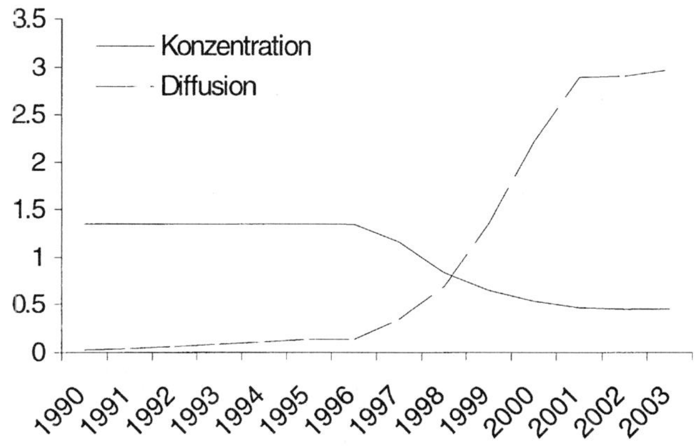

Abb. 1.14: Konzentration und Diffusion im Zeitverlauf

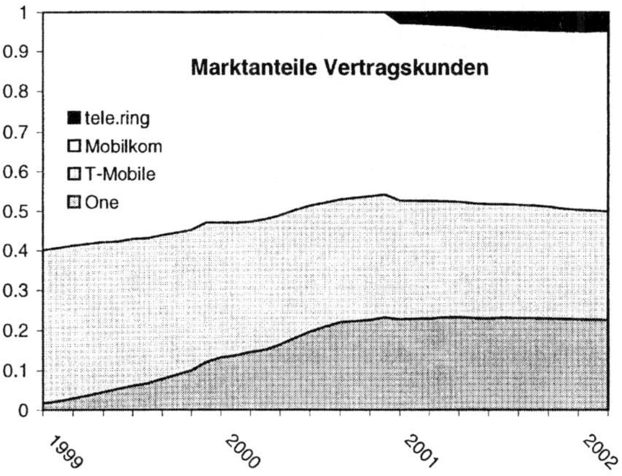

Abb. 1.15: Marktanteile anhand von Vertragskundenzahlen

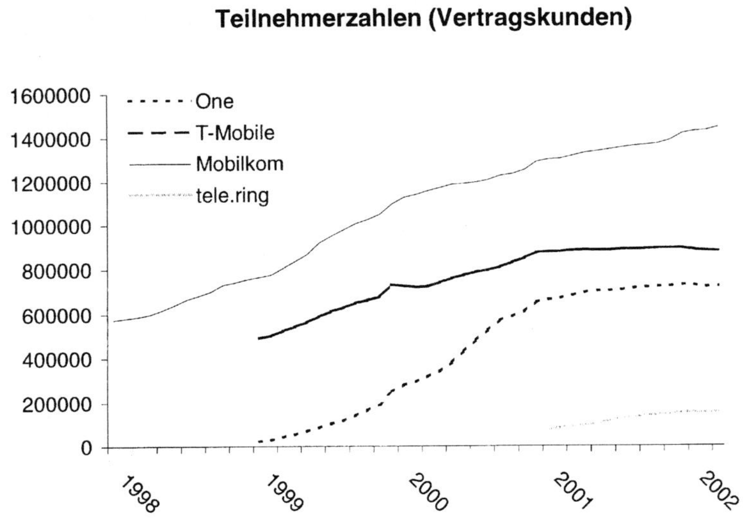

Abb. 1.16: Teilnehmerzahlen, Vertragskunden

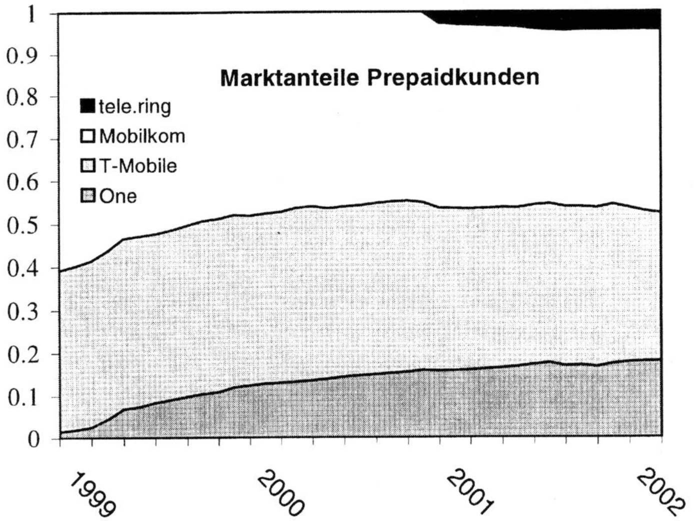

Abb. 1.17: Marktanteile anhand von Prepaid-Kundenzahlen

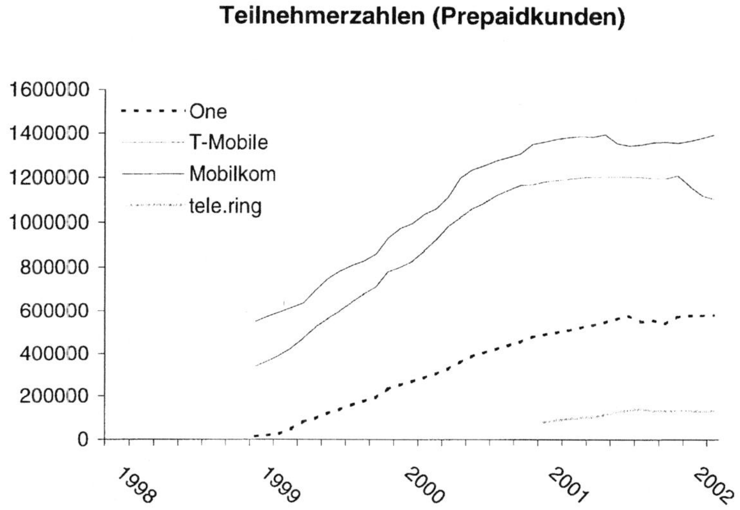

Abb. 1.18: Teilnehmerzahlen, Prepaid-Kunden

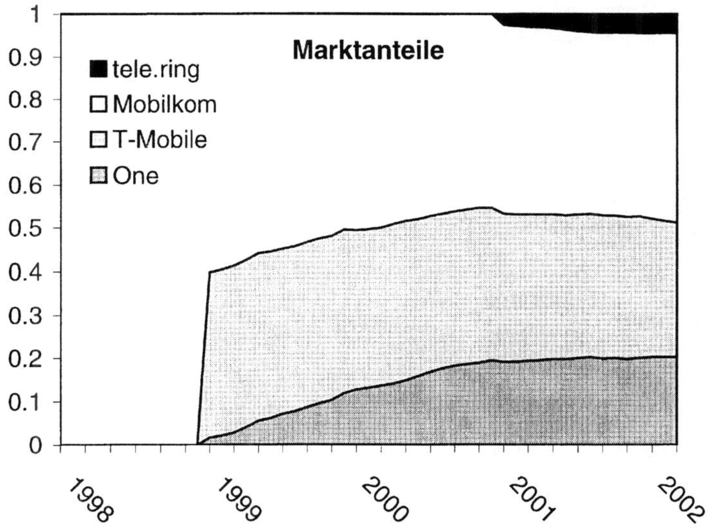

Abb. 1.19: Marktanteile, alle Telnehmer

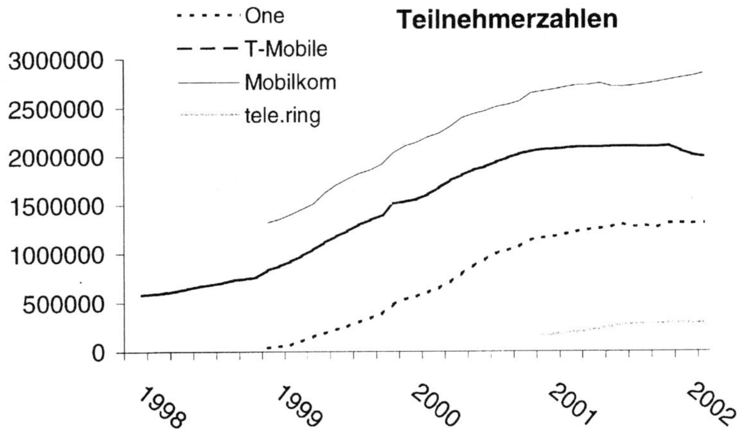

Abb. 1.20: Teilnehmerzahlen, alle Teilnehmer

4. Zwischenfazit

Die bisherige Darstellung der zeitlichen Entwicklung einiger Strukturmerkmale hat gezeigt, dass zum einen ein deutlicher Anstieg der Teilnehmerzahlen und zum anderen ein starker Rückgang der Anbieterkonzentration zu verzeichnen ist. Dafür verantwortlich ist einerseits die Konzessionierung neuer Anbieter, wodurch eine Wettbewerbssituation erst ermöglicht wurde. Andererseits jedoch gibt es Anzeichen dafür, dass auch die erfolgten Preissenkungen einen starken Anstieg der Teilnehmerzahlen generiert haben.

Es liegt die Vermutung nahe, dass im Mobilfunk in Österreich ein reger Preiswettbewerb stattfindet. Um dieser Vermutung nachzugehen, wird im folgenden Abschnitt das preisliche Verhalten der Marktteilnehmer näher beleuchtet.

II. Mobilfunk-Preise in Österreich

Der Preis ist in der Regel der wichtigste Wettbewerbsparameter in relativ homogenen Märkten. Auch wenn das Fehlen starker Preisvariationen nicht unbedingt mit dem Fehlen eines wirksamen Wettbewerbs gleichzusetzen ist, so deutet ein reger Preiswettbewerb jedoch auf eine hohe Wettbewerbsintensität. Aus diesem Grund wird im Folgenden ein besonderes Augenmerk auf die zeitliche Entwicklung der Mobilfunkpreise gelegt.

In den Abbildungen 1.21 bis 1.27 sind die wichtigsten Mobilfunkpreise aller vier österreichischen GSM-Betreiber für die Zeit von Oktober 1996 (Markteintritt von *T-Mobile*) bis heute abgebildet. Die Grafiken lassen deutlich die verschiedenen Preissenkungsrunden erkennen. Weiterhin zeigt sich die Interdependenz der Preissetzung zwischen den einzelnen Anbietern und den damit verbundenen Preiswettbewerb.

Dabei wurde eine Klassifizierung in die vier üblichen Tarifkategorien Business, Freizeit, Wenigtelefonierer und Prepaid vorgenommen und alle sonstigen Tarifvarianten zwecks Vereinfachung außer Betracht gelassen. Die Kategorie Company-Tarife wurde dabei nicht näher betrachtet, da sich herausgestellt hat, dass die üblichen Tarife wegen häufiger Preisnachlässe und individuell ausgehandelten Verträgen, deren Konditionen nicht öffentlich bekannt werden, kaum Aussagekraft besitzen.

Für jeden Tarif sind die wichtigsten Preisbestandteile, d.h. die monatliche Grundgebühr sowie die Gesprächsgebühren ins Festnetz, in andere Mobilfunknetze und ins eigene Mobilfunknetz (On-net-Gespräche) aufgeführt, jeweils unterteilt nach Peak- und Offpeak-Zeiten. Nicht weiter unterschieden wurde aus Vereinfachungsgründen nach unterschiedlichen Peak-Definitionen, und zusätzliche Besonderheiten einzelner Tarife und Preise blieben ebenfalls außer Betracht. Die Preisveränderungen über die Gesamtzeit ("gesamte Preisveränderung") sind außerdem in der Abb. 1.28 zusammengefasst.

Bei Privatkundentarifen (Freizeit, Wenigtelefonierer und Prepaid) ist zu berücksichtigen, dass in den Listen (aus Mangel an verlässlichen Vergleichsdaten) keine Handy-Subventionen aufgeführt sind, die teilweise beträchtliche Volumina angenommen haben. Wenn man die Handy-Subventionen in realistischer Weise auf die relevanten Monate umlegt und jeweils von den monatlichen Grundgebühren abzieht, ergeben sich insofern deutlich geringere Monatsgebühren. In diesem Sinne kann man aus Unternehmenssicht einen Teil der monatlichen Grundgebühren als Ratenzahlung der Kunden für die Handy-Subventionen interpretieren. Zwar sind demnach die hier aufgeführten Gebühren verzerrt, jedoch insofern konsistent, als dass realistischerweise für alle Netzbetreiber von deutlich geringeren Werten auszugehen ist.

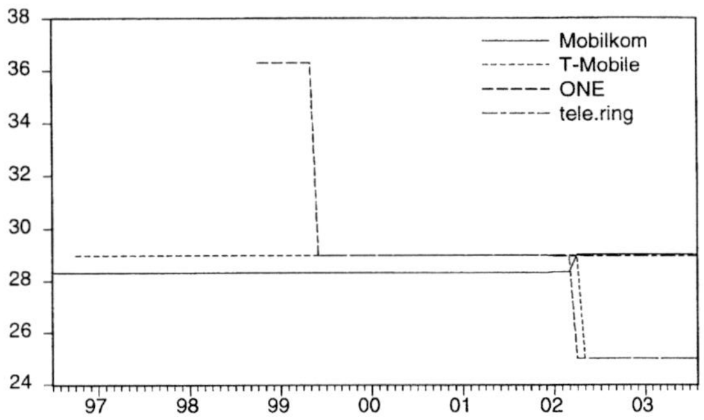

Business-Tarife

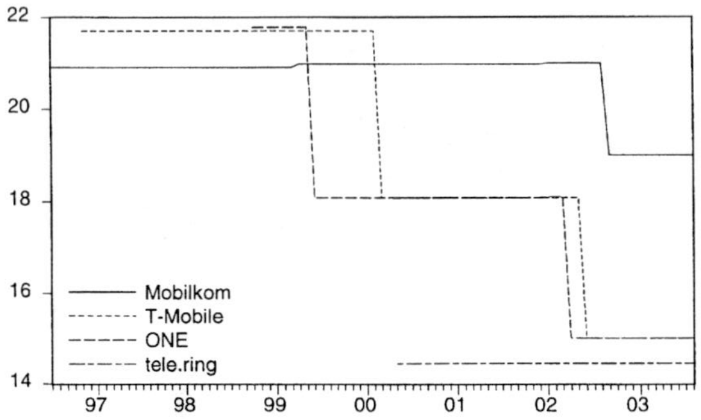

Freizeit-Tarife

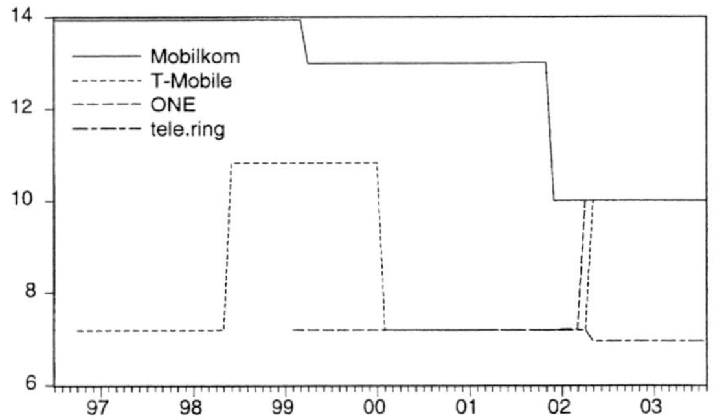

Wenigtelefonierer-Tarife

Abb. 1.21: Grundgebühren

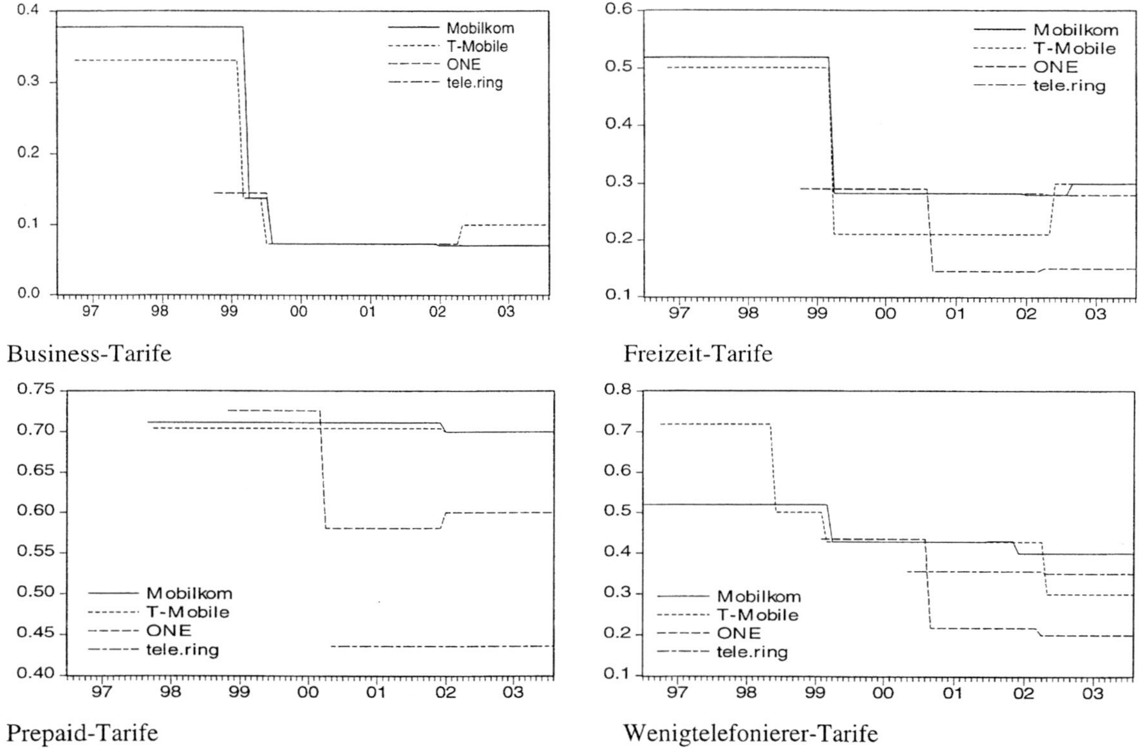

Abb. 1.22: Gespräche ins Festnetz (Peak)

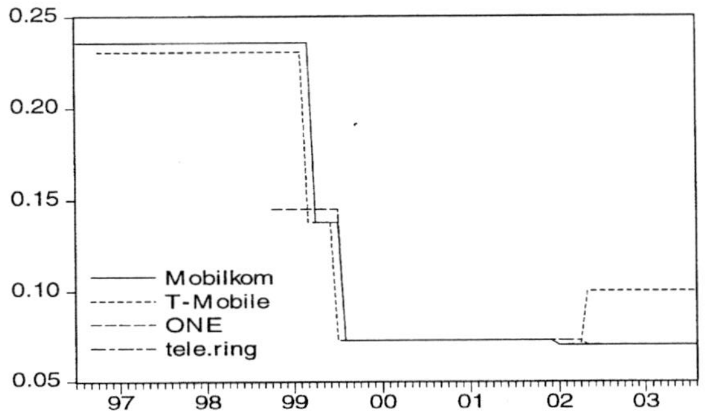

Business-Tarife

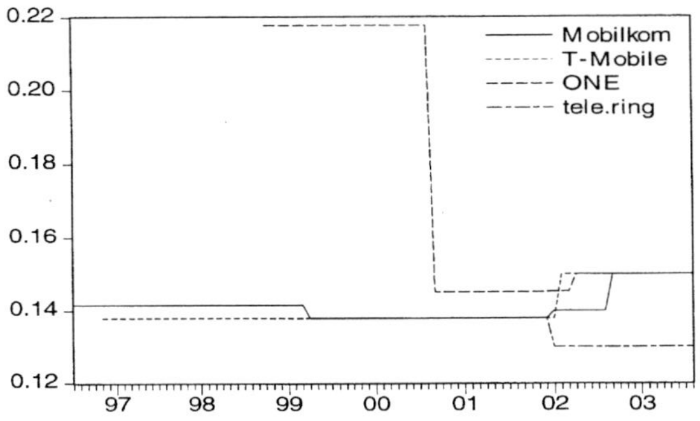

Freizeit-Tarife

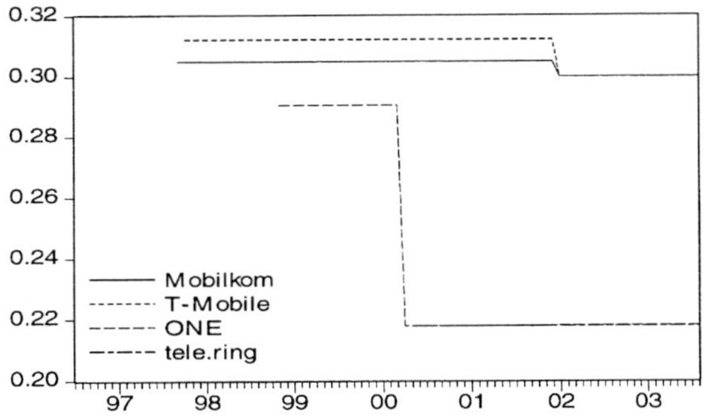

Prepaid-Tarife

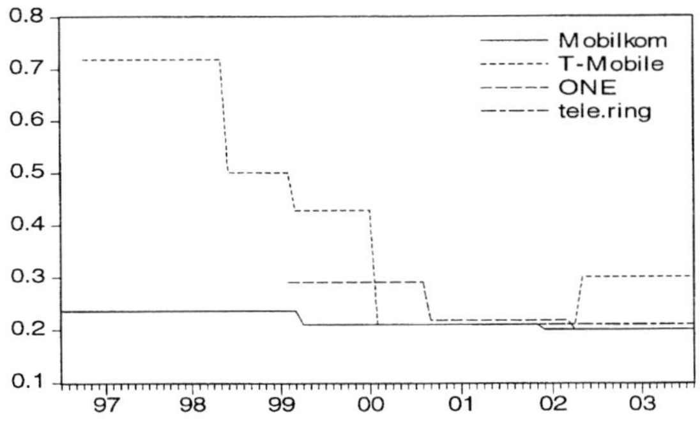

Wenigtelefonierer-Tarife

Abb. 1.23: Gespräche ins Festnetz (Off-Peak)

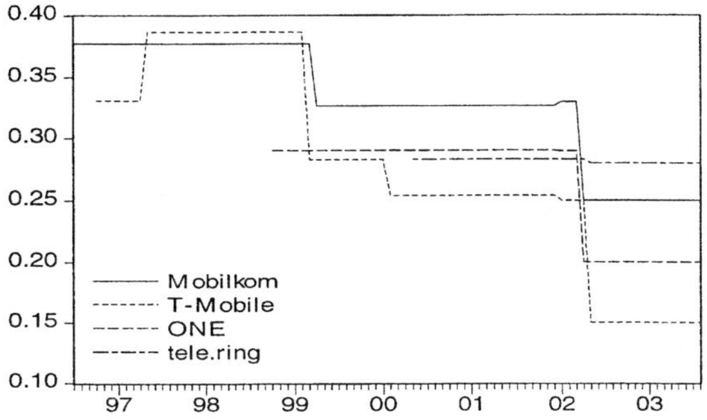

Business-Tarife

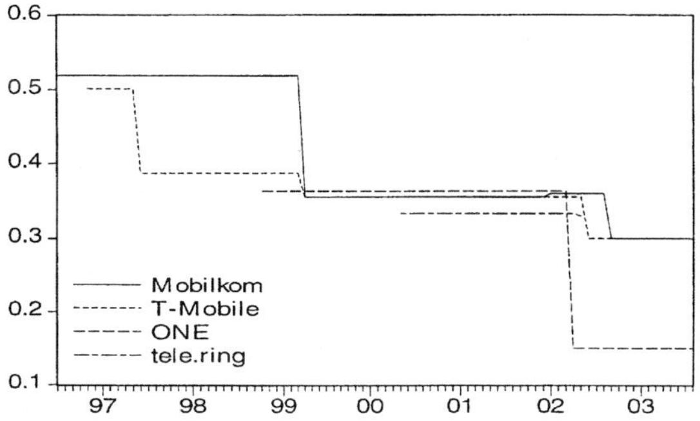

Freizeit-Tarife

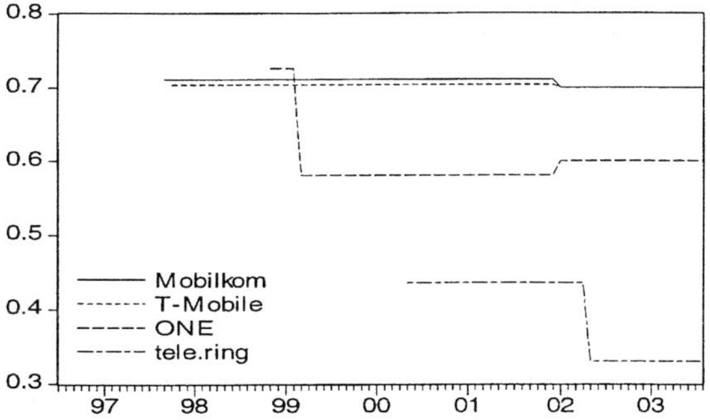

Prepaid-Tarife

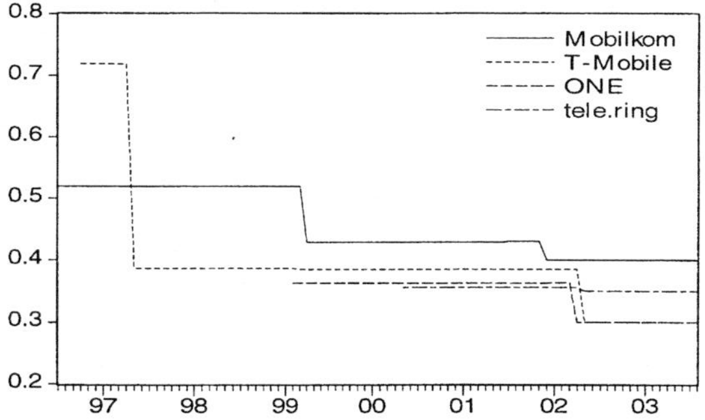

Wenigtelefonierer-Tarife

Abb. 1.24: Gespräche in andere Netze (Peak)

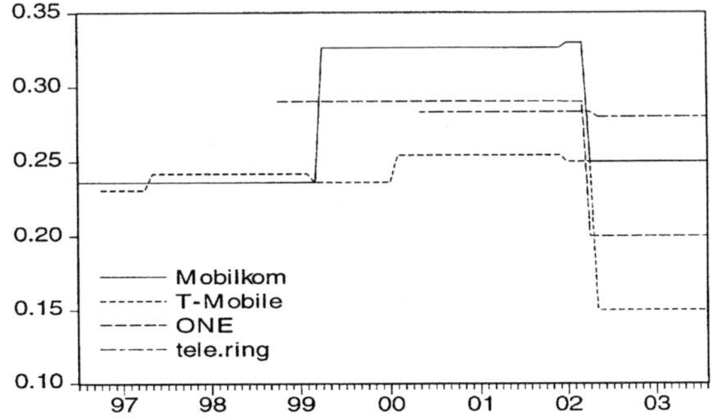

Business-Tarife

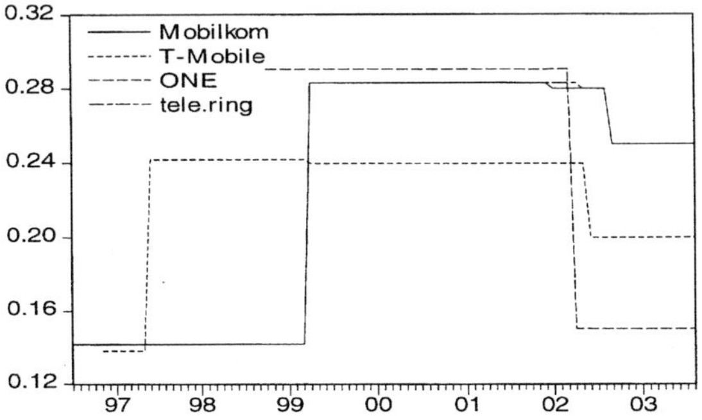

Freizeit-Tarife

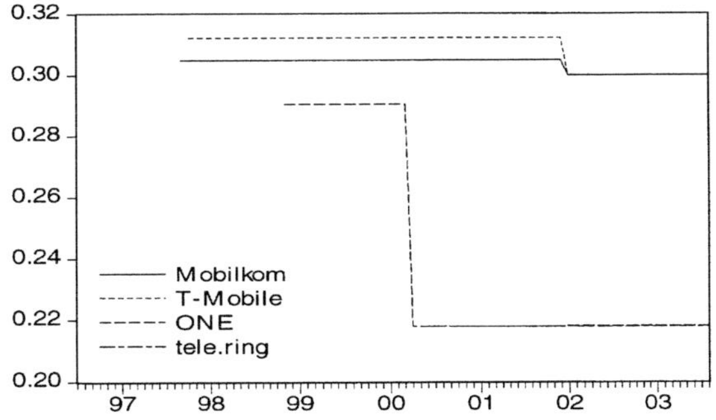

Prepaid-Tarife

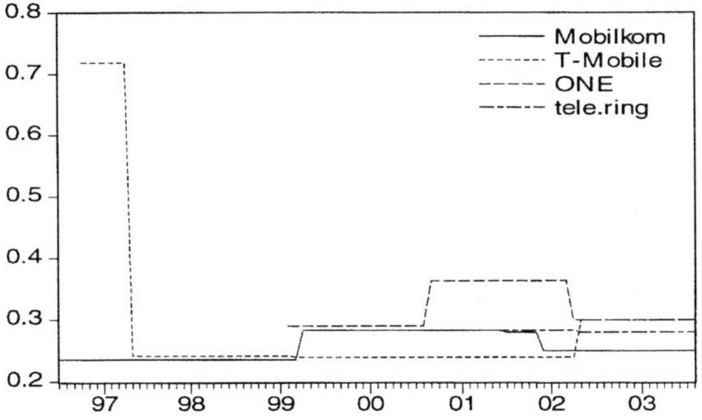

Wenigtelefonierer-Tarife

Abb. 1.25: Gespräche in andere Netze (Off-Peak)

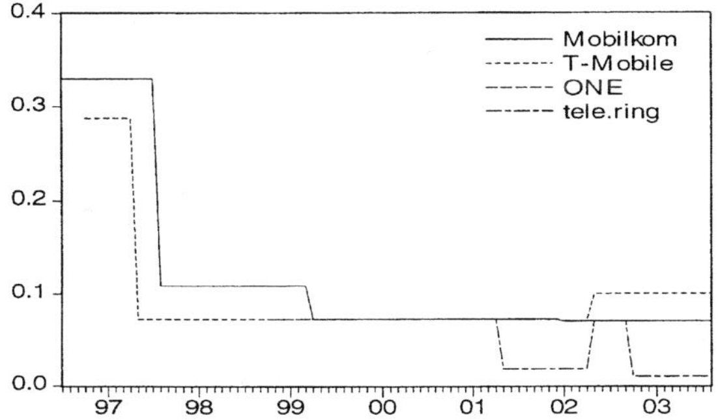

Business-Tarife

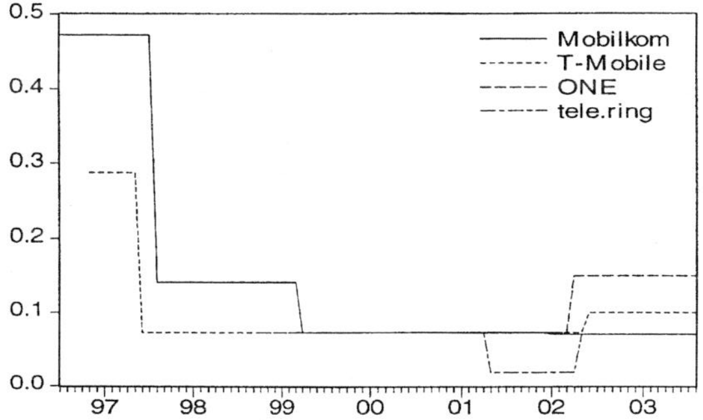

Freizeit-Tarife

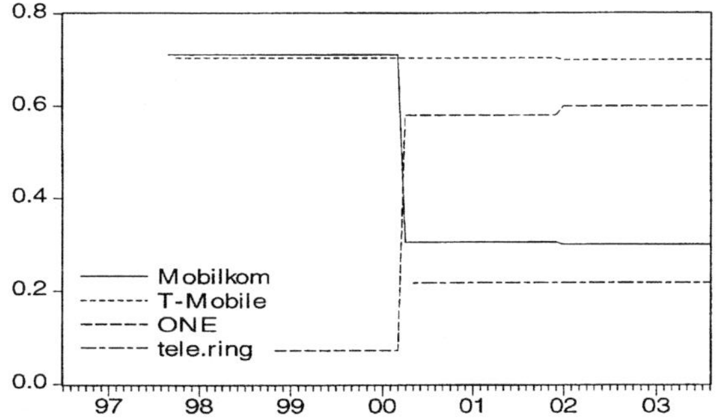

Prepaid-Tarife

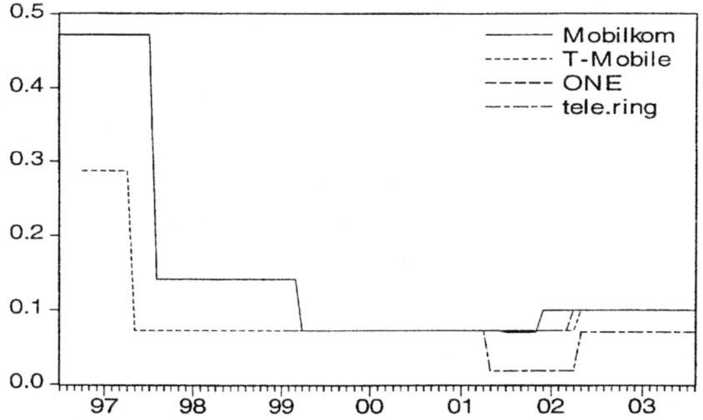

Wenigtelefonierer-Tarife

Abb. 1.26: Gespräche ins eigene Netz (Peak)

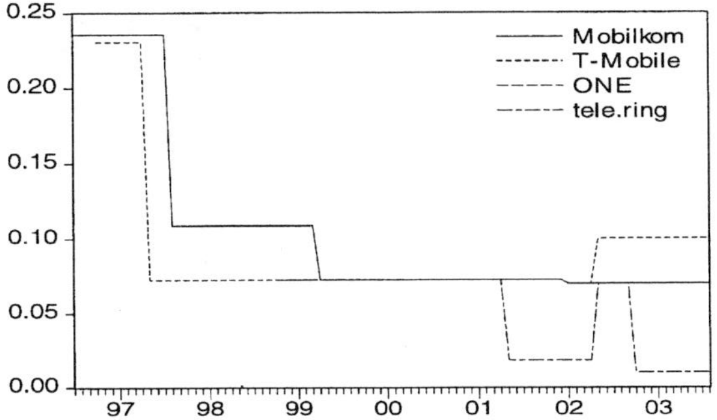

Business-Tarife

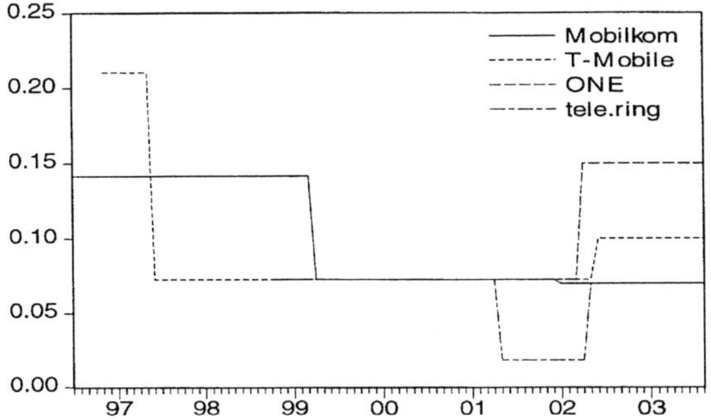

Freizeit-Tarife

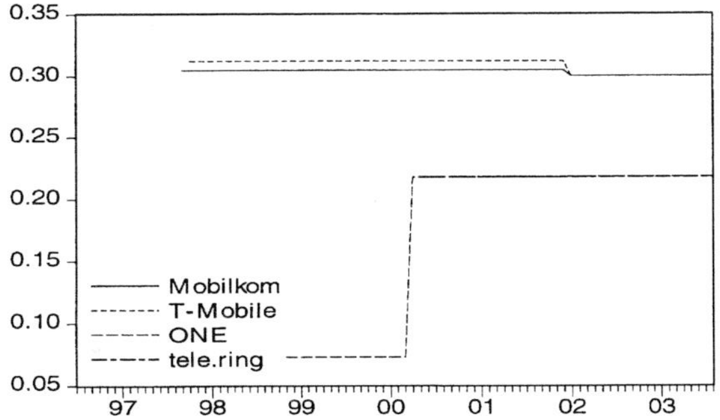

Prepaid-Tarife

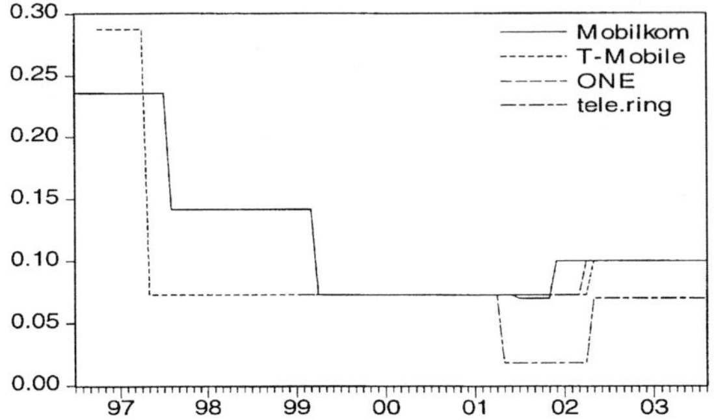

Start-Tarife

Abb. 1.27: Gespräche ins eigene Netz (Off-Peak)

1. Preisentwicklung im Einzelnen

Monopol von *Mobilkom Austria*. Schon zu Monopolzeiten (bis 1996) gehörte Österreich nicht zu den Mobilfunk-Hochpreis-Ländern. Zwar waren die Mobilfunkpreise in Österreich deutlich höher als in den skandinavischen Ländern, aber ebenfalls deutlich niedriger als z.B. in Deutschland, der Schweiz und Frankreich. Schon vor dem Markteintritt von *T-Mobile* hat dann *Mobilkom Austria* seine Mobilfunkpreise leicht gesenkt. Somit hat der angekündigte Markteintritt scheinbar schon eine gewisse disziplinierende Wirkung auf den bisherigen Monopolisten gehabt.

Markteintritt von *T-Mobile 1996*. *T-Mobile* positionierte sich mit seinem Preisniveau zunächst in der Nähe des Incumbent, der *Mobilkom Austria*, wenngleich mit etwas abweichenden Preisstrukturen. Eine Ausnahme macht hier der Wenigtelefonierertarif Mini.max, dessen Grundgebühr gegenüber der entsprechenden von *Mobilkom Austria* halbiert wurde (allerdings bei deutlich höheren Airtime-Preisen).

Eine signifikante und folgenreiche Preisveränderung durch den Newcomer *T-Mobile* erfolgte im Mai 1997 durch die Senkung der Preise für On-net-Gespräche (Gespräche innerhalb des gleichen Netzes) auf das außergewöhnlich niedrige Niveau von 0,072 Euro pro Minute (damals der einprägsame Betrag von 1 ATS pro Minute) und zwar sowohl zur Haupt- als auch zur Nebenzeit und für sämtliche Tarife.

Dies war nicht nur eine Preissenkung um teilweise 75% (Peak, Business- und Freizeit-Tarif), sondern auch eine drastische Preisunterbietung der *Mobilkom*-Preise. Dies war besonders ausgeprägt zur Hauptzeit (7,26 Cent zu ca. 30,88 Cent bei Business- und 7,26 Cent zu 47,23 Cent bei Privatkunden).

Auf diese Weise betrugen die On-net-Tarife bei Mini.max nur noch ein Zehntel der Preise für Gespräche ins Festnetz, bzw. ein Siebtel bei Freizeit.max, bei Profi.max ca. ein Fünftel. Somit gelang es *T-Mobile* schon während der Sommermonate 1997 (also relativ kurz nach dem kommerziellen Start) mehr als die Hälfte aller Mobilfunk-Neukunden (Nettozuwachs) zu gewinnen.

Mobilkom Austria reagierte darauf im August 1997 mit ganz erheblichen Preissenkungen für Gespräche im eigenen Netz (On-net), bei Business-Tarifen von ca. 33 Cent (Peak) und 23,61 Cent (Off-peak) auf jeweils 10,9 Cent, sowie bei A1-Fun zur Hauptzeit von 47,23 auf 14,17 Cent. Als Folge dessen lag *Mobilkom Austria* bei der Neukundengewinnung nun wieder deutlich vor *T-Mobile*. Letztlich reichte die *Mobilkom*-Reaktion bei On-net jedoch nicht aus, da sich der 7,26-Cent-Preis von *T-Mobile* gewissermaßen als Marktstandard etablierte (und entsprechende Erwartungen bei den Kunden erzeugte) und später von allen Betreibern mit allen Tarifen (Ausnahme nur *Mobilkom Austria* Prepaid) zur Haupt- und Nebenzeit praktiziert wurde.

Dabei muss vor allem berücksichtigt werden, dass die Preisreduktionen bei *Mobilkom Austria* aufgrund des damals noch sehr hohen Marktanteils beim Kundenbestand (in der fraglichen Zeit noch ca. 70-80%) eine stark erlösmindernde Maßnahme war. Zu einer solchen Maßnahme wird ein Incumbent nur greifen, wenn er sich von einem Newcomer ernsthaft herausgefordert fühlt. Falls der Newcomer (*T-Mobile*) die Preisführerschaft des

Incumbent akzeptiert hätte, wäre eine Anpassung für *Mobilkom Austria* nicht „erforderlich“ gewesen, und der Markt wäre im Ergebnis weniger wettbewerbsintensiv gewesen.[7]

Im September bzw. Oktober 1997 starteten *Mobilkom Austria* und *T-Mobile* ihre Prepaid-Tarife mit Minutenpreisen von 71,21 bzw. 70,48 Cent zur Hauptzeit (und 30,52 bzw. 31,24 Cent zur Nebenzeit) für Gespräche in alle terminierenden Netze in Österreich - mit Ausnahme des eigenen. Prepaid war von der 7,26-Cent-Regel ausgenommen. Letztendlich wird hier jedoch deutlich, dass es durch den Markteintritt nicht nur zu einem regen Preiswettbewerb, sondern auch zur Einführung neuer bzw. differenzierter Produkte gekommen ist. Geht man also davon aus (und der Erfolg der Prepaid-Tarife deutet klar darauf hin), dass sich die Einführung dieser neuen Tarifstrukturen an den Präferenzen der Teilnehmer orientiert hat, so kann neben einem regen Preiswettbewerb auch ein Anstieg des Produktwettbewerbs festgestellt werden.

Markteintritt von *One* im Oktober 1998. Beim Betriebsstart hatte *One* im Business-Tarif zwar eine höhere Grundgebühr (36,34 Euro) als *Mobilkom Austria* (28,34 Euro) und *T-Mobile* (28,99 Euro), aber deutlich geringere Minutenpreise als die Wettbewerber, insbesondere bei Gesprächen ins Festnetz (14,53 Cent gegenüber 33,13 (*T-Mobile*) und 37,78/23,25 (Peak/Off-peak) bei *Mobilkom Austria*).

Beim Freizeit-Tarif (One Classic) kosteten die Festnetzminuten bei fast gleicher Grundgebühr 29,06/21,80 Cent (Peak/Off-peak) gegenüber 50,90/13,80 Cent bei *T-Mobile* und 51,95/14,17 Cent bei *Mobilkom Austria.* Beim Prepaid-Tarif hatte *One* in der Regel etwa gleiche Preise wie *T-Mobile* und *Mobilkom Austria.* Eine Ausnahme waren allerdings die On-net-Gespräche, wo die Relation 7,26 zu 70,48 Cent betrug, also eine drastische Preissenkung auf ca. ein Zehntel.

Im Marktsegment der Wenigtelefonierer startete *One* im Februar 1999 den Tarif One 99 mit einer monatlichen Grundgebühr von 7,19 Euro gegenüber 10,82 Euro bei *T-Mobile* und 13,95 Euro bei *Mobilkom Austria.* Die Minutenpreise lagen etwa im Bereich derjenigen der Konkurrenten, wenngleich mit einer etwas abweichenden Preisstruktur. *One* hat von Anfang an bei allen Tarifen (also einschließlich Prepaid) den 7,26-Cent-Preis für On-net-Gespräche übernommen. Als Folge dieses Preissetzungsverhaltens hat *One* sowohl bei den Prepaid-, als auch bei Vertragskunden relativ kurz nach dem Netzstart einen Marktanteil von über 20% verzeichnen können.

Preissenkungsrunde im Frühjahr 1999. Das Jahr 1999 brachte insgesamt eine Reihe von Preissenkungen, die man als konkurrenz-induziert bezeichnen kann. Den Anfang machte dabei der Anbieter *T-Mobile,* der direkt vor und einige Monate nach dem Markteintritt des Newcomers *One* mit zwei Preissenkungen für Gespräche ins Festnetz bei Wenigtelefonierern reagierte. Im April senkte dann *Mobilkom Austria* sämtliche Preise für Wenigtelefonierer, am deutlichsten bei On-net-Gesprächen.

Nachdem *One* im Business-Segment mit 14,53 Cent für Gespräche ins Festnetz gestartet war, und damit die Konkurrenten (insbesondere zur Hauptzeit) drastisch unterboten hatte, reagierten auch *T-Mobile* (13,80 Cent [Peak und Off-peak]) und *Mobilkom Austria* (13,80 Cent [Peak und Off-peak] sowie 7,26 Cent für On-Net-Gespräche).

7 Zur ökonomischen Theorie der Preisführerschaft siehe z.B. Hay und Morris (1994).

Im Juli und August 1999 senkten dann alle drei Betreiber ihre Gesprächspreise ins Festnetz auf 7,26 Cent und damit erneut um etwa die Hälfte. Für *T-Mobile* und *Mobilkom Austria* bedeutete dies eine Senkung ihrer Preise zur Peak-Zeit um ca. 80% innerhalb von 6 Monaten.

Auch bei den anderen Tarifen kam es in der Folge zu z.T. deutlichen Preissenkungen. Dementsprechend hatten alle drei Anbieter, vermutlich als Folge dieses Preiswettbewerbs, etwa gleiche Anteile an den monatlichen Kundenzuwächsen im Zeitraum Herbst 1999 bis Frühjahr 2000 zu verzeichnen.

Markteintritt von *tele.ring*. *tele.ring* startete im Mai 2000 mit Business-Tarifen, die mit denen der anderen fast identisch waren. Auch beim Freizeittarif (Mobil 60) unterbot er zwar bei den Grundgebühren die Konkurrenten und lag bei den Prepaid-Preisen deutlich niedriger. *tele.ring* betätigte sich damals ansonsten jedoch nicht als Preisbrecher. Dieses Verhalten entsprach insofern zunächst nicht der theoretischen Erwartung.

Preiswettbewerb seit Januar 2002. Generell hat die Euro-Umstellung dazu geführt, dass die Tarife zumindest übersichtlicher gestaltet wurden; häufig wurde jedoch der vorherige Preis in ATS auf einen neuen Preis in Euro-Cent abgerundet. So hat sich z.B. anstelle eines korrekt berechneten 7,26 Cent-Preises ein 7 Cent-Preis für netzinterne Gespräche etabliert. Weiterhin wurden außerdem eine Reihe von neuen Tarifen oder Tarifvariationen angeboten.

Seit dem Marktzutritt von *tele.ring* ist es nur noch zu vereinzelten Preisvariationen insbesondere im Jahre 2002, gekommen. So hat *One* 2002 Tarifvereinfachungen durchgeführt, wonach Peak- und Off-peak-Preise in fast allen Tarifen aneinander angeglichen wurden. Dies hat in der Regel zu weiteren Preissenkungen geführt (vgl. Anhang I). Eine Ausnahme stellen allerdings die Anrufe ins eigene Netz dar, diese sind wiederum auf 10 Cent (bei Start- und Freizeittarifen) angehoben worden. Bemerkenswert ist die Tarifgestaltung von *tele.ring*. So hat der Anbieter sowohl im Freizeittarif als auch im Businesstarif die Gesprächspreise ins eigene Netz auf 1 Cent pro Minute gesenkt. Dies gilt sowohl für Peak- als auch für Off-peak-Zeiten.

Weiterhin ist auffällig, dass *tele.ring* heute ein im Vergleich zu den anderen Anbietern geringes Preisniveau aufweist. Auch *Mobilkom* hat die Tarife 2002 leicht verändert. Zwar wurden einige Tarifsenkungen durchgeführt, doch wurden auch leichte Preiserhöhungen bei einigen Diensten vollzogen. So hat *Mobilkom* ebenfalls die Anrufe ins eigene Netz für Wenigtelefonierer auf 10 Cent angehoben. Wie alle Anbieter, hat auch *T-Mobile* die Preisstruktur 2002 angepasst, indem das Unternehmen einige Preissenkungen aber auch Preiserhöhungen durchgeführt hat. Grundsätzlich wurden auch hier die Tarife vereinfacht, indem teilweise gleiche Preise für Peak- und Off-peak-Zeiten oder „runde“ Beträge gesetzt wurden.

Tendenziell wurden 2002 die On-net Gespräche eher teuerer und Grundgebühren eher herabgesetzt. Weiterhin lässt sich feststellen, dass zwei verschiedene Strategien bezüglich der Preissetzung in Peak- und Off-peak Bereichen angewendet wurden. Zum einen ist eine Spreizung von Peak- und Off-peak-Preisen beibehalten worden. Andererseits jedoch ist bei einigen Tarifen auch eine Egalisierung von Peak- und Off-peak-Raten zu verzeichnen. Insgesamt ist es 2002 eher zu Veränderungen der jeweiligen Preisstruktur gekommen, als zu eindeutigen Preissenkungen oder -erhöhungen.[8]

Generelle Preisentwicklung. Wenn man die Preisveränderungen im Überblick betrachtet, fällt auf, dass sich zunächst relativ wenige Preissenkungen bei den monatlichen Grundgebühren und bei den Gesprächen in andere Mobilfunknetze ergeben haben. Bei den Business-Tarifen liegen die monatlichen Grundgebühren ziemlich einheitlich bei etwa 28 Euro, und zwar schon seit langer Zeit, häufig seit dem Netz- bzw. Tarifstart. Erst im Jahre 2002 kam es bei den Grundgebühren der verschiedenen Tarife zu einigen Veränderungen.

Bei den Freizeit-Tarifen liegen die Grundgebühren bei *allen Anbietern* im Bereich von 15 Euro pro Monat, lediglich *Mobilkom Austria* verlangt eine Grundgebühr von 19 Euro. In den Wenigtelefonierer-Tarifen liegt der Monatspreis gegenwärtig bei drei Betreibern bei 10 Euro, während *tele.ring* lediglich 6,95 Euro in Rechnung stellt.

Bei den Gesprächsgebühren in andere Mobilfunknetze ist häufig festzustellen, dass die Preisstruktur in der Weise verändert wurde, dass die Peak-Tarife gesenkt und die Offpeak-Tarife angehoben oder aber nur leicht gesenkt wurden. Insgesamt weisen die Zahlen in der Spalte der gesamten Preisveränderungen jedoch aus, dass das Gesprächspreisniveau von der allgemeinen Preissenkungstendenz nicht erfasst wurde. Es ist ökonomisch nachvollziehbar, dass die Gespräche in fremde Mobilfunknetze teurer sind als andere Gespräche. Das festzustellende quantitative Ausmaß mit einem Preisfaktor von 4 bis 5 gegenüber On-net-Gesprächen und zum Teil auch gegenüber Gesprächen ins Festnetz ist dennoch bemerkenswert.

2. *Zwischenfazit*

Die Analyse der Preisentwicklung auf dem österreichischen Mobilfunkmarkt hat deutlich gemacht, dass die Minutenpreise von den Betreibern in mehreren Schüben seit 1997 deutlich gesenkt wurden. Die Ursache war dafür häufig der Markteintritt eines neu konzessionierten Netzbetreibers, der gezwungen war (und ist), durch Preisunterbietung des (der) Etablierten, öffentliche Aufmerksamkeit zu erreichen und die Mobilfunk-Teilnehmerzahlen und Umsätze zu erhöhen, um seine durch mangelnde Kostendegression bedingten Nachteile abzubauen.

Dabei fielen die Preissenkungsschritte häufig sehr kräftig aus, waren also signifikante Kostenminderungen für die Kunden. Die Spalten in Abb. 1.28 zeigen die Preisveränderung über die gesamte Zeitspanne, die jedoch für die einzelnen Betreiber unterschiedlich viele Jahre umfasst.

---

8 Neben den vier Netzbetreibern ist mittlerweile auch *Hutchison* mit der Marke 3 im österreichischen Mobilfunksektor tätig. Zwar soll hier nicht näher auf die Preissetzung des Unternehmens eingegangen werden, jedoch ist erwähnenswert, dass die Marke 3 mit Minutenpreisen von 0,4 Cent für Gespräche in alle österreichischen Netze wirbt. Dieser Preis gilt jedoch nur im Tarif 3VideoPlus250, bei dem vorab 250 freie Sprachminuten im Grundpreis enthalten sind.

		Business	Start / Wenigtelef.	Freizeit / Privat	Prepaid

Mobilkom Austria

Tarifname		A1 Business	A1 Start/Start Plus	A1 Fun/Fun Plus	BFREE (C.&K.)
Grundgebühr		2,43%	-28,28%	-9,14%	
ruft Festnetz	Peak	-81,91%	-22,94%	-42,20%	-1,61%
	Off-peak	-71,04%	-15,23%	5,95%	-1,61%
ruft andere Mobilfunknetze	Peak	-35,39%	-22,94%	-42,20%	-1,61%
	Off-peak	3,40%	5,95%	76,59%	-1,61%
ruft eigenes Mobilfunknetz	Peak	-81,91%	-78,80%	-85,16%	-57,83%
	Off-peak	-71,04%	-57,61%	-50,55%	-1,61%

T-Mobile

Tarifname		Profi.max	Mini.max	Freizeit.max	Klax.max.flex
Grundgebühr		-13,69%	39,13	-30,89%	
ruft Festnetz	Peak	-69,79%	-58,26%	-40,11%	0%
	Off-peak	-56,68%	-58,26%	8,74%	0%
ruft andere Mobilfunknetze	Peak	-54,69%	-58,26%	-40,11%	0%
	Off-peak	-35,02%	-58,26%	44,99%	0%
ruft eigenes Mobilfunknetz	Peak	-65,21%	-65,21%	-65,21%	0%
	Off-peak	-56,68%	-65,21%	-52,50%	0%

One

Tarifname		Standard/ Business	One 99	One Classic	Take One/ Take One 3Zeit
Grundgebühr		-31,11%	39,13%	-31,11%	
ruft Festnetz	Peak	-51,79%	-54,08%	-48,34%	-17,36%
	Off-peak	-51,79%	-31,12%	-31,12%	-24,92%
ruft andere Mobilfunknetze	Peak	-31,11%	-17,35%	-58,67%	-17,36%
	Off-peak	-31,11%	3,30%	-48,34%	-24,92%
ruft eigenes Mobilfunknetz	Peak	-3,58%	37,74%	106,61%	726,44%
	Off-peak	-3,58%	37,74%	106,61%	200,30%

tele.ring

Tarifname		Mobil 150	Mobil 20	Mobil 60	tele.ring twist
Grundgebühr		0,00%	-3,00%	3,47%	
ruft Festnetz	Peak	-3,58%	-2,00%	-1,10%	-1,29%
	Off-peak	-3,58%	0,00%	-5,75%	-3,58%
ruft andere Mobilfunknetze	Peak	-1,19%	-2,00%	-1,18%	-35,27%
	Off-peak	-1,19%	-1,00%	-1,10%	28,55%
ruft eigenes Mobilfunknetz	Peak	-75,00%	-4,00%	-86,22%	-3,58%
	Off-peak	-75,00%	-4,00%	-86,22%	-3,58%

Anmerkung: Aufgrund der Umrechnung von ATS in Euro können leichte Messfehler entstehen.

Abb. 1.28: Prozentuale Preisveränderungen

Die Preissenkungen im Zeitablauf im Zusammenhang mit den ebenfalls quantitativ bedeutsamen Reaktionen der übrigen Netzbetreiber dokumentieren die hohe Wettbewerbsintensität auf dem österreichischen Mobilfunkmarkt der letzten fünf Jahre. Besonders bemerkenswert waren dabei die Preissenkungen für die On-net-Gespräche auf sehr niedrige 7 Cent pro Minute ganztägig, die ausgehend von einem Vorstoß von *T-Mobile* kurz nach dessen Markteintritt von den anderen Betreibern übernommen und nach und nach auf (fast) alle Tarife ausgeweitet wurden und zwischenzeitlich sogar für Prepaid galten. Zwar wurden nicht in allen Bereichen diese 7-Cent-Preise beibehalten, doch blieben die Tarife grundsätzlich auf relativ geringem Niveau. Wie bereits erwähnt verlangt *tele.ring* sogar Minutenpreise von nur 1 Cent.

Ebenfalls von großer Relevanz ist die Reduzierung aller Gesprächspreise ins Festnetz (die den Großteil der Telefonate ausmachen) für alle Business-Kunden auf ebenfalls nur 7 Cent ganztägig. Lediglich *T-Mobile* hat hier die Preise wieder auf 10 Cent erhöht. Insgesamt kann man anhand der Abb. 1.28 ersehen, dass die Preissenkungen in den wenigen Jahren des Mobilfunks in Österreich sehr deutlich ausgefallen sind.

§ 4: Österreich im internationalen Vergleich der Mobilfunkentwicklung

Im Folgenden werden einige wesentliche Strukturmerkmale des österreichischen Mobilfunksektors einem internationalen Vergleich unterzogen. Dabei stehen insbesondere die Penetrationsraten, die Preisniveaus, sowie die Konzentrationsentwicklung im Vordergrund.

I. *Penetrationsraten*

Hohe Penetrationsraten werden als Erfolgsausweise des Mobilfunks einzelner Länder betrachtet.[9] Hierbei kann die Geschwindigkeit, mit der ein Produkt von den Konsumenten im Zeitverlauf adoptiert wird, durchaus als Hinweis auf die Funktionsfähigkeit des Wettbewerbs interpretiert werden. Grundlegende Annahme ist dabei, dass der Einsatz verschiedener Aktionsparameter das Nachfrageverhalten der Konsumenten beeinflusst.

In Ländern mit intensiverem Wettbewerb ist ceteris paribus davon auszugehen, dass eine höhere Penetration festzustellen ist als in Ländern mit geringerer Wettbewerbsintensität. Dabei ist jedoch kritisch zu bemerken, dass die folgende deskriptive Analyse auf zahlreiche Faktoren verzichten muss, welche die Penetrationsraten ebenfalls beeinflussen.

9 Als Penetrationsrate wird der prozentuale Anteil der Versorgung an der Gesamtbevölkerung bezeichnet. Geht man jedoch davon aus, dass auch Mehrfachkäufe möglich sind, so ist theoretisch ein Versorgungsgrad von über 100% denkbar.

Weiterhin sind die Penetrationsraten selbst mit einiger Vorsicht zu betrachten, da diese aufgrund der Unsicherheit über die tatsächliche Nutzung von Prepaid-Karten möglicherweise verzerrt gemessen werden. Dennoch kann die Betrachtung von Vergleichsmärkten einige Hinweise auf die wettbewerbliche Situation geben.

Die Abb. 1.29 zeigt die jährlichen Mobilfunk-Penetrationsraten europäischer Länder. Während Österreich Mitte der neunziger Jahre nur geringe Raten verzeichnen konnte, sind diese ab 1997, also ungefähr mit der Einführung des Wettbewerbs, stark angewachsen. Im Jahr 2001 lag Österreich mit seiner Penetrationsrate dann an der Spitze der europäischen Länder. In den Folgejahren 2002 und 2003 weisen nun auch andere europäischen Länder eine hohe Penetration auf.[10]

Der Abb. 1.30 sind die jährlichen Wachstumsraten der unterschiedlichen Mobilfunkmärkte in verschiedenen Ländern zu entnehmen. Auffällig ist hierbei, dass besonders in den osteuropäischen Ländern, in denen gerade in den letzten Jahren ein starker Anstieg der Mobilfunkpenetration zu verzeichnen war, ein 200-300% *durchschnittliches* Wachstum festzustellen ist. Darüber hinaus lassen sich z.T. Wachstumsraten von bis zu 1000% beobachten. Diese Entwicklung ist jedoch typisch für die Einführungsphase bei der Diffusion neuer Produkte. Für die westeuropäischen Länder fallen die Wachstumsraten wegen des hohen Ausgangsniveaus dementsprechend im Betrachtungszeitraum nicht so hoch aus.

Noch deutlicher wird diese Entwicklung, wenn lediglich eine Auswahl an europäischen Ländern betrachtet wird, die sich auf einem ähnlichen Niveau befinden (vgl. Abb. 1.31). Während sich 1996 lediglich die Penetrationsraten von Finnland und Schweden deutlich von denen anderer Ländern abgehoben haben und sich Österreich im unteren Drittel der Auswahl bewegte, lässt sich im Jahre 1997 ein starker Anstieg verzeichnen. Diese Zunahme fällt interessanterweise ziemlich genau mit der Einführung von Wettbewerb, d.h. mit dem Marktzutritt von *T-Mobile* (Ende 1996), zusammen. Eine weitere deutliche Steigerung der Penetration lässt sich 1998 zusammen mit dem Marktzutritt von *One* feststellen. Dies lässt sich insbesondere auch an den im Vergleich zu anderen Ländern hohen Wachstumsraten in den entsprechenden Jahren feststellen. Auch fallen die Werte für Österreich in dem genannten Zeitraum höher aus, als die durchschnittlichen Wachstumsraten der westeuropäischen Länder (vgl. Abb. 1.30). Zusammen mit Italien weist Österreich dann im Jahre 2000 die höchsten Raten auf. Mittlerweile ist der Anstieg der Penetrationsrate allerdings wieder ein wenig zurückgegangen.

Auch bei vorsichtiger Interpretation scheint es Hinweise darauf zu geben, dass die Marktzutritte in Österreich dafür gesorgt haben, dass es zu deutlichen Steigerungen der Penetrationsraten, bzw. der Diffusionsgeschwindigkeit gekommen ist. Unterstützt wird diese These auch durch den teilweise regen Preiswettbewerb, welcher ebenfalls mit dem Marktzutritt initiiert wurde. Offensichtlich hat die seit Ende 1996 vorhandene Konkur-

---

10 Eine leichte Verzerrung dieser Darstellung ergibt sich durch eine statistische Korrektur bei der Messung der Mobilfunkkunden. Da die verkaufte Anzahl an Prepaid-Karten nicht unbedingt darauf hinweist, dass auch diese Karten noch in Betrieb sind, haben einige der Betreiber diese nach und nach herausgerechnet. Bemerkenswert ist auch die z.T. starke Zunahme der Penetrationsraten in den osteuropäischen Ländern.

renzsituation zu einer Preisreduktion und einer damit verbundenen Mengenausweitung geführt. Bemerkenswert ist dabei vor allem die Geschwindigkeit, in welcher der Diffusionsprozess vollzogen wurde.

	1994	1995	1996	1997	1998	1999	2000	2001	2002	4/2003
Luxemburg	3,14	7,48	11,25	16,80	30,15	48,94	68,68	74,55	110,01	113,03
Portugal	1,87	3,15	5,63	14,35	30,07	47,12	66,61	72,00	90,47	94,36
Island	8,37	11,79	17,74	25,19	34,08	62,05	75,89	77,44	93,29	92,18
Italien	3,93	6,88	11,22	20,56	35,49	52,56	73,32	76,97	92,16	92,12
Schweden	15,85	22,72	27,78	36,22	51,12	57,40	75,37	71,36	88,10	90,85
Slowenien	0,84	1,36	2,17	4,78	8,51	32,91	50,44	75,99	84,85	90,39
Finnland	12,83	19,87	29,24	42,12	57,80	65,88	72,78	74,03	86,80	89,24
Tschechien	0,27	0,45	1,95	5,08	9,60	18,88	30,58	67,63	83,96	85,63
Spanien	1,05	2,41	7,55	10,92	17,63	37,51	61,29	64,45	83,17	85,09
GB	6,08	9,38	11,66	14,29	22,26	41,00	68,09	72,35	82,94	83,23
Montenegro	-	-	0,81	2,99	7,08	11,65	31,78	59,81	90,13	82,98
Österreich	3,48	4,80	7,48	14,55	28,39	51,79	74,53	78,19	82,17	82,68
Irland	2,31	3,46	7,36	14,15	22,31	37,36	64,29	70,64	79,49	81,15
Dänemark	9,80	15,21	25,70	28,63	35,66	51,58	66,34	67,18	78,59	81,05
Schweiz	4,73	6,39	9,15	14,30	22,39	43,34	63,20	64,55	78,90	80,10
Ukraine	0,01	0,03	0,06	0,13	0,29	0,62	0,92	4,45	7,38	8,02
Norwegen	13,66	22,84	28,59	38,29	47,30	61,70	81,47	73,57	79,71	79,17
Griechenland	1,55	2,77	4,89	9,29	15,98	36,57	55,73	58,99	75,70	78,55
Niederlande	2,10	3,53	6,50	10,82	21,35	42,67	68,00	71,65	74,56	73,28
Belgien	1,27	2,33	4,72	9,73	17,59	31,79	55,21	61,85	73,74	71,74
Deutschland	3,05	4,58	7,08	10,15	17,05	28,35	58,50	62,27	69,52	70,28
Ungarn	1,37	2,44	4,70	6,96	10,50	15,89	25,37	49,56	67,85	70,21
Zypern	3,19	6,18	9,84	12,79	15,82	20,14	25,03	25,61	60,92	64,16
Estland	0,96	2,06	4,10	10,09	16,42	25,57	34,32	52,27	57,78	62,70
Frankreich	1,53	2,38	4,30	9,95	19,16	35,32	50,24	54,08	61,60	62,13
Slowakei	0,13	0,23	0,54	3,78	10,65	16,94	24,76	39,86	53,20	57,16
Kroatien	0,50	0,73	1,62	2,68	4,16	10,40	15,55	31,97	51,80	54,55
Litauen	0,12	0,40	1,80	4,20	8,72	9,34	13,43	24,06	43,19	44,01
Lettland	0,33	0,60	1,14	3,06	6,33	12,25	13,83	25,54	37,72	41,01
Polen	0,11	0,22	0,63	2,17	4,83	10,70	15,30	26,09	35,47	38,23
Bulgarien	0,08	0,24	0,45	0,61	1,60	3,52	6,47	17,93	32,49	32,63
Albanien			0,07	0,10	0,17	0,27	0,37	12,57	27,30	30,09
Rumänien	0,01	0,04	0,09	0,97	3,21	6,11	9,12	16,78	22,75	23,53
Serbien	-	-	0,11	0,61	1,50	2,21	2,60	15,63	21,56	22,85
Mazedonien	-	-	0,06	0,46	1,58	2,69	4,23	10,97	8,86	19,08
Bosnien	-	-	0,02	0,19	0,40	1,23	2,12	11,20	16,87	18,69

Anmerkung: Die Daten beziehen sich jeweils auf das Ende des Jahres. Eine Ausnahme bilden die Daten von 2003, welche sich jeweils auf den 1.April beziehen.

Abb. 1.29: Mobilfunk-Penetration europäischer Länder (Quelle: Mobile Communications, div. Ausgaben)

	1995	1996	1997	1998	1999	2000	2001	2002	Mittlere Wachstumsrate
Bosnien	-	-	850,00	110,53	207,50	72,36	428,30	50,63	207,38
Albanien	-	-	42,86	70,00	58,82	37,04	3297,30	117,18	170,29
Rumänien	300,00	125,00	977,78	230,93	90,34	49,26	83,99	35,58	162,79
Serbien	-	-	454,55	145,90	47,33	17,65	501,15	37,94	141,01
Mazedonien	-	-	666,67	243,48	70,25	57,25	159,34	-19,23	129,90
Ukraine	-	-	116,67	123,08	113,79	48,39	383,70	65,84	123,00
Montenegro	-	-	269,14	136,79	64,55	172,79	88,20	50,69	119,31
Slowakei	76,92	134,78	600,00	181,75	59,06	46,16	60,99	33,47	114,90
Bulgarien	200,00	87,50	35,56	162,30	120,00	83,81	177,13	81,20	111,87
Litauen	233,33	350,00	133,33	107,62	7,11	43,79	79,15	79,51	108,70
Polen	100,00	186,36	244,44	122,58	121,53	42,99	70,52	35,95	105,85
Tschechien	66,67	333,33	160,51	88,98	96,67	61,97	121,16	24,15	104,92
Lettland	81,82	90,00	168,42	106,86	93,52	12,90	84,67	47,69	80,82
Kroatien	46,00	121,92	65,43	55,22	150,00	49,52	105,59	62,03	78,61
Slowenien	61,90	59,56	120,28	78,03	286,72	53,27	50,65	11,66	78,05
Spanien*	129,52	213,28	44,64	61,45	112,76	63,40	5,16	29,05	72,72
Estland	114,58	99,03	146,10	62,74	55,72	34,22	52,30	10,54	66,89
Belgien*	83,46	102,58	106,14	80,78	80,73	73,67	12,03	19,22	66,14
Ungarn	78,10	92,62	48,09	50,86	51,33	59,66	95,35	36,90	62,87
Griechenland	78,71	76,53	89,98	72,01	128,85	52,39	5,85	28,33	62,59
Portugal*	68,45	78,73	154,88	109,55	56,70	41,36	8,09	25,65	62,39
Frankreich*	55,56	80,67	131,40	92,56	84,34	42,24	7,64	13,91	58,71
Niederlande*	68,10	84,14	66,46	97,32	99,86	59,36	5,37	4,06	56,23
Luxemburg*	138,22	50,40	49,33	79,46	62,32	40,34	8,55	47,57	55,97
Irland*	49,78	112,72	92,26	57,67	67,46	72,08	9,88	12,53	55,62
*Österreich**	37,93	55,83	94,52	95,12	82,42	43,91	4,91	5,09	48,47
Italien*	75,06	63,08	83,24	72,62	48,10	39,50	4,98	19,73	48,34
Deutschland*	50,16	54,59	43,36	67,98	66,28	106,35	6,44	11,64	47,81
Zypern	93,73	59,22	29,98	23,69	27,31	24,28	2,32	137,88	44,58
Schweiz*	35,10	43,19	56,28	56,57	93,57	45,82	2,14	22,23	42,15
UK*	54,28	24,31	22,56	55,77	84,19	66,07	6,26	14,64	38,63
Island*	40,86	50,47	42,00	35,29	82,07	22,30	2,04	20,47	35,17
Dänemark*	55,20	68,97	11,40	24,55	44,64	28,62	1,27	16,98	29,72
Finnland*	54,87	47,16	44,05	37,23	13,98	10,47	1,72	17,25	26,99
Norwegen*	67,20	25,18	33,93	23,53	30,44	32,04	-9,70	8,35	24,66
Schweden*	43,34	22,27	30,38	41,14	12,28	31,31	-5,32	23,46	23,91
Durchschnittl. Wachstumsrate der mit * gekennz. westeurop. Länder	63,02	64,71	60,97	62,03	63,46	46,55	4,06	17,95	

Abb. 1.30: Jährliche Wachstumsraten bei den Mobilfunknutzern in Prozent, Reihung nach durchschnittlicher Wachstumsrate 1995-2002 (Quelle: Mobile Communications, div. Ausgaben)

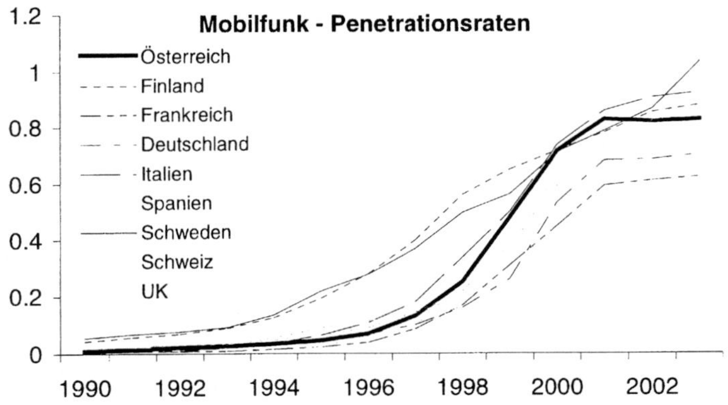

Abb. 1.31: Penetrationsraten-Entwicklung ausgewählter Länder in Europa (Quelle: Mobile Communications)

II. Konzentration

Ein weiteres Indiz für den intensiven Wettbewerb im österreichischen Mobilfunk ist die im Vergleich zu anderen Ländern geringe Anbieterkonzentration. Nach Großbritannien und den Niederlanden weist Österreich den niedrigsten Herfindahl-Index auf. Außerdem besteht ein deutlicher Abstand zum arithmetischen Mittel der Konzentration aller Länder (etwa 4096, Abb. 1.32 enthält die Werte für April 2003).

III. Preise

Internationale Preisvergleiche sind auf vielen Märkten ein guter Maßstab dafür, welche Effekte bisher vom Wettbewerb ausgegangen sind.

Beim Mobilfunk sind solche Vergleiche (auch unter Vernachlässigung von Unterschieden in der Flächendeckung, Qualität etc.) allerdings überraschenderweise mit besonderen Problemen verbunden. Ein Grund ist die Tatsache, dass Mobilfunkpreise die Form mehrteiliger Tarife haben, die Grundgebühren, Gesprächsgebühren in verschiedene in- und ausländische Fest- und Mobilnetze zu verschiedenen Tages- und Wochenzeiten, SMS-Preise, Freiminuten, besondere Rabatte etc., enthalten.

In jedem Land hat jeder einzelne Betreiber mehrere solcher mehrteiligen Tarife im Angebot, die jeweils für unterschiedliche Kundengruppen attraktiv sind. Hinzu kommen besondere Konditionen für spezielle Nutzergruppen und Großkunden, die in der Regel nicht öffentlich bekannt sind. In einigen Ländern operieren Diensteanbieter mit zusätzlichen Tarifangeboten.

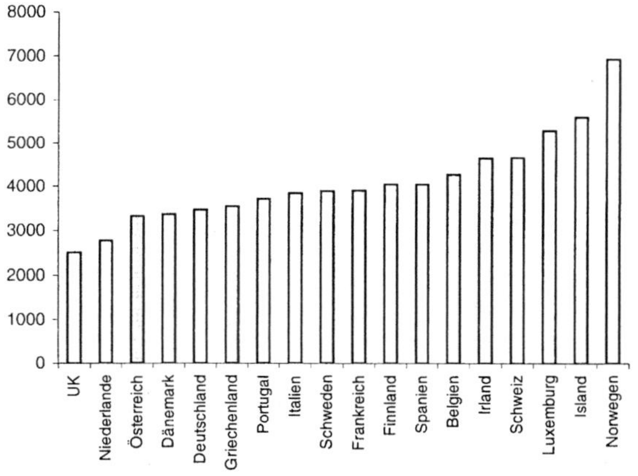

Abb. 1.32: Herfindahl-Indizes im internationalen Vergleich (Quelle: Mobile Communications)

Ein zweiter, ganz wesentlicher Grund ist die Tatsache, dass in einigen Ländern die Endgeräte (Handys), insbesondere für Privatkunden, von den Mobilfunkanbietern stark subventioniert werden. Dies sind nicht nur geldwerte Vorteile für die Kunden, sondern auch wesentliche Kosten für die Anbieter, die über andere Tarifelemente zusätzlich gedeckt werden müssen.

Um diesen Tarifstrukturen und Subventionspraktiken in den einzelnen Ländern einigermaßen gerecht zu werden, müssten umfangreiche Modellrechungen durchgeführt werden, die unterschiedliche Nutzerprofile berücksichtigen. Dieser Aufwand wird für die meisten Preisvergleiche nicht betrieben. Die Mehrzahl der internationalen Statistiken und Vergleichsrechnungen der Mobilfunkpreise verschiedener Länder lässt die Handy-Preise (Handy-Subventionierung durch die Netzbetreiber und Diensteanbieter) außer Betracht. Damit sind ihre Ergebnisse entsprechend problematisch.

Eine Ausnahme machen hier seit einigen Jahren die internationalen Benchmark-Studien der britischen Regulierungsbehörde Oftel, die unterschiedliche Tarife und Nutzercharakteristika berücksichtigen und die effektiven Preise der Endgeräte für die Kunden explizit einbeziehen. Der Nachteil ist allerdings, dass sie nur die fünf Länder Großbritannien, Deutschland, Frankreich, Italien und Schweden einbezieht.

Die Ergebnisse der Berechnungen für August 2001 und August 2002 sind in Abb. 1.33 zusammengefasst,[11] wobei die Berechnungen für 2001 nach unterschiedlichen Nut-

11 Vgl. Oftel (2001, 2002). Ausführungen zur Methodik und zur Zusammensetzung der Warenkörbe finden sich außerdem in der entsprechenden Oftel-Studie vom Dezember 2000 (verfügbar in http://www.oftel.gov.uk/publications/research/benc1200.htm). Die Warenkörbe umfassen eine vari-

zungsintensitäten in Minuten (Warenkörben) differenziert sind, was einen internationalen Vergleich sowohl für Wenig- als auch für Vieltelefonierer ermöglicht. Die Ergebnisse sind als Indexwerte angegeben, jeweils mit Großbritannien (UK) gleich 100.

	inklusive Handy						exklusive Handy					
	Warenkörbe/Minuten 2001				Mittelwert		Warenkörbe/Minuten 2001				Mittelwert	
	245	468	1133	3812	2001	2002	245	468	1133	3812	2001	2002
Italien	128	130	125	127	122	127	120	129	124	110	116	110
Schweden	99	98	82	104	108	96	126	118	102	101	144	111
UK	100	100	100	100	100	100	100	100	100	100	100	100
Frankreich	102	97	99	89	94	99	145	148	118	86	141	129
Deutschland	85	94	95	104	91	94	172	164	136	105	146	133

Abb. 1.33: Internationaler Preisindex für Mobilfunkdienste mit und ohne Handy-Preise (Quelle: Oftel, 2001a)

Wenn man die Indexwerte im linken Teil der Abbildung (d.h. inklusive Handy) mit den entsprechenden Werten auf der rechten Seite (d.h. ohne Handy) vergleicht, zeigen sich gravierende Unterschiede. Z.B zeigen die Mittelwerte der Preise der Mobilfunk-Dienstleistungen ohne Handykosten für beide Jahre, dass Deutschland das teuerste der fünf Länder war. In Großbritannien waren die Preise mit Abstand am niedrigsten.

Unter Einbeziehung der Endgerätekosten für die Nutzer war Deutschland hingegen in beiden Jahren das billigste und Italien das teuerste Land. Großbritannien lag im Mittelfeld. Dieses Ergebnis erklärt sich im wesentlichen durch die sehr hohen Handy-Subventionen durch die Mobilfunkanbieter in Deutschland. Die entsprechenden Kosten müssen die Netzbetreiber durch höhere Gesprächsgebühren decken.

Von diesem Effekt profitieren die Wenigtelefonierer (hier 245 Minuten) am meisten, d.h. die Kunden mit geringem Gesprächsvolumen. Hier ist der Indexwert "inklusive Handy" (85) besonders niedrig und nur halb so hoch wie der ebenfalls extreme Wert "exklusive Handy" (172).

Das quantitative Ausmaß der Unterschiede der rechten und linken Seite der Abbildung relativiert damit die Aussagefähigkeit von internationalen Vergleichsstatistiken ohne Einbeziehung der tatsächlichen Handy-Kosten für die Kunden.

Das gilt auch für den OECD-Vergleich eines Kunden mit „mittelstarkem Telefonierverhalten", der in der Abb. 1.34 wiedergegeben ist. Die OECD unterstellt in ihrem Bericht (OECD, 2003) 75 Anrufe pro Monat zu verschiedenen Tages- und Wochenzeiten, sowie in verschiedene Mobilfunknetze und ins Festnetz. Das Bild zeigt, dass Österreich im unteren Mittelfeld der Preise liegt.

Nimmt man statt der Analyse eines „mittelstarken Telefonierverhaltens" eine Betrachtung des *durchschnittlichen* Mobilfunkkunden vor, so kommt man zu dem Ergebnis,

ierende Anzahl an Verbindungen, die gesamte Verbindungszeit in Minuten, Anrufe zur Voice Mail sowie eine bestimmte Anzahl von SMS. Die hier angegebenen Mittelwerte beziehen sich auf die Ergebnisse aller von Oftel gebildeten Warenkörbe.

dass Österreich bezüglich der Privatkundentarife ebenfalls im unteren Mittelfeld der ausgewählten Länder anzutreffen ist (vgl. OECD, 2003, S. 164).

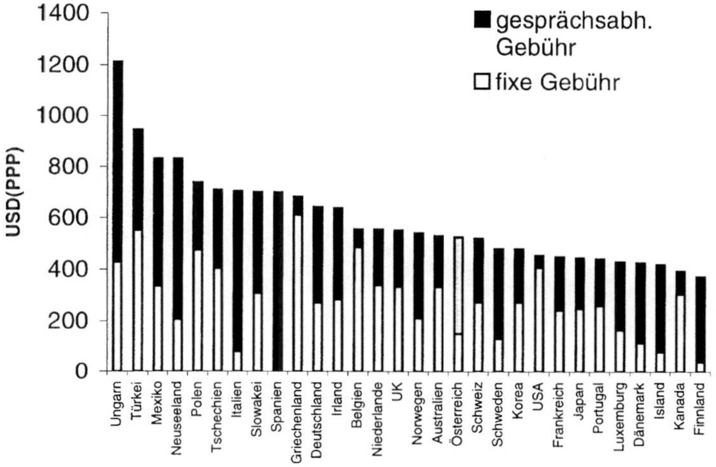

Abb. 1.34: Gesprächsgebühren für ein mittelstarkes Telefonierverhalten, (OECD, 2003)

Zu den vorher genannten Problemen kommt noch hinzu, dass die OECD-Vergleichsrechnung aus Aufwandsgründen für jedes Land nur einen Betreiber erfasst (in der Regel den Marktführer), was die Ergebnisse erheblich verzerren dürfte.

Außerdem können in solchen Vergleichen tarifliche oder mengenmäßige Besonderheiten einzelner Länder oder Betreiber nicht erfasst werden. Zum Beispiel kann man davon ausgehen, dass die in Österreich außergewöhnlich niedrigen On-net-Tarife auch zu vergleichsweise hohen Minutenzahlen in diesem Bereich führen, sodass die durchschnittlichen Gesprächsgebühren eines österreichischen Kunden relativ niedriger sind als in der Vergleichsrechnung ausgewiesen.

Nach der Unterteilung der Abb. 1.33 gehören die OECD-Zahlen in die rechte Hälfte, erfassen also nur die Mobilfunkdienste ohne Handy-Preise. Da in Österreich auch relativ hohe Handy-Subventionen üblich sind (wenngleich wohl nicht ganz so hoch wie in Deutschland), kann man davon ausgehen, dass sich bei deren Einbeziehung die internationale Platzierung merklich verändern würde. Österreich dürfte zu den Ländern mit den geringsten Mobilfunkpreisen für die Nutzer zählen.

IV. Preise und Penetrationsraten

Abschließend wollen wir das Augenmerk auf einen interessanten Zusammenhang bezüglich der Penetrationsraten und dem Preisniveau richten. Wie bereits vorher erwähnt wurde, haben sich die Mobilfunkprodukte mittlerweile zu Massenprodukten entwickelt, der Diffusionsprozess ist weit fortgeschritten und das Preisniveau ist deutlich gesunken. Fraglich ist nun, ob ein solcher Zusammenhang auch dem internationalen Vergleich standhält. Oder anders ausgedrückt, ob eine mögliche Beziehung zwischen Preisen und Penetrationsraten im Länderquerschnitt feststellbar ist.

Aus diesem Grund sind in Abb. 1.35 die Preise und Penetrationsraten in einer gemeinsamen Darstellung zusammengeführt. Dazu wurden für einige europäische Länder die Privatkundenpreise eines Kunden mit mittlerem Telefonieraufkommen welche von der OECD erhoben wurden den Penetrationsraten gegenübergestellt.

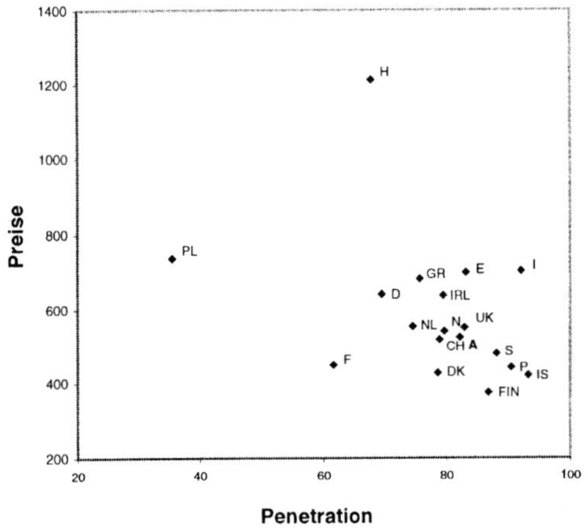

Abb. 1.35: Preise und Penetration (Datenquelle: OECD, Communications Outlook und Mobile Communications)

Wie sich leicht erkennen lässt, liegt tendenziell ein negativer Zusammenhang zwischen dem Preisniveau und der Marktdurchdringung vor. Zwar lassen sich in dieser rein deskriptiven Darstellung keine eindeutigen Aussagen über die Kausalität von Marktpenetration und Wettbewerbsintensität treffen. Jedoch ist eine solche Kausalbeziehung auch nicht notwendig, da es hinreichend ist, einen entsprechenden Bezug zu identifizieren.

Festzuhalten bleibt, dass die bisherigen Ausführungen gezeigt haben, dass sowohl isoliert betrachtet, als auch im internationalen Vergleich der österreichische Mobilfunkmarkt von einer starken Penetration und relativ geringem Preisniveau gekennzeichnet ist.

V. Andere Einschätzungen

Nachfolgend werden die Ergebnisse zweier Studien, welche den Vergleich von Wettbewerbsintensitäten in verschiedenen Ländern zum Ziel haben, kurz dargestellt. Hierbei handelt es sich zum einen um eine Analyse von Teligen (2001), welche im Auftrag der

EU-Kommission erstellt wurde, zum anderen um eine Studie des WIK (Elixmann et al., 2001).

Kernpunkt der Untersuchung von Teligen (2001) ist die Erstellung von Wettbewerbsindizes verschiedener europäischer Länder für den Mobilfunk. Ein hoher Wert bedeutet hierbei, dass die jeweilige Wettbewerbsintensität ebenfalls als hoch eingestuft wird. Die Darstellung 1.36 zeigt, dass Österreich hierbei die Spitzenposition in Europa einnimmt und mit Abstand die höchste Wettbewerbsintensität aufweist.

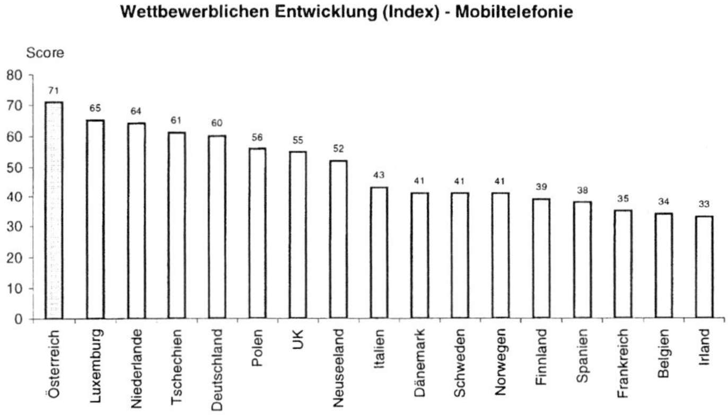

Abb. 1.36: Teligen-Index-Mobile (Quelle: Teligen 2001)

Eine ähnliche Studie wurde vom WIK (Wissenschaftliches Institut für Kommunikationsdienste) durchgeführt. Auch diese bescheinigt dem österreichischen Mobilfunk eine hohe Wettbewerbsintensität. Grundlage der Studie ist ein vom WIK selbsterstellter Index, der ein vergleichendes Maß der Wettbewerbsintensität darstellen soll.

Bei der Berechnung des WIK-Wettbewerbsindexes wurden folgende Maße verwendet: Zunächst wird die Marktkonzentration mittels des Hirschmann-Herfindahl-Indexes erfasst und somit die Marktstruktur abgebildet. Als ein weiteres Strukturmerkmal wird die Penetrationsrate berechnet. Letztendlich wird das Preisniveau des Marktführers analysiert und somit ein Maß für das Marktergebnis bereitgestellt. Alle drei Elemente gehen mit gleichem Gewicht in die Indexberechnung ein.

Wie der Abb. 1.37 zu entnehmen ist, liegt Österreich mit einem Indexwert von 0,71 nur knapp hinter der Spitzengruppe (Dänemark, Niederlande und Finnland). In Österreich liegt also, auch nach dem WIK-Index im Vergleich zu den meisten Ländern Europas, eine relativ hohe Wettbewerbsintensität vor.

Insgesamt weisen beide Studien darauf hin, dass der österreichische Mobilfunksektor von einer relativ hohen Wettbewerbsintensität gekennzeichnet ist. Natürlich handelt es sich lediglich um Momentaufnahmen, so dass Aussagen über das tatsächliche Verhalten der Anbieter und die zukünftige Entwicklung kaum möglich sind. Andererseits jedoch, stellen die Studien heraus, dass Österreich im Vergleich zu anderen Ländern eine sehr gute Position einnimmt.

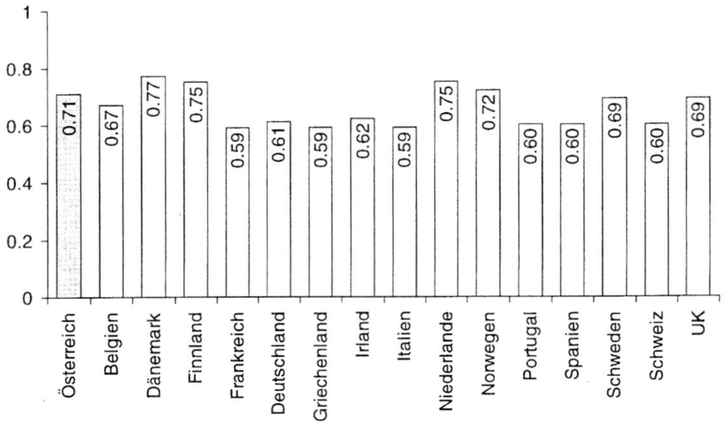

Abb. 1.37: WIK-Wettbewerbsindex, Stand 1.1.2002

§ 5: Fazit

Im Verlauf dieses Kapitels ist deutlich geworden, dass sich der österreichische Mobilfunk durch die Einführung wettbewerblicher Strukturen rapide verändert hat. Durch den Marktzutritt der drei Wettbewerber ist es zum einen zu einem Anstieg der Teilnehmerzahlen und zum anderen zu einer Erhöhung der Diffusionsgeschwindigkeit gekommen. Darüber hinaus lassen sich z.T. deutliche Preissenkungen feststellen.

Aufgrund des Fehlens von adäquaten Maßstäben haben wir weitere nationale Vergleichsmärkte herangezogen, um eine Einschätzung der wettbewerblichen Entwicklung vorzunehmen. Auch hier beim internationalen Vergleich hat sich gezeigt, dass Österreich sowohl was die Penetration und Konzentration betrifft, aber auch in bezug auf das Preisniveau günstige Werte bezüglich einer vermutlich hohen Wettbewerbsintensität aufweist. Unterstützt werden dabei unsere Ergebnisse von unabhängigen Studien, welche ebenfalls zu dem Schluss kommen, dass Österreich im internationalen Vergleich zu den kompetitivsten Mobilfunkmärkten zählt. Genauere Aussagen lassen sich jedoch erst nach eingängiger Analyse aller zur Verfügung stehenden Merkmale treffen.

2. Kapitel: Wettbewerbsintensität und Effizienz des österreichischen Mobilfunkmarktes

§ 1: Ökonomische Grundlagen der Wettbewerbsintensität

I. Fragestellung. Wettbewerbsintensität und Marktbeherrschung

Wie in Kapitel 1 dargestellt ist, weist der österreichische Mobilfunkmarkt Mitte 2003 fünf voneinander unabhängige Netzbetreiber auf: *Mobilkom, T-Mobile, One, tele.ring* und *Hutchison 3G Austria.* Als Anbieter von Mobilfunkdiensten ist darüber hinaus im Februar 2003 auch noch *Tele2* hinzugekommen, sodass es mittlerweile insgesamt sechs Mobilfunkanbieter gibt.

In Anbetracht einer solchen Marktsituation ist zunächst davon auszugehen, dass tatsächlich ein funktionsfähiger Wettbewerb besteht, der zu effizienten Marktergebnissen führt, d.h. zu allokativer, technischer und qualitativer Effizienz (statisch und dynamisch). A priori spricht vieles dafür, dass auf dem österreichischen Mobilfunkmarkt intensiver und funktionsfähiger Wettbewerb herrscht. Dies ist jedoch theoretisch und empirisch genauer zu untersuchen.

Für die theoretische Analyse dieses Kapitels und für die empirische Analyse von Kapitel 3, die sich auf den bisherigen GSM-Markt beziehen, spielen *Hutchison* und *Tele2* noch keine Rolle. Deshalb konzentrieren sich diese beiden Kapitel weitestgehend auf die vier Anbieter, die sich um Zeitpunkt unserer Untersuchung schon eine gewisse Zeit im Markt befunden haben, also *Mobilkom, T-Mobile, One* und *tele.ring.* Die Perspektiven für die zukünftige Wettbewerbssituation werden dann in Kapitel 4 behandelt.

Für die Analyse der Wettbewerbsintensität auf einem Markt kommen grundsätzlich Marktstruktur-, Marktverhaltens- und Marktergebniskriterien in Betracht. Dabei sind Marktverhaltenskriterien häufig schwer zu operationalisieren und bestimmte Verhaltensweisen in komplexen Entscheidungssituationen und Motivstrukturen nicht immer eindeutig zu interpretieren. Vor allem aber können sie sich sehr kurzfristig ändern und haben damit für ordnungspolitische Überlegungen nur eine begrenzte Relevanz. Gleichwohl sind die Verhaltensweisen bezüglich des Parametereinsatzes grundsätzlich von großer Bedeutung für das konkrete Marktergebnis.

Letzteres lässt sich in der Regel nicht eigenständig messen, sondern im Wesentlichen nur durch internationale Vergleiche feststellen, was die Verwendung einheitlicher Messkriterien bzw. adäquate Modellrechnungen für verschiedene Länder erfordert. Sowohl für das Marktverhalten wie für die Marktergebnisse werden in den folgenden Abschnitten Aussagen über den österreichischen Mobilfunkmarkt gemacht.

Die meisten Marktstrukturkriterien (insbesondere die Konzentration der Marktanteile) weisen eine sehr gute Operationalisierbarkeit auf. Außerdem beziehen sich die wettbewerbsrechtlichen Vorschriften und die einschlägigen telekommunikationsrechtlichen Bestimmungen fast ausschließlich auf diese. Wegen dieser Gründe nehmen die Strukturfaktoren im Weiteren einen breiten Raum ein.

Das Problem besteht darin, dass es eine Reihe von Marktstrukturkriterien gibt, die für die Wettbewerbsintensität von Bedeutung sind, jedoch keine ökonomische Theorie der Aggregation verschiedener Strukturkriterien existiert, die für alle Märkte der Realität eindeutige Ergebnisse generiert. Stattdessen müssen die Einzelkriterien in ihrem jeweiligen Zusammenhang analysiert werden.

Einzelne Kriterien (z.B. die Marktanteile) herauszunehmen und zum dominierenden (oder gar alleinigen) Maßstab zu machen, kann leicht zu Fehlschlüssen führen. Generell lässt sich konstatieren, dass die Marktanteile in den rechtlichen Handhabungen oft überbetont werden und damit auch die Kongruenz von ökonomischen und rechtlichen Begriffsinhalten abnimmt (bzw. verloren geht).

Dies gilt z.B. auch für die Begriffe "Marktbeherrschung" und "signifikante Marktmacht" bzw. "significant market power" (SMP). Als marktbeherrschend wird ein Unternehmen in der Wettbewerbspolitik dann bezeichnet, wenn es im Verhältnis zu seinen Mitbewerbern eine so überragende Marktstellung innehat, dass es keinem wesentlichen Wettbewerb ausgesetzt ist (vgl. z.B. Schmidt, 2001, S.170). Das bedeutet, dass das Unternehmen in seiner Preispolitik (mindestens in einem gewissen Rahmen) weitgehend unabhängig von etwaigen Konkurrenten ist und durch die Reaktionen von Mitwettbewerbern oder Konsumenten nicht diszipliniert wird. Dasselbe meint auch SMP nach dem neuen europarechtlichen Rahmen für die Telekommunikation (vgl. z.B. Buigues, 2002, Doyle, 2002, Larouche, 2003).

Da eine solche Situation zu volkswirtschaftlichen Effizienzverlusten führen kann, kann es gute ökonomische Gründe geben, wirtschaftspolitisch gegenzusteuern. Allerdings existieren nicht immer wirtschaftspolitische bzw. wettbewerbspolitische Instrumente, die in solchen Fällen per Saldo (d.h. unter Einbeziehung von unerwünschten Begleiterscheinungen der Instrumente) zu einer Verbesserung führen.

Wenn sich jedoch die rechtlichen Formulierungen primär auf einen bestimmten Marktanteilswert beziehen (wie z.B. ehemals 25 Prozent bei SMP nach der ONP-Richtline), verlieren die juristischen Konstruktionen in dem Maße ihre ökonomische Begründung, wie der Marktanteil allein die Problemfälle nicht zuverlässig von allen anderen unterscheiden kann. Dann wäre die entsprechende Rechtsanwendung zwar formal-rechtlich, aber nicht ökonomisch legitimiert.

Diese Gefahr ist nicht nur bei dem auf europäischer Ebene eingeführten Konzept der SMP relevant, sondern ebenso bei dem Begriff der Marktbeherrschung.

Zu unterscheiden ist zwischen individueller und kollektiver Marktbeherrschung (vgl. Kantzenbach und Kruse, 1989; OECD, 1999). Eine individuelle Marktbeherrschung könnte in einem so strukturierten Markt wie dem österreichischen Mobilfunk allenfalls dann in Betracht kommen, wenn der Marktführer eine dominierende Stellung (nicht nur bezüglich seiner Marktanteile) hat und die anderen sich defensiv und passiv verhalten, insbesondere indem sie die Preisführerschaft des Marktführers akzeptieren und keine aggressive Preis- und Produktpolitik betreiben.

Der potenziell eher einschlägige Fall könnte auf solchen Märkten die kollektive Marktbeherrschung sein. Dafür ist nicht nur entscheidend, dass die betreffenden Anbieter insgesamt als Gruppe den Markt dominieren, sondern vor allem, dass zwischen ihnen kein wesentlicher Wettbewerb besteht.

Der klassische Fall der kollektiven Marktbeherrschung wird auch als „implizite Kollusion" bezeichnet. Diese wird am ehesten in engen Oligopolen mit hohen Markteintrittsbarrieren befürchtet. Da diese Bedingungen in vielen Mobilfunkmärkten insoweit gegeben sind, stehen diese in einem gewissen Apriori-Verdacht der Wettbewerbsbeschränkung bzw. der reduzierten Wettbewerbsintensität. Dies wird im Folgenden im Mittelpunkt stehen.

II. Oligopol, Wettbewerbsbeschränkung und Kollusion

Als Oligopol wird eine Marktstruktur mit wenigen Anbietern bezeichnet (vgl. z.B. Bester, 2003, S. 77). Auch wenn dies zahlenmäßig nach oben nicht eindeutig abzugrenzen ist, besteht kein Zweifel daran, dass der österreichische GSM-Mobilfunk mit bisher vier Netzbetreibern ein relativ enges Oligopol darstellt.[1]

Im Gegensatz sowohl zu den theoretischen Idealfällen vollständiger Konkurrenz im Polypol auf der einen Seite und im Monopol auf der anderen Seite lässt sich beim Oligopol aus dem konstitutiven Merkmal der Anbieterzahl noch keine Schlussfolgerung bezüglich des Marktverhaltens und des Marktergebnisses ableiten. Es ist sowohl eine sehr hohe Wettbewerbsintensität (intensive Rivalität) als auch eine wettbewerbsbeschränkende Kollusion zwischen den Oligopolisten möglich.

Unter Kollusion wird ein wettbewerbsbeschränkendes Verhalten von Unternehmen der gleichen Marktseite zur Erzielung gemeinsamer Vorteile zu Lasten der Marktgegenseite verstanden (vgl. z.B. Kruse, 1995a; Bester, 2003, S. 132 ff.). Wenn diesem Verhalten eine Vereinbarung zwischen den Unternehmen zugrunde liegt, wird dies als explizite Kollusion oder Kartell bezeichnet,[2] anderenfalls spricht man von impliziter Kollusion. Letzteres ist für die Praxis der relevantere Fall, der auch im Folgenden zugrundegelegt wird (vgl. Kantzenbach und Kruse, 1989; Kantzenbach, Kottmann und Krüger, 1996; Phlips, 1995).

Unter impliziter Kollusion (bzw. einfach "Kollusion") sind im weitesten Sinne Verhaltensweisen der Unternehmen zu verstehen, die in Kenntnis ihrer Reaktionsverbun-

1 Der fünfte Netzbetreiber, *Hutchison*, sowie *Tele2* als Diensteanbieter sind wie gesagt erst 2003 in den Markt eingetreten.

2 Ein Kartell beinhaltet eine bewusste, ausdrückliche und eventuell sogar vertraglich (schriftlich oder mündlich) festgelegte Vereinbarung zwischen den Anbietern über bestimmte Verhaltensparameter, z.B. über die Preise (vgl. z.B. Bester, 2003, S. 132).

denheit auf einen offensiven Parametereinsatz zur Erzielung kurzfristiger individueller Absatzsteigerungen verzichten, weil dies längerfristig für alle Anbieter profitabler ist.

Im Oligopol ist eine Kollusion in aller Regel gleichbedeutend mit kollektiver Marktbeherrschung. Diese wird auch definiert als eine Situation, in der mehrere Unternehmen (1) als Gruppe keinem wesentlichen Wettbewerb ausgesetzt sind oder im Verhältnis zu ihren Wettbewerbern eine überragende Marktstellung innehaben *und* (2) wenn *zwischen* ihnen ein wesentlicher Wettbewerb nicht besteht (vgl. Kantzenbach und Kruse, 1989).

Kollusion führt in der Regel zu ökonomischen Ineffizienzen, wobei im Mittelpunkt der Analysen meistens die allokativen Ineffizienzen (zu hohe Preise und zu geringe Mengen) stehen. Kollusion kann außerdem zu technischen (zu hohe Kosten), qualitativen (nicht-präferenzadäquate Qualitätsmerkmale) und dynamischen Ineffizienzen (unzureichende oder zu langsame Anpassung an neue Marktbedingungen sowie unzureichende Produkt- und/oder Prozess-Innovation) führen. Oft beeinträchtigt kollusives Verhalten wichtige Ziele und Funktionselemente der Marktwirtschaft.

Implizite Kollusion ist jedoch in der Praxis häufig schwer zu identifizieren und nachzuweisen, da dafür keine ausdrückliche Verhaltensvereinbarung zwischen den Anbietern erforderlich ist.[3] Die einzelnen Unternehmen verzichten gegebenenfalls in Kenntnis ihrer Reaktionsverbundenheit in mehr oder minder großem Umfang auf vorstoßenden Wettbewerb, weil dies längerfristig für sie vorteilhaft ist. Das Verhalten aufgrund des Bewusstseins der wettbewerblichen Interdependenz führt dann zu einem wettbewerbsbeschränkenden und gewinnerhöhenden Oligopolfrieden (vgl. z.B. Bester, 2003, S. 132 ff.).

Im Folgenden wird zunächst das ökonomische Problem der Kollusion in Kürze in einem theoretischen Modell erläutert. Der Kern besteht dabei im Spannungsverhältnis zwischen der kollektiven Rationalität der Anbietergruppe (Kollusion) und der individuellen Rationalität (Wettbewerb bzw. Cheating). Anschließend werden die Strukturfaktoren diskutiert, die das Auftreten von Kollusion in konkreten Fällen beeinflussen, und im Hinblick auf die realen Verhältnisse des Mobilfunks in Österreich analysiert.

III. Theoretisches Kernmodell: Kollusion oder Wettbewerb?

1. Kollektivmonopol durch Preiskollusion

Die Analyse der Kollusion wird im Folgenden auf den wichtigsten Parameter, nämlich den Preis, bezogen und zur Vereinfachung zunächst auf zwei Anbieter beschränkt. Betrachten wir zur Erläuterung die Entscheidungssituation der beiden Dyopol-Unternehmen U_A und U_B anhand von Abbildung 2.1.

3 Da die Unternehmen grundsätzlich in ihrem Parametereinsatz frei sind, müssen die wettbewerbsbeschränkenden Verhaltensweisen von anderen gerichtstauglich unterscheidbar sein. In der Realität lässt sich jedoch in konkreten Fällen für Außenstehende (z.B. die Wettbewerbsbehörde) häufig nicht ohne weiteres feststellen, ob eine Kollusion vorliegt oder nicht.

In der linken Abbildungshälfte (a) ist N_1 die Nachfragefunktion auf dem Markt. Das gesamtwirtschaftlich effiziente Marktergebnis, wie üblich definiert durch die maximale Summe aus Konsumentenrente und Produzentenrente, ist dort durch den Punkt E markiert, d.h. im Schnittpunkt von LGK (langfristige Grenzkostenkurve) und N_1 mit der Menge X_E und dem Preis P_E. Unter idealen Wettbewerbsbedingungen werden die Unternehmen U_A und U_B zu technischer und allokativer Effizienz gezwungen, sodass beide Unternehmen Durchschnittskosten in Höhe der LDK aufweisen und zum Preis P_E anbieten. Wir nehmen an, dass beide den Markt je zur Hälfte beliefern und in der Wettbewerbssituation jeweils eine Menge absetzen, die ihre Kapazitäten voll auslasten.

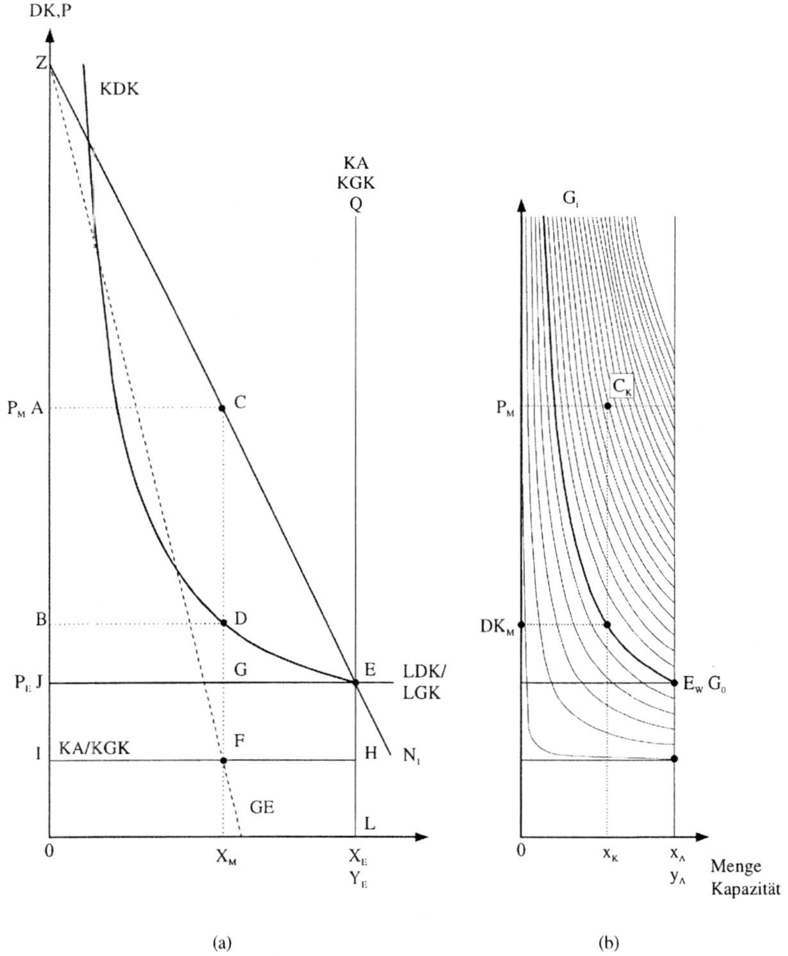

Abb. 2.1: Dyopol zwischen Wettbewerb und Kollektivmonopol

Für die Kostenstrukturen beider Anbieter wird zur Vereinfachung angenommen, dass sie identisch sind und die kurzfristigen Gesamtkosten bei Vollauslastung je zur Hälfte aus variablen und fixen Kosten bestehen.[4] Aggregiert für beide Dyopolisten sind dann die variablen Kosten OLHI und die fixen Kosten IHEJ. Daraus folgt, dass die kurzfristige Angebotsfunktion KA des Marktes (kurzfristige Grenzkostenkurve KGK) dem Linienzug durch die Punkte IHQ entspricht und die kurzfristigen Durchschnittskosten durch die Kurve KDK repräsentiert werden.

Die individuelle Situation jedes der beiden Unternehmen ist im rechten Teil (b) dargestellt. Die unternehmensindividuelle Kapazität ist unter Wettbewerbsbedingungen beim Marktpreis P_E mit der Produktionsmenge x_A voll ausgelastet (Punkt E_W). Die Kurvenschar repräsentiert Isogewinnlinien G_i (Kurven gleichen Gewinns) für unterschiedliche Preis-Mengen-Kombinationen eines Anbieters bei der gegebenen Kostenfunktion. Die Kurve G_0 repräsentiert ein Gewinnniveau von null und fällt mit der kurzfristigen Durchschnittskostenkurve zusammen.

Der theoretische Extremfall einer Preiskollusion besteht nun darin, dass die beiden Dyopolisten sich kurzfristig kollektiv wie ein Monopol verhalten. Der Schnittpunkt F von kurzfristiger Grenzkosten- und Grenzerlöskurve GE in Abbildung 2.1a determiniert die kurzfristig gewinnmaximale Angebotsmenge X_M des Monopols und den Preis P_M, sodass der Cournotpunkt C erreicht wird.[5] Für jeden einzelnen Anbieter wird damit der Punkt C_K in Abb. 2.1b realisiert, wobei vereinfachend unterstellt ist, dass der preisbedingte Minderabsatz auf beide Dyopolisten zu gleichen Teilen entfällt, also $x_K = ½ X_M$.

Volkswirtschaftlich ist ein solches Ergebnis (in statischer Betrachtung) ebenso ineffizient wie dasjenige bei einem strukturellen Monopol. Beim Übergang von E nach C entsteht eine Reduzierung der Konsumentenrente um die Fläche JECA. Davon ist das Dreieck GEC der allokative Wohlfahrtsverlust. Das Rechteck BDCA ist in kurzfristiger Betrachtung der Gewinn. Da die kurzfristigen Durchschnittskosten von OJ auf OB steigen, entsteht kurzfristig eine technische Ineffizienz im Umfang JGDB.[6]

2. Cheating (wettbewerbliche Preisunterbietung)

Die Dyopolisten können ihren Gewinn also theoretisch durch ein kollusives Verhalten maximieren. Allerdings wird ihnen dies in der Realität (auch ohne die Existenz einer Kartellbehörde) aufgrund von endogenen Problemen durch individuelle Anreize in der Regel nicht gelingen. Betrachten wir dazu die individuelle Entscheidungssituation eines Unternehmens U_A anhand der analogen Abb. 2.2b. Beim Kollektivmonopol ist seine Preis-Mengen-Kombination C_K. Er setzt also zum kollusiven Preis P_M die Menge x_K ab und macht einen Gewinn von G_M. Angenommen, er würde jetzt individuell seinen Preis von P_M auf P_1 senken und könnte damit seine Absatzmenge auf x_A vergrößern. Er lastet nun seine Kapazität voll aus und erreicht das höhere Gewinnniveau G_1 im

4 In der Abb. 2.1 ist der Fixkostenanteil 50%. Der Fixkostenanteil ist definiert als der Anteil der Fixkosten an den Gesamtkosten bei Vollauslastung der Kapazität.

5 Unter realen Bedingungen kann man davon ausgehen, dass durch die Kollusion eher ein Punkt *zwischen* E und C realisiert würde.

6 Analog kann eine Analyse für den Fall einer langfristigen Kollusion durchgeführt werden (vgl. Kruse, 1995a).

Punkt V_1. Ein solches Verhalten der Unterbietung des Kollusionspreises zum eigenen kurzfristigen Vorteil wird als "Cheating" bezeichnet.

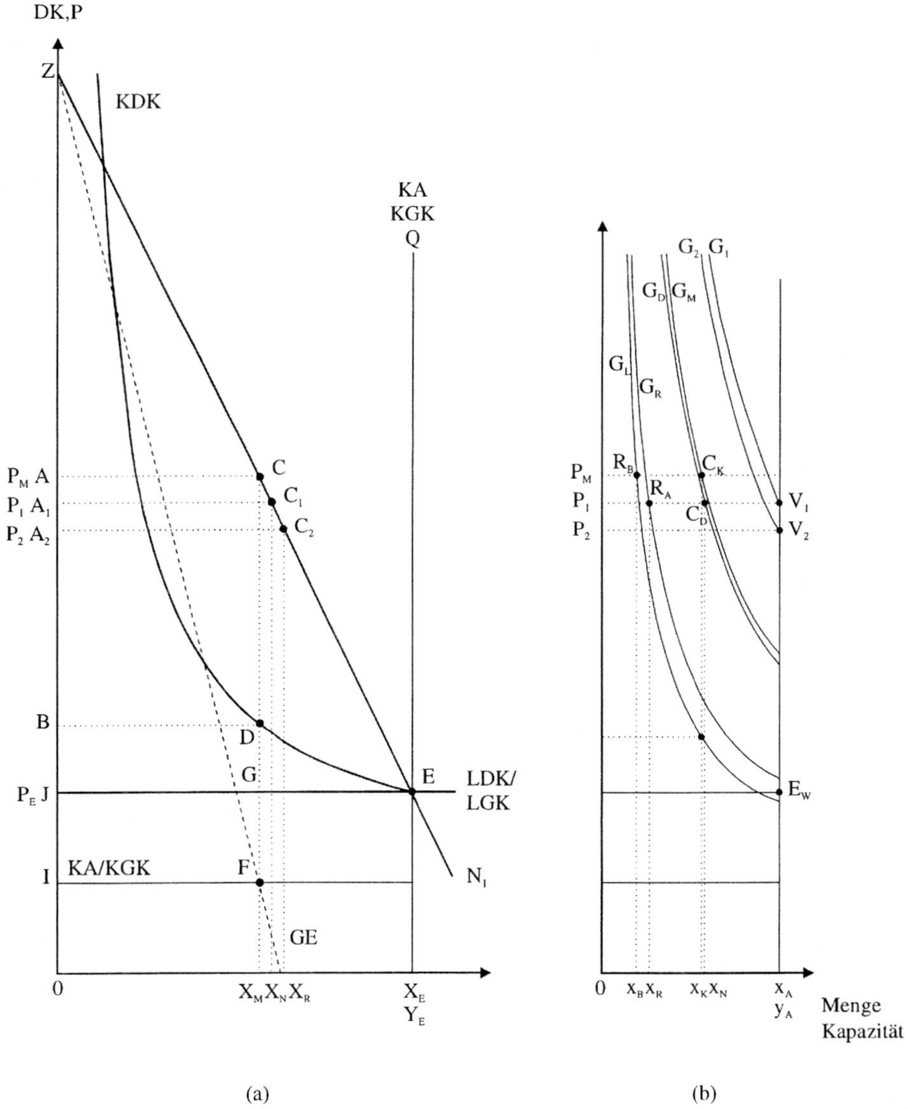

Abb. 2.2: Kollusion und Wettbewerb (Cheating) I

Für das Unternehmen U_B hat dies folgende Konsequenzen: Da durch die Preissetzung des U_A (P_1) die Gesamtabsatzmenge entsprechend N_1 (Abb. 2.2a) von X_M auf X_N steigt, wird der Punkt C_1 erreicht. Der übrige Teil der Absatzsteigerung von U_A geht zu Lasten des Absatzes von U_B, sodass dessen Absatz von x_K auf x_B sinkt. Für ihn gilt jetzt in Abb. 2.2 bzw. in Abb. 2.3, die einen vergrößerten Ausschnitt aus dem relevanten Teil der Abb. 2.2b darstellt, der Punkt R_B mit dem Gewinnniveau G_L. Abgesehen von unserem Beispiel entsteht zwar nicht notwendigerweise ein Verlust, aber generell gilt, dass der Gewinn geringer wird ($G_L < G_M$).

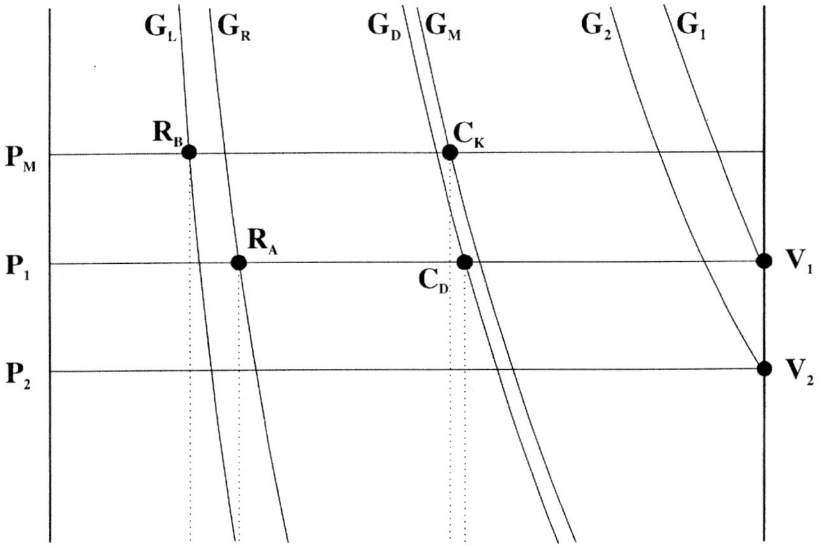

Abb. 2.3: Kollusion und Wettbewerb (Cheating) II

Allerdings wird das Unternehmen U_B den Gewinneinbruch in aller Regel nicht passiv akzeptieren, sondern seinerseits den Preis senken, um den eigenen Absatz zu erhöhen.[7] Angenommen, er entscheidet sich für eine aggressive Reaktion und unterbietet seinerseits den neuen Preis des Konkurrenten mit einem Preis P_2 und erreicht damit den Punkt V_2 mit dem Gewinnniveau G_2. Dies geht wiederum zu Lasten des Konkurrenten, der auf ein niedrigeres Gewinnniveau G_R gedrückt wird (Punkt R_A).

7 Grundsätzlich können wir zwischen einer defensiven (Einstellung des Wettbewerbspreises) und einer aggressiven Reaktion (Preisunterbietung) unterscheiden. Die defensive Reaktion des UB besteht darin, den Preis des UA zu egalisieren. Als Folge wird die Gesamtmenge XN von beiden zu gleichen Teilen produziert. Dies führt für beide zum Punkt CD mit dem Gewinnniveau GD (GD < GM).

Falls U_A und U_B jeweils aggressiv reagieren und sich wechselseitig unterbieten, wird eine Abwärtsspirale für den Preis in Gang gesetzt, bei dem der relevante Punkt auf N_1 in Richtung E verschoben wird. Dabei sinkt der Gewinn für beide, in der letzten Konsequenz bis auf null (Punkt E).

Die genannten Effekte bzw. Probleme gelten für jeden relevanten Fall einer kollusiven Preisüberhöhung. Mit anderen Worten: Die Cheating-Überlegungen sind vom Ausgangspunkt unabhängig und gelten für alle Punkte vom Cournotpunkt C bis oberhalb des Wettbewerbspunktes E. Allerdings werden die kurzfristigen Cheatinganreize umso geringer, je näher der Preis an P_E heranrückt.

Im Extremfall gegenseitiger Preisunterbietung landen beide Unternehmen also beim Wettbewerbsergebnis mit einem Gewinn von null. Dies ist das gesamtwirtschaftlich erwünschte Wettbewerbsverhalten. Wenn die Anbieter systematisch bzw. über längere Zeit (d.h. über kurzfristige Marktlagen hinaus) den Preis über P_E hinaus anheben können, entsteht das Problem der kollektiven Marktbeherrschung. Grundsätzlich kann der Preis allerdings bei entsprechender Irreversibilität (Marktaustrittsbarriere) auch über einige Zeit unter P_E sinken, sodass die Anbieter Verluste machen.

IV. Einperiodige und mehrperiodige Entscheidungssituation

Die Neigung zu kollusiven oder wettbewerblichen Verhaltensweisen wird wesentlich davon beeinflusst, ob es sich um einmalige oder wiederholte Situationen zwischen den beteiligten handelt. Dies lässt sich in einer spieltheoretischen Darstellung (d.h. mittels einer Dichotomisierung der Optionen in zwei Strategien) veranschaulichen.

Die Entscheidungssituation für nur eine Periode ist in der Abb. 2.4 als spieltheoretische Matrix formuliert. Die Auszahlungsmatrix zeigt als Zeilen und Spalten die Strategien (Preisalternativen) der Unternehmen U_A und U_B, hier vereinfacht als Kollusionspreis P_M und Wettbewerbspreis P_W bezeichnet. Die Matrixfelder zeigen die Gewinne für beide Unternehmen, jeweils links für U_A und rechts vom Komma für U_B.

Die Folgen der jeweiligen Entscheidungen sind hier durch eine Auszahlungsmatrix gekennzeichnet, die als Gefangenen-Dilemma bezeichnet wird, d.h es gelten die Relationen $G_W > G_M > G_0 > G_L$.

Das rechte untere Feld (Wettbewerb/Wettbewerb) führt für beide (im Extremfall) zum Nullgewinn (G_0, G_0). Der kollusive Monopolgewinn (G_M, G_M) wird nur erreicht, wenn beide sich für P_M entscheiden. Dies ist der maximal mögliche Gewinn, wenn am Markt ein Einheitspreis gilt.

Jeder steht nun unabhängig von dem anderen vor der Frage, ob er die kollusive oder die wettbewerbliche Preisstrategie wählen soll. Wenn für jede Strategie des Konkurrenten die Gewinne einer bestimmten Strategie höher sind als für die alternative Strategie, wird erstere als „dominante Strategie" bezeichnet. Für U_A und U_B gilt, dass P_W die dominante Strategie ist, da $G_W > G_M$ und $G_0 > G_L$ gilt. Die Strategien-Kombination P_W/P_W (d.h. beide wählen die wettbewerbliche Preisunterbietung) ist demnach ein Nash-

Gleichgewicht in dominanten Strategien, wenn nur die beiden Strategien der Matrix betrachtet werden. Sie erreichen also nicht das gemeinsame Gewinnmaximum.

		Unternehmen U_B	
		Kollusion P_M	Wettbewerb P_W
Unternehmen U_A	Kollusion P_M	G_M, G_M	G_L, G_W
	Wettbewerb P_W	G_W, G_L	G_0, G_0

Abb. 2.4: Kollusion und Wettbewerb als Spielmatrix

Die Überlegungen ändern sich allerdings, wenn dieselben Akteure das gleiche Spiel in nachfolgenden Perioden wiederholt „spielen", was der Realität eines Marktes näher kommt als ein Einperiodenspiel. Jeder macht seine Erfahrungen, bildet Erwartungen über zukünftige Perioden und weiß, dass der andere das auch tut. Beide gehen davon aus, dass der andere in den nächsten Perioden auf sein Verhalten reagieren kann.

Diese Situation ist in der spieltheoretischen Literatur analysiert und experimentell getestet worden. Wie theoretische Modelle zeigen, kann kollusives Verhalten durchaus stabil sein, wenn die Spieler sich wiederholt gegenüberstehen (vgl. Friedman, 1971). Die experimentelle Wirtschaftsforschung bestätigt diese theoretischen Überlegungen weitgehend (vgl. z.B. Holt, 1995).

In einem Markt, in dem beide davon ausgehen, längere Zeit mit dem gleichen Mitbewerber auskommen zu müssen (und von dessen Verhalten abhängig zu sein), schafft der Verzicht auf Preisunterbietung ein gegenseitiges Vertrauen, dass dies auch zukünftig so sein wird. Das Bewusstsein der dauerhaften Interdependenz fördert also die Kollusionsstabilität.

Gleichwohl lässt sich auch dann nicht generell schlussfolgern, dass die Anbieter immer kollusiv handeln. Die gemeinsamen Vorteile einer Kollusion, die individuellen Vorteile eines Cheating und die Wahrscheinlichkeit und die Folgen eines Kollusionszerfalls können unterschiedlich groß sein. Dementsprechend wird die Wahrscheinlichkeit für Kollusion durch verschiedene Faktoren verändert, die das Kalkül der Beteiligten bezüglich kooperativem bzw. nicht-kooperativem (oder Cheating-) Verhalten beeinflussen.

Insbesondere hängt es davon ab, ob die Beteiligten von einer dauerhaften Interdependenz mit den gleichen Mitanbietern ausgehen, wie stabil diese Erwartungen sind und ob die diesbezüglichen Interessenlagen einigermaßen symmetrisch sind.

Es muss festgehalten werden, dass ***keine*** eindeutige theoretische Schlussfolgerung im "structure-conduct-performance-Kontext" der klassischen Industrieökonomie (Struktur → Verhalten → Ergebnis) möglich ist. Insbesondere lässt sich nicht generell von der gegebenen Struktur auf das Verhalten schließen. Es können nur Faktoren angegeben werden, die die Wahrscheinlichkeit von Kollusion bzw. Wettbewerb beeinflussen oder bestimmen.

Die wichtigsten Faktoren werden im Folgenden erläutert und auf die Bedingungen im österreichischen Mobilfunk angewendet.

§ 2: Kostenstruktur im Mobilfunk und Wirkung auf die Wettbewerbsintensität

I. Relevanz der Kostenstruktur für die Kollusion

Eine bedeutsame Einflussgröße für die Kollusionswahrscheinlichkeit ist die Kostenstruktur der Unternehmen, insbesondere der relative Anteil der Fixkosten. Dieser beeinflusst sowohl das kollektive Interesse der Anbieter als auch die individuelle Cheatingneigung.

1. Individuelle Cheatingneigung (Anreize zur wettbewerblichen Preissenkung)

Die Kostenstruktur bestimmt den Verlauf der Isogewinnlinien. In der Abb. 2.5 sind unter sonst gleichen Bedingungen die Isogewinnlinien für den Fall A mit einem Fixkostenanteil von 10 Prozent und für den Fall B von 90 Prozent eingezeichnet.[8] Man sieht, dass die Isogewinnlinien im relevanten Bereich im Fall B (hohe Fixkosten) steiler verlaufen als im Fall A (geringe Fixkosten).

Wenn wir in beide Teilabbildungen die gleiche Preisabsatzfunktion PAF_1 einzeichnen, ist zu erkennen, dass durch Bewegung von einem Punkt auf dieser Preisabsatzfunktion nach rechts (ansteigende Absatzmenge) im Fall B starke Gewinnsteigerungen erfolgen. Es werden also relativ schnell höhere Isogewinnlinien erreicht. Im Fall A ist dies ceteris paribus nur in geringerem Maße der Fall.

---

8 Die Flächen VK (variable Kosten) und FK (Fixkosten) addieren sich in beiden Fällen zu den Gesamtkosten von 100*100=10.000 bei Vollauslastung der Kapazität.

Die ökonomische Erklärung ist relativ einfach: Wenn im Fall A mit geringem Fixkostenanteil durch eine Preiserhöhung eine Kapazitätsunterauslastung entsteht, entfallen dabei auch jeweils 90 Prozent der Kosten bei jeder Mengeneinheit. Der Gewinnrückgang ist bei einem bestimmten Erlösrückgang vergleichsweise gering. Die Isogewinnkurven verlaufen flach, d.h. die Erreichung der Kapazitätsauslastung hat auch nur vergleichsweise geringe Gewinnvorteile.

Bei hohen Fixkosten werden bei einer Unterauslastung nur relativ wenig Kosten eingespart, nämlich nur die Anteile an den 10 Prozent variablen Kosten. Bei gleicher Erlösminderung wie vorher ist der Gewinneffekt also größer. Die Isogewinnlinien verlaufen relativ steil. Die Erreichung der Vollauslastung hat starke Gewinnsteigerungen zur Folge. Es bestehen also hohe Anreize zur Steigerung der Kapazitätsauslastung.

Letzteres bedeutet auch, dass bei hohen Fixkostenanteilen besonders hohe Anreize bestehen, durch eine aggressive Preispolitik den eigenen Mengenabsatz zu vergrößern. Es existiert eine hohe Cheatingneigung, was die Kollusionswahrschein-lichkeit reduziert.

2. *Kollektive Interessen*

Für das kollektive Interesse der Anbieter ist die Kostenstruktur zweischneidig. Einerseits bestehen auch kollektiv bei hohen Fixkosten (im Vergleich zu geringen Fixkosten) bei hinreichender Preiselastizität der Marktnachfrage relativ geringe Anreize zur Preiserhöhung.

Andererseits macht ein hoher Fixkostenanteil jeden Anbieter verletzbarer, und zwar sowohl für generelle Nachfragerückgänge als auch für wettbewerbliche Aktivitäten der Konkurrenten. Dies gilt insbesondere dann, wenn die Fixkosten auch irreversibel sind, da dann hohe Marktaustrittsbarrieren bestehen.

Man betrachte dafür die Preisabsatzfunktionen PAF_2 und PAF_3 in Abb. 2.5. Bei PAF_2 erreicht der Anbieter in Fall A immer noch einen Gewinn von etwa 500, wenn er eine Menge von etwa 41 zum Preis von 127 verkauft. Im Fall B (hohe Fixkosten) ist das Gewinnmaximum (Verlustminimum) bei einem Verlust von 2500 mit einem Preis von etwa 85 und einer Menge von etwa 87.

Bei der Preisabsatzfunktion PAF_3 ist das Gewinnmaximum im Fall B bei einem Verlust von etwa 6000, ohne dass das Unternehmen aus dem Markt austritt, wenn die Fixkosten auch irreversibel sind. Im Fall A ist die optimale Menge null, d.h. das Unternehmen wird gar nicht anbieten, wenn der Preis nicht mindestens die variablen Kosten abdeckt.

Generell gilt bei optimaler Preispolitik, dass die maximalen Verluste pro Periode auf die jeweiligen Fixkosten begrenzt sind. Das bedeutet auch, dass sie bei hohen Fixkosten größer sein können.

In diesem Fall ist es möglich, dass die Anbieter eventuell (bei entsprechender Nachfrage bzw. Konkurrenzsituation) auch über längere Zeit erhebliche Verluste machen, was bei anderen Kostenstrukturen schneller zu Anpassungsprozessen führen würde, insbesondere wenn die Nachfrage wächst.

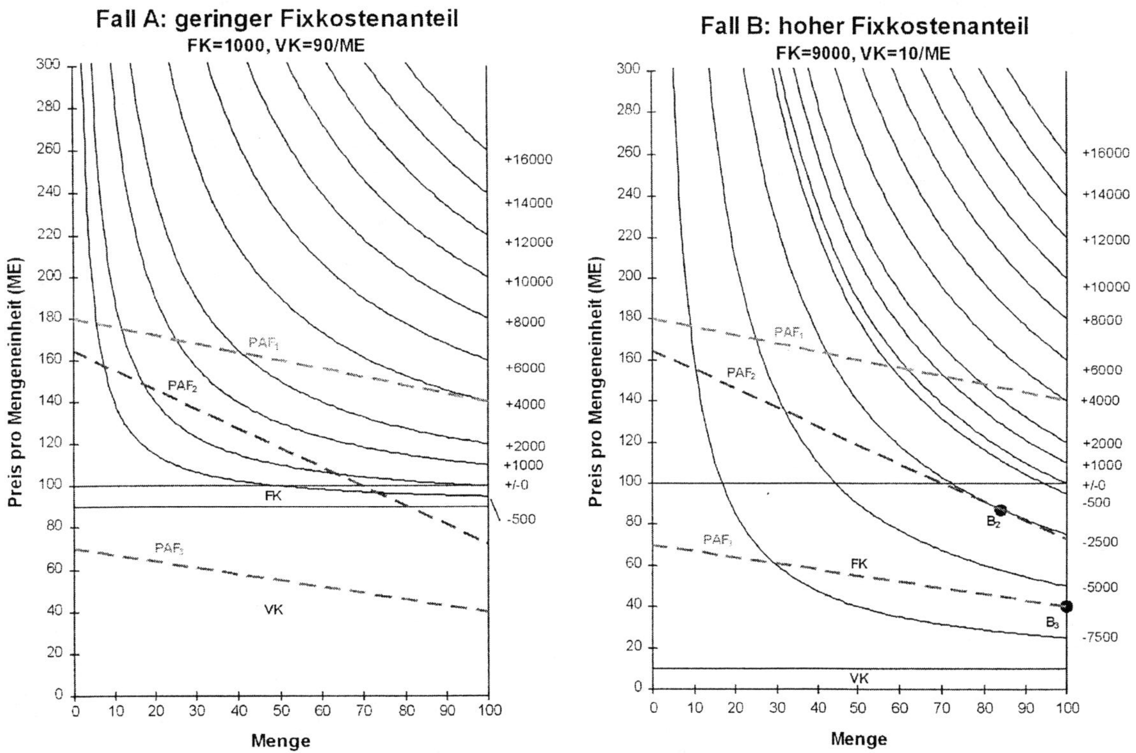

Abb. 2.5: Verhalten bei unterschiedlichem Fixkostenanteil

1. Kurzfristige Kostenfunktion (generelle Kostendegression)

Der Mobilfunk ist ein Fall von hoher Fixkostenintensität, entspricht also dem Fall B. Die Produktionskosten sind kurzfristig praktisch unabhängig von der Zahl der Teilnehmer und der Telefonminuten.

Der Aufbau und Betrieb eines Mobilfunknetzes mit einer gegebenen Technik (z.B. GSM-900) und einer gegebenen Flächendeckung (z.B. 90 Prozent Versorgungsgrad) erfordert bei gegebener Netzqualität eine bestimmte Mindestanzahl von Basisstationen und somit einen bestimmten Investitionsaufwand und bestimmte fixe Betriebskosten, die unabhängig von der Mobilfunkmenge X sind (vgl. Abb. 2.6).

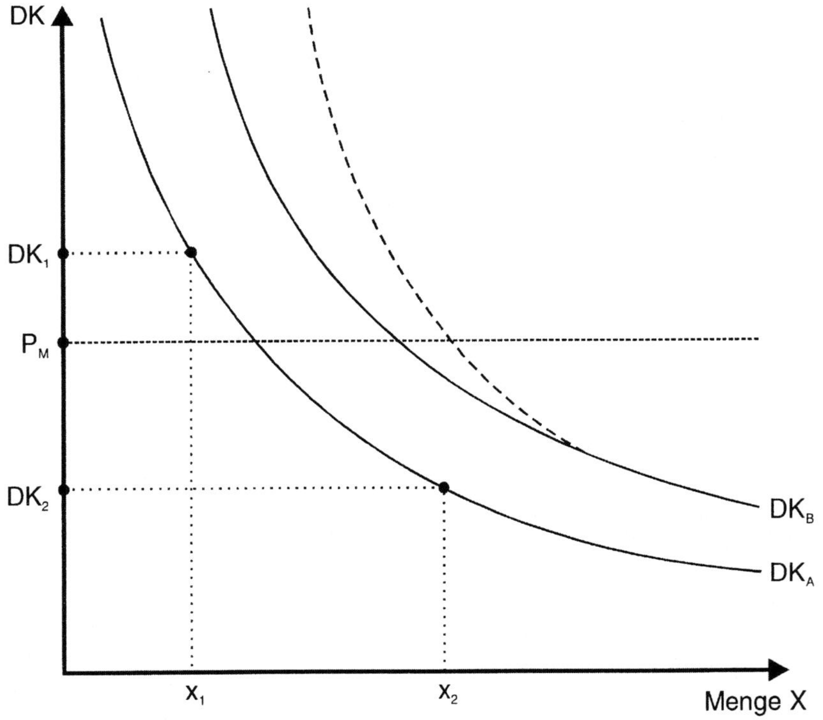

Abb. 2.6: Generelle Kostendegression

Insgesamt machen die Fixkosten einen besonders großen Anteil an den Gesamtkosten aus. Deshalb zeigen die kurzfristigen Durchschnittskosten bei zunehmendem Telekommunikationsverkehr dann bis zur Kapazitätsgrenze einen stark degressiven Verlauf,[9] sodass die Isogewinnlinienverläufe eher denjenigen von Fall B in Abb. 2.5 entsprechen. Dieser Zusammenhang gilt bis zu dem Punkt, an dem die Vollauslastung der installierten Kapazität erreicht ist.

Bei ziemlich elastischen Preisabsatzfunktionen bestehen also hohe Anreize für wettbewerbliche Aktivitäten, um gegebenenfalls auch mit Hilfe individueller Preissenkungen die Kapazitäten voll auszulasten. Die starke Kostendegression erhöht also ceteris paribus die Wettbewerbsintensität.

2. *Etablierte und Newcomer*

Zwei Netzbetreiber, die zu unterschiedlichen Zeitpunkten in den Markt eingetreten sind (bzw. von der Regulierungsbehörde nacheinander konzessioniert wurden), befinden sich im Wachstum von Teilnehmerzahlen und Telekommunikationsumsätzen an unterschiedlichen Stellen der kurzfristigen Durchschnittskostenkurve.[10] Daher hat ein Newcomer bei gleichem Versorgungsgrad kurzfristige Kostennachteile aufgrund der unausgeschöpften Kostendegression.

Die naheliegende Option, diese Kostennachteile durch eine geringere Flächendeckung (d.h. Konzentration auf die Ballungsgebiete) zu kompensieren,[11] steht ihm jedoch nicht (bzw. nur in geringem Umfang zur Verfügung). Einerseits bestehen in der Regel regulatorische Mindest-Versorgungsgrade, andererseits kann eine geringere Flächendeckung einen erheblichen Wettbewerbsnachteil bedeuten.

Diese Situation hat für jeden Newcomer die Konsequenz, möglichst schnell höhere möglich. Das wiederum macht Kollusion unwahrscheinlich und erhöht somit ceteris paribus die Wettbewerbsintensität.

---

9 Dies gilt im strengen Sinne nur für den Fall ausreichender Frequenzverfügbarkeit. Wenn ein Mobilfunkbetreiber aufgrund mangelnder Frequenzausstattung eine verstärkte Zellteilung vornehmen muss, steigen die Durchschnittskosten ab einer bestimmten Verkehrsmenge wieder (vgl. hierzu Kruse, 1997, S. 11 ff. und 2003).

10 Vergleichen wir zwei Netze mit den Mobilfunkmengen X1 und X2, die entsprechend die Stückkosten DK1 und DK2 aufweisen. Wenn die Produkte annähernd homogen sind, können wir davon ausgehen, dass für beide der gleiche Marktpreis relevant ist. Falls dieser z.B. PM beträgt, macht Netz 1 (X1) Verluste von DK1 - PM pro Stück, während das zweite Netz gleichzeitig Stückgewinne PM - DK2 realisiert. In „normalen" Märkten würde eine solche Situation nicht auf Dauer bestehen können. Netzbetreiber 1 würde wegen seiner Verluste aus dem Markt ausscheiden und sein Konkurrent könnte dies durch eine Senkung des Preises beschleunigen.

11 Da der bei weitem größte Teil aller Mobiltelefongespräche in eng begrenzten Ballungsgebieten (also auf einem kleinen Prozentsatz der Gesamtfläche) abgewickelt werden, könnte ein kostenmäßiger Anreiz bestehen, (mindestens am Anfang) die Flächendeckung gering zu halten.

3. Längerfristige Kostenstruktur und Kapazitätsausweitung

Prinzipiell kann vermutet werden, dass die langfristige Durchschnittskostenfunktion eines Mobilfunknetzes (ohne Frequenzrestriktionen) im relevanten Bereich ebenfalls noch degressiv ist, sodass eine höhere Kapazität bei entsprechender Frequenzausstattung mit Stückkostenminderungen verbunden ist. Dies impliziert Anreize zum Mengenwachstum und spricht ebenfalls für eine hohe Wettbewerbsintensität.[12]

Allerdings wird eine Kapazitätsausweitung durch die verfügbaren Frequenzen begrenzt. Grundsätzlich können die Kapazitätsgrenzen in einem zellularen Mobilfunksystem bei gegebener Frequenzverfügbarkeit durch Zellteilung hinausgeschoben werden, sodass eine bestimmte Menge an Frequenzen in einer größeren Region wiederholt genutzt werden kann. Die größere Zahl der Basisstationen hat jedoch für den Betreiber Kostensteigerungen zur Folge (vgl. Kruse, 1997, S. 11 ff.), die sich insbesondere aus höheren Infrastrukturinvestitionen ergeben.[13]

Je weniger Frequenzen zur Verfügung stehen, desto früher muss bei wachsenden Verkehrsmengen in Kleinzellen investiert werden.[14] Dies begrenzt tendenziell die Anreize zum Mengenwachstum.[15] Bei hinreichend großer Frequenzausstattung ist dies jedoch irrelevant.

4. Kostenunterschiede zwischen 900 und 1800 MHz

Im Hinblick auf einen späteren Diskussionspunkt soll hier noch ein weiterer wettbewerbs-relevanter Kostenaspekt erwähnt werden, der sich auf unterschiedliche Frequenzbereiche bezieht.[16]

Funksignale haben in verschiedenen Frequenzbereichen unterschiedliche Ausbreitungscharakteristika. Insbesondere unterliegen sie bei 1800 MHz (früher DCS- heute GSM-1800-Netze) einer stärkeren Dämpfung als bei 900 MHz (GSM-900-Netze). Bei 1800 MHz ist deshalb zur Vollabdeckung einer Region eine größere Zahl von Basisstationen erforderlich. Nach Angaben von Seiten der Mobilfunkbetreiber können dies doppelt

---

12 Inwieweit auch langfristig beim Aufbau und Betrieb von Mobilfunknetzes steigende Skalenerträge vorliegen, ist empirisch nicht eindeutig. Während McKenzie und Small (1997) in ihrer empirischen Studien des US-Markets zu dem Ergebnis gelangen, dass langfristig bestenfalls konstante Skalenerträge existieren, finden Foreman und Beauvais (1999) sehr wohl empirische Belege für steigende Skalenerträge im Mobilfunk. Insbesondere bei kleineren Netzen sollte daher davon auszugehen sein, dass zumindest in der Anfangsphase noch eine Senkung der Durchschnittskosten durch Mengenwachstum möglich ist.

13 Hinzu kommt u.a. ein weniger günstiges Verhältnis von Nutz- zu Signalisierungs-Verkehr, was ebenfalls als Erhöhung der Betriebskosten berücksichtigt werden muss.

14 Aufgrund der regional sehr ungleichmäßigen Telekommunikations-Nutzungsintensität entstehen Kapazitätsengpässe zuerst in Ballungsgebieten, sodass dort Cell-Splitting früher und umfangreicher erforderlich wird.

15 Bei verschiedenen Startzeiten befinden sich auch gleichermaßen effiziente Netze diesbezüglich in unterschiedlichen Phasen. Etablierte Betreiber (die frühzeitig lizenziert wurden und schon längere Zeit am Markt Kunden gewonnen haben) stoßen eher an Kapazitätsengpässe und spüren die Kostensteigerungen durch Cell-Splitting früher als jüngere Netze.

16 Vgl. zum Folgenden auch Siegmund (2002).

oder sogar dreimal so vielen Basisstationen sein. Dies führt zu entsprechend höheren Infrastrukturkosten.

Es ergeben sich also bei gleicher Flächendeckung erhebliche Kostenunterschiede für unterschiedliche Systeme. Ein 1800-MHz-Netz erfordert wesentlich höhere Investitionen und hat entsprechend höhere Fixkosten als ein 900-MHz-Netz. Dies ist in der Realität allerdings nur in den ländlichen Gebieten sowie für 1800-MHz-Newcomer wirtschaftlich relevant,[17] die gegen etablierte 900-MHz-Netze konkurrieren müssen. Auf der anderen Seite sind die Beschaffungskosten für Mobilfunk-Infrastrukturelemente (insb. Basisstationen) während der 90er Jahre international stark gesunken, was sich also für die späteren Newcomer kostenmindernd auswirkte. Dennoch liegen asymmetrische Kostenstrukturen zwischen einzelnen Anbietern vor. Dieses führt dazu, dass kollusives Verhalten erschwert wird.

Relativiert wird die Kostenasymmetrie in Österreich allerdings dadurch, dass *Mobilkom* und *T-Mobile* keine reinen 900-MHz-Netze betreiben, sondern hybride Netze, die sowohl Frequenzen im 900 MHz als auch im 1800 MHz-Bereich verwenden. Hybridnetze wiederum sind nach Auskunft der Betreiber besonders kostspielig, da für reibungslose Übergänge zwischen den Frequenzbereichen gesorgt werden muss.

Darüber hinaus hatten die verschiedenen Betreiber unterschiedliche Gebühren für die Zuteilung ihrer Frequenzen zu zahlen. Während *T-Mobile* 4 Mrd. ATS (etwa 290 Mio. Euro) und *Mobilkom* 3,5 Mrd. ATS (etwa 254 Mio. Euro) an Frequenzgebühren zu entrichten hatten, waren es bei *One* lediglich 1 Mrd. ATS (etwa 72,5 Mio. Euro). Dies dürfte die Kostenasymmetrie zwischen *Mobilkom* und *T-Mobile* auf der einen Seite und *One* und *tele.ring*, die reine 1800-MHz-Netze betreiben, weiter verringert haben. Allerdings dürfte die Asymmetrie der Kostenstrukturen aufgrund der Vielzahl der Einflussfaktoren nicht völlig verschwunden sein.

III. Folgerung

Die Kostenstruktur im Mobilfunk spricht aufgrund der Fixkosten und der Asymmetrie eindeutig gegen Kollusion. Einer möglichen Kollusion entgegen wirken auch die in § 2, III. diskutierten Markt*aus*trittsbarrieren, die durch die irreversiblen Kosten entstehen.

---

17 In Gebieten mit geringem Verkehrsaufkommem geht es im Wesentlichen um die Kosten der Realisierung der Funkabdeckung. In Ballungsgebieten dagegen wird ein Netz bei gegebener Frequenzausstattung ohnehin kleinere Zellen und mehr Basisstationen aufweisen, um eine höhere Kapazität verfügbar zu machen (vgl. auch Siegmund, 2002). In dem Maße, wie insbesondere ein GSM-Netz dort mehr Zellen aufweist als zur Flächendeckung erforderlich, wird auch der genannte Kostenvorteil geringer.

I. Anbieterzahl

Von wesentlicher Bedeutung für die Wettbewerbsintensität ist die Zahl der Anbieter. Grundsätzlich kann man sagen, dass die Wahrscheinlichkeit für Kollusion umso höher ist, je geringer die Zahl der Anbieter bzw. je höher die Konzentration ist (vgl. Selten, 1973 und Phlips, 1995). Bei nur wenigen Anbietern ist der Vorteil einer Kollusion für jeden einzelnen besonders groß, während sich dies bei vielen Anbietern stark verteilen würde. Bei nur zwei Anbietern ist die Reaktionsverbundenheit hoch. Jeder spürt sehr direkt die Wettbewerbsaktivitäten des Konkurrenten und weiß, dass eigene Vorstöße vermutlich folgenreich beantwortet werden würden.

Für eine größere Zahl von Anbietern (weite Marktstruktur) ist es ceteris paribus schwieriger, sich auf eine Kollusion zu verständigen als für eine geringere Zahl. Die Reaktionsverbundenheit ist weniger direkt spürbar und es existiert insgesamt ein geringeres Bewusstsein für ihre Kollektivinteressen. Die Transaktionskosten der Herbeiführung oder Wiederherstellung einer Kollusion sind höher.

Bei einer weiten Marktstruktur ist der Mengen- und Gewinn-Rückgang durch das Cheating eines Einzelnen für jedes andere Unternehmen geringer. Er kann evtl. erwarten, dass diese seine Preisunterbietung gar nicht bemerken oder jedenfalls darauf nicht (schnell) reagieren. Es entsteht also nur ein geringer Mengen- und Gewinnrückgang. Als Folge dessen kann ein einzelner eher als im Dyopolfall annehmen, dass seine Preisunterbietung nicht zum Kollusionszerfall führt. Da dieses Risiko geringer ist, sind die Anreize für individuelle Marktanteilssteigerungen höher. Die Wahrscheinlichkeit, dass es zu einer Kollusion auf relativ hohem Preisniveau kommt, ist bei mehr Anbietern geringer als in engen Oligopolen.

Außerdem kann man in der Regel davon ausgehen, dass (auch bei gegebenem Homogenitätsgrad der Produkte) mit zunehmender Zahl der Anbieter auch die Heterogenität der unternehmerischen Entscheidungsträger bezüglich Zielsetzung, Risikofreudigkeit etc. ansteigt. Schon ein einziges Unternehmen, das eine aggressive Strategie der Marktanteilsausweitung verfolgt, kann eine Kollusion unmöglich machen.

Eine kollusive Minderung der Wettbewerbsintensität erwartet man also primär in engen Oligopolen. Diese Marktstruktur ist im Mobilfunk häufig gegeben. Und dies ist genau der Kernpunkt der generellen Bedenken von Regulierungsbehörden bei Mobilfunkmärkten.

Ein weiterer Grund für das Interesse von Regulierungsbehörden an diesem Strukturmerkmal ist die Tatsache, dass sie gewissermaßen direkt dafür verantwortlich sind, da die Anzahl der Netzbetreiber durch die Zahl der vergebenen Konzessionen direkt bestimmt bzw. nach oben begrenzt wird.

Häufig waren nach der Zulassung privater Unternehmen über einige Zeit nur zwei Anbieter in den Mobilfunkmärkten, insbesondere nach der Einführung von GSM. Ein typisches Beispiel hierfür ist der GSM-Mobilfunk in Deutschland bis zur zweiten Hälfte der 90er Jahre. Die Wettbewerbsintensität zwischen *D1* (*T-Mobile*) und *D2* (*Vodafone* bzw. damals noch *Mannesmann*) musste danach als relativ gering bezeichnet werden (vgl. Kruse, 1997), zumindest was die Tarife für Geschäftskunden und insbesondere die Gesprächsgebühren zur Tageszeit betrifft,[18] sodass das diesbezügliche Preisniveau in Deutschland im internationalen Vergleich damals relativ hoch war.

Im Laufe der Zeit sind dann in verschiedenen Ländern weitere Anbieter hinzugekommen, sodass die Oligopolbesorgnisse relativiert wurden. In Österreich sind inzwischen sechs Anbieter auf dem Markt, was im Hinblick auf die zu erwartende Wettbewerbsintensität schon einen deutlichen Unterschied zum Dyopol darstellt.

Von ebenfalls erheblicher Bedeutung ist die Größenverteilung der einzelnen Anbieter, die in der Regel an den Marktanteilen zu messen ist. Je symmetrischer die Anbieter sind, desto eher sind ceteris paribus kollusive Verhaltensweisen zu erwarten. Je ungleicher die Marktanteile der Anbieter sind, desto unterschiedlicher sind die Interessen und desto unwahrscheinlicher ist die Erreichung eines interessenkompatiblen Gleichgewichts (vgl. Phlips, 1995).

Im Normalfall bedeutet dies, dass die kleineren Unternehmen bestrebt sein werden, ihre Marktanteile zu erhöhen, was in der Regel durch Preissenkungen erfolgt. Dieser Druck zur Marktanteilssteigerung ist besonders stark, wenn erhebliche Kostendegressionen gegeben sind, da die kleineren Unternehmen sonst einen dauerhaften erheblichen Kostennachteil hätten. Zum Beispiel hat bei der kurzfristigen Durchschnittskostenfunktion DK_A ein Preis P_M zwischen DK_1 und DK_2 in Abb. 2.6 die Konsequenz, dass das Unternehmen mit der Menge X_2 Gewinne und dasjenige mit X_1 Verluste macht. Somit hat das kleinere Unternehmen große Anreize, sich auf der KDK nach rechts unten zu bewegen.

Dies ist die Situation im Mobilfunk in Österreich. Die Marktanteile (vgl. Kapitel 1) sind sehr ungleich. Speziell die kleinen (zuletzt konzessionierten) Anbieter sind (schon aus Gründen der Kostendegression) unter enormen Druck, nicht nur generell ihre Menge, sondern auch ihre Marktanteile zu vergrößern (was bei stark wachsendem Marktvolumen ein Unterschied sein kann). Im Mobilfunkmarkt erfordert dies eine aggressive Preispolitik, die mit Kollusion unvereinbar ist.

Wenn unter diesen Bedingungen Unternehmen mit kleinen Marktanteilen die Preise von großen Unternehmen einstellen oder unterbieten wollen, erfordert dies erhebliche Finanzmittel, um die dabei zwangsläufig (zumindest für eine Übergangszeit) auftretenden Verluste abzudecken.

18 Mehr Wettbewerb gab es bei Privatkunden (insb. auch über Handy-Subventionen) und zur Nebenzeit.

Ein zentraler Punkt für die Kollusionswahrscheinlichkeit ist die Höhe der Markteintrittsbarrieren. Als Markteintrittsbarrieren werden alle Faktoren bezeichnet, die einen Markteintritt von Newcomern auch dann verhindern oder erschweren (würden), wenn wesentliche Ineffizienzen bestehen (bestünden).

Bezüglich der Markteintrittsbarrieren unterscheidet man drei Arten, nämlich institutionelle, strukturelle und strategische Markteintrittsbarrieren. Institutionelle Markteintrittsbarrieren entstehen insbesondere durch staatliche Gesetze, Lizenzierungen, Zuteilungen und Genehmigungserfordernisse. Weniger schwerwiegend sind dabei eventuelle subjektive Zulassungsvoraussetzungen. Dagegen beschränken objektive Markteintrittsbarrieren die Zahl der Anbieter (unabhängig von den subjektiven Bedingungen), im Extremfall auf einen (Monopollizenz), in anderen Fällen auf wenige (z.B. vier im österreichischen Mobilfunk) oder viele (z.B. Taxi-Konzessionen in vielen Städten).

Strukturelle Markteintrittsbarrieren resultieren aus bestimmten ökonomischen Faktoren, die einem Newcomer im Gegensatz zu einem etablierten Anbieter Nachteile bescheren (z.B. Nachfragevorteile etablierter Unternehmen, Lernkurven-Effekte, irreversible Investitionen etc.). Strategische Markteintrittsbarrieren sind bewusste Praktiken etablierter Unternehmen, die unter Inkaufnahme eigener Kosten darauf gerichtet sind, den Eintritt für Newcomer zu erschweren oder unmöglich zu machen (z.B. Verdrängungspreise).

Bei relativ einfachem Markteintritt für Newcomer ist Kollusion nahezu unmöglich bzw. nicht stabil. Wenn keinerlei Markteintrittsbarrieren bestünden, wäre es für Newcomer leicht, einen kollusiv überhöhten Preis zu unterbieten und dabei Gewinne zu machen. Die Wahrscheinlichkeit, dass Newcomer angelockt werden, steigt dann mit dem Umfang der kollusiven Preisüberhöhung. Die Etablierten wären also gezwungen, ihren Preis niedrig zu halten. Auf offenen Märkten werden sie mit Kollusion entsprechend zurückhaltend sein, und die Effizienzwirkung der potenziellen Konkurrenz ist hoch.

Die Situation stellt sich völlig anders dar, wenn so hohe Markteintrittsbarrieren bestehen, dass Newcomereintritt praktisch ausgeschlossen werden kann. Die „Gefahr" eines Kollusionszerfalls (durch Cheating) könnte dann nur von innen kommen. Die Existenz hoher Markteintrittsbarrieren ist insofern keine hinreichende, wohl aber eine notwendige Bedingung für Kollusion. Die Existenz von Markteintrittsbarrieren bewirkt keine Kollusion, aber ohne Markteintrittsbarrieren wären Kollusionsversuche nicht erfolgreich.

Beim Mobilfunk bestehen in den meisten Ländern, ungeachtet zusätzlicher struktureller und strategischer Markteintrittsbarrieren, kurzfristig praktisch unüberwindbare institutionelle Markteintrittsbarrieren für Newcomer durch die Konzessionierung. Überraschende Markteintritte von Newcomern sind dann ausgeschlossen, d.h. es existiert keine potenzielle Konkurrenz, die eine eventuelle Kollusion kurzfristig destabilisieren könnte.

Für Österreich entfällt durch das neue TKG, das im August 2003 in Kraft getreten ist, die Konzessionierungspflicht. Vielmehr unterliegt die Bereitstellung eines öffentlichen Kommunikationsnetzes oder –dienstes in Zukunft nur noch einer Anzeigepflicht (§15

TKG). Insofern kann eine institutionelle Markteintrittsbarriere nicht mehr durch die Konzessionierung, sondern allenfalls durch die Frequenzvergabe bestehen.

Allerdings ist auch generell die Konzessionierungspolitik der Regulierungsbehörden nicht völlig exogen gewesen. Bei Evidenz von Kollusion sind sie grundsätzlich eher geneigt, frühzeitig neue Betreiberkonzessionen zu vergeben. Ob dies während der einzelnen Phasen der Mobilfunkentwicklung auch praktisch relevant ist, hängt jeweils von der Verfügbarkeit von Frequenzen ab.

In Österreich waren zwar die 900-MHz-Frequenzen für den GSM-Mobilfunk zunächst relativ schnell vergeben. Allerdings standen 1800-MHz-Frequenzen zur Vergabe zur Verfügung, sodass die Konzessionierung weiterer Anbieter eine reale Option für die Regulierungsbehörde war. Dies wirkt als solches schon kollusionserschwerend. Die Option auf weitere Konzessionen ist dann auch tatsächlich durch die Vergabe an *One* und später *tele.ring* genutzt worden.

Bis zum Frühjahr 2001 waren zudem noch weitere 1800-MHz-Frequenzen verfügbar, die zur Lizenzierung eines fünften GSM-Netzbetreiber hätten genutzt werden können. 900-MHz-Spektrum stand nach der Rückgabe der ehemaligen D-Netz-Frequenzen sogar bis zum November 2002 zur Verfügung. Somit wäre weiterer Markteintritt durchaus möglich gewesen, wenn ein zusätzliches Unternehmen eine wirtschaftliche Chance darin gesehen hätte.

Schon vorher wussten alle Anbieter, dass UMTS-Konzessionen und entsprechende neue Mobilfunkfrequenzen vergeben werden würden, was neue Netzbetreiber in den Markt bringen konnte. Auch dies macht kollusives Verhalten unwahrscheinlich. Die von der Regulierungsbehörde gewählte Form der Konzessionierung mittels Auktion (vgl. Kapitel 4) hat Newcomern den Markteintritt ermöglicht. Tatsächlich sind dann auch zwei weitere Netzbetreiber konzessioniert worden.

Einer der beiden neuen Konzessionäre, nämlich *3G Mobile*, eine Tochter der spanischen *Telefonica*, baut jedoch Marktinformationen zufolge kein Netz auf. Dies kann so interpretiert werden, dass der Markteintritt wegen der hohen Wettbewerbsintensität auf dem österreichischen Markt nicht für profitabel erachtet wird. Gleichzeitig bedeutet es, dass die Frequenzen wieder frei werden und grundsätzlich auch an andere Newcomer vergeben werden könnten.

Frequenzen konnten bisher nur von der Regulierungsbehörde erworben werden. Zukünftig werden die Frequenzen jedoch privatwirtschaftlich handelbar sein, wodurch weitere Eintrittsbarrieren abgebaut werden.

Ein weiterer relevanter Aspekt ist das Auftreten von *Tele2* als virtueller Mobilfunknetzbetreiber (MVNO) in Österreich (siehe dazu genauer Kapitel 5, § 4). Ein MVNO ist ein eigenständiger Anbieter von Mobilfunkdiensten unter eigenem Namen und somit ein Konkurrent der GSM-Netzbetreiber, auch wenn er nicht über ein eigenes Funknetz verfügt, was von den Kunden vermutlich gar nicht wahrgenommen wird.

Der konkrete Markteintritt von *Tele2* (mit Hilfe des Funknetzes von *One*) zeigt, dass ein Markteintritt in den österreichischen Mobilfunkmarkt sowohl rechtlich als auch tatsächlich möglich ist - und zwar unabhängig von der Verfügbarkeit zusätzlicher Frequenzen.

Wenn also die sonst angenommene Frequenzknappheit als hohe Markteintrittsbarriere entfällt und die Regulierungsbehörde den Markteintritt tatsächlich zulässt, sind die für die Beurteilung der Wettbewerbsintensität relevanten Markteintrittsbarrieren deutlich geringer, da jeder Netzbetreiber auch in Zukunft mit neuen Konkurrenten rechnen muss. Dies wiederum reduziert die etwaigen Kollusionsanreize weiter.

III. Marktaustrittsbarrieren (irreversible Investitionen)

Die Marktaustrittsbarrieren sind im Mobilfunk ebenfalls sehr hoch, vor allem wegen der bereits getätigten, hohen irreversiblen Investitionen.

Nehmen wir an, dass alle Fixkosten (vgl. Abb. 2.5) auch irreversibel sind, und weiter, dass die individuelle Preisabsatzfunktion von PAF_1 nach unten links auf PAF_2 verschoben wird (z.B. durch generelle Nachfrageschwäche, verschärfte interne Konkurrenz durch andere Anbieter oder durch Substitutionswettbewerb). Dann würde beim Fall A (geringer Fixkostenanteil) noch ein Gewinn von etwa 500 (statt vorher 4000) möglich sein.[19] Dagegen würde im Fall B (hoher Fixkostenanteil) bei optimaler Angebotspolitik (Punkt B_2) ein Verlust von 2500 anfallen.

Das Unternehmen würde im letzteren Falle dennoch am Markt bleiben, da bei B_2 noch ein positiver Deckungsbeitrag erwirtschaftet wird, während bei einem Marktaustritt ein wesentlich höherer Gesamtverlust eintreten würde.

Noch deutlicher wird es bei PAF_3. Im Fall B würde mindestens ein Verlust von 6000 auftreten (B_3), der aber dennoch nicht zum Marktaustritt führt, da der Deckungsbeitrag (wegen $p > vk$) weiterhin positiv ist. Bei der Kostenstruktur des Falles A würde das Unternehmen seine Menge auf null zurückfahren (da kein Preis möglich ist, der die variablen Kosten deckt) oder (je nach der zeitlichen Struktur der irreversiblen Investitionen) ganz aus dem Markt austreten.

Mit anderen Worten: Hohe Irreversibilitäten verursachen hohe Marktaustrittsbarrieren und damit bei ungünstiger individueller oder Gesamtmarkt-Entwicklung entsprechend hohe Verluste, derer die Anbieter sich nicht durch Produktionseinstellung entledigen können.

Hohe Marktaustrittsbarrieren tragen auch dazu bei, dass Verdrängungsstrategien unwahrscheinlich sind. Unter Verdrängungsstrategien werden aggressive Verhaltensweisen zur Marktanteilssteigerung verstanden, die (gegebenenfalls auch unter Inkaufnahme temporärer Verluste) darauf abzielen, Konkurrenten vom Markt zu verdrängen, aufzukaufen oder zu disziplinieren (vgl. Haucap und Kruse, 2003a; Bolton, Brodley und Riordan, 2000).[20]

19 Die optimale Preispolitik des Unternehmen ist derjenige Punkt auf seiner Preisabsatzfunktion, der die höchsterreichbare Isogewinnlinie tangiert. Dies ist in der Darstellung der Abb. 2.5 etwa bei einem Preis von 127 und einer Menge von 41 der Fall.

20 Dies ist insbesondere in engen Märkten relevant, da hier grundsätzlich die Chance besteht, über eine Verdrängung von Konkurrenten eine Monopolstellung zu erlangen, um entsprechende Mono-

Ist unter den Bedingungen des österreichischen Mobilfunkmarktes eine Verdrängungsstrategie zu erwarten? Zwei Faktoren könnten in diese Richtung deuten. Erstens besteht zwischen den Unternehmen eine hohe Reaktionsinterdependenz, wenn die Preisabsatzfunktionen elastisch ist. Wenn es einem Netzbetreiber gelingt, wesentlich höhere Marktanteile als sein Konkurrent zu gewinnen, erwirtschaftet er höhere Deckungsbeiträge und gelangt stärker in die Kostendegression. Zweitens bestehen hohe Markteintrittsbarrieren, die eine unabdingbare Voraussetzung dafür sind, dass sich eine kostenintensive Verdrängungsstrategie unternehmerisch überhaupt lohnen kann.[21]

Dennoch ist im Mobilfunkmarkt eine Verdrängung aus verschiedenen Gründen nicht realistisch:

(1) Eine Verdrängungsstrategie ist hier wegen der hohen Markt*aus*trittsbarrieren des Konkurrenten besonders teuer. Diese resultieren aus den vorherigen irreversiblen Investitionen in die Netzinfrastruktur und die Marktentwicklung. Je größer die Differenz zwischen totalen und reversiblen Kosten ist, desto eher ist es für das passive Unternehmen rational, trotz anfallender Buchverluste am Markt zu bleiben, solange noch die reversiblen Kosten gedeckt und ein Beitrag zu den irreversiblen Kosten erwirtschaftet wird.

(2) Wenn der Marktaustritt eines Konkurrenten aus den genannten ökonomischen Gründen nicht erwartet werden kann, kommt als Ziel von aggressiven Strategien immer noch dessen Konkurs in Frage, um ihn anschließend übernehmen zu können (vgl. McGee, 1958). Dies würde als Fusion jedoch der Zustimmung der Kartellbehörde bedürfen, die ihre Erteilung von einer Prognose über die zukünftige Wettbewerbsintensität auf dem Markt abhängig machen würde.

(3) Selbst wenn eine Verdrängungsstrategie zum Konkurs eines Konkurrenten führen würde, bedeutet dies unter den bestehenden Bedingungen nicht, dass der Verdränger die frei werdenden Frequenzen bekäme. Im Gegenteil wäre die Regulierungsbehörde vermutlich bestrebt, die Frequenzen an Dritte zu vergeben, um den Wettbewerb auf dem Markt zu sichern.

Betrachten wir den Konkursfall etwas genauer, und zwar bei einem Unternehmen, das bereits alle Investitionen in ein flächendeckendes Mobilfunknetz getätigt hat. Angenommen, die Netzinvestitionen sind die alleinige Ursache dafür, dass der Fixkostenanteil (wie Fall B in Abb. 2.5) 90% beträgt. Die variablen Kosten sind dann 10%, d.h. 10 Euro pro Stück in der Abbildung.

Der Konkursverwalter wird immer dann einen Käufer für das Netz finden, wenn die Preise am Markt so hoch sind, dass über die variablen Kosten hinaus ein Deckungsbeitrag erwirtschaftet werden kann, hier also bei $P > 10$ Euro.

---

polgewinne abzuschöpfen. Die Verdrängung eines Konkurrenten als eigenständigen Wettbewerber kann auch im Aufkauf des betreffenden Unternehmens bestehen bzw. in der Übernahme der Führungsrolle bei einer Fusion beider Unternehmen (vgl. Granitz und Klein, 1996).

21 Nur dann nämlich könnten durch spätere Monopolgewinne die Verdrängungskosten amortisiert werden, während ohne genügend hohe Markteintrittsbarrieren Newcomer auftauchen würden, die das aggressive Unternehmen um den „Lohn der Verdrängung“ bringen würden (vgl. Haucap und Kruse, 2003a).

Der Käufer seinerseits hat nicht mehr den irreversiblen Kostenblock des Netzaufbaus zu tragen, sondern wird seine Deckungsbeiträge maximieren, was bei der PAF_3 beim Punkt B_3 der Fall ist. Daher wird er seinen Preis senken, um die Menge auszuweiten.

Das geschilderte Kalkül hängt natürlich nicht vom Eintreten des Konkursfalles ab, sondern gilt auch schon vorher für einen möglichen Unternehmensverkauf. Dabei hängt der Unternehmenswert direkt von den erwarteten Deckungsbeiträgen ab. Ebenfalls gilt es für die Weiterführung des Betriebes durch die gleichen Eigentümer.

Mit anderen Worten: Falls einer der vier Betreiber in wirtschaftlich schlechter Verfassung ist (d.h. hohe Verluste macht), können die anderen Betreiber dennoch nicht hoffen, bald einen Konkurrenten "loszuwerden". Vielmehr müssen die Konkurrenten fürchten, dass die alten oder neuen Eigentümer des fraglichen Netzes die Preise kräftig senken werden, was für sie mit Gewinneinbußen verbunden ist.

IV. Folgen der schrittweisen Konzessionierung im Mobilfunk

Wenn man mit dem Wissen des Jahres 2001 über die Mobilfunkentwicklung der 90er Jahre auf die Konzessionierung zurückblickt, würde man vermutlich eine andere Politik für den Beginn des GSM-Mobilfunks empfehlen. Man hätte in Kenntnis des schnellen Wachstum anfänglich simultan mehr Konzessionen vergeben können, um den Anbietern gleiche Marktchancen zu geben und von Beginn an mehr Wettbewerbsintensität zu erzielen. Außerdem hätte man die 900- und 1800-MHz-Frequenzen unter dem Gesichtspunkt gleicher Startchancen anders zuteilen können.

Wie ein Blick auf Abb. Abb.1.2 (Kap. 1) zeigt, ist die historische Entwicklung in nahezu allen Ländern nach einem anderen Muster verlaufen. Soweit es nicht ohnehin noch Monopole waren, wurde zunächst nur eine zweite Konzession vergeben, später eine dritte etc.

Die Gründe hierfür lagen erstens in der Unterschätzung des Marktvolumens und der Wachstumsraten, zweitens in der Unsicherheit über die Skaleneffekte (insb. relative MOB) der damals neuen GSM-Technik und drittens in der erfolgreichen Lobbyarbeit der etablierten Monopolisten zur Verhinderung von allzu vielen Konkurrenten.

Die schrittweise Konzessionierungspolitik (einschließlich der Tatsache, dass zuerst alle 900- und dann die 1800-MHz-Frequenzen vergeben wurden) hatte zwangsläufig die Folge von Asymmetrien zwischen den späteren Anbietern zum Nachteil der Zuletzt-Konzessionierten. Betrachten wir dies kurz inhaltlich, bevor wir die Folgen für die Wettbewerbsintensität erörtern (vgl. auch § 2, V.).

Es ist ein geläufiges Phänomen, dass Unternehmen, die schon früh in einem bestimmten Produktbereich tätig sind, sogenannte First-Mover-Vorteile gegenüber später in den Markt Eintretenden haben. Dies basiert zu einem Teil auf Nachfragevorteilen im Sinne von Markenbekanntheit und Goodwill, was in einschlägigen Lehrbüchern als Produktdifferenzierung bezeichnet wird.

Erste Anbieter eines Produktes haben die Gelegenheit, durch ihre Präsenz und werbliche Unterstützung einen Markennamen zu etablieren, den das Publikum mit dem Produkt verknüpft. Dies ist für später Eintretende wesentlich schwieriger bzw. erfordert einen besonders hohen Werbeaufwand, wenn ihre Produkte keine signifikanten qualitativen Vorzüge aufweisen. Dieser Effekt ist bei Konsumgütern (Privatkunden) wesentlich bedeutsamer als bei Vor- und Zwischenprodukten mit professionellen Nachfragern.

Die später konzessionierten Anbieter hatten somit Marketing-Nachteile zu tragen. Zudem war ihr Produkt qualitativ nicht überlegen, sondern (zumindest anfangs) inferior, insbesondere wegen der geringeren Flächendeckung. Außerdem waren die wirtschaftlich attraktiven Geschäftskunden bereits von den etablierten Netzbetreiber als Abonnenten gewonnen worden. Spätere Betreiber kamen zu einer Zeit auf den Markt, als das Mobiltelefon zu einem Massenkonsumgut wurde, sodass der natürliche Goodwill-Vorsprung der etablierten Anbieter stärker ins Gewicht fiel.

Neue Produkte erschließen typischerweise zunächst die Kundensegmente mit der höchsten Zahlungsbereitschaft. Im Falle der ersten Mobilfunknetze waren dies vor allem die Geschäftskunden, zu denen zahlreiche Vieltelefonierer gehören. Dies ermöglicht bei relativ hohen Preisen entsprechend hohe Deckungsbeiträge für die Amortisation des Gesamtnetzes. Auf diese Weise wurden gerade bei den lukrativsten Kundengruppen, die sich durch hohe monatliche Deckungsbeiträge pro Abonnent auszeichnen, Geschäftsbeziehungen etabliert und Goodwill aufgebaut.

Später kommende Netzbetreiber treffen auf einen Markt, bei dem Mobilfunk-Neukunden wesentlich weniger zahlungsbereit sind als die Pionier-Nutzer. Letztere wären aufgrund von Wechselkosten nur mit hohen Vorteilen bezüglich Preis und/oder Leistung zu veranlassen, den Anbieter zu wechseln. Somit ergibt sich ein Wettbewerbsnachteil für die Neueinsteiger, die erst später auf einen Markt kommen.

Darüber hinaus bestehen bei Neueinsteigern zum Teil kostenmäßige Wettbewerbsnachteile gegenüber den GSM-900-Netzen, insbesondere in ländlichen Regionen. Aus physikalisch-technischen Gründen der Funkausbreitung erfordert ein Mobilfunknetz im 1800-MHz-Bereich wesentlich mehr Basisstationen als ein 900-MHz-Netz (vgl. Siegmund, 2002) und verursacht damit deutlich höhere Investitionsaufwendungen. Relativiert wird dieser Nachteil allerdings dadurch, dass die beiden etablierten Netzbetreiber in Österreich nicht über reine 900-MHz-Netze verfügen, sondern hybride Netze betreiben, die sowohl Spektrum im 900-MHz- als auch im 1800-MHz-Bereich nutzen, wodurch diesen beiden Betreibern zusätzliche Kosten entstehen und somit ein etwaiger Kostennachteil der Newcomer mit reinen 1800-MHz-Netzen weniger gravierend ist.

Ein gewichtiger Nachteil für die später konzessionierten Netzbetreiber besteht jedoch in den Standortkosten, da nach Angaben der Betreiber die Preise bzw. Mieten für Funkstandorte im Zeitablauf erheblich gestiegen sind. Diese Entwicklung ist zwar zum Teil dadurch kompensiert worden, dass die Infrastrukturkosten nach Angaben der Betreiber gesunken sind, weil die Rechenleistungen gestiegen sind. Insgesamt sind die Kosten des Netzaufbaus jedoch nach Betreiberangaben aufgrund der Entwicklung der Standortpreise eher gestiegen.

Allgemein besteht für GSM-1800-Netze aufgrund der sehr hohen Investitionskosten für die Netz-Infrastruktur insbesondere in der Anfangsphase eine starke Neigung, zunächst nur die verkehrsstarken Ballungsgebiete funktechnisch zu versorgen. Die Flächendeckung ist jedoch auch ein relevantes Qualitätsmerkmal des Netzes, da sie die lokale Verfügbarkeit des Dienstes (mobiles Telefonieren) bestimmt. Die Flächendeckung ist eines der wenigen Qualitätsmerkmale, in dem sich die 900-MHz- und die 1800-MHz-Netze in deren Startphasen für die Kunden voneinander unterschieden, nachdem viele andere Parameter bereits durch die Standardisierung, Lizenzierung etc. vorgegeben wurden.

First-Mover-Vorteile der Etablierten existieren gelegentlich auch auf der Angebotsseite wegen bestimmter Kostenvorteile. Dem stehen in einigen Fällen spezifische Vorteile von später eintretenden Newcomern gegenüber, wenn in der Zwischenzeit Produkt- und/oder Prozessinnovationen erfolgt sind, die das etablierte Unternehmen nicht in gleicher Weise nutzen kann. Kostenunterschiede, die sich im Zeitablauf ergeben können, beruhen meist auf Lernkurven-Effekten (bzw. Volumen-Effekten) oder Inputfaktorpreisänderungen.

Lernkurven-Effekte sind Stückkostensenkungen im Zeitablauf, die auf fortschreitender Optimierung der Produktionsprozesse und organisatorischen Abläufe beruhen. Diese können unternehmensindividueller oder branchenspezifischer Art sein. Wenn gravierende, unternehmensindividuelle Lernkurven-Effekte vorhanden sind, d.h. dass jedes Unternehmen seine eigenen Erfahrungen sammeln muss, bedeutet dies entsprechende Kostennachteile der jeweiligen Newcomer für deren Anfangsperioden. Diese Mehrkosten können als irreversible Markteintrittsinvestitionen betrachtet werden. Bei branchenspezifischen Lernkurven-Effekten verbreiten sich die Erfahrungen in der ganzen Branche. Die Newcomer lernen gewissermaßen von den etablierten Unternehmen bzw. vermeiden deren Fehler.

Beim zellularen Mobilfunk handelt es sich überwiegend um branchenspezifische Effekte. Für die ersten Unternehmen, die Erfahrungen mit GSM gesammelt haben, war es nicht möglich, das gewonnene Know-how firmenspezifisch zu reservieren. Es verbreitete sich über verschiedene Kanäle (z.B. über Hersteller von Netzinfrastrukturelementen, eigenes Personal, Berater, Konferenzen etc.) zu unternehmensexternen Personen und an andere GSM-Netzbetreiber.

Diesbezüglich haben die später konzessionierten Anbieter von den branchenbezogenen Lernkurven-Effekten profitiert. Außerdem ist entsprechend qualifiziertes Personal (insbesondere für Netzaufbauplanung und -implementierung etc.) auf dem Arbeitsmarkt besser verfügbar gewesen als zu GSM-Anfangszeiten, was sich in geringeren Ausbildungskosten etc. niederschlägt.

Die Beschaffungspreise für Infrastrukturelemente (Basisstationen, Vermittlungseinrichtungen etc.) sind nach Auskunft von Betreibern ebenfalls deutlich gefallen. Dies basiert im Wesentlichen auf der weltweiten Verbreitung von GSM, die die Ausschöpfung von Skaleneffekten bei gleichzeitig hoher Wettbewerbsintensität erlaubt hat. Allerdings sind die Preise für Funkstandorte wie bereits erwähnt stark angestiegen.

Generell könnte es zudem ein Vorteil für später eintretende Netzbetreiber sein, wenn in der Zwischenzeit ein signifikanter technischer Fortschritt erfolgt ist, der qualitativ attraktivere Angebote (Produktinnovation) und/oder niedrigere Produktionskosten (Prozessinnovation) ermöglicht, soweit dies nicht von den etablierten Anbietern in gleicher Weise genutzt werden kann wie von den Newcomern.

Trotz des generell hohen Innovationsniveaus in der Telekommunikation ist ein solcher Technologiesprung beim Mobilfunk bis zum Ende der 90er Jahre nicht in wesentlichem Umfang erfolgt. Dies liegt vor allem (1) an der erst relativ kurzen Zeitspanne seit der GSM-Einführung und (2) an dem hohen Standardisierungsgrad.

Insgesamt lässt sich feststellen, dass sich für die später konzessionierten Netzbetreiber Wettbewerbsnachteile gegenüber den etablierten Netzbetreibern ergaben, die im Kern regulierungsbedingt waren.

§ 4: Nachfrage-Elastizitäten und Parametereinsatz

I. Elastizität der Marktnachfrage

Die Preiselastizität der Marktnachfrage hat einen erheblichen Einfluss auf die Kollusionswahrscheinlichkeit. Generell gilt, dass jede kollusive Preiserhöhung über den Wettbewerbspreis hinaus bei einer elastischen Nachfragefunktion (wegen des höheren Mengenrückgangs) ceteris paribus zu geringeren Gewinnsteigerungen führt als bei einer inelastischen Nachfragefunktion, sodass die kollektiven Anreize zur Kollusion umso geringer sind, je elastischer die Nachfragefunktion ist (vgl. auch Carlton und Perloff, 2000, S. 126). Außerdem führt eine Preiserhöhung bei einer inelastischen Nachfragefunktion zu geringeren Leerkapazitäten. Somit kann durch eine individuelle Preisunterbietung ceteris paribus eine geringere Mengenausweitung realisiert werden, was die Anreize zum Cheating senkt. Zudem kann jeder bei einem Kollusionszerfall (als Folge des Cheating) umso mehr an Gewinn verlieren, je inelastischer die Nachfragefunktion ist.

Die Wahrscheinlichkeit für eine Kollusion (bzw. die Höhe der Kollusionsstabilität) steigt daher mit der Inelastizität der Nachfragefunktion. Dies ist zum Beispiel auch für den Substitutionswettbewerb durch marktexterne Produkte von Bedeutung. Dieser führt dazu, dass die Nachfragefunktionen ceteris paribus elastischer werden, sodass auch die Kollusion instabiler und somit weniger wahrscheinlich wird.

Marktphasen des Mobilfunk

Neue Produkte erschließen typischerweise zunächst die Kundensegmente mit der höchsten Zahlungsbereitschaft. Beim Mobilfunk waren dies vor allem die Geschäftskunden. In der Anfangsphase des Mobilfunks bis in die zweite Hälfte der 90er Jahre hinein war die Marktnachfragefunktion vermutlich recht inelastisch.

Es kann unterstellt werden, dass sich dies in den letzten Jahren in dem Maße geändert hat, in dem das Mobiltelefonieren zum Konsumgut wurde und die Penetrationsraten anstiegen. So kann unterstellt werden, dass die Mobilfunkmarktentwicklung der letzten Jahre dadurch charakterisiert ist, dass sich die Markt-Nachfragefunktion zumindest tendenziell von N_1 zu N_2 in Abb. 2.7 verschoben hat. Damit hätte auch die Kollusionswahrscheinlichkeit deutlich abgenommen, da eine solche Drehung der Marktnachfrage nach außen auch bedeutet, dass die Nachfragefunktion elastischer wird.

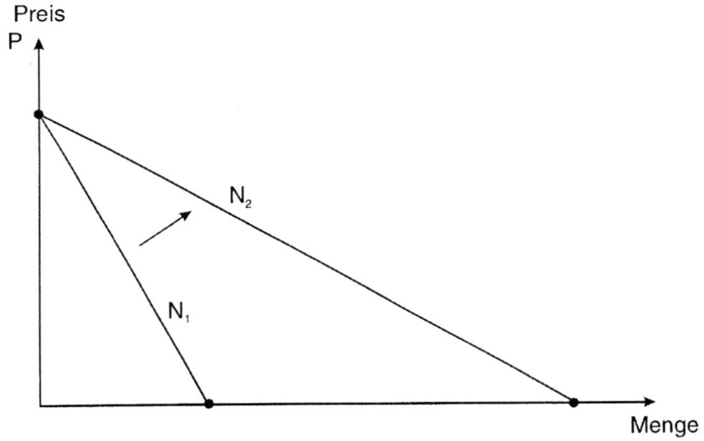

Abb. 2.7: Marktausweitung im Mobilfunk

II. Produkthomogenität, Markttransparenz und Wechselkosten

Für die Entscheidungssituation des einzelnen Anbieters ist seine individuelle Preisabsatzfunktion von zentraler Bedeutung. Diese reflektiert den Umfang der Absatzmengeneffekte auf unterschiedliche Preisvariationen. Je elastischer die Preisabsatzfunktion ist, desto stärker ist die Mengensteigerung auf eine eigene Preissenkung. Dies bedeutet jedoch in der Regel auch, dass die eigene Menge stark zurückgeht, wenn die Konkurrenten ihre Preise senken. Wären die Mengeneffekte einer Preissenkung gering oder würden sie erst mit großer Verzögerung oder nur mit massiver Werbeunterstützung eintreten, wären die Anreize für eine Preisunterbietung geringer. Eine hohe Elastizität der Preisabsatzfunktion zeigt grundsätzlich eine hohe Wettbewerbsintensität.

Wesentliche Faktoren für die Elastizität der Preisabsatzfunktion sind die Produkthomogenität, die Markttransparenz und die Reaktionsflexibilität der Kunden.

Nur in dem Maße, wie die Produkte von den Kunden als weitgehend homogen betrachtet werden, erzeugen (auch kleinere) Preissenkungen signifikante Wirkungen. Der Mobilfunk kann als relativ homogenes Produkt betrachtet werden (jedenfalls dann, wenn auch die jungen Netze durch eigene Infrastruktur oder National Roaming eine weitgehende Flächendeckung realisiert haben). Die verbleibenden Qualitätsunterschiede sind im Kontext anderer Konsumgüter aus Kundensicht als gering einzustufen.

Bezüglich der Markttransparenz ist hier die Kenntnis der Kunden über die Produkte und Preise (vertikale Markttransparenz) von Bedeutung. Von ihr hängt es ab, in welchem Maße tatsächlich Preisunterschiede und Preisänderungen mengenrelevant werden können.

Im Mobilfunk kann man davon ausgehen, dass der Informationsstand der Kunden durchschnittlich höher ist als in den meisten anderen Konsumgütermärkten (bei Geschäftskunden sowieso). Dies hängt mit der hohen öffentlichen Aufmerksamkeit für das "Lifestyleprodukt Handy" und damit zusammen, dass regelmäßige Preisübersichten in den Medien publiziert werden.

Allerdings wird die Markttransparenz für die Kunden durch zwei Elemente eingeschränkt. Zum einen sind die einzelnen Mobilfunktarife mehrteilige Tarife, die sich nicht nur in Grund- und Gesprächsgebühren differenzieren lassen, sondern letztere sich wiederum nach Gesprächen in zahlreiche Zielnetze (Festnetz, das eigene und fremde Mobilfunknetz, national und international, Haupt- und Nebenzeiten etc.) unterscheiden. Zum anderen bietet jeder Betreiber seinerseits diverse Tarife und Tarifvarianten an.

Die Reaktionsflexibilität (Reaktionsbereitschaft, Reaktionsmöglichkeit, Reaktionsgeschwindigkeit) der Kunden auf wahrgenommene Preisveränderungen kann durch bestimmte Bindungen an den bisherigen Anbieter vermindert sein, sodass der Mengeneffekt geringer ist und/oder später eintritt.

Für Neukunden sind derartige Minderungen weitgehend irrelevant. In der gegenwärtigen Marktsituation in Österreich mit bereits weitgehender Marktsättigung geht es jedoch im Wesentlichen um den Wechsel bisheriger Mobilfunknutzer zu anderen Netzbetreibern.

Die Mindestvertragslaufzeiten und Kündigungsfristen können grundsätzlich einen solchen Wechsel erschweren. Da die Laufzeiten jedoch in Österreich nur 12 Monate betragen, sind so viele Kunden jeweils in "Wechselfreiheit", dass aus der Laufzeit kaum Preisspielraum für die betreffenden Netzbetreiber resultiert, da sie nicht bestimmte Kunden negativ diskriminieren können.

Von größerer Bedeutung könnte die Mobilfunknummer sein, die betreiberspezifisch ist und sich bei einem Anbieterwechsel ändern würde. Dies kann für einzelne Kundengruppen, insbesondere für bestimmte Geschäftskunden, ein Wechselhemmnis darstellen, für viele andere dagegen nicht. Die mit einer Aufgabe der Mobilfunknummer verbundenen Wechselkosten und auch der damit verbundene Preissetzungsspielraum scheinen jedoch vielfach überschätzt zu werden (siehe dazu auch ausführlicher Kapitel 5, § 5). Nichtsdestotrotz dürfte die bereits beschlossene Einführung der Mobilfunknummernportabilität dazu führen, dass die individuellen Preisabsatzfunktionen der Anbieter noch elastischer werden dürften und somit Kollusion noch schwieriger wird als sie bisher schon ist.

§ 5: Interessenkompatible Gleichgewichte und Marktdynamik

I. Interessenkompatible Gleichgewichte und stabile Erwartungen

Grundsätzlich sind kollusive Wettbewerbsbeschränkungen labil, da sie durch die mehr oder minder großen Neigungen der Anbieter zur Preisunterbietung gefährdet sind. Dies hängt unter anderem von der Interessenkompatibilität und der Symmetrie der Marktsituation und von der Stabilität der Erwartungen bezüglich des Weiterbestehens ab.

Für die Stabilität einer Kollusion im Zeitablauf ist es wesentlich, dass die Interessen aller Beteiligten gewahrt werden, dass sich also keiner von ihnen durch Verhaltensänderungen mittel- und längerfristig Vorteile erwarten kann. Wir können dies ein interessenkompatibles Gleichgewicht nennen, also Marktverhältnisse, mit denen jeder der Anbieter zufrieden ist.

Eine solche Situation bestand auf dem deutschen Mobilfunkmarkt in der ersten Hälfte der 90er Jahre zwischen *T-Mobile* und *Mannesmann Mobilfunk* (jetzt *Vodafone*). Beide starteten ihre GSM-Netze zum gleichen Zeitpunkt, hatten genau die gleiche Frequenzausstattung, verfügten mittels der Service Provider (mindestens potenziell) über die gleichen Vertriebswege und hatten während der Zeit annähernd gleiche Marktanteile in Bezug auf die Abonnentenzahl (vgl. dazu auch Kruse, 1997).

Die Interessenkompatibilität galt einerseits für die unmittelbaren und gemeinsamen Vorteile hoher Deckungsbeiträge, die bei unbeschränktem Wettbewerb nicht erzielbar gewesen wären. Sie galt aber auch für einige unternehmensspezifische Interessen. Die wenig wettbewerbsintensiven Marktbedingungen stellten für beide Netzbetreiber ein komfortables Gleichgewicht dar, das den spezifischen Zielen beider Unternehmen diente. Keiner der beiden Anbieter hatte also vom Markt her eine Veranlassung, durch eine Preissenkung das profitable Gleichgewicht zu gefährden.

Vor allem konnten die Betreiber davon ausgehen, dass ihre Koexistenz noch über längere Zeit bestehen würde. Sie konnte im Wesentlichen nur durch eigene individuelle Wettbewerbsvorstöße gefährdet werden.

Dazu trug bei, dass der zuerst neu-lizenzierte Netzbetreiber *E-Plus* keine aggressive Preispolitik verfolgte, sondern sich den anderen GSM-Netzen preislich anpasste und deren Marktführerschaft akzeptierte. Dies war für die Regulierungsbehörde eine herbe Enttäuschung. Bei der Lizenzierung von *E-Plus*, die früher als zunächst gedacht erfolgte, bestand nämlich die Erwartung, dass der Markteintritt eines weiteren Anbieters zur

Intensivierung des Wettbewerbs führen und eine deutliche Tendenz zu Preissenkungen mit sich bringen würde.

Die Ursachen hierfür lagen erstens in mehreren regulierungsbedingten Wettbewerbsnachteilen von *E-Plus* gegenüber den D-Netzen. Zweitens lag es jedoch an der unternehmens-individuellen Strategie von *E-Plus*, die nicht darauf ausgerichtet war, den damals etablierten Netzbetreibern mit aktiver Preispolitik schnell Marktanteile abzunehmen. Damit hätten eventuell wesentlich eher neue Kundensegmente erschlossen werden können. Da dies nicht erfolgte, wurde jedenfalls das Gleichgewicht von *D1* und *D2* nicht gefährdet, was andernfalls möglicherweise hätte destabilisiert werden können, wenn *E-Plus* deutliche Marktanteilsgewinne hätte verbuchen können.

In Österreich ist die Lage der vier Netzbetreiber von der geschilderten in Deutschland gänzlich verschieden. Der zweite Betreiber (*T-Mobile* bzw. damals noch *Maxmobil*) wurde später konzessioniert als das in den meisten anderen Ländern der Fall war. Damit war schon ein entsprechend größerer Teil des lukrativen Geschäftskunden-Segmentes von *Mobilkom* bedient. Dieser Vorsprung ist bis heute relevant.

In Verbindung damit waren während der Dyopolphase bereits zwei Drittel des international für GSM vorgesehenen 900-MHz-Frequenzbandes von 2 x 25 MHz an *Mobilkom* (8 MHz für TACS und 8 MHz für GSM) vergeben.

Auf diese Asymmetrie hat *T-Mobile* jedoch (anders als *E-Plus* in Deutschland) mit einer aktiven Niedrigpreisstrategie reagiert, z.B. durch den On-net-Tarif von 1 ATS.

Auch später bestand (bis heute) niemals eine solche Interessenkompatibilität, dass die Unternehmen sich darin hätten einrichten können. Es bestanden jeweils starke Asymmetrien zum Nachteil der zuletzt konzessionierten Netzbetreiber. Letztere, die über geringe Marktanteile verfügten, waren immer in besonders hohem Maße gezwungen, Teilnehmer, Verbindungsminuten und Marktanteile zu gewinnen, um auf der kurzfristigen Kostendegressionskurve nach unten zu gelangen und nicht in einem dauerhaften Stückkostennachteil gegenüber den größeren Konkurrenten zu verbleiben. Dies gilt vor allem bei einem niedrigen Preisniveau (wie in Österreich), bei dem hohe Stückkosten auch einen hohen Finanzdruck für das Unternehmen erzeugen.

Zum Netzstart von *T-Mobile* war (zumindest beim Blick auf andere Länder) bereits klar, dass die 1800-MHz-Frequenzen zur Vergabe anstehen würden und auf dem gleichen Markt relevant werden würden. Die Konzessionierung von zwei GSM-1800-MHz-Netzen erfolgte dann schneller als in anderen Ländern, wobei zwischen diesen wiederum zahlreiche Asymmetrien bestanden, z.B. unterschiedliche Startzeitpunkte, unterschiedlich lange Vorbereitung auf die Netzbetreiberrolle, unterschiedliche Frequenzausstattung etc.

Klar ist also als Fazit, dass die vier Netzbetreiber auf dem Markt unter asymmetrischen Bedingungen operierten und in Bezug auf viele Aspekte unterschiedliche Interessenlagen haben. Eine solche Situation würde die Erreichung oder Aufrechterhaltung einer kollusiven Wettbewerbsbeschränkung sehr erschweren oder gar unmöglich machen.

Generell gilt, dass eine Neigung zu kollusiven Verhaltensweisen eher vorhanden und stabil ist, wenn die Bedingungen für die Zukunft als prognostizierbar und symmetrisch für die betreffenden Anbieter eingeschätzt werden. Dies liegt daran, dass die Kollusionswahrscheinlichkeit von den Erwartungen der Anbieter bezüglich der zukünftigen Koexistenz abhängt. Signifikanter technischer Fortschritt und starke qualitative Veränderungen der Märkte bzw. gewandelte Substitutionsbeziehungen gefährden dies ebenso wie die Möglichkeit von Verdrängungsstrategien. Die Erwartung trendmäßiger (und nicht gebrochener oder revolutionärer) Entwicklungen stabilisiert dagegen das kollektive Bewusstsein der Anbieter.

Die Voraussetzungen für eine Kollusion sind günstig, wenn nur wenige Wirkungen von einem etwaigen technischen Fortschritt ausgehen und eventuelle Kostenänderungen nicht asymmetrisch bezüglich der Anbieter sind. Das Gleiche gilt, wenn die Nachfrage, die sonstigen Kosten und die Substitutionsbeziehungen zu anderen Märkten relativ stabil sind. Es bilden sich dann Erwartungen auf den Fortbestand der gegenwärtigen Koexistenz. Dagegen müsste bei starkem technischen Fortschritt und asymmetrischen Kostenänderungen jeder der beiden fürchten, ins Hintertreffen zu geraten, ebenso wie bei starker Marktdynamik auf der Nachfragerseite oder bei neuen Konkurrenzbeziehungen. Kollusion ist deshalb auf innovativen, dynamischen Märkten eher unwahrscheinlich (vgl. z.B. Bühler und Jaeger, 2002, S. 125 f.).

Obwohl die Telekommunikation auf der Kosten- und auf der Nachfrageseite insgesamt ein dynamischer und innovativer Sektor ist, galt dies nicht in relevantem Umfang für den Mobilfunk in den 90er Jahren. Aufgrund der vorher genannten Faktoren und aufgrund der weitgehend fixierten GSM-Standardisierung waren die Bedingungen für die Anbieter weitgehend stabil. Die Nachfrage wuchs zwar mengenmäßig stark, hat sich aber strukturell nicht wesentlich verändert.

Seit dem Ende der 90er Jahre haben sich die Innovationsmöglichkeiten und die diesbezüglichen Erwartungen deutlich verändert. Größere Relevanz mobilen Datenverkehrs, mobiles Internet, Breitband etc. sind nur einige der Stichworte (vgl. dazu ausführlich Kapitel 4).

Wichtig ist bereits für die Gegenwart des Mobilfunkwettbewerbs, dass die Unsicherheit über die zukünftigen, technischen und wirtschaftlichen Markt- und Wettbewerbsbedingungen stark angewachsen ist. Die Anbieter müssen damit rechnen, dass nach der UMTS-Einführung neue Einflussfaktoren wirksam werden, was eine Kollusion sehr erschweren bzw. destabilisieren würde.

Grundsätzlich ist für Märkte mit mehreren Anbietern und Nachfragern anzunehmen, dass Wettbewerb vorhanden und funktionsfähig ist und im Ergebnis zu annähernder Effizienz führt, sofern keine speziellen Bedingungen marktstruktureller und/oder verhaltensmäßiger Art im Einzelfall dagegen sprechen.

Zwar kann auf Wettbewerbsmärkten nicht eindeutig und unwiderlegbar von der Marktstruktur auf das Marktverhalten und das Marktergebnis geschlossen werden, insbesondere nicht für jeden einzelnen Zeitpunkt. Die Höhe der Wettbewerbsintensität kann somit nicht zwingend aus den vorhandenen Strukturparametern deduziert werden. Es lassen sich jedoch eine Reihe von strukturellen Bedingungen aufzeigen, die tendenziell für eine höhere bzw. eine niedrigere Wettbewerbsintensität sprechen. Diese wurden in den Abschnitten § 2 bis § 5 dargelegt und analysiert.

Der Grund dafür, dass den Mobilfunkmärkten in einigen Ländern mit der Besorgnis eventueller Wettbewerbsbeschränkungen (bzw. impliziter Kollusion) und somit geringer Wettbewerbsintensität begegnet wird, liegt in der Tatsache geringer Anbieterzahlen und potenziell hoher Markteintrittsbarrieren. Die voranstehende Analyse hat jedoch gezeigt, dass alle anderen relevanten Strukturbedingungen im österreichischen Mobilfunk für eine hohe Wettbewerbsintensität sprechen.

Im Einzelnen können die Ergebnisse in folgenden Punkten zusammengefasst werden:

(1) Anbieterzahl

Ein enger Markt - insbesondere ein Dyopol (zwei Anbieter) - ist förderlich für kollusive Verhaltensweisen und somit für eine geringe Wettbewerbsintensität. Eine enge Marktstruktur ist im Mobilfunk in vielen Ländern gegeben, allerdings früher (Mitte der 90er Jahre) stärker als heute, da bereits in vielen Ländern vier oder gar fünf Netzbetreiber tätig sind. In Österreich sind es im GSM-Mobilfunk bisher vier Netzbetreiber, was zweifellos ein Oligopol darstellt. In Zukunft kommen *Tele2* und *Hutchison* hinzu.

(2) Symmetrie der Anbieter

Eine hohe Symmetrie der Anbieter kann als kollusionsförderlich betrachtet werden, da die Interessenlage bezüglich der Wettbewerbsparameter und Marktanteile ähnlich ist und die Chance besteht, zu einem interessenkompatiblen Gleichgewicht oberhalb des Wettbewerbspreises zu gelangen.

Eine solche Situation ist in Österreich nicht einmal ansatzweise gegeben. Aufgrund der schrittweisen Konzessionierung und einiger anderer Faktoren (Frequenzen, Technik, Marktsättigung) sind die Betreiber in sehr unterschiedlichen Situationen (insbesondere bezüglich ihres finanziellen Ergebnisses) und haben unterschiedliche Interessen bezüglich der Akzeptanz der aktuellen Marktanteilsstruktur.

(3) Markteintrittsbarrieren

Relativ hohe Markteintrittsbarrieren sind eine Voraussetzung für Wettbewerbsbeschränkungen und preiserhöhende Verhaltensweisen der aktuellen Anbieter, da anderenfalls für Newcomer eine profitable Markteintrittsmöglichkeit entsteht.

Im Mobilfunk bestehen in der Regel hohe institutionelle Markteintrittsbarrieren aufgrund der Konzessionierung und der Frequenzknappheit. Allerdings hat in Österreich die staatliche Frequenzvergabepolitik dafür gesorgt, dass die Betreiber bis vor kurzem mit der grundsätzlichen Möglichkeit der Zuteilung von Frequenzen (und einer Konzession) an zusätzliche Anbieter im 2G-Bereich rechnen mussten. Bei 3G ist ohnehin von weiterem Marktzutritt auszugehen.

Dennoch müssen die Markteintrittsbarrieren für weitere Netzbetreiber im 2G-Bereich als hoch bezeichnet werden, da diese noch schwierigere Bedingungen vorfinden würden als der vierte (*tele.ring*) und zukünftig (bei UMTS) fünfte (*Hutchison 3G Austria*). Diese Situation wäre auch kompatibel mit möglicherweise hohen Gewinnen des Marktführers, was jedoch nicht auf kollusive Praktiken zurückzuführen ist.

Bei Einbeziehung der zusätzlichen Anbieter bei 3G sind die Markteintrittsbarrieren zwar objektiv weiterhin hoch, ihre Relevanz für Wettbewerbsbeschränkungen ist jedoch gering.

(4) Kostenstruktur I : Fixkosten

Die Wettbewerbsintensität ist tendenziell umso höher, je höher der Anteil der Fixkosten ist, da dann der Gewinneffekt von Absatzmengensteigerungen höher ist.

Der Mobilfunknetzbetrieb ist besonders fixkostenintensiv aufgrund der hohen Investitionen in Netzinfrastruktur. Insofern ist jeder Netzbetreiber an zusätzlichen Teilnehmern und Gesprächsaufkommen besonders interessiert, um die Vorteile der Kostendegression zu realisieren.

(5) Kostenstruktur II : Irreversible Kosten

Irreversible Investitionen erhöhen nicht nur das Risiko eines Markteintritts (und bewirken damit strukturelle Markteintrittsbarrieren), sondern sie erhöhen (oder schaffen erst) die Markt*aus*trittsbarrieren.

Im Mobilfunk sind die irreversiblen Kosten aufgrund der Netzinvestitionen sehr hoch. Das hat die Konsequenz, dass selbst bei hohen Unternehmensverlusten das betreffende Mobilfunknetz nicht aus dem Markt ausscheidet (also auch kaum verdrängt werden kann), sondern selbst nach einem Unternehmenskonkurs (und Übernahme mindestens der Aktiva durch ein anderes Unternehmen) weiter als Konkurrent auftritt. Da hohe irreversible Kosten hohe Fixkosten implizieren (wenn auch nicht umgekehrt), bestehen bei einem Preiskampf Anreize zur Preissenkung, im Extremfall bis in die Nähe der variablen Kosten.

(6) Elastizität der Marktnachfrage

Wettbewerbsbeschränkende Praktiken der Anbieter sind nur genügend gewinnsteigernd und gegen individuelles Cheating (Preisunterbietung) gefeit, wenn die Marktnachfragefunktion hinreichend inelastisch ist.

Dies war in der Anfangsphase des Mobilfunks vermutlich auch der Fall. Inzwischen ist der Mobilfunk jedoch von einem Elite- zu einem Massenprodukt geworden, dessen Nachfrage vermutlich eher preiselastisch ist.

(7) Homogenität und Markttransparenz

Eine hohe Produkthomogenität und eine hohe Markttransparenz führen im Normalfall zu einer hohen Wettbewerbsintensität.

Genau dies ist im Mobilfunk der Fall. Das Produkt GSM-Telefonie ist relativ homogen. Die Angebote der Betreiber und die Preise sind für die Kunden (aufgrund intensiver Medienberichterstattung) besonders transparent, vor allem im Vergleich zu anderen Konsumgütern.

(8) Wechselkosten bei Bestandskunden

Wenn die subjektiven Wechselkosten der Kunden von einem Netz zu einem anderen hoch sind, bestehen für die Anbieter in einem gesättigten Markt weniger Anreize zur Preissenkung.

Wechselkosten können im Mobilfunk insbesondere durch den Wechsel der eigenen Mobilnummer entstehen, allerdings nur für bestimmte Kundengruppen. Der daraus theoretisch resultierende Preissetzungsspielraum kann jedoch erstens als gering gelten und wird zweitens mit der beschlossenen Einführung der Mobilfunknummernportabilität weiter reduziert (vgl. dazu ausführlicher Kapitel 5, § 5).

(9) Technische und wirtschaftliche Stabilität oder Dynamik

Über längere Zeiträume (technisch und wirtschaftlich) stabile Märkte (bzw. diesbezügliche Erwartungen) sind für wettbewerbsbeschränkende Praktiken eher geeignet als innovative und dynamische Märkte mit hoher Unsicherheit, die in der Regel eine hohe Wettbewerbsintensität aufweisen.

Ersteres galt für die GSM-Welt der 90er Jahre. Heute sind die technischen und marktlichen Unsicherheiten und Innovationsraten beträchtlich, was intensiven Wettbewerb erwarten lässt.

(10) Erwartungen auf zukünftige Mitanbieter

Wenn die Anbieter oder genauer gesagt die Unternehmen und deren Entscheidungsträger für weiterhin stabil gehalten werden, bestehen eher Anreize für kollusive Verhaltensweisen als wenn zukünftig mit anderen Konkurrenten und veränderten Wettbewerbsverhältnissen gerechnet wird.

Letzteres ist im österreichischen Mobilfunk der Fall, da UMTS zahlreiche neue Bedingungen schaffen wird und immer die Möglichkeit besteht, dass einzelne Anbieter anderen Eigentümern gehören als bisher.

Die verschiedenen Strukturfaktoren der Wettbewerbsintensität sind in Abb. 2.8 zusammengefasst. Insgesamt kann man sagen, dass die marktstrukturellen Bedingungen im österreichischen Mobilfunk gegen eine implizite Kollusion und für eine hohe Wettbewerbsintensität sprechen.

			Bei GSM in Österreich	
		Strukturfaktor	Wert	Relevanz für hohe (+) u. geringe (-) Wettbewerbsintensität
		a	b	c
	1	Anbieterzahl	4	o
	2	Symmetrie	gering	+
	3	Markteintrittsbarrieren	eher hoch	-
	4	Fixkosten-Anteil	sehr hoch	+ +
	5	Irreversible Kosten	sehr hoch	+
	6	Elastizität der Marktnachfrage, incl. Substitutions-W.	vermutlich hoch	+
	7	Homogenität	hoch	+
	8	Markttransparenz	relativ hoch	+
	9	Wechselkosten bei Bestandskunden	mittel	-
	10	Technische und wirtschaftliche Unsicherheit	mittel	+
		Insgesamt		hoch

Abb. 2.8: Strukturfaktoren der Wettbewerbsintensität bei GSM

3. Kapitel: Empirische Analysen

§ 1: Einleitung

Das vorliegende Kapitel enthält empirische Analysen zur Wettbewerbsintensität im österreichischen Mobilfunksektor auf der Basis ökonometrischer Methoden. Vor dem Hintergrund der in Kapitel 2 diskutierten Frage der Kollusionswahrscheinlichkeit liegt der Schwerpunkt dieses Kapitels auf der empirischen Analyse der Preiselastizität der Nachfrage. Dabei wird zwar primär die Nachfrage nach Gesprächsminuten betrachtet, jedoch werden auch Analysen für die Elastizität der Nachfrage nach SMS durchgeführt und untersucht, welchen Einfluss die Höhe der Preise auf die Kundenzahl hat. Letzteres bezeichnen wir als die Preiselastizität der Netzzugänge oder „Zugangselastizität". Des weiteren werden auch substitutionale Beziehungen zwischen den einzelnen Netzbetreibern empirisch analysiert.

Grundlage der Untersuchungen sind dabei vor allem Informationen über die am österreichischen Mobilfunkmarkt realisierten Gesprächsminuten und Verbindungspreise. Des weiteren stehen uns Daten über die Anzahl der Netzteilnehmer und die versendeten SMS zur Verfügung.[1] Prinzipiell liegen also relativ umfangreiche Informationen über das Verhalten der Marktteilnehmer am österreichischen Mobilfunkmarkt vor.

Darüber hinaus wird aber auch auf Schwierigkeiten und Probleme hingewiesen, die mit empirischen Analysen von Telekommunikationsmärkten im Allgemeinen und des österreichischen Mobilfunksektors im Speziellen verbunden sind. Die Ursachen für diese Probleme liegen z.T. darin, dass Telekommunikationsmärkte durch eine Vielzahl von Besonderheiten gekennzeichnet sind, die empirisch nur schwer erfasst werden können. Die folgenden Abschnitte versuchen demnach zwar, die Wettbewerbsintensität auf dem österreichischen Mobilfunkmarkt empirisch zu analysieren, zeigen jedoch zugleich auch die Möglichkeiten und Grenzen einer solchen Untersuchung kritisch auf.

Das vorliegende Kapitel ist nun wie folgt gegliedert: Zunächst erfolgt ein kurzer Überblick über wirtschaftstheoretische Überlegungen, die den statistischen Untersuchungen zugrunde liegen. Anschließend werden in § 3 die vorhandenen Daten erläutert, bevor die Ergebnisse unserer ökonometrischen Analysen in § 4 präsentiert werden. Hier geht es zum einen um unterschiedliche Analysen zu den Substitutionsbeziehungen zwischen den einzelnen Netzbetreibern, zum anderen werden verschiedene Untersuchungen zur Preiselastizität der Nachfrage und zur sogenannten Zugangselastizität vorgestellt. Zudem erfolgt eine kurze statistische Untersuchung zur Mobilfunkverbreitung. Die bei den empirischen Analysen aufgetretenen Probleme werden im Anschluss noch einmal ausführlich in § 5 erörtert, bevor das Kapitel mit einem Fazit schließt (§ 6).

---

1 Ein Überblick über die vorhandenen Daten findet sich in § 3.

I. Allgemeine Überlegungen

Die Wettbewerbsintensität eines Marktes empirisch zu erfassen, ist keine leichte Aufgabe. Zu unterscheiden sind hier zunächst drei Konzepte: Erstens lassen sich Aussagen über die *Struktur* eines Marktes machen, zweitens Aussagen über das *Verhalten* der dort agierenden Marktteilnehmer, d.h. der Anbieter und Nachfrager, und drittens Aussagen über die *Marktergebnisse* wie z.B. die resultierenden Preise und die Höhe der Gewinne. Aussagen über die Marktstruktur werden in der Regel anhand von Konzentrationsindizes wie z.B. dem Hirschmann-Herfindahl-Index (HHI) getroffen.[2] Wie bereits im ersten Kapitel dargelegt worden ist, hat die so gemessene Anbieterkonzentration auf dem österreichischen Mobilfunkmarkt im Laufe der Zeit stark abgenommen. Aus der Entwicklung der Konzentration ergibt sich daher kein Anzeichen für eine verminderte Wettbewerbsintensität im österreichischen Mobilfunksektor.

Die Wettbewerbsintensität eines Marktes nur anhand seiner Struktur zu beurteilen, ist jedoch nicht unproblematisch. Zum einen sagen Konzentrationsindizes wie der HHI nichts über Markteintrittsbarrieren aus, zum anderen - und noch wichtiger – berücksichtigen Konzentrationsmaße nicht das tatsächliche *Verhalten* der relevanten Akteure am Markt. Aus der Marktkonzentration lässt sich nämlich keineswegs automatisch auf das Verhalten der Akteure und auch nicht auf das *Marktergebnis* schließen. Selbst bei einer monopolistischen Marktstruktur kann sich der Monopolist einer erheblichen *potentiellen* Konkurrenz ausgesetzt sehen, die ihn in seinem Verhalten diszipliniert. Sind die Markteintrittsbarrieren auf einem Markt niedrig, so laden etwaige Monopolgewinne eines etablierten Anbieters weitere Konkurrenten zum Markteintritt ein. Im extremen Fall von perfekt bestreitbaren Märkten (contestable markets) hat der Monopolist überhaupt keine Marktmacht und ist gezwungen, sich wie auf einem polypolistischen Markt zu verhalten.[3] Die Befürchtung, Markteintritt zu induzieren, veranlasst den etablierten Anbieter, die Preise nicht über das Wettbewerbsniveau anzuheben. Daher lässt sich nicht ohne Weiteres von der Marktstruktur auf die etwaige Marktmacht und das Verhalten der Anbieter oder das Marktergebnis schließen.[4]

Prinzipiell bestätigen zwar sowohl die empirische als auch die experimentelle Wirtschaftsforschung, dass die Wettbewerbsintensität auf Märkten mit weniger Teilnehmern

---

2 Für eine Diskussion des HHI vgl. Martin (2002, S. 336 ff.).

3 Für eine detailliertere Beschreibung des Konzeptes der bestreitbaren Märkte siehe Baumol, Panzar und Willig (1982), Baumol (1982) oder für eine kurze Darstellung Knieps (2001, S. 28 ff.).

4 Zudem sind z.B. manche Versorgungsbetriebe und auch Telekommunikationsanbieter aufgrund von Universaldienstverpflichtungen gezwungen, bestimmte Teilnehmer (z.B. in ländlichen Gebieten) zu nicht kostendeckenden Preisen zu versorgen. Da ein solches Geschäft unprofitabel ist, wird in diesen Märkten auch der Markteintritt von Konkurrenten unterbleiben, sodass (künstlich) ein Monopol entsteht. Das zu den Universaldienstleistungen verpflichtete Unternehmen verhält sich hier jedoch keineswegs wie ein klassischer Monopolist und hat als reguliertes Unternehmen mit Kontrahierungszwang auch keine Marktmacht. Die Marktstruktur sagt auch in diesem Fall nichts über Marktmacht aus.

oft geringer ist als auf Märkten mit vielen Teilnehmern.[5] Jedoch lässt sich diese prinzipielle Erkenntnis nicht ohne Weiteres verallgemeinern und ohne Abstriche auf jeden einzelnen Markt übertragen. Im Allgemeinen kann also aus der Anbieterkonzentration weder auf das Verhalten noch auf etwaige Marktmacht von Unternehmen auf einem bestimmten Markt geschlossen werden. Für die Wohlfahrt ist letzten Endes das Marktergebnis ausschlaggebend, das durch die Marktstruktur *und* das Verhalten der Akteure am Markt determiniert wird.

Ob ein Unternehmen allein oder mehrere Unternehmen gemeinsam tatsächlich Marktmacht besitzen, um Preise dauerhaft anzuheben, lässt sich daher nicht allein aus der Marktstruktur ableiten. Somit können Konzentrationsmaße nur ein sehr grober Indikator für die Wettbewerbsintensität auf einem Markt sein. Zu fragen ist also, nach dem tatsächlichen *Verhalten* der Unternehmen auf einem Markt.

Das Marktverhalten wird z.B. durch die Preis- und Mengenentwicklung widergespiegelt. Wie in Kapitel 1 bereits im Detail ausgeführt wurde, hat es hier auf dem österreichischen Mobilfunkmarkt einen erheblichen Preisrückgang in allen Kundensegmenten gegeben und, nicht zuletzt deswegen, auch ein starkes Mengenwachstum sowohl bei den Teilnehmerzahlen als auch bei den Verbindungsminuten. Die Anzahl der Mobilfunkbenutzer (gemessen durch die Anzahl der aktivierten Mobiltelefone) ist von 1996 bis 2001 durchschnittlich um 8,3 Prozent pro Jahr gestiegen, sodass die Penetrationsrate im April 2001 etwa 80 Prozent betrug (und heute noch höher sein wird). Auch diese Indikatoren und die deskriptive empirische Analyse aus dem ersten Kapitel legen nicht den Schluss nahe, dass der österreichische Mobilfunkmarkt unter einer mangelnden Wettbewerbsintensität leidet.

Um das Verhalten der Mobilfunkbetreiber jedoch auch in Hinsicht auf die im zweiten Kapitel diskutierte Kollusionsneigung besser beurteilen zu können, sind neben qualitativen Aspekten insbesondere Informationen über die Nachfrageelastizitäten von Interesse. Wie bereits in Kapitel 2, § 4 ausgeführt worden ist, hat die Preiselastizität der Marktnachfrage einen erheblichen Einfluss auf die Kollusionswahrscheinlichkeit. Die Preiselastizität gibt dabei an, wie sich die nachgefragte Menge relativ verändert als Reaktion auf eine relative Preisänderung. Formal ausgedrückt ist die Preiselastizität der Nachfrage gegeben durch

$$\varepsilon = \frac{\partial Q}{\partial p} \cdot \frac{p}{Q} = \frac{\partial Q / Q}{\partial p / p},$$

wobei p der Preis und Q die nachgefragte Menge ist. Je geringer die relative Mengenänderung im Verhältnis zu der relativen Preisänderung ist, desto inelastischer ist die Marktnachfrage. Bei einem absoluten Wert unter eins spricht man im Allgemeinen von einer inelastischen Nachfrage. Umgekehrt ist die Marktnachfrage umso elastischer, je stärker die Menge auf Preisänderungen reagiert, und bei absoluten Werten über eins wird die Nachfrage als elastisch bezeichnet.

---

5 Für einen dezidierten Überblick über empirische Studien siehe Martin (2002, Kapitel 7); für einen Überblick zur experimentellen Evidenz vgl. Holt (1995).

Kollusives Verhalten wird nun umso weniger wahrscheinlich je elastischer die Marktnachfrage ist. Bei einer relativ elastischen Marktnachfrage führt eine kollusive Preiserhöhung nämlich zu einem relativ starken Rückgang der nachgefragten Menge und somit zu einer relativ schwachen Steigerung des Gewinns. Ist die Marktnachfrage hingegen relativ inelastisch, so führt eine Preiserhöhung nur zu einem relativ schwachen Rückgang der nachgefragten Menge und somit zu einer relativ starken Steigerung des Gewinns. Kollusives Verhalten wird daher attraktiver für die Unternehmen und dementsprechend auch wahrscheinlicher.

Von der Elastizität der Marktnachfrage zu unterscheiden ist die Elastizität der individuellen Nachfrage eines Unternehmens bzw. die Elastizität der Preisabsatzfunktion. Für ein Unternehmen i ist diese gegeben durch

$$\varepsilon_i = \frac{\partial q_i}{\partial p_i} \cdot \frac{p_i}{q_i} = \frac{\partial q_i / q_i}{\partial p_i / p_i},$$

wobei p_i der Preis des Unternehmens i ist und q_i dessen nachgefragte Menge. Zwischen dieser Elastizität der Preisabsatzfunktion und der Elastizität der Marktnachfrage kann es durchaus deutliche Unterschiede geben. So können sich die einzelnen Unternehmen auch bei einer inelastischen Marktnachfrage höchst elastischen Preisabsatzfunktionen gegenübersehen. Dies ist deshalb für die Kollusionswahrscheinlichkeit relevant, weil eine hohe Elastizität der Preisabsatzfunktion Unternehmen eher dazu verleiten wird, vom kollusiven Verhalten abzuweichen und heimlich die Preise zu senken und/oder die angebotene Menge zu erhöhen, um so den individuellen Gewinn zu steigern ("Cheating"). Bei einer relativ elastischen Preisabsatzfunktion erzielt ein Unternehmen durch eine Preissenkung einen relativ hohen Mengen- und Erlöszuwachs. Anders ausgedrückt kann das Unternehmen bei einer relativ elastischen Preisabsatzfunktion eine relativ starke Ausdehnung der angebotenen Menge vornehmen, ohne dass es zu einem starken Preisverfall kommt. Daher wird auch die sogenannte Cheating-Neigung, also die Neigung vom kollusiven Verhalten abzuweichen, umso stärker und die Kollusionsstabilität umso niedriger sein je elastischer die Preisabsatzfunktion eines Unternehmens ist.

Als weiterer möglicher Indikator für die Wahrscheinlichkeit kollusiven Verhaltens kann die sogenannte Kreuzpreiselastizität dienen. Diese gibt an, wie die nachgefragte Menge eines Anbieters relativ auf eine Preisänderung eines anderen Unternehmens reagiert. Formal heißt das:

$$\eta_i = \frac{\partial q_i}{\partial p_j} \frac{p_i}{q_j} = \frac{\partial q_i / q_i}{\partial p_j / p_j},$$

wobei p_j nun der Preis des Unternehmens j ist und q_i die bei Unternehmen i nachgefragte Menge. Bei Konkurrenzprodukten sollte sich hier typischerweise ein positiver Zusammenhang ergeben, d.h. eine Preiserhöhung bei Konkurrenzprodukten sollte sich in einer Steigerung der eigenen Nachfrage niederschlagen. Liegt eine positive Beziehung vor, so spricht man auch von einer substitutionalen Beziehung. Wenn der Preis eines Produktes j steigt, hat dies positive Auswirkungen auf die Nachfrage des Produkts i; das Produkt j wird also durch das Produkt i substituiert. Je stärker die Reaktion der Nachfrager auf Preisänderungen bei Konkurrenzprodukten ist, desto intensiver ist in der Regel auch der Wettbewerb und desto weniger Marktmacht besitzen die einzelnen Anbieter.

II. Fazit

Für die nachfolgende empirische Analyse sollen vor allem zwei Dinge festgehalten werden: Erstens ist davon auszugehen, dass der Wettbewerb zwischen den Anbietern umso intensiver ist, je stärker die Substitutionsbeziehungen zwischen ihnen sind. Und zweitens ist davon auszugehen, dass kollusives Verhalten umso weniger wahrscheinlich ist je elastischer die Nachfrage ist, der sich die Anbieter gegenübersehen.

§ 3: Verwendete Daten

Alle in diesem Kapitel verwendeten Daten wurden von den vier auf dem österreichischen Mobilfunkmarkt agierenden Netzbetreibern zur Verfügung gestellt. Ausnahmen bilden lediglich die Zeitreihen zur Bevölkerungsstatistik und zur Preisentwicklung, die aus verschiedenen Veröffentlichungen des Österreichischen Statistischen Bundesamtes stammen.

Von allen vier Netzbetreibern (*One, Mobilkom, tele.ring* und *T-Mobile*) haben wir Monatsdaten über deren Umsätze, Verbindungsminuten, SMS und Teilnehmerzahlen erhalten. Diese Daten entsprechen weitestgehend denen, die die RTR im Rahmen ihrer Untersuchungen zur Marktbeherrschung von den österreichischen Mobilfunknetzbetreibern 2001 und 2002 erhoben hat. Der Zeitraum, über den uns diese Daten vorliegen, variiert von Anbieter zu Anbieter. Die längste Datenreihe besitzen wir von *Mobilkom* (51 Monate von Januar 1998 bis März 2002), die kürzesten von *tele.ring* (15 Monate von Januar 2001 bis März 2002). Bei allen Anbietern liegen die Daten getrennt nach Vertrags- und Prepaid-Kunden vor, leider jedoch nicht nach sogenannten Peak- und Off-peak-Perioden, sondern nur über diese Perioden aggregiert.

Grundsätzlich liegen die verwendeten Variablen auf drei verschiedenen Aggregationsniveaus vor. Auf einer hohen Aggregationsstufe verwenden wir Preise und Mengen auf Netzbetreiber- bzw. Anbieterebene. Hierzu wurden die Gesprächsminuten über alle Sprachtelefoniedienste eines Anbieters (Gespräche in Mobilfunknetze, Gespräche ins österreichische Festnetz, Gespräche ins Ausland, etc.) summiert. Dann wurde ein aggregierter Durchschnittspreis für mobile Sprachtelefonie errechnet, indem der gesamte Umsatz aus den für diese Gespräche erzielten Verbindungsentgelten eines Monats durch die insgesamt fakturierten Gesprächsminuten dividiert wurde.[6] Dabei wurde stets zwischen Vertrags- und Prepaid-Kunden unterschieden.

Als zweites wurden weniger aggregierte Daten auf der Ebene einzelner Dienste verwendet. Hier wurden Durchschnittspreise für einzelne Dienste errechnet, indem z.B. der Umsatz aus Verbindungsentgelten für Gespräche ins eigene Mobilfunknetz durch die dazugehörigen Verbindungsminuten dividiert wurden. Ähnlich wurde mit den anderen oben genannten Sprachtelefoniediensten sowie SMS verfahren. Auch hier liegt also nach wie vor eine Aggregation (a) über Peak- und Off-peak-Perioden und (b) über verschiedene Tarifgruppen vor.

In einer dritten Stufe wurden dann nach einzelnen Tarifen (wie *A1 Business*, *freizeit.max*, *One Company*, etc.) disaggregierte Daten benutzt. Bei diesen tarifspezifischen Daten lagen uns allerdings nur die aggregierten monatlichen Umsätze aus der Sprachtelefonie vor, nicht jedoch nach einzelnen Diensten disaggregierte Daten. Um den Durchschnittspreis eines Tarifes pro Gesprächsminute zu ermitteln, wurden diese aggregierten monatlichen Umsätze wiederum durch die entsprechenden Verbindungsminuten dividiert.

I. Variablen auf Betreiberebene

Um einen ersten Eindruck über die wettbewerbliche Situation auf dem österreichischen Mobilfunkmarkt zu bekommen, haben wir für Sprachtelefonie einige Analysen mithilfe der hochaggregierten Daten durchgeführt. Hierbei liegt der Fokus vor allem auf der Sprachtelefonie und der Penetration von Mobilfunkdiensten.

1. Sprachtelefonie

Im Vordergrund stehen die Variablen „Umsatz“, „Gesprächsminuten“ und „Anzahl der Gespräche“. Diese Größen ergeben sich, wie bereits erläutert, aus den Summen über die verschiedenen Sprachtelefoniedienste, wie z.B. Gespräche in Mobilfunknetze, Gespräche ins österreichische Festnetz oder Gespräche ins Ausland. Die Bezeichnungen für die einzelnen Variablen setzen sich im Folgenden aus den jeweiligen Anbieternamen und der Bezeichnung der entsprechenden Variablen zusammen. So wird etwa der Umsatz von *One* mit ONE_UMS kodiert. Berechnet werden zudem Durchschnittspreise wie oben ausgeführt. Da ein adäquater Deflator speziell für Mobilfunkdienste fehlt, wurde der Konsumpreisindex zur Berechnung realer Größen verwendet.[7] Die entsprechenden Variablen sind in folgender Übersicht zusammengestellt:

Der maximale Stichprobenumfang der Analyse reicht von Januar 1998 bis März 2002. Da jedoch von den einzelnen Anbietern unterschiedliche Datenreihen zur Verfügung

---

6 Entgelte für die monatliche Grundgebühr und etwaige Anschluss- oder Freischaltungsentgelte wurden nicht miteingerechnet und sind somit nicht in diesen Durchschnittspreisen enthalten.

7 Dies gilt für alle Preise, die im Folgenden Verwendung finden.

stehen, ergibt sich ein sogenanntes „unbalanced Panel" aus 15 Zeitreihen, mit den in Abb. 3.2 angeführten Stichprobenumfängen.

Dabei werden wie erwähnt Vertrags- und Prepaid-Kunden getrennt betrachtet, sodass die o.g. Variablen jeweils in doppelter Ausführung vorliegen. Betrachtet man den Mittelwert der einzelnen Variablen (hier nicht abgebildet), so lässt sich sowohl für die Anzahl der Gespräche als auch für die Gesprächsminuten und die Umsätze eine deutliche Rangfolge nach der Größe der Anbieter feststellen, bei der *Mobilkom* und *T-Mobile* vor *One* und deutlich vor *tele.ring* liegen. Sieht man vom Marktneuling *tele.ring* ab, lässt sich darüber hinaus auch eine gewisse Konvergenz der einzelnen Größen feststellen.

Anbieter		Kennungen		Variablen	
ONE	One	_GES	Gespräche	ONE_GES	MOB_GES*
MOB	Mobilkom	_MIN	Minuten	ONE_MIN	MOB_MIN
TEL	tele.ring	_TLN	Teilnehmer	ONE_UMS	MOB_UMS
TMO	T-Mobile/ Maxmobil	_UMS	Umsatz	ONE_TLN	MOB_TLN
				TEL_GES	TMO_GES
				TEL_MIN	TMO_MIN
				TEL_UMS	TMO_UMS
				TEL_TLN	TMO_TLN

* Informationen über die Gespräche von *Mobilkom* stehen nicht zur Verfügung.

Abb. 3.1: Verwendete Variablen (Anbieterebene)

	ONE_GES	MOB_GES	TEL_GES	TMO_GES
Beobachtungen	39	0	15	27
	ONE_MIN	MOB_MIN	TEL_MIN	TMO_MIN
Beobachtungen	39	51	15	39
	ONE_UMS	MOB_UMS	TEL_UMS	TMO_UMS
Beobachtungen	39	51	15	39
	ONE_TLN	MOB_TLN	TEL_TLN	TMO_TLN
Beobachtungen	39	51	15	39

Abb. 3.2: Stichprobenumfänge

2. Diffusionsdaten

Als weitere allgemeine Marktdaten sind Informationen über die Diffusion von Mobiltelefonen und die gesamte Kundenzahl pro Anbieter vorhanden. Dabei liegen zwei verschiedene Samples vor: Zum einen jährliche Daten über die Anzahl an Mobiltelefonen im Zeitraum 1981-2000, und zum anderen monatliche Informationen über die Kundenzahl pro Anbieter für den Zeitraum von Januar 1996 bis April 2001. In Verbindung mit den aggregierten Daten lassen sich somit Diffusionsdaten in jährlicher Frequenz von 1981 bis 2002 und in monatlicher Frequenz von 1996 bis 2002 generieren (für eine deskriptive Darstellung vgl. Kapitel 1). Diese Informationen sind insbesonders relevant, um Aussagen über den bisherigen und zukünftigen Diffusionsprozess tätigen zu können. Dementsprechend kann die aktuelle Marktphase und die weitere Verbreitung eingeschätzt werden und somit eventuell auch die zu erwartende Wettbewerbsintensität.[8] Informationen über die Bevölkerungsentwicklung in Österreich im betrachteten Zeitraum wurden der öffentlichen Statistik entnommen.

II. Variablen auf Diensteebene

1. Sprachtelefonie

Bei den Daten auf Diensteebene wurden, wie schon erwähnt, wiederum Durchschnittspreise gebildet, indem der gesamte Umsatz aus Verbindungsminuten für einen bestimmten Dienst (z.B. Gespräche ins österreichische Festnetz) durch die entsprechende Minutenzahl dividiert wurde. Dabei war es zwar aufgrund der Datenlage nicht möglich, nach Tarifen zu unterscheiden, wohl aber nach Vertrags- und Prepaid-Kunden.

Variable	Beschreibung
*I*_V_EN	Vertragskunde von Anbieter *I*, Gespräch ins eigene Mobilfunknetz
*I*_P_EN	Prepaid-Kunde von Anbieter *I*, Gespräch ins eigene Mobilfunknetz
I _V_AN	Vertragskunde von Anbieter *I*, Gespräch in andere Mobilfunknetze
I _P_AN	Prepaid-Kunde von Anbieter *I*, Gespräch in andere Mobilfunknetze
I _V_INL	Vertragskunde von Anbieter *I*, Gespräch ins inländische Festnetz
I _P_INL	Prepaid-Kunde von Anbieter *I*, Gespräch ins inländische Festnetz
I _V_AUSL	Vertragskunde von Anbieter *I*, Auslandsgespräch
I _P_AUSL	Prepaid-Kunde von Anbieter *I*, Auslandsgespräch

Abb. 3.3: Variablenbezeichnung auf Diensteebene

Die verschiedenen Dienste, für die uns Preis-, Umsatz- und Mengeninformationen vorliegen, sind in Abb. 3.3 aufgelistet. Die Variablen sind dabei wie oben beschrieben kodiert und erhalten die jeweiligen Kennungen aus Abb. 3.1.

---

8 Generell ist in einer späten Marktphase von einer geringeren Wettbewerbsintensität auszugehen. Für eine ausführliche Darstellung vgl. Schmidt (2001).

2. SMS

Ein weiteres interessantes Element des Mobilfunkmarktes sind die versendeten SMS und die entsprechenden Umsätze. Auch diese liegen in aggregierter Form vor, also unabhängig von den einzelnen Tarifen und lediglich getrennt nach Vertrags- und Prepaidkunden für die jeweiligen Anbieter. Die SMS-Preise wurden als Durchschnittspreise aus SMS-Umsatz, geteilt durch die Menge der versendeten SMS berechnet. Es ergeben sich somit folgende Variablen (vgl. Abb. 3.4).

Eine detailliertere Übersicht über die Mengen, Umsätze und durchschnittlichen Preise bieten die folgenden Abbildungen, die erkennen lassen, dass bei den Vertragskunden vor allem die drei großen Anbieter ähnliche SMS-Mengen aufweisen, während *tele.ring* deutlich geringere Mengen realisiert. Weiterhin lässt sich feststellen, dass es durchaus zu Verschiebungen im Zeitablauf gekommen ist. Zwar hat *Mobilkom* über fast den gesamten Zeitraum eine dominante Stellung einnehmen können, jedoch lässt sich wiederum deutlich erkennen, dass es auch bei SMS zu einer Annäherung von *T-Mobile* und *One* gekommen ist. Außerdem schlägt sich die Marktdynamik in der zeitlichen Entwicklung bei allen Anbietern nieder. Die einzig signifikante Ausnahme ist ein überaus starker Anstieg bei *T-Mobile* Mitte des Jahres 2001.

Variable	Beschreibung
*I*_V_SMS_UMS	SMS-Umsatz der Vertragskunden von Anbieter *I*
*I*_P_SMS_UMS	SMS-Umsatz der Prepaid-Kunden von Anbieter *I*
*I*_V_SMS_MEN	SMS-Mengen der Vertragskunden von Anbieter *I*
*I*_P_SMS_MEN	SMS-Mengen der Prepaid-Kunden von Anbieter *I*
*I*_V_SMS_P	SMS-Durchschnittspreis der Vertragskunden von Anbieter *I*
*I*_P_SMS_P	SMS-Durchschnittspreis der Prepaid-Kunden von Anbieter *I*

Abb. 3.4: Variablenbezeichnung SMS

Bei Prepaid-Kunden (Abb. 3.6) ist die Rangordnung der Anbieter noch klarer, und dies ändert sich auch im Zeitverlauf kaum. Zwar sind einige mehr oder minder starke Mengenvariationen zum Ende eines jeden Jahres zu verzeichnen, jedoch scheint es kurzfristig nur wenig substitutionale Effekte zwischen den einzelnen Anbietern zu geben. Erst ab Anfang 2001 kam es bei *T-Mobile*, die bis dahin ähnliche Volumen wie *Mobilkom* verzeichnen konnten, einen deutlichen trendmäßigen Rückgang bei SMS. Auf diese Weise ist es auch bei Prepaid-Kunden zu einer leichten Annäherung von *T-Mobile* und *One* gekommen.

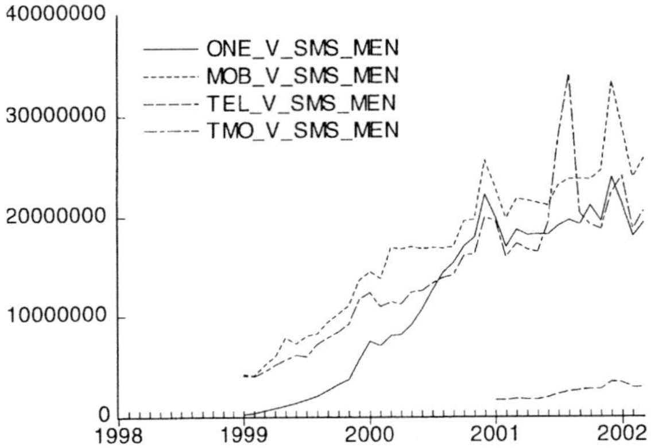

Abb. 3.5: SMS-Mengen bei Vertragskunden

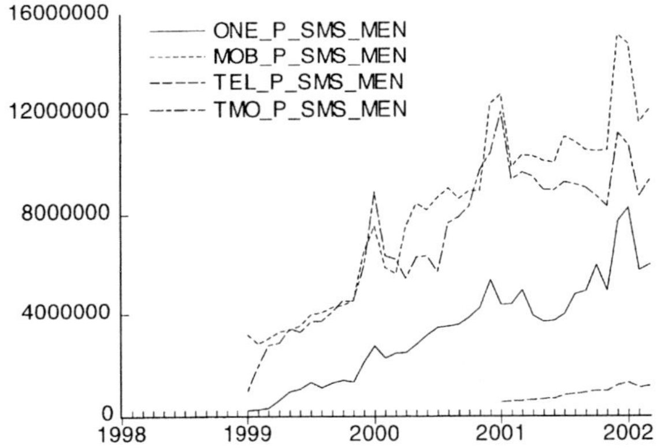

Abb. 3.6: SMS-Mengen bei Prepaid-Kunden

III. Variablen auf Tarifebene

Bei den Daten, die uns auf Tarifebene von den Netzbetreibern zur Verfügung gestellt wurden, lagen keine Informationen über Umsätze aus den einzelnen Diensten vor. Daher wurde ein Durchschnittspreis pro Minute Sprachtelefonie errechnet, indem der gesamte Umsatz aus Verbindungsentgelten in einem Tarif durch die gesamten Verbindungsminuten in diesem Tarif dividiert wurde.

Des weiteren ließen sich bei einigen Tarifen aus den Teilnehmerzahlen die jeweiligen Nettozugänge (Zugänge abzgl. Abgänge) berechnen. Dabei lagen uns zwar Informationen über die jeweiligen Zu- und Abgänge aus den einzelnen Tarifen vor; nicht bekannt war uns in der Regel jedoch, wie hoch die Zahl der Kunden ist, die einen bereits bestehenden Vertrag verlängern. Somit konnte nur mit einem ungenauen Maß für die Netzzugänge gearbeitet werden. Für drei Tarife wurden uns allerdings von *Mobilkom* verwertbare Informationen über die Anzahl der Neukunden und der Vertragsverlängerer zur Verfügung gestellt. Somit ist zumindest für diese drei Tarife eine relativ genaue Bestimmung der sogenannten Zugangselastizitäten möglich.

§ 4: Empirische Analysen

I. Analyse der substitutionalen Beziehungen

Um zunächst eine Analyse der substitutionalen Beziehungen zwischen den Wettbewerbern vorzunehmen, wurden sogenannte Kreuzkorrelationsfunktionen (KKF) über die drei Variablen *Gesamtumsatz*, *Gesprächsminuten* und *Anzahl der Gespräche* berechnet. Dabei geht es um die Frage, wie stark die substitutionalen Beziehungen unter den Anbietern sind, ob die substitutionalen Beziehungen zwischen den einzelnen Anbietern unterschiedlich sind und inwiefern diese Beziehungen auf eine mehr oder minder starke Wettbewerbsintensität schließen lassen. Dazu wurden bewusst die hochaggregierten Daten verwendet, um relativ allgemeine Aussagen zu treffen und einen ersten Eindruck über die wettbewerblichen Beziehungen am Markt zu vermitteln.

1. Statistisches Verfahren

Um substitutionale Beziehungen zwischen Wettbewerbern zu erfassen, kann ein einfacher Korrelationskoeffizient zwischen zwei Variablen berechnet werden. Da dieser einfache Korrelationskoeffizient jedoch substitutionale Beziehungen nur statisch erfasst, ist es oft zweckmäßig, als eine dynamische Alternative zum einfachen Korrelationskoeffizienten KKF zu benutzen. Bei der KKF werden nämlich abgesehen von kontemporären auch intertemporale Beziehungen zwischen zwei Variablen identifiziert, da zu jeder Beobachtung einer Variable sowohl vergangene als auch zukünftige Realisationen einer weiteren Variable ins Verhältnis gesetzt werden. Die verwendeten Leads und Lags führen dazu, dass auch intertemporale Korrelationen bestimmt werden können. Die Berechnung der KKF erlaubt darüber hinaus eine asymmetrische Betrachtung dieser Beziehungen bei Verwendung von gleichen Variablentypen. Denn durch die Messung der Einflüsse der Leads einer Variable wird die jeweils umgekehrte intertemporale Korrelation zwischen den Variablen berechnet.[9] Diese Eigenschaften erlauben eine einfache

---

9 Verwendet man gleiche Variablentypen (etwa Umsätze) wirkt die Bildung von Leads bei einer bestimmten Variable *xt* exakt so, als ob eine Verzögerung der entsprechenden zweiten Variable *yt* durchgeführt würde. Lassen sich also unterschiedliche Korrelationen bei Verwendung der entsprechenden Leads/Lags Paaren feststellen (+1/-1, +2/-2, ...), so werden damit asymmetrische KKF be-

und zugleich effiziente Analyse von substitutionalen Beziehungen (vgl. Dewenter, 2000).[10]

Bevor jedoch die Variablen paarweise den KKF-Berechnungen unterzogen werden können, müssen sie von gemeinsamen exogenen (strukturellen) Einflüssen bereinigt werden. Diese gemeinsamen exogenen Einflüsse würden ansonsten zu Scheinkorrelationen führen, die dann eventuell irrtümlich als fehlende Substitutionalität interpretiert werden würden. Beispielhaft zu nennen sind etwa ein gemeinsamer Trend oder exogene Schocks, die mehr oder minder gleichen Einfluss auf die entsprechenden Variablen der verschiedenen Anbieter nehmen. Die Bereinigung der Variablen von gemeinsamen exogenen Einflüssen, das sogenannte „Pre-Whitening", kann mithilfe unterschiedlicher Methoden erreicht werden (vgl.Hamilton, 1994). Die im folgenden genannten Zeitreihen wurden jedoch ausschließlich anhand von einfachen OLS-Regressionen um die gemeinsamen strukturellen Einflüssen bereinigt.

2. *Ergebnisse*

Aufgrund der von Anbieter zu Anbieter verschiedenen Stichprobenumfänge bei den verwendeten Variablen können nicht immer alle vorhandenen Informationen bzw. Daten genutzt werden, wenn der gemeinsame Stichprobenumfang nicht erheblich reduziert werden soll. Daher wurde zunächst auf die Verwendung der Daten von *tele.ring* verzichtet, da uns hier aufgrund des späten Markteintritts lediglich 15 Beobachtungen zur Verfügung stehen. Die entsprechenden Variablen von *tele.ring* werden jedoch später mit in die Analyse einbezogen. Der maximale Stichprobenumfang (*Mobilkom*) enthält Informationen über den Zeitraum Januar 1998 bis März 2002 und besteht somit aus 51 Beobachtungen.

a) Anzahl der Gespräche

Zunächst wurden paarweise KKF für die Anzahl der Gespräche der einzelnen Anbieter berechnet, wobei die Anzahl der Gespräche der einzelnen Anbieter zunächst, wie oben beschrieben, um strukturelle Einflüsse bereinigt wurde. Beispielhaft sind die Ergebnisse der Kreuzkorrelationsanalyse für die Unternehmen *One* (ONE) und *T-Mobile* (TMO) in Abb. 3.5 abgebildet. Abgesehen von einigen signifikant positiven intertemporalen Korrelationskoeffizienten, die aufgrund vorliegender positiver Autokorrelation nicht überraschen, zeigt sich ein deutlicher kontemporärer (statistisch) signifikanter und negativer Zusammenhang von $\rho_{ONE,TMO} = -0{,}7$.[11] Die intertemporalen Korrelationen dagegen las-

---

stimmt (die verzögerten Realisationen der Variable *xt* haben eine andere Korrelation zu den kontemporären Realisationen der Variable *yt* als es umgekehrt der Fall ist).

10 Eine formale Betrachtung der KKF findet sich im Anhang zu diesem Kapitel.

11 Abbildung 3.5 beinhaltet die Kreuzkorrelationskoeffizienten zwischen *ONE* und *T-Mobile*, wobei die erste Spalte die Kreuzkorrelationen zwischen *ONE* und den vergangenen Realisationen von *T-Mobile* und die zweite Spalte die Kreuzkorrelationen von *T-Mobile* und den vergangenen Realisationen von *ONE* enthält. Die dritte Spalte gibt den Lag, also das Ausmaß der zeitlichen Verzögerung an. Bei einem Lag von 0 wird also der kontemporäre Korrelationskoeffizient gemessen. Als

sen keinen systematischen Zusammenhang erkennen. Eine systematische Substitution, die zu einer Verschiebung der Marktanteile geführt haben könnte, ist demnach anhand der KKF ebenfalls nicht zu erkennen. Ein ähnliches Bild ergibt sich bei der Betrachtung der Beziehung zwischen *Mobilkom* (MOB) und *T-Mobile*; die Korrelation zwischen *One* und *Mobilkom* fällt dagegen geringer aus.

Um den Einfluss von *tele.ring* (TEL) zu messen, wurde die Analyse unter Hinzunahme der Gespräche von *tele.ring* wiederholt. Aufgrund des geringen Stichprobenumfangs verringert sich allerdings die Anzahl der Beobachtungen auf 15. Es zeigt sich auch hier ein deutlich negativer Zusammenhang zwischen *One* und *T-Mobile* bzw. zwischen *One* und *tele.ring*. Die Beziehung zwischen *T-Mobile* und *tele.ring* weist allerdings *positive* Werte auf. Daraus lässt sich folgern, dass sowohl zwischen *One* und *T-Mobile* als auch zwischen *One* und *tele.ring* substitutionale Beziehungen vorliegen. Für eine Substitutionsbeziehung zwischen *T-Mobile* und *tele.ring* lässt sich hingegen keine empirische Evidenz finden.

Zusammenfassend kann festgehalten werden, dass sich unterschiedlich starke substitutionale Beziehungen zwischen den einzelnen Anbietern messen lassen, wenn die Anzahl der Gespräche als relevante Größe verwendet wird. Besondere intertemporale Beziehungen lassen sich jedoch nicht determinieren, und dementsprechend werden auch asymmetrische Beziehungen nicht deutlich.

Beobachtungen: 27, Standardabweichung = +/- 0,3849

ONE,TMO (-i)	ONE,TMO (+i)	i
-0,7006	**-0,7006**	0
-0,3754	-0,3313	1
-0,1778	-0,3577	2
0,0006	-0,0087	3
0,1824	0,0990	4
0,0854	0,2410	5
0,2010	0,4744	6
0,1312	0,3863	7
-0,0053	0,4395	8
0,0581	0,3543	9
-0,1007	0,1870	10
0,1184	0,1621	11
0,1267	-0,0755	12

Abb. 3.7: Kreuzkorrelationsfunktionen (KKF)

---

signifikant wird der Korrelationskoeffizient bezeichnet, wenn er vom Betrag her größer ist als die Standardabweichung, die in der ersten Zeile der Abbildung 3.5 angegeben ist.

b) Umsatz und Gesprächsminuten

Im Folgenden werden nun der Umsatz und die Gesprächsminuten aller Wettbewerber paarweise der Korrelationsanalyse unterzogen. Jedoch werden nur die kontemporären Korrelationskoeffizienten dargestellt, da sich wieder keinerlei signifikante und systematische intertemporale substitutionale Beziehung zwischen den Anbietern feststellen ließen. Die oben erwähnte Pre-Whitening-Prozedur wurde auch hier wieder durchgeführt.

Beide Größen weisen auf starke substitutionale Beziehungen zwischen den Anbietern hin (vgl. Abbildungen 3.8 und 3.9). Allerdings scheint, wie auch schon bei der KKF-Analyse anhand der Anzahl der Gespräche, kaum ein Austausch zwischen *tele.ring* und *T-Mobile* stattzufinden. Generell lässt sich bei allen Anbietern eine weniger starke Beziehung zu *tele.ring* feststellen als zu den jeweils anderen Wettbewerbern. Aufgrund des späten Markteintritts und der (noch) relativ geringen Größe von *tele.ring* ist dies jedoch auch nicht weiter verwunderlich. Alle anderen Korrelationskoeffizienten liegen je um –0,9, was auf eine starke substitutionale Beziehung hinweist.

	ONE	TMO	MOB	TEL
ONE	1			
TMO	-0,9536	1		
MOB	-0,9115	-0,8232	1	
TEL	-0,7107	-0,4394	-0,6720	1

Abb. 3.8: Korrelationsmatrix: Umsatz

	ONE	TMO	MOB	TEL
ONE	1			
TMO	-0,9762	1		
MOB	-0,9659	-0,9819	1	
TEL	-0,8438	-0,1829	-0,7632	1

Abb. 3.9: Korrelationsmatrix: Gesprächsminuten

3. Fazit

Im Allgemeinen stützen die Resultate der (Kreuz-)Korrelationsanalyse die Vermutungen, dass starke substitutionale Beziehungen und somit Hinweise auf eine nicht geringe Wettbewerbsintensität vorhanden sind. Abgesehen von *tele.ring* lassen sich hohe Korrelationen zwischen den Anbietern messen, unabhängig von der gewählten Größe. Alle anderen Anbieter aber stehen in engem Zusammenhang zueinander. Nachfragevariationen eines Anbieters wirken sich scheinbar direkt auf die jeweiligen anderen Anbieter aus. Dies gilt sowohl für die Variablen *Gespräche, Gesprächsminuten* als auch für die Größe *Gesamtumsätze*.

Betrachtet man also lediglich die Mengenvariationen in aggregierter Form, so lässt sich durchaus Evidenz für eine nicht unerhebliche Wettbewerbsintensität auf dem österreichischen Mobilfunkmarkt finden. Genauere Aussagen lassen sich allerdings erst dann treffen, wenn eine detaillierte Untersuchung weiterer Aspekte vorgenommen wird. Dazu gehören neben Marktanteilsverschiebungen vor allem der Preiswettbewerb und die Preiselastizität der Nachfrage. Zudem sollte auch die zeitliche Dimension der relevanten Größen beachtet werden.

Um die Ergebnisse der bisherigen Analysen richtig einschätzen zu können, soll allerdings auch kurz auf die vorhandenen statistischen Probleme eingegangen werden. Besonders der z.T. geringe Stichprobenumfang lässt nur bedingt eindeutige Schlussfolgerungen zu. Dabei ist weniger die Signifikanz der Korrelationskoeffizienten als problematisch anzusehen als der teilweise geringe Zeithorizont. Weiterhin hat sich gezeigt, dass die zur Bereinigung durchgeführten OLS-Regressionen z.T. starke Autokorrelation aufweisen. Hier könnten weitere Pre-Whitening-Verfahren zu besseren Ergebnissen führen, jedoch sind diese aufgrund des geringen Samples nicht anwendbar. Insgesamt sind die Ergebnisse jedoch durchaus vertrauenswürdig.

II. Analyse von Nachfrageelastizitäten für Mobiltelefondienste

Um weitere Aufschlüsse über die Wettbewerbsintensität und insbesondere die im zweiten Kapitel diskutierte Kollusionswahrscheinlichkeit auf einem Markt zu gewinnen, ist die empirische Analyse von Nachfrageelastizitäten interessant. Grundsätzlich wird dabei im vorliegenden Kapitel zwischen Sprachtelefonie und SMS unterschieden, da eine gemeinsame Analyse aufgrund der unterschiedlichen Dimension (Minuten bei Gesprächen, Anzahl bei SMS) weder sinnvoll erscheint noch in adäquater Weise durchführbar ist.

Für die empirischen Analysen ist es dabei zweckmäßig, logarithmierte Preise und Mengen zu verwenden. Wird nämlich eine Nachfrage von der Form $Q = a\, p^{\alpha}$ zugrundegelegt wird, so lässt sich diese auch umformen zu $\ln Q = \ln a + \alpha \ln p$, sodass der geschätzte Koeffizient α dann direkt als Elastizität der Nachfrage interpretiert werden kann. Lautet z.B. die Schätzgleichung $\ln q_i = c + \beta_1 \ln p_i + \beta_2 \ln p_j + \beta_3 \ln TN_i + \varepsilon$, so ist β_1 als Eigenpreiselastizität der Preisabsatzfunktion zu interpretieren, während β_2 die Kreuzpreiselastizität angibt und β_2 die Elastizität bezogen auf den Teilnehmerstand ist.

1. Sprachtelefonie

Die Untersuchung der Nachfrageelastizitäten erfolgt im Folgenden auf drei verschiedenen Ebenen. Zunächst erfolgt eine Analyse auf Anbieterebene anhand der hochaggregierten Daten. Hierbei werden Durchschnittspreise herangezogen, die sich aus den Gesamtumsätzen aus Sprachtelefonie und den entsprechenden Minuten berechnen. Da hier weder einzelne Dienste noch unterschiedliche Tarife differenziert betrachtet werden, können hierbei nur ungenaue Werte gemessen werden. Daher werden in einem zweiten Schritt Daten der einzelnen Netzbetreiber auf Diensteebene betrachtet. Der Fokus liegt dabei auf Diensten wie Gespräche ins eigene Mobilfunknetz oder in das österreichische Festnetz. Diese Dienste wurden vor allem deshalb ausgewählt, weil sie den Großteil der mobilen Sprachtelefonie ausmachen.

Letztendlich betrachten wir dann Daten, die auf Tarifebene vorliegen. Diese disaggregierte Untersuchung zeichnet sich dadurch aus, dass zwar wiederum lediglich Durchschnittspreise analysiert werden können, jedoch für die unterschiedlichen Tarifarten kontrolliert werden kann. Verzerrungen, die bei der Analyse der hochaggregierten Daten noch durch die Vermischung von verschiedenen Tarifarten zustande kommen können, sind hier ausgeschlossen, da die einzelnen Tarife explizit als solche in die Analyse eingehen. Allerdings muss hier wieder mit einem über alle Sprachtelefoniedienste aggregierten Durchschnittspreis gerechnet werden, da auf Tarifebene keine nach Diensten getrennten Daten vorliegen.

a) Analyse auf Anbieterebene

Grundlage der Analyse auf Anbieterebene sind die hochaggregierten Daten. Verwendet werden also die durchschnittlichen Gesamtminuten und die mithilfe des Konsumpreisindexes deflationierten Durchschnittspreise über alle Dienste und Tarife. Des weiteren wurde die Anzahl der Netzteilnehmer als exogene Variable verwendet. Aufgrund der Struktur der zur Verfügung stehenden Daten hat sich ein Stichprobenumfang von 144 Beobachtungen ergeben. Weitere Variablen wie z.B. die Gesamtausgaben für Marketing wurden zwar teilweise in die Analyse aufgenommen, eine Verwendung wurde aber letztendlich wieder verworfen, weil zum einen dadurch der Stichprobenumfang z.T. stark eingeschränkt wurde und zum anderen kaum eine statistisch signifikante Wirkung davon festzustellen war.

aa) Pooled-Modelle

In einer ersten Stufe wurden Regressionen durchgeführt, ohne die Panelstruktur der Daten zu berücksichtigen. Mithilfe des sogenannten gepoolten Datensatz wurde die endogene Variable lnMIN (logarithmierte Gesprächsminuten) durch den logarithmierten realen Preis (lnP) und, je nach Spezifikation, einer Konstanten, Jahresdummies, Monatsdummies und der logarithmierten Teilnehmerzahl (lnTLN) erklärt. Dabei ließen sich je nach Spezifikation Nachfrageelastizitäten im Bereich von -4,45 bis -0,87 messen (vgl. Spalte I bis III in Abb. 3.10).[12]

---

12 Die Spalten der einzelnen Abbildungn enthalten die Schätzergebnisse der jeweiligen Regressionen. Der Wert ohne Klammern gibt dabei den Regressionskoeffizienten der Variablen wieder, die in der ersten Spalte angegeben sind. Der Wert in Klammern gibt den entsprechenden t-Wert an. Statistisch signifikante Werte liegen dann vor, wenn die in Klammern angegebene t-Statistik betragsmäßig größer ist als der kritische t-Wert. Dieser hängt ab von der Anzahl der Beobachtungen und

	I	II	III
Endogene Variable: LnMIN (I & II) Ln(MIN/TLN) (III)	Koeffizient (t-Statistik)	Koeffizient (t-Statistik)	Koeffizient (t-Statistik)
LnP	-4,4522 (-15,50)	-1,0595 (-9,47)	-0,8789 (-10,66)
LnTLN	-	0,9494 (30,09)	-
Konstante	3,67 (10,73)	16,80 (49,98)	3,20 (24,53)
Jahresdummies	JA	JA	JA
Monatsdummies	JA	JA	JA
Korr. R^2	0,67	0,98	0,64
F-Statistik	19,97	203,93	33,45

Anmerkungen: Die Standardfehler wurden mithilfe des White-Schätzers heteroskedastiekonsistent geschätzt. t-Statistiken in Klammern. Parameter der Dummies werden nicht berichtet (Beobachtungen = 144).

Abb. 3.10: Nachfrageelastizitäten – pooled

Bei einer Vernachlässigung der Teilnehmerzahl ergibt sich eine Preiselastizität der Nachfrage von etwa -4,45 (Modell I). Diese liegt somit deutlich höher als die Elastizitäten anderer Spezifikationen. Unter Hinzunahme der Teilnehmerzahl verändern sich die Ergebnisse allerdings drastisch (Modell II). Jedoch ist dieses Ergebnis aus zwei Gründen nicht überraschend: Zum einen verwundert es nicht, dass mit größerer Teilnehmerzahl auch die Anzahl der gemessenen Gesprächsminuten wächst. Eine Elastizität von etwa eins zeigt, dass die Nachfrage nach Gesprächsminuten proportional mit der Teilnehmerzahl zunimmt. Zum anderen besteht die Gefahr der Multikollinearität.[13] Teilnehmerzahl und Durchschnittspreise weisen eine sehr hohe Korrelation (Korrelationskoeffizient $\rho = -0{,}9723$) auf, sodass die partiellen Regressionskoeffizienten nicht aussagekräftig sind. Die einzelnen Wirkungen der beiden Variablen lassen sich demnach nicht identifizieren. Um diesem Problem zu begegnen, wurden die durchschnittlichen Gesprächsminuten pro Teilnehmer berechnet und anschließend logarithmiert. Die Ver-

der Anzahl der geschätzten Parameter. Grundsätzlich gilt aber die Faustregel, dass bei einem t-Wert von größer als 2 ein signifikanter Einfluss der entsprechenden Variable vorliegt.

13 Multikollinearität tritt dann auf, wenn lineare Beziehungen zwischen den *erklärenden* Variablen vorliegen. Dies kann im Extremfall von exakten linearen Beziehungen dazu führen, dass eine Regression nicht mehr durchführbar ist. Üblicherweise liegt jedoch keine exakte sondern nur eine abgeschwächte Form der Multikollinearität vor. In diesem Fall lassen sich die partiellen Einflüsse der einzelnen Variablen aber nicht mehr determinieren. Typischerweise werden zumindest einige der Variablen als statistisch insignifikant ausgewiesen, obwohl ein gemeinsamer Einfluss messbar ist (vgl. § 4, V).

wendung dieser Größe führte zu einem weiteren Rückgang der Preiselastizität auf -0,88 (Modell III).

Ein weiteres Problem betrifft die Identifikation der Nachfragefunktion.[14] Keine der vorhandenen Variablen ist geeignet, die Nachfrage eindeutig zu identifizieren und so angebotsseitige Effekte von Nachfrageeffekten zu unterscheiden. Somit ist auch der Durchschnittspreis als Ergebnis von Angebot und Nachfrage als endogen anzusehen. Der geschätzte Parameter kann aber deshalb nicht interpretiert werden, weil so immer eine nicht quantifizierbar starke Verzerrung des Schätzers vorliegt. Die Richtung dieser Verzerrung ist allerdings eindeutig: Da mögliche Angebotseffekte nicht durch das Modell erfasst werden, wird für den Preis ein Parameter gemessen, der kleiner ist als der „wahre" Modellparameter. Die Preiselastizitäten der Nachfrage werden somit also systematisch unterschätzt. Grundsätzlich ist daher davon auszugehen, dass die tatsächlichen Elastizitäten mit ihrem absoluten Wert über den geschätzten Werten liegen. Das Ausmaß der Verzerrung kann allerdings nicht bestimmt werden, sodass unklar bleibt, inwieweit die tatsächliche Elastizität über der geschätzten liegt.

bb) Panel-Modelle

Die bisherigen Analysen haben die vorhandenen Informationen über die einzelnen Anbieter insofern nicht berücksichtig, als dass das gesamte Sample als eine einzige Zeitreihe behandelt wurde. Da tatsächlich jedoch Daten über vier Netzbetreiber vorliegen, werden im weiteren Verlauf Panel-Daten-Modelle benutzt, die ausdrücklich die Querschnittsstruktur der Daten berücksichtigen. Dadurch sollte ein weiterer Erkenntnisgewinn möglich sein.

Ausgangspunkt bilden die bisherigen Spezifikationen der Nachfragefunktionen, nun aber unter Berücksichtigung der Panelstruktur. Hierzu wurden zunächst Fixed-Effects- und später Random-Effects-Modelle geschätzt.[15] Während die sogenannten Fixed-Effects-Modelle den Querschnittseinheiten, also hier den Anbietern, fixe individuelle Effekte zuweisen, erlaubt das Random-Effects-Modell eine Zufallsvariation im Querschnitt (vgl. Kennedy, 1998).

Wie Abb. 3.11 zu entnehmen ist, führt die Verwendung der Panel-Modelle zu einer zum Teil starken Reduktion der geschätzten Elastizität. Während bei Modell I (unter Vernachlässigung der Teilnehmerzahl) noch ein Parameter nahe bei -1 gemessen wird, reduziert sich die Elastizität deutlich bei Verwendung der Teilnehmerzahl (Modell II), während sogar ein scheinbar positiver (wenn auch insignifikanter) Zusammenhang gemessen wird, wenn die Gesprächsminuten pro Teilnehmer als endogene Variable geschätzt werden (Modell III). Da auch hier die genannten Probleme (Identifikation, Endogenität, Multikollinearität) vorliegen wie schon bei der Verwendung gepoolter Daten, wird auf eine weitere Interpretation verzichtet.

---

14 Eine detailliertere Beschreibung des Identifikationsproblems findet sich in § 3, IV.

15 Zur Modellauswahl wurden Hausman-Spezifikationstests angewendet (vgl. Hausman, 1978), nach denen die Fixed-Effects-Modelle in jedem Fall den Random-Effects-Modellen vorzuziehen sind. Daher werden auch ausschließlich die Ergebnisse der Fixed-Effects-Modelle wiedergegeben.

Als Zwischenergebnis lässt sich festhalten, dass eine Reihe von Defekten und Problemen eine Interpretation der Ergebnisse schwierig machen. Zwar sind teilweise durchaus hohe Elastizitäten messbar, jedoch ist eine Argumentation auf derart stark aggregiertem Niveau nicht unproblematisch.

Endogene Variable: Ln MIN (I &II) Ln (MIN pro TLN) (III)	I	II	III
Variable	Koeffizient (t-Statistik)	Koeffizient (t-Statistik)	Koeffizient (t-Statistik)
LnP	-0,9800 (-3,24)	-0,1659 (-2,94)	0,0400 (0,46)
LnTLN	-	0,7801 (54,72)	-
Konstante	17,85 (39,98)	7,2662 (35,00)	4,7102 (32,82)
Jahresdummies	JA	JA	JA
Monatsdummies	JA	JA	JA
Korr. R^2	0,79	0,99	0,40
F-Statistik	29,46	873,23	5,25
Gruppen	4	4	4
Min Beob. per Gruppe	15	15	15
Beobachtungen	144	144	144

Abb. 3.11: Nachfrageelastizitäten – Fixed Effects

b) Analyse auf Diensteebene

Nachdem zunächst stark aggregierte Größen verwendet wurden, um die Preiselastizitäten der Nachfrage zu bestimmen, wird nun der Fokus verlagert, indem Elastizitäten für einzelne Dienste berechnet werden. Dies hat den Vorteil, eine Gesamtbetrachtung der z.T. stark unterschiedlichen Preise für die einzelnen Dienste zu vermeiden und die Analyse anhand bestimmter Dienste durchzuführen wie zum Beispiel Gesprächen ins Festnetz. Um dem unterschiedlichen Telefonierverhalten von Vertrags- und Prepaid-Kunden Rechnung zu tragen, wird jeweils eine getrennte Analyse für diese beiden Kundengruppen durchgeführt. Ein weiterer Vorteil liegt in der Tatsache begründet, dass nun bezüglich der Vertragskunden auch zwischen den beiden Tarifelementen Grundgebühr und Minutenpreise unterschieden werden kann. Somit ist eine exaktere Analyse der Elastizitäten möglich.

aa) Vertragskunden

Wie bei den meisten der vorliegenden Untersuchungen ist der Stichprobenumfang als relativ gering zu bezeichnen. Dies ist besonders dann problematisch, wenn über die einfache Methode der „kleinsten Quadrate" hinaus Methoden zur Anwendung kommen, die einen relativ großen Stichprobenumfang benötigen, damit ihre statistischen Eigenschaften akzeptabel sind und eine sinnvolle Interpretation erlauben. Ein weiteres Problem ergab sich bei der gleichzeitigen Verwendung mehrerer Preise für verschiedene Dienste, da sich die Preisvariablen regelmäßig als stark kollinear erwiesen haben. Die einzelnen Effekte von Preisvariationen für verschiedene Dienste konnten somit nicht festgemacht werden. Aus diesem Grund wurde der Schwerpunkt vor allem auf die Gespräche ins eigene Mobilfunknetz gelegt, da hier üblicherweise ein Großteil der Gesprächsminuten generiert wird.

Variable: MIN in	Beob.	Mittelwert	Standard-abweichung	Minimum	Maximum
Eigenes Mobilfunknetz	144	7,55	0,57	5,87	8,25
Andere Mobilfunknetze	144	7,15	0,40	5,94	7,69
Inländisches Festnetz	144	7,33	0,47	6,09	7,90
Ausland	144	6,51	0,42	5,18	6,99

Abb. 3.12: Deskriptive Statistik der Gesprächsminuten bei Vertragskunden, (logarithmierte Werte)

Wie Abb. 3.12 zu entnehmen ist, weisen die Gesprächsminuten ins jeweils eigene Mobilfunknetz die höchsten Mittelwerte auf, gefolgt von den Gesprächsminuten ins nationale Festnetz und denen in andere Mobilfunknetze.

Zunächst wurden nun die Elastizitäten für die Gespräche ins eigene Netz analysiert. Hierbei lassen sich, je nach Spezifikation, signifikante Werte zwischen -1,40 und -2,15 berechnen (vgl. Abb. 3.13). Erwartungsgemäß sinkt die geschätzte Elastizität mit der Betrachtung weiterer erklärender Variablen. Lediglich im Modell III unter Verwendung der Teilnehmerzahl werden insignifikante Preis- und Grundgebührelastizitäten ausgewiesen. Die Grundgebühr hat jedoch generell nur einen geringen negativen Einfluss auf die getätigten Gesprächsminuten. Der Grund dürfte darin zu sehen sein, dass die Grundgebühr nur für Neukunden und aktuelle Vertragsverlängerer entscheidungsrelevant sein sollte, wenn es darum geht, (wieder) einen Vertrag bei einem bestimmten Anbieter abzuschließen. Kunden, die sich bereits in einem Vertragsverhältnis befinden, können kurzfristig kaum auf die Grundgebühr reagieren. Um auf die Änderung der Grundgebühr zu reagieren, müssten sie ihren bisherigen Vertrag kündigen. Dies ist jedoch in der Regel nicht kostenlos möglich, da bei einer vorzeitigen Kündigung des Vertrages in der Regel eine Vertragsstrafe fällig wird.

Werden die Gesprächsminuten durch die Anzahl der Netzteilnehmer dividiert und somit die Gesprächsminuten pro Teilnehmer berechnet, so stellt sich ein anderes Bild dar (vgl. Abb. 3.14), und die geschätzten Elastizitäten liegen zwischen -0,28 und -0,38. Des weiteren werden insignifikante Elastizitäten bezüglich der Grundgebühr gemessen. Die Teilnehmerzahl hat kaum einen Einfluss auf die Gesprächsminuten pro Teilnehmer.

Anschließend wurden sämtliche Schätzungen unter der Annahme zufälliger Effekte wiederholt. Mittels Hausman-Tests wurde jedoch in allen Fällen gezeigt, dass der Random-Effects-Schätzer nicht konsistent ist und somit der Fixed-Effects-Schätzer vorzuziehen ist. Die Ergebnisse der Random-Effects-Modelle werden aus diesem Grund nicht präsentiert.[16]

Endogene Variable: LnMIN (eigenes Netz)	I	II	III
Exogene Variable	Koeffizient (t-Statistik)	Koeffizient (t-Statistik)	Koeffizient (t-Statistik)
LnP	-2,1548 (-4,87)	-1,4040 (-5,21)	-0,1628 (-1,42)
LnGrundgebühr	-	-0,7881 (-3,30)	-0,1333 (-0,83)
LnTLN	-	-	0,4557 (40,59)
Konstante	6,4105 (17,95)	6,8040 (12,47)	1,6788 (35,00)
Jahresdummies	JA	JA	JA
Monatsdummies	JA	JA	JA
Korr. R^2	0,76	0,86	0,99
F-Statistik	25,84	35,84	716,62
Beobachtungen	144	120	120
Gruppen	4	4	4
Min Beob. per Gruppe	15	15	15

Abb. 3.13: Nachfrageelastizitäten "Eigenes Netz" – Fixed-Effects-Regressionen I

16 Darüber hinaus wurden weitere Kontrollvariablen eingeführt wie z.B. die Werbeausgaben der einzelnen Anbieter und die Marketing- oder Vertriebsausgaben. Bei keiner dieser Größen konnte jedoch ein signifikanter Einfluss auf die Gesprächsminuten nachgewiesen werden, während zugleich der Stichprobenumfang durch die Verwendung dieser zusätzlichen Daten stark eingeschränkt wurde. Auf eine Darstellung der Ergebnisse wird daher wiederum verzichtet.

bb) Prepaid-Kunden

In Analogie zur Vorgehensweise bei Vertragskunden wurden Nachfrageelastizitäten für Prepaid-Kunden berechnet. Mehr noch als bei den bisherigen Untersuchungen hat sich hier jedoch das Identifikationsproblem bemerkbar gemacht. Nur wenige der geschätzten Elastizitäten weisen das "richtige" (negative) Vorzeichen auf, sodass auf eine Darstellung der Ergebnisse wiederum verzichtet wird.[17]

Endogene Variable: Ln(MIN_EN/TLN)	I	II	III
Exogene Variable:	Koeffizient (t-Statistik)	Koeffizient (t-Statistik)	Koeffizient (t-Statistik)
Ln P	-0,2806 (-5,92)	-0,3082 (-5,36)	-0,3071 (-5,30)
LnGrundgebühr	-	0,0024 (0,05)	0,0044 (0,09)
LnTLN	-	-	0,0347 (2,73)
Konstante	1,6163 (23,67)	1,5446 (13,25)	1,4644 (11,74)
Jahresdummies	JA	JA	JA
Monatsdummies	JA	JA	JA
Korr. R^2	0,76	0,93	0,93
F-Statistik	25,84	90,47	84,64
Beobachtungen	144	120	120
Gruppen	4	4	4
Min Beob. per Gruppe	15	15	15

Abb. 3.14: Nachfrageelastizitäten "Eigenes Netz" – Fixed-Effects-Regressionen II

c) Analyse auf Tarifebene

In einem letzten Schritt zur Analyse der Preiselastizitäten wurden Daten über verschiedene Tarife von *Mobilkom*, *T-Mobile* und *One* genutzt. Ein Vorteil bei diesem Vorgehen ist das relativ geringe Aggregationsniveau. Die vorliegenden Verzerrungen, die z.B. durch die Aggregation über Peak und Off-peak-Perioden entstehen, können somit *relativ* gering gehalten werden. Allerdings liegen die Daten für diese Analyse lediglich auf einem Aggregationsniveau vor, bei dem nicht nach den verschiedenen Diensten unterschieden werden kann.

17 Da sich ähnliche Probleme bei der Schätzung von Elastizitäten für Gespräche ins österreichische Festnetz, in andere Mobilfunknetze etc. ergeben, wird auch auf eine Präsentation dieser Ergebnisse verzichtet.

Zunächst wurden nun die Daten der einzelnen Anbieter dazu genutzt, durchschnittliche Preiselastizitäten für die jeweiligen Tarife zu berechnen. Dies hat den Vorteil, dass durchschnittliche Elastizitäten der individuellen Preisabsatzfunktionen determiniert werden können. Außerdem entfällt somit zunächst das Problem der Interdependenz zwischen den Anbietern, welches zu Schätzproblemen führen kann. Es ist davon auszugehen, dass zwischen den jeweiligen Tarifen der einzelnen Anbieter kaum eine größere Interdependenz aus Nachfragesicht vorliegt.[18]

Zur Berechnung der Elastizitäten wurden wiederum verschiedene Verfahren angewendet. Nachdem einfache OLS-Regressionen durchgeführt worden sind, wurden wieder Fixed-Effects- und Random-Effects-Modelle geschätzt. Abschließend wurde zusätzlich um Heteroskedastizität und Autokorrelation korrigiert, indem die Methode der Feasible Generalized Least Squares (FGLS) angewendet wurde.

Endogene Variable: Ln(MIN/TLN)	OLS MIN	OLS MIN/TLN	RE MIN	RE MIN/TLN	FGLS MIN	FGLS MIN/TLN
Exogene Variable:	Koeffizient (t-Statistik)	Koeffizient (t-Statistik)	Koeffizient (t-Statistik)	Koeffizient (t-Statistik)	Koeffizient (t-Statistik)	Koeffizient (t-Statistik)
LnP	-2,7266 (-27,14)	-2,7266 (-27,14)	-2,7265 (-22,30)	-2,7265 (-22,30)	-1,8658 (-11,64)	-1,8658 (-5,30)
LnTLN	0,9693 (25,58)	-0,0306 (-0,081)	0,693 (39,53)	-0,0306 (-1,25)	1,0533 (33,50)	0,0347 (2,73)
Konstante	0,8027 (23,67)	0,8279 (1,27)	1,5881 (4,23)	0,74475 (1,68)	1,3570 (3,26)	1,4644 (11,74)
Jahresdummies	JA	JA	JA	JA	JA	JA
Monatsdummies	JA	JA	JA	JA	JA	JA
Korr. R^2	0,92	0,80	0,85	0,80	-	-
Beobachtungen	169	169	169	169	169	169
Gruppen	-	-	6	6	6	6
Min Beob. per Gruppe	-	-	14	14	14	14
Max Beob. per Gruppe	-	-	36	36	36	36

Anmerkungen: Hausman-Spezifikationstests haben die RE-Modelle als adäquates Schätzverfahren ausgewiesen.

Abb. 3.15: Nachfrageelastizitäten – *T-Mobile*

Abb. 3.15 enthält die Ergebnisse der Analyse der Elastizitäten für *T-Mobile*. Erfreulicherweise erweisen sich die Resultate als äußerst robust gegenüber den verschiedenen Schätzmethoden, unabhängig davon, ob die OLS-Methode oder ein Panel-Modell an-

18 Geht man davon aus, dass die einzelnen Tarife für verschiedene Konsumententypen optimal sind, so sollten die Tarife eines Unternehmens nicht in starker Konkurrenz zu den übrigen Tarifen stehen.

gewendet wurde, und unabhängig davon, ob die Teilnehmerzahl zur Berechnung der endogenen Variable diente oder als erklärende Variable in die Schätzung eingegangen ist. Demnach wurde jeweils eine Preiselastizität der Nachfrage von etwa -2,72 gemessen. Die mittels der FGLS-Methode geschätzte Elastizität, weicht zwar deutlich von diesem Wert ab, liegt aber immerhin noch bei -1,86. Die Teilnehmerzahl nimmt wieder einen Wert um eins an, sofern sie ausschließlich als exogene Variable in die Schätzung eingeht. Wie schon zuvor scheint eine Ausweitung der Teilnehmerzahl zu einem proportionalen Anstieg der Gesprächsminuten zu führen. Wird die Teilnehmerzahl sowohl als Bestandteil der endogenen als auch der exogenen Variable benutzt, so kann ihr Einfluss lediglich bei der FGLS-Regression als statistisch signifikant bezeichnet werden. Da der entsprechende Parameter positiv ist, deutet dies auf einen schwachen positiven Netzwerkeffekt hin.

Endogene Variable: Ln(MIN/TLN)	OLS MIN	OLS MIN/TLN	RE MIN	RE MIN/TLN	FGLS MIN	FGLS MIN/TLN
Exogene Variable:	Koeffizient (t-Statistik)	Koeffizient (t-Statistik)	Koeffizient (t-Statistik)	Koeffizient (t-Statistik)	Koeffizient (t-Statistik)	Koeffizient (t-Statistik)
LnP	-1,2280 (-10,94)	-1,2280 (-10,94)	-0,3896 (-7,49)	-0,3896 (-7,49)	-0,5270 (-11,41)	-0,5270 (-11,41)
LnTLN	0,8757 (59,20)	-0,1242 (-8,40)	0,9096 (85,96)	-0,0903 (-8,54)	0,9486 (76,52)	-0,0513 (-4,14)
Konstante	7,6114 (28,31)	7,6114 (28,31)	6,1318 (33,82)	6,1318 (33,82)	6,1590 (3,26)	6,1590 (36,87)
Jahresdummies	JA	JA	JA	JA	JA	JA
Monatsdummies	JA	JA	JA	JA	JA	JA
Korr. R^2	0,95	0,53	0,93	0,80	-	-
Beobachtungen	273	273	273	273	273	273
Gruppen	-	-	17	17	6	6
Min Beob. per Gruppe	-	-	5	5	14	14
Max Beob. per Gruppe	-	-	29	29	36	36

Anmerkungen: Hausman-Spezifikationstests haben die RE-Modelle als adäquates Schätzverfahren ausgewiesen.

Abb. 3.16: Nachfrageelastizitäten – *One*

Ein etwas anderes Bild ergibt sich bei der Berechnung der Nachfrageelastizitäten von *One*. Lediglich die OLS-Schätzungen weisen relativ hohe Elastizitäten aus. Die übrigen Schätzungen ergeben Werte, die im unelastischen Bereich liegen. Zudem findet sich ein relativ geringer Einfluss der Teilnehmerzahl auf die Anzahl der Gesprächsminuten. Werden die Minuten pro Teilnehmer als endogene Variable benutzt, hat die Teilnehmerzahl scheinbar negative Auswirkungen. Dies mag darauf hindeuten, dass mit zunehmender Teilnehmerzahl eher Wenigtelefonierer hinzugewonnen werden.

Etwas differenzierter stellen sich die Resultate zur Analyse von *Mobilkom* dar. Während bei Vernachlässigung der Panelstruktur hohe Elastizitäten gemessen werden, kommen Random-Effects-Modelle zu dem Ergebnis, dass das Nachfrageverhalten im inelastischen Bereich liegt. Die Berücksichtung von Heteroskedastie und Autokorrelation führt dazu, dass ein Wert nahe eins geschätzt wird. Im Gegensatz zu den übrigen Resultaten liegt hier der Einfluss der Teilnehmerzahl über dem Wert eins. Mit einer Erhöhung der Netzteilnehmer wird überdurchschnittlich häufig telefoniert.[19]

d) Fazit zu den Nachfrageelastizitäten bei Gesprächsminuten

Betrachtet man die Reaktionen der Nachfrager auf variierende Gesprächspreise, lassen sich, je nach Aggregationsebene und Spezifikation, die unterschiedlichsten Elastizitäten messen. Diese reichen von geringen Werten (-0,16) bis hin zu Werten, die als äußerst elastisch zu interpretieren sind (-2.15 bis -4,45). Interessanterweise sind insbesondere die Resultate der Schätzungen auf Tarifebene relativ robust gegen Variationen der Anbieter und der Spezifikation, lediglich *One* weist geringere Werte bei Verwendung von Panel-Modellen aus. Sieht man einmal von den auch in diesem Fall vorhandenen Problemen bezüglich der Daten und der angewandten Schätzmethodik ab, so deutet dies auf eine relativ elastische Reaktion der Kunden einzelner Anbieter und somit auf elastische individuelle Nachfragefunktionen.

2. Textnachrichten (SMS)

a) Analyse

Neben dem bei weitem wichtigsten Dienst, der Sprachtelefonie, kommen den sogenannten Textnachrichten (SMS) eine zunehmende Bedeutung zu. Analog zum vorherigen Abschnitt sollen daher die Preiselastizitäten der Nachfrage für diesen Dienst untersucht werden. Ein erster Schritt bestand in der Durchführung von Seemingly Unrelated Regression (SURE) Analysen, ausschließlich mittels der Mengen und Preisen bei Vertrags- und Prepaid-Kunden. Auch hier standen keine Variablen zur Verfügung, die eine eindeutige Identifikation von Angebots- und Nachfragevariationen ermöglicht hätten. Aufgrund der bereits angesprochenen Probleme werden die Ergebnisse nur kurz zusammengefasst.

Wie man aus Abb. 3.18 entnehmen kann, weisen lediglich die Vertragskunden-Regressionen für *T-Mobile* einigermaßen sinnvolle Ergebnisse auf. Da Preise und Mengen in logarithmierter Form vorliegen, kann der Koeffizient der Variable Preis direkt als Elastizität interpretiert werden. Demnach ergibt sich für *T-Mobile* eine Elastizität der Nachfrage von ca. -0,28. Für *One* ergibt sich ein statistisch insignifikanter Wert und für

19 Um der Gefahr zu begegnen, dass gegen jede Erwartung nun doch Korrelationen der Störterme einzelner Tarife existieren, wurde aufgrund der relativ hohen Zahl an Beobachtungen der Sample von *Mobilkom* dazu benutzt, ein balanced panel zu genieren, um eine mögliche Korrelation zu bereinigen. Die Ergebnisse haben sich jedoch kaum von denen der FGLS-Regression in Abbildung 3.15 unterschieden, sodass die Verwendung der o.g. Verfahren adäquat erscheint.

Mobilkom wird gar ein positiver (wenn auch insignifikanter) Wert berechnet. Aufgrund des Identifikationsproblems ist dies jedoch nicht unbedingt überraschend. Weitere Auffälligkeiten liegen in den z.T. äußerst hohen t-Statistiken der Konstante und dem Trend. Eine Verwendung von Jahres- und Monatsdummies anstelle des Trends hat dazu geführt, dass die Elastizitäten von *One* (-1,99) und *T-Mobile* (-0,52) absolut betrachtet deutlich größere Werte annehmen, das qualitative Ergebnis von *Mobilkom* (+1,5) hat sich jedoch bezüglich der statistischen Signifikanz nicht verändert.

Endogene Variable: Ln(MIN/TLN)	OLS MIN	OLS MIN/TLN	RE MIN	RE MIN/TLN	FGLS MIN	FGLS MIN/TLN
Variable	Koeffizient (t-Statistik)	Koeffizient (t-Statistik)	Koeffizient (t-Statistik)	Koeffizient (t-Statistik)	Koeffizient (t-Statistik)	Koeffizient (t-Statistik)
LnP	-2,7469 (-10,81)	-2,7469 (-10,81)	-0,6135 (-5,49)	-0,6135 (-5,49)	-1,0855 (-9,78)	-1,0855 (-9,78)
LnTLN	1,2830 (51,62)	0,2830 (11,39)	1,1759 (29,55)	0,1759 (4,42)	1,1188 (31,63)	0,1188 (3,36)
Konstante	1,6762 (4,52)	1,6762 (4,52)	2,7686 (5,88)	2,7686 (5,88)	3,6465 (8,56)	3,6465 (8,56)
Jahresdummies	JA	JA	JA	JA	JA	JA
Monatsdummies	JA	JA	JA	JA	JA	JA
Korr. R^2	0,93	0,60	0,97	0,50	-	-
Beobachtungen	375	375	375	375	375	375
Gruppen	-	-	14	14	14	14
Min Beob. per Gruppe	-	-	26	26	26	26
Max Beob. per Gruppe	-	-	27	27	27	27

Anmerkungen: Hausman-Spezifikationstests haben die RE-Regressionen als adäquates Schätzverfahren ausgewiesen.

Abb. 3.17: Nachfrageelastizitäten – *Mobilkom*

Bei den Regressionen der Prepaid-Kunden ergibt sich ein umgekehrtes Bild (vgl. Abb. 3.19). Im Gegensatz zu den Vertragskunden lässt sich hier für jeden Anbieter eine statistisch signifikante Elastizität berechnen. Alle entsprechenden Werte sind überraschenderweise betragsmäßig größer als eins und variieren zwischen -1,35 und -1,54. Wurden anstelle des Trends wiederum Dummy-Variablen verwendet, haben sich leichte Unterschiede zu den oben genannten Ergebnissen eingestellt, die jedoch weder qualitativ noch quantitativ ins Gewicht fallen. Inwiefern die Größen allerdings aussagekräftig sind, lässt sich nur dann feststellen, wenn zum einen reale Größen verwendet werden und zum anderen dem Identifikationsproblem Rechnung getragen wird.[20]

20 Eine Verwendung realer Preise hat nicht zu signifikanten Veränderungen der Ergebnisse geführt. Das Identifikationsproblem konnte jedoch nicht gelöst werden. Berechnungen anhand der SMS

Endogene Variable Exogene Variable	ONE	TMO	MOB
Preis	-0,6378 (-0,99)	-0,2827 (-3,40)	0,7087 (1,27)
Trend	0,0493 (8,46)	0,0167 (12,00)	0,0208 (12,49)
Konstante	5,1669 (6,36)	6,5145 (103,27)	7,3519 (16,57)
Chi2	171,44	264,53	228,74
R2	0,79	0,85	0,85
RMSE	0,2568	0,0872	0,0907
Beobachtungen	39	39	39

Anmerkung: t-Statistiken in Klammern. Eine Hinzunahme von *tele.ring* reduziert die Anzahl der Beobachtungen pro Anbieter auf 15. Außerdem lassen die dann resultierenden Ergebnisse keine Interpretation mehr zu. Preise und Mengen liegen in logarithmierter Form vor.

Abb. 3.18: SURE-Analysen der SMS Nachfrage (Vertragskundendaten)

Als nächstes wurden die obigen Regressionen wiederholt, indem die Panelstruktur der Daten beachtet wurde. Dementsprechend wurden Fixed- und Random-Effects-Modelle geschätzt, um weitere Informationen in den Daten nutzen zu können. Leider liegen in allen Regressionen positive oder insignifikante Koeffizienten der logarithmierten Preise vor, sodass auch hier das Identifikationsproblem verstärkt auftritt. Zudem scheint die Korrelation der einzelnen Störterme (bezüglich der Anbieter) relativ groß zu sein. Auf eine weitere Ausführung wird daher hier verzichtet.

b) Fazit

Im Unterschied zu den Vertragskunden scheinen Prepaid-Kunden deutlich stärker auf Preisvariationen der SMS zu reagieren, obwohl die Vertragskunden diesen Dienst i.d.R. stärker nutzen. Hier liegen die Reaktionen der Nachfrager durchaus im elastischen Bereich. Allerdings deuten die z.T. positiven Elastizitäten wiederum auf das Identifikationsproblem.

pro Teilnehmer und die Einbeziehung der Teilnehmerzahl haben jeweils dazu geführt, dass positive Elastizitäten gemessen wurden.

endogene Variable / exogene Variable	ONE	TMO	MOB
Preis	-1,3570 (-3,45)	-1,3873 (-2,42)	-1,5485 (-4,31)
Trend	0,0321 (14,24)	0,0144 (7,62)	0,0127 (8,42)
Konstante	4,6534 (14,08)	5,4797 (13,17)	5,4313 (21,58)
chi2	204,61	147,06	326,48
R2	0,83	0,78	0,88
RMSE	0,1582	0,1095	0,0705
Beobachtungen	39	39	39

Anmerkung: t-Statistiken in Klammern.

Abb. 3.19: SURE-Analyse SMS-Nachfrage (Prepaid-Kunden)

III. Analyse der "Zugangselastizitäten"

Neben den Elastizitäten, die durch die Reaktion bestehender Kunden auf Preisveränderung bestimmt werden, lässt sich eine weitere Dimension des Nachfrageverhaltens identifizieren. Anhand der Berechnung von sogenannten Zugangselastizitäten soll festgestellt werden, wie sich die Intensität im Wettbewerb um die Mobilfunkkunden an sich darstellt. Dazu werden aufgrund der Datenlage zwei verschiedene Vorgangsweisen angewendet: Zum einen werden Daten über die Nettokundenzugänge auf Anbieterebene verwendet, um einen Überblick über das Kundenverhalten bezüglich des gesamten Mobilfunksektors zu erhalten. Dabei werden Nettokundenzugänge als die monatlichen Kundenzugänge abzüglich der Kundenabmeldungen definiert. Zum anderen wird dann in einem zweiten Schritt ein exakteres Maß für die Reaktion der Kunden auf Preisunterschiede verwendet, indem auch Informationen über diejenigen Kunden benutzt werden, die ihre Mobilfunkverträge verlängert haben. Hier liegen uns allerdings nur verwertbare Informationen für drei Tarifgruppen von *Mobilkom* vor.

1. Analyse mit Hilfe von Nettozugängen

Zunächst sind die sogenannten Nettozugänge (Kundenzugänge abzüglich Kundenabgänge) auf einen Durchschnittspreis und weitere exogene Variablen regressiert worden. Untersuchungseinheit sind hierbei die einzelnen Tarife der verschiedenen Anbieter. Es werden wiederum Panel-Modelle angepasst, welche die Firmen als Querschnittseinheit beinhalten, unter der Annahme, dass zwischen diesen Tarifen keine signifikante Korrelation besteht.[21]

Wie Abb. 3.20 zu entnehmen ist, werden für die verschiedenen Netzbetreiber stark unterschiedliche Zugangselastizitäten ausgewiesen. Während für *T-Mobile* ein Wert von ungefähr -2,5 geschätzt wurde, scheinen die *One*-Kunden positiv auf hohe Preise zu reagieren (Zugangselastizität = 0,9). Für *Mobilkom* ergibt sich ein insignifikanter Wert, nach dem scheinbar kein messbarer Zusammenhang zwischen den Preisen und dem Netzzugang besteht.

Insgesamt erscheinen die Resultate wenig glaubwürdig. Sowohl positive als auch negative und insignifikante Zugangselastizitäten sind messbar. Insbesondere zwei Probleme sind dafür verantwortlich: Zum einen besteht wie auch zuvor das Problem der Identifikation und der Endogenität. Zum anderen ist aber auch das Maß für die Nettozugänge sehr ungenau, da zwar die Neuzugänge und Abgänge erfasst werden, jedoch die Gruppe der Vertragsverlängerer nicht beachtet wird.

Endogene Variable: LnNettozugänge	TMO	ONE	MOB
Variable	Koeffizient (t-Statistik)	Koeffizient (t-Statistik)	Koeffizient (t-Statistik)
LnP	-2,5138 (-5,41)	0,9441 (3,19)	-0,5774 (-1,19)
LnTLN	0,5517 (4,39)	1,1050 (19,6)	0,6208 (2,38)
Konstante	-3,1934 (-1,69)	-0,4759 (-0,66)	-0,3131 (-0,11)
Jahresdummies	JA	JA	JA
Monatsdummies	JA	JA	JA
Korr. R^2	0,44	0,70	0,18
F-Statistik	6,37	30,11	2,39
Beobachtungen	147	238	184
Gruppen	6	16	12
Min Beob. per Gruppe	12	1	1
Max Beob. per Gruppe	36	27	26

Abb. 3.20: Zugangselastizitäten– Fixed-Effects-Regressionen

21 Eine gemeinsame Analyse der Anbieterzugänge wurde ebenfalls anhand von SURE-Analysen durchgeführt. Auf eine Darstellung wird jedoch verzichtet, da lediglich (aufgrund des Identifikationsproblems) positive Elastizitäten gemessen wurden.

Zudem ergab sich ein weiteres nicht zu unterschätzendes Problem. Da nicht nur die Minutenpreise ausschlaggebend für die Entscheidung des Vertragsabschlusses sind, wurden ebenfalls die jeweiligen Grundgebühren in die Regression aufgenommen. Hierbei ist massiv das Problem der Multikollinearität aufgetreten, mit dem Resultat, dass entweder der Einfluss der Minutenpreise oder derjenige der Grundgebühr als statistisch insignifikant ausgewiesen wurde.[22]

2. Analyse mit Hilfe von Vertragsverlängerungen

Da in den bisherigen Regressionen die Zugänge keine Informationen über die Vertragsverlängerer beinhalten, sondern jeweils nur eine Nettogröße aus Neukunden abzüglich Abgängen darstellen, wurden anhand eines neuen Samples die tatsächlichen Zugangselastizitäten berechnet. Hierbei wurden sowohl Neukunden als auch Vertragsverlängerer betrachtet. Leider lagen diese Informationen jedoch nur für drei *Mobilkom*-Tarife vor, sodass die Stichprobe sehr begrenzt war. Die Gesamtteilnehmerzahl wurde zunächst wegen des möglichen Endogenitätsproblems von Teilnehmerzahl und Gesamtzugängen nicht betrachtet.

Endogene Variable: LnNettozugänge	OLS	Fixed Effects
Exogene Variable:	Koeffizient (t-Statistik)	Koeffizient (t-Statistik)
LnPreis	-2,0118 (-5,73)	-1,9302 (-9,07)
Konstante	10,8043 (28,76)	10,7298 (39,10)
Jahresdummies	JA	JA
Monatsdummies	JA	JA
Korr. R^2	0,62	0,62
F-Statistik	3,42	11,04
Beobachtungen	117	117
Gruppen	3	3
Min Beob. per Gruppe	39	39

Abb. 3.21: Zugangselastizitäten – *Mobilkom*

22 Um ein etwaiges Endogenitätsproblem zwischen der Gesamtteilnehmerzahl und den Neuzugängen zu vermeiden, wurden die Schätzungen wiederholt, indem die jeweiligen Zugänge einer Periode aus der Teilnehmerzahl herausgerechnet wurden. Auf diese Weise wurde das Problem einer direkten Endogenität zwischen der Teilnehmerzahl und den Nettozugängen verhindert. Die Ergebnisse haben sich dadurch jedoch nicht signifikant verändert.

Zunächst wurden wiederum die Nettozugänge und Preise logarithmiert, um direkt Zugangselastizitäten schätzen zu können. Abbildung 3.21 enthält die Ergebnisse der OLS-Regression sowie die der Fixed-Effects-Schätzung.

Im Gegensatz zu den bisherigen Ergebnissen bei der Verwendung der *Mobilkom*-Daten ergibt sich hier ein vollständig anderes Bild. Es werden Elastizitäten ausgewiesen, deren absolute Werte deutlich über den bisher gemessenen liegen. Werden die jeweils aktuellen Zugänge aus den Teilnehmerzahlen herausgerechnet und die so generierte Teilnehmerzahl als Regressor verwendet, kommen jedoch wiederum deutlich geringere Elastizitäten zustande, die zwischen -0,67 und -0,64 liegen. Auch hier lassen sich also keine eindeutigen Aussagen treffen, bezüglich des Verhaltens der Nachfrager.

Endogene Variable	Zugänge
Exogene Variable	Koeffizient (t-Statistik)
Preis	-1,1898 (-8,97)
Konstante	3,6619 (15,38)
Jahresdummies	JA
Monatsdummies	JA
Log.-Likelihood	-993,64
Wald-Statistik	101,87
Beobachtungen	117
Gruppen	3
Min Beob. per Gruppe	39
Min Beob. per Gruppe	39
Elastizität	-0,62

Abb. 3.22: Zugangselastizitäten (Zähldaten) – *Mobilkom*

Abschließend wurden anhand der Summe aus Neuzugängen und Vertragsverlängerern ein Conditional-Fixed-Effects-Negativ-Binomial-Modell angepasst (vgl. Abb. 3.22). Hierbei handelt es sich um ein Zähldatenmodell, das besonders gut auf die Struktur der Daten abgestimmt ist. Zugänge und Vertragsverlängerungen nehmen in jedem Fall ganzzahlige, positive Werte an. Wird keine Datenmanipulation, z.B. mithilfe des Logarithmus vorgenommen, so führt ein linearer Schätzer wie das OLS-Verfahren zu verzerrten Schätzungen.

Da bei dieser Regression keine Nettogrößen, sondern lediglich die Bruttozugänge betrachtet wurden, ist zu erwarten, dass die Ergebnisse um die fehlenden Abgänge verzerrt sind. Allerdings wurde auch hier eine Elastizität von etwa -0,62 geschätzt. Auf die Verwendung der Teilnehmerzahl wurde auch in diesem Fall verzichtet.[23]

3. Fazit

Die Analyse der Zugangselastizitäten hat wie die vorherigen Untersuchungen zu äußerst ambivalenten Ergebnissen geführt. Betrachtet man lediglich die Neuzugänge ergibt sich kein einheitliches Bild im Vergleich der einzelnen Anbieter. Anhand der etwas aussagekräftigeren Daten von *Mobilkom* allerdings, deutet einiges auf eine hohe Zugangselastizität, auch wenn die Zähldatenmodelle dies nicht unbedingt unterstützen. Aufgrund des geringen Stichprobenumfangs, ist deren Interpretation jedoch unter Vorbehalt vorzunehmen.

IV. Diffusionsprozesse

1. Analyse

In der ökonomischen Theorie gibt es eine Reihe von Modellen, die Diffusionsprozesse von Produkten abbilden (vgl. Gierl, 1987). Diese Modelle reichen von verschiedenen Spezifikationen, in denen ausschließlich ein Zeittrend als exogene Variable auftaucht, bis hin zu Modellen, die auch diverse andere erklärende Größen beinhalten. Im Mobilfunk sind dies vor allem der Preis oder die Netzgröße.

Um die folgende Analyse möglichst überschaubar zu halten, wird lediglich auf die häufig verbreiteten Spezifikationen anhand von logistischen Funktionen zurückgegriffen. Hierbei werden verschiedene Spezifikationen verwendet, die sich lediglich durch die Anzahl der betrachteten Modellparameter unterscheiden. Die verwendeten Spezifikationen sind im Anhang zu diesem Kapitel zusammengefasst.

Als erstes wurde anhand der Variablen *Mobiles* (Anzahl der aktivierten Mobiltelefone) verschiedene Diffusionsmodelle gemäß der logistischen Verteilung mittels der nichtlinearen Methode der „kleinsten Quadrate" berechnet. Wie Abb. 3.23 zeigt, ist eine Funktion mit nur zwei Parametern nicht gut geeignet, den Diffusionsverlauf zu erklären. Eine deutlich bessere Anpassung wurde durch die Verwendung von drei oder vier Parametern erreicht. Das bereinigte Bestimmtheitsmaß erreicht hier hohe bis sehr hohe Werte. Ungefähr 99,87 Prozent der Variation der endogenen Variable werden durch das Modell erklärt. Auch der mittlere quadratische Fehler und die Standardabweichung der Residuen präferieren das logistische Modell mit vier Modellparametern. Die gute Anpassung wird auch durch die graphische Darstellung (vgl. Abb. 3.24) deutlich, wobei die Linie

---

23 Der geschätzte Koeffizient stellt in diesem Fall nicht die Elastizität dar, da zum einen in den Niveaus und nicht in Logarithmen geschätzt wurde. Außerdem werden bei dieser Methode zunächst Wahrscheinlichkeiten geschätzt. Eine Berechnung der Elastizitäten erfolgt dann über die marginalen Effekte. Demnach liegt hier keine isoelastische Funktion vor. Theoretisch ließe sich also an jedem Punkt der Funktion eine Elastizität berechnen, angegeben ist hier jedoch lediglich eine Durchschnittselastizität, die über den gesamten Bereich der Funktion gemessen wird.

Mobiles die Entwicklung und YHAT die geschätzte Funktion abbildet.[24] Sowohl das Bestimmtheitsmaß, als auch F-Statistik, MSE und die Residuen weisen auf gute Eigenschaften des 4-parametrischen Modells hin.

Die Interpretation der geschätzten Parameter lässt einige Aussagen über den zeitlichen Verlauf des Diffusionsprozesses zu: Der Parameter α kennzeichnet die untere Asymptote des logistischen Prozesses und stellt einen Startwert der Diffusion dar. Der Wert β_0 bezeichnet die obere Asymptote und weist somit einen Schätzwert für die maximale Anzahl an Adoptionen aus. Sie ist hier mit etwa 8,1 Millionen Mobiltelefonen geschätzt worden. Dies würde eine vollständige (100%) Versorgung der Bevölkerung bedeuten - ein Wert, der sicherlich auch im internationalen Vergleich relativ hoch erscheint. Aber auch die aktuelle Ausstattung ist mit etwa 6,5 Millionen Mobiltelefonen im April 2001 (etwa 80% der Bevölkerung, siehe Statistisches Jahrbuch für die Republik Österreich 1999:2000) ist als relativ hoch zu bezeichnen. Des weiteren gibt der Parameter β_1 das Wachstum an, das hier mit etwa 8,3 Prozent beziffert wird, und β_2 weist den Zeitpunkt des stärksten Wachstum aus. Bei der 4-parametrigen Spezifikation ist dies ungefähr die fünfzigste Periode bzw. Februar 2000.

Modell/ Exogene Variable	2-parametrische logistische Funktion	3- parametrische logistische Funktion	4- parametrische logistische Funktion
A	-	-	237452,50 (6,68)
β_0	-	9637259 (33,42)	8180814 (34,90)
β_1	774205,4 (-)	0,0698 (48,35)	0,0834 (32,15)
β_2	-1,79e+08 (-)	52,68 (57,29)	49,47 (78,83)
Beobachtungen	64	64	64
F-Statistik	39,56	25691,16	14996,07
Prob(F)	-	0,0000	0,0000
Korr. R2	-1,57	0,9992	0,9986

Anmerkung: t-Statistiken in Klammern.

Abb. 3.23: Logistische Diffusionsmodelle

24 Um einen Vergleich zu den logistischen Funktionen zu erhalten wurden ebenfalls Gompertz-Funktionen und exponentielle Funktionen angepasst. Während die exponentiellen Modelle keine befriedigenden Ergebnisse erzielt haben, kann eine Gompertz-Spezifikation mit vier Parametern ähnlich gute Ergebnisse erzielen, wie auch die 4-parametrische logistische Funktion. Auf eine weitere Diskussion dieser Ergebnisse wird jedoch hier verzichtet, da kein weiterer Erkenntnisgewinn dadurch erfolgt.

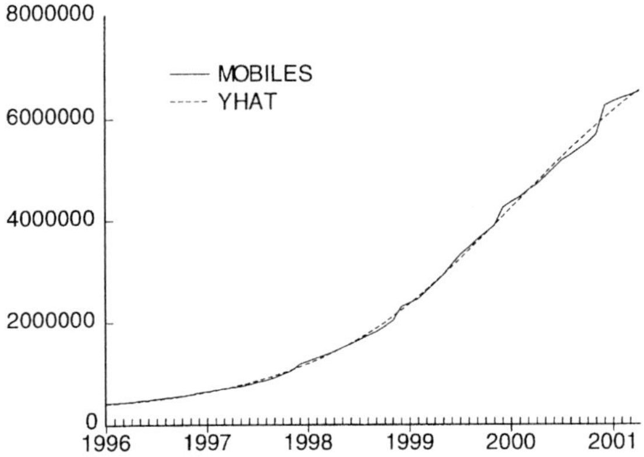

Abb. 3.24: Anpassung des 4-parametrischen Modells

2. Fazit

Insgesamt lässt sich also festhalten, dass die logistischen Funktionen und insbesondere die Spezifikation mit vier Modellparametern eine sehr gute Anpassung an die Diffusionsdaten ermöglichen. Außerdem erscheinen auch die ermittelten Modellparameter durchaus sinnvoll. Unabhängig davon, welche durchschnittliche Wachstumsrate genau vorliegt oder wann das höchste Wachstum erreicht wurde, kann eindeutig davon ausgegangen werden, dass das Maximum des Diffusionsprozesses bald erreicht sein wird. Schon jetzt ist eine etwa 80-prozentige Ausstattung erreicht. Ohne eine Innovation im Mobilfunkbereich wie z.B. UMTS würde es in absehbarer Zeit nur noch zu Ersatzkäufen kommen. Durch die Einführung neuer UMTS-Geräte ist allerdings zu erwarten, dass ein neuer Diffusionsprozess initiiert wird.

V. Schätz- und Datenprobleme

Wie bereits in den einzelnen Kapiteln angesprochen wurde, spielen auch bei der vorliegenden Analyse die Verfügbarkeit, die Qualität und auch die Beschaffenheit der Daten eine wesentliche Rolle für die Konsistenz und die Robustheit der Ergebnisse. Aufgrund des verfügbaren Datenmaterials sind daher bei den meisten von uns durchgeführten Untersuchungen nicht zu unterschätzende Probleme aufgetreten, die eine Interpretation der Ergebnisse erschweren und z.T. sogar unmöglich machen. Zum einen hat sich zunächst ein generelles Problem bezüglich *tele.ring* ergeben: Aufgrund der späten Unternehmensgründung liegen nur für einen sehr kurzen Zeitraum Daten vor. Dies hat dazu geführt, dass die meisten Analysen ohne Berücksichtigung von *tele.ring* durchgeführt werden mussten. Zum anderen ist nicht immer bei allen Anbietern ganz klar, wir akkurat die gelieferten Daten letzten Endes sind.

Die Interpretation unserer Ergebnisse muss daher immer unter einem gewissen Vorbehalt und unter Berücksichtigung des vorhandenen Datenmaterials erfolgen. Abgesehen von den beiden oben genannten Problemen lassen sich die wichtigsten Schätz- und Datenprobleme grob in sechs Bereiche einteilen, die zu mehr oder minder starken Einschränkungen der statistischen Möglichkeiten und Interpretierbarkeit der Ergebnisse geführt haben. Diese Probleme sollen im Folgenden noch einmal zusammengefasst und ihre Auswirkungen kurz erläutert werden:

1. Stichprobenumfang

Der Stichprobenumfang bestimmt, je nach gewähltem ökonometrischen Verfahren, z.T. im hohen Maße die Güte und Interpretierbarkeit der Ergebnisse. Da Aussagen über ökonomische Zusammenhänge jeweils nie mit absoluter Sicherheit getroffen werden können, ist es umso wichtiger, einen möglichst großen Stichprobenumfang zu realisieren. Demnach ist eine möglichst hohe Anzahl an Beobachtungen über einen ggf. möglichst langen Zeitraum der jeweiligen Variablen notwendig. Aus unterschiedlichen Gründen lagen uns jedoch für einige Größen nur eine stark begrenzte Anzahl an Beobachtungen vor, sodass auch die Möglichkeiten der statistischen Analyse deutlich begrenzt waren. Auch die Länge der Zeitreihen war z.T. aus natürlichen Gründen (siehe *tele.ring*) begrenzt.

Der für einen Teil der Analysen relativ geringe Stichprobenumfang ist bei Verwendung der OLS-Methode oder bei der Berechnung von Korrelationskoeffizienten zwar prinzipiell unproblematisch. Werden jedoch Panel-Modelle oder SURE-Analysen verwendet, so kann dies negative Auswirkungen aufgrund der sogenannten Small-Sample Eigenschaften dieser Methoden haben. Ergebnisse aus diesen relativ kleinen Stichprobenumfängen sind also in jedem Fall mit Vorsicht zu interpretieren.

2. Identifikationsproblematik

Ein wesentliches Problem der Analyse von "Gleichgewichtsbeziehungen" ist das sogenannte Identifikationsproblem (vgl. Kennedy, 1998). So ist zum Beispiel die Regression einer Nachfragefunktion besonders problematisch, da ohne die Verwendung identifizierender Variablen nicht geklärt werden kann, ob angebotsseitige oder nachfrageseitige Reaktionen gemessen werden. Im Marktgleichgewicht gilt, dass das Angebot an Produkten gleich der Nachfrage ist ($q^S = q^D$). Wird nun z.B. eine Nachfragefunktion der Form $\ln q = a + b \ln p$ analysiert, wobei p den Marktpreis darstellt, kann nicht ausgeschlossen werden, dass Mengen- und/oder Preisvariationen durch Verschiebungen der Nachfragefunktion hervorgerufen worden sind. Es könnte also somit weder eine Angebots- noch eine Nachfragefunktion eindeutig identifiziert werden. Im Extremfall kann dann sogar ein positiver Zusammenhang zwischen Preis und nachgefragter Menge gemessen werden. Gerade bei der Determinierung von Preiselastizitäten ist daher darauf zu achten, dass Preisveränderungen nachfrageseitig und nicht angebotsseitig erfolgen. Abb. 3.25 veranschaulicht dies (vgl. Kennedy, 1998).

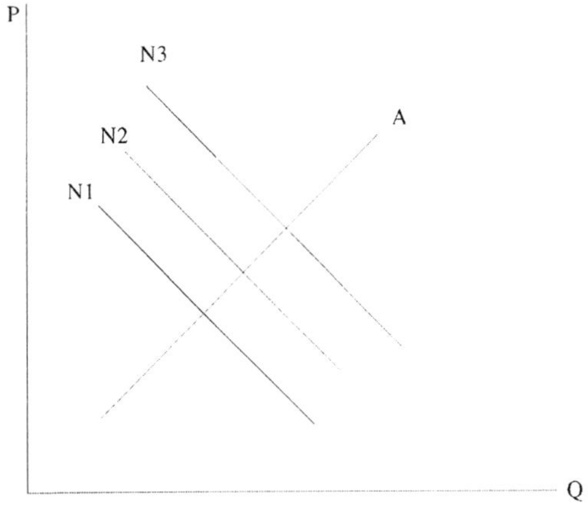

Abb. 3.25: Identifikation

Verschiebt sich die Nachfragefunktion N1 in Abb. 3.4 nach N2 oder N3 und werden jeweils die Schnittpunkte mit der Angebotsfunktion A als Gleichgewichtspunkte und Beobachtungen für eine Regressionsanalyse gemessen, so würde dies auf einen positiven Zusammenhang von Preis und Menge hindeuten. Es würde jedoch dann keine Nachfragefunktion, sondern vielmehr die Angebotsfunktion A geschätzt und fälschlicherweise eine positive Steigung der Nachfragefunktion unterstellt. Würde sich die Angebotsfunktion ebenfalls verschieben, lässt sich leicht erkennen, dass eine Identifikation von Angebot und Nachfrage nicht mehr möglich ist.

Verhindern lässt sich dieses Problem nur dann, wenn identifizierende Variablen genutzt werden können. Diese sollten eindeutig Nachfrage- oder Angebotswirkungen haben, nicht jedoch beide Marktseiten beeinflussen. Steht eine Variable zur Verfügung, welche ausschließlich die Nachfrage nach Mobilfunkdiensten determiniert (nicht aber Einfluss auf die Angebotsseite nimmt) so identifiziert diese Größe die Nachfragefunktion. Liegt keine solche Variable vor, ist das Identifikationsproblem nicht gelöst.

Für keine der vorliegenden Nachfragegleichungen kann eine eindeutig identifizierende Variable gefunden werden. Zwar stehen außer den genannten Größen Informationen über z.B. die Werbeausgaben der Betreiber oder etwa die Verwaltungskosten zur Verfügung. Keine dieser Größen ist jedoch geeignet, die Nachfrage zu identifizieren. Darüber hinaus müssten diese Größen auch noch in gleicher (monatlicher) Frequenz vorliegen, wie die Daten der Mobilfunkmärkte. Dementsprechend kann auch nicht garantiert werden, dass ausschließlich Nachfragefunktionen geschätzt werden.

3. Integration

Ein weiteres gravierendes Problem, das bei Verwendung von Zeitreihen auftreten kann, ist die Integration einiger Variablen. Bei diesem Problem enthalten die verwendeten Größen sog. Einheitswurzeln oder anders ausgedrückt, sie folgen einem stochastischen Trend. Ähnlich wie bei deterministischen Trends, welche jedoch viel einfacher zu behandeln sind, kann es bei Integration zu Scheinkorrelationen kommen, wenn integrierte Variablen verwendet werden. Es werden dann also Zusammenhänge gemessen, die aufgrund eines stochastischen Trends entstehen, während sich die eigentlichen Zusammenhänge nicht identifizieren lassen. Die Ergebnisse der jeweiligen Regressionen können in diesem Fall teilweise nicht zu einer ökonomischen Interpretation herangezogen werden.

Alle benutzten Variablen wurden auf die Existenz von Einheitswurzeln überprüft und bei einem geringen Teil der Größen wurde auch tatsächlich eine Integration vom Grad Eins festgestellt. Dies gilt insbesondere für einige Preise und Netzzugänge. Insgesamt ist damit zwar weiterhin eine Analyse möglich, doch ist auch hier Vorsicht angebracht.

Zwar gibt es prinzipiell auch hier Methoden, um dem Problem integrierter Variablen zu begegnen, jedoch sind diese aufgrund der kurzen Zeitreihen der vorhandenen Daten nicht anwendbar. Liegt hingegen ein gemeinsamer stochastischer Trend den verwendeten Größen zugrunde, so spricht man von einer kointegrierenden Beziehung. In diesem Fall lassen sich mithilfe einfacher Regressionen konsistente Schätzungen einer Langfristbeziehung messen. Die Analyse kurzfristiger Zusammenhänge, die gerade bei dieser Art von Analysen von Interesse ist, ist damit aber nicht möglich.

4. Multikollinearität

Neben der geringen Zahl an verwendbaren Variablen trat bei unseren Analyen insbesondere das Problem der (Muli-)Kollinearität auf. Dies liegt dann vor, wenn ein Teil der erklärenden Variablen linear voneinander abhängig ist. Der Einfluss der einzelnen Variablen ist dann aber nicht mehr eindeutig bestimmbar, da die partiellen Regressionskoeffizienten zumindest teilweise als statistisch insignifikant ausgewiesen werden, obwohl die entsprechenden Größen tatsächlich Einfluss nehmen. Eine mögliche Methode, diesem Problem zu begegnen ist es auf einen Teil der kollinearen Variablen zu verzichten. Dadurch wird jedoch die Spezifikation verändert und somit besteht die Gefahr, dass relevante Größen vernachlässigt werden, die eigentlich einen hohen Erklärungsgehalt haben. Somit verzichtet man zum einen auf interessante Erkenntnisse aus den Analysen, zum anderen besteht die Gefahr des sogenannten "specification bias", der dazu führt, dass die Koeffizienten der im Modell verbleibenden Variablen verzerrt geschätzt werden.

Ein typisches Beispiel für Multikollinearität in den vorliegenden Analyen ist die Beziehung der einzelnen Preise sowie die Beziehung zwischen Grundgebühr und Preisen. Die Preise für die einzelnen Dienste werden von den Netzbetreibern nicht unabhängig voneinander gesetzt, sodass ein starker Zusammenhang besteht, aufgrund dessen eine Identifikation der einzelnen Preiseffekte nicht mehr möglich ist. Ähnliches gilt für die Grundgebühr und die Minutenpreise sowie auch für die einzelnen Preise der verschiedenen Anbieter.

Insgesamt hat diese Problematik dazu geführt, dass auf extrem sparsame Spezifikationen zurückgegriffen werden musste, die in keiner Weise den Anspruch haben können, ein vollständiges Modell des Mobilfunksektors zu bilden. Somit liegt ein weiterer Grund vor, die geschätzten Elastizitäten mit äußerster Vorsicht zu interpretieren.

5. Endogenität

Des weiteren ist bei einem Teil der Regressionen das Problem aufgetreten, dass einige der erklärenden Variablen eigentlich endogene Variablen sind. Es besteht also eine Wechselwirkung zwischen der zu erklärenden und der erklärenden Größe. Streng genommen besteht ein solches Endogenitätsproblem auch zwischen der Nachfrage nach Mobilfunkdiensten und dem jeweiligen Preis. Der Preis bestimmt also nicht nur die Nachfrage, sondern diese beeinflusst umgekehrt auch das Preisniveau. Dieses Problem ist eng mit der Identifikation verbunden und eine mögliche Lösung ist die Verwendung von Instrumentvariablen. Leider liegen auch hier zu wenig Informationen vor, um geeignete Instrumente zu bilden, die das Problem der Endogenität lösen. Teilweise haben wir zeitlich verzögerte Werte als Instrumente benutzt, ohne jedoch eine Verbesserung der Ergebnisse zu erzielen.

Die Auswirkungen vorliegender Endogenität sind zum einen der „simultaneous-equation-bias" und zum anderen ein inkonsistenter OLS-Schätzer. Demnach werden die Parameter der endogenen Variablen also einerseits verzerrt geschätzt, es liegt also ein systematischer Fehler vor, der dazu führt, dass die Parameter zu hoch ausgewiesen werden. Die Inkonsistenz führt darüber hinaus dazu, dass auch mit großen Stichprobenumfängen verzerrte Parameter geschätzt werden. Die Verzerrung kann also auch in großen Samples nicht vernachlässigt werden.

6. Aggregationsgrad

Eine besondere Eigenschaft von Mobilfunkleistungen ist die Produkt- und die damit verbundene Preisdifferenzierung. Zum einen bietet jeder der Anbieter verschiedene Tarife an, die im Zusammenhang mit den unterschiedlichen Diensten eine relativ hohe Anzahl an Preisvariablen hervorbringt. Zum anderen resultiert aus der Einteilung in Peak- und Off-peak-Perioden eine weitere Preisdifferenzierung. Zudem führt auch die Tarifspaltung in eine Grundgebühr und verschiedene minutenabhängige Preise zu einer komplexen Tarifstruktur.

Liegen aber, wie in diesem Fall, keine Informationen über das Nachfrageverhalten (ausgedrückt in Gesprächsminuten) zwischen Peak- und Off-Peak-Perioden vor, so ist ein Teil der Nachfragereaktionen aufgrund von Preisveränderungen nur schwer oder gar nicht abzubilden. Im Allgemeinen wird eine exakte Analyse der Elastizität des Nachfrageverhaltens umso schwieriger, je höher der Aggregationsgrad ist. Ähnliches gilt für das Wechselverhalten der Nachfrager. Da z.B. keine Informationen über die Subventionen für Endgeräte vorliegen, kann nicht genau identifiziert werden, welche Nachfragereaktionen bei den Zu- und Abgängen durch die Preisvariationen hervorgerufen werden. Die Vertragslaufzeit von 12 Monaten führt dabei ebenfalls zu einer Überlagerung der direkten Effekte.

7. Fazit

Zusammenfassend lässt sich festhalten, dass eine Reihe von Problemen vorliegt, die zumindest bei einem Teil der Ergebnisse zur Vorsicht mahnt. Allerdings ist die Berechnung von Nachfrageelastizitäten, mit deren Hilfe sich zweifelsfreie Aussagen über die Wettbewerbsintensität treffen lassen, im Allgemeinen auch empirisch kaum möglich. Die Gefahr besteht nun vor allem darin, dass ein hoher Erklärungsgehalt von einzelnen Regressionen zum Anlass genommen wird, auf scheinbar vorhandene Zusammenhänge zu schließen. Besonders das Integrationsproblem, Multikollinearität und der geringe Stichprobenumfang können dazu führen, dass die geschätzten Parameter nur bedingt vertrauenswürdig sind. Allerdings bedeutet dies nicht, dass nun *keinerlei* Aussagen über die Wettbewerbssituation auf dem österreichischen Mobilfunkmarkt möglich wären. Ein Teil der Untersuchungen lässt nach wie vor Interpretationen über das Nachfrageverhalten und die Substitutionalität der Produkte zu. Es ist aber auch zu vermuten, dass eine Analyse in einigen Jahren, wenn ein *wesentlich* größerer Stichprobenumfang vorliegt, zu exakteren Ergebnissen führen würde.

§ 5: Ergebnisse weiterer Studien

Um die bisherigen Resultate besser einschätzen zu können, werden im Folgenden die Ergebnisse vergleichbarer Studien herangezogen. Dabei handelt es sich neben verschiedenen Schätzungen von Preiselastizitäten im Mobilfunkbereich um ähnliche Fragestellungen aus der Festnetztelefonie. Es zeigt sich hierbei, dass die von uns berechneten Elastizitäten durchaus im oberen Bereich der bisherigen Analysen einzuordnen sind. Werte von -0,3 bis -0,5 sind hier keine Seltenheit.

Wie Abb. 3.26 zu entnehmen ist, liegen die Schätzungen der Nachfrageelastizitäten als auch der Zugangselastizitäten im Mobilfunksektor sehr häufig im inelastischen Bereich. Dabei weisen weder die Grundgebühr noch die Gesprächspreise merklich unterschiedliche Werte auf. Relativ hohe Elastizitäten von etwa -1 werden dagegen für Ferngespräche ins Ausland oder bei Gesprächen vom Festnetz ins Mobilfunknetz gemessen. Keine der aufgeführten Studien weist jedoch eine überaus elastische Reaktion der Nachfrager aus.

Tatsächlich liegen die von uns ermittelten Werte meist deutlich über denen der anderen Studien. Gegeben die vorliegenden Defekte bezüglich der Regressionen und trotz aller Probleme werten wir diese Tatsache als Evidenz für ein relativ elastisches Verhalten der österreichischen Mobilfunkkunden. Die Aussage findet sich auch im Einklang mit den übrigen Ergebnissen, wie zum Beispiel des durchaus regen Preiswettbewerbs und der dadurch induzierten starken Penetration.

Im Lichte der Ergebnisse zu anderen internationalen Märkten finden wir keinesfalls einen Hinweis auf ein untypisch inelastisches Verhalten der österreichischen Mobilfunkkunden. Ganz im Gegenteil scheint hier ein eher elastisches Verhalten vorzuliegen. Darüber hinaus lassen aber auch die z.T. scheinbar geringen Elastizitäten keine Evidenz für Regulierungsbedarf erkennen. Zum einen werden im Durchschnitt deutlich höhere Elastizitäten gemessen als in vergleichbaren Studien, andererseits sollten einzelne inelastische Reaktionen nicht gleich zum Anlass einer regulatorischen Maßnahme genommen werden.

Autor	Thema	Elastizität
Ahn und Lee (1999)	Preiselastizität der Nachfrager, Grundgebühr (Mobilfunk), 64 Länder	-0,36
Das und Srinivasan (1999)	Gesamt-Preiselastizität der Nachfrage, (Festnetz), Indien	-0,46 bis -0,58
Dotecon (2001b)	Preiselastizitäten der Nachfrage, Fixed to Mobile, (UK)	-0,25 bis -1,22
Garin-Munoz und Perez-Amaral (1998)	Preiselastizität der Nachfrage, Auslandsgespräche (Festnetz), Spanien	-0,69 bis -1,12
Hausman (1999)	Preiselastizität der Vertragsabschlüsse (Mobilfunk), USA	-0,51
Rodini et al. (2002)	Preiselastizität der Nachfrage Grundgebühr (Mobilfunk), USA	-0,43
	Gesamt-Preiselastizität der Nachfrage (Mobilfunk)	-0,60
	Preiselastizität der Nachfrage Grundgebühr (Festnetz)	-0,69
	Gesamt-Preiselastizität der Nachfrage (Festnetz)	-0,65
Telefonica (1992)	Preiselastizität der Nachfrage, Ferngespräche (Festnetz), Spanien	-1,15

Abb. 3.26: Preiselastizitäten im Telekommunikationssektor

§ 6: Fazit

Um Aussagen über die Funktionsfähigkeit des Wettbewerbs in einem bestimmten Markt treffen zu können, werden idealerweise die verschiedenen Elemente von Marktstruktur, Marktverhalten und Marktergebnis betrachtet und einer gemeinsamen Analyse unterzogen. Steht dagegen die Analyse einer Einzelmarktbeherrschung oder einer oligopolistischen Marktbeherrschung im Vordergrund, so kann eine Analyse der Marktstruktur- *und* Marktverhaltenselemente ausreichen. Teilweise kann auch schon sehr schnell empirische Evidenz gefunden werden, um die Hypothese wettbewerbswidrigen Verhaltens oder eines eingeschränkten Wettbewerbs zu verwerfen.

Im Falle der vorliegenden Analyse wurden vor allem Marktstruktur- und Marktverhaltenselemente untersucht, indem das Hauptaugenmerk auf die Substitutionalität der Produkte und die Preiselastizität der Nachrage gelegt wurde. Beide Punkte sind eng miteinander verbunden und dienen der Bestimmung der Wettbewerbsintensität auf dem relevanten Markt. Dies geschah vor allem, indem die vorliegenden Marktdaten anhand von statistischen Methoden analysiert wurden. Dabei wurden eine Reihe von Problemen identifiziert, welche nicht unerheblichen Einfluss auf die Interpretationsmöglichkeiten bezüglich der Ergebnisse nehmen. Zwar wurden diese Probleme ausführlich im Text diskutiert, trotzdem sei noch einmal auf die Relevanz dieser Defekte hingewiesen.

Doch auch bei vorsichtiger Interpretation haben sich im Verlauf der Analyse eine Reihe von Indizien ergeben, die darauf hinweisen, dass auf dem österreichischen Mobilfunkmarkt durchaus kompetitives Verhalten vorliegt. Sowohl Umsätze als auch Gespräche und Gesprächsminuten der einzelnen Anbieter sind hochgradig negativ miteinander korreliert, und dies vor allem auch dann, wenn gemeinsame strukturelle Trends herausgerechnet werden. Auch die Marktkonzentration (vgl. Kapitel 1) hat im Zeitverlauf nachgelassen.

Die Analyse der Nachfrageelastizitäten sowie die Analyse der Zugangselastizitäten hat dagegen gezeigt, dass auch die Netzwerkgröße eine entscheidende Variable für das Nachfrageverhalten auf dem relevanten Markt zu sein scheint. Selbst wenn eine Analyse der Nachfrage pro Kopf vorgenommen wird, lässt sich noch ein statistisch signifikanter Einfluss der Teilnehmerzahlen identifizieren. Nichtsdestotrotz ist es einem weiteren Wettbewerber (*tele.ring*) gelungen, in einer späteren Marktphase in den Markt einzutreten und bis heute dort aktiv zu sein. Elastische Reaktionen der Nachfrager konnten ansonsten auch im Bereich der Prepaid-Kunden bezüglich der SMS-Dienste festgestellt werden.

Insgesamt haben wir weder empirische Evidenz dafür gefunden, dass einer der Anbieter eine marktbeherrschende Stellung innehat, noch dafür, dass eine gemeinsame Marktbeherrschung vorhanden ist. Eher liegen hier Anzeichen dafür vor, dass eine rege Wettbewerbsintensität vorhanden ist. Dieses Ergebnis wird unterstützt, durch vergleichbare Studien, welche z.T. deutlich geringere Elastizitäten identifiziert haben. Demnach lässt sich also zumindest in Relation zu anderen Ländern eine hohe Wettbewerbsintensität im österreichischen Mobilfunksektor identifizieren.

Kreuzkorrelationsfunktionen (KKF)

Die Kreuzkorrelationen zwischen zwei differenzstationären Zeitreihen x_t und y_t mit dem gemeinsamen Stichprobenumfang T sind gegeben durch das Verhältnis aus den Kreuzkovarianzen und dem Produkt der Wurzeln der Autokovarianzen (vgl. Hamilton, 1994):

(A1) $$r_{xy}(l) = \frac{c_{xy}}{\sqrt{c_{xx}(0)}\sqrt{c_{yy}(0)}} \quad \text{mit} \quad l = ...-2,-1,0,1,2,...,$$

wobei für den Fall, dass $l < 0$, die intertemporalen Kreuzkorrelationen $r_{yx}(l)$ berechnet werden. Die Autokovarianzen $c_{xx}(l)$ und $c_{yy}(l)$ sind folgendermaßen determiniert:

(A2) $$c_{xx}(l) = \frac{1}{T}\sum_{t=l+1}^{T}(x_t - \bar{x})(x_{t-1} - \bar{x}) \text{ und } c_{yy}(l) = \frac{1}{T}\sum_{t=l+1}^{T}(y_t - \bar{y})(y_{t-1} - \bar{y}).$$

Somit gilt für die Kreuzkovarianzen:

(A3) $$c_{xy}(l) = \frac{1}{T}\sum_{t=l+1}^{T}(y_t - \bar{y})(x_{t-1} - \bar{x}).$$

Die Analyse der statistischen Signifikanz der Korrelationen erfolgt anhand der approximierten Zwei-Standardfehlerbänder (vgl. Tiao und Box, 1981):

(A4) $$SE_{-}^{+} = \pm\frac{2}{\sqrt{T}}.$$

Kreuzkorrelationen, die vom Betrag größer als die Standardfehlerbänder sind, können als statistisch signifikant und somit als nicht nur zufällig von null verschieden identifiziert werden.

Pre-Whitening-Prozess

Zur Berechnung der für die KKF notwendigen bereinigten Zeitreihen lassen sich grundsätzlich verschiedene Methoden anwenden. Möglich sind zum Beispiel die Anpassung von ARIMA Prozessen (vgl. Ramos, 1996) oder die Verwendung einfacher OLS-Regressionen ähnlich der ersten Stufe des Engle-Granger Verfahrens (vgl. Engle und Granger, 1987). In der vorliegenden Studie wurden die relevanten Zeitreihen der Wettbewerber, wie *Gesamtumsatz*, *Gesprächsminuten* und *Anzahl der Gespräche* aufeinander regressiert, um von den strukturellen Einflüssen bereinigte Residualprozesse zu generieren. Dabei wurden neben einer Konstanten auch Trendvariablen berücksichtigt. Auf diese Weise konnten die gemeinsamen Strukturen mittels der Filter determiniert werden.

Abb. 3.27 enthält exemplarisch die Ergebnisse der OLS-Regression der Gesprächsminuten von *Mobilkom*. Hierbei wird die realisierte Menge von *Mobilkom* auf die jeweiligen Mengen von *One* und *T-Mobile* und weiterhin auf eine Konstante und einen Trend regressiert. In diesem Fall wurde auf die Verwendung von Informationen von *tele.ring* verzichtet, um einen angemessenen Stichprobenumfang zu erhalten.

Endogene Variable: MOB_MIN				
Beobachtungen: 39				
Exogene Variable	Koeffizient	Std. Fehler	t-Statistik	WSK
C	-25596843	15659498	-1,634589	0,1111
ONE_MIN	-0,819332	0,226747	-3,613419	0,0009
TMO_MIN	1,453022	0,174832	8,310942	0,0000
TIME	4427310	654606,6	6,763314	0,0000
R^2	0,984953	F-Statistik		763,6771
Korr. R^2	0,983663	WSK (F-statistik)		0,000000
Durbin-Watson stat	1,962267			

Abb. 3.27: OLS-Filter

Auf die gleiche Weise wurde mit den Variablen ONE_MIN und TMO_MIN verfahren. Dieselbe Prozedur wurde mit den Gesamtumsätzen und der Anzahl der Gespräche wiederholt. Die dabei entstandenen Residualprozesse wurden dann zur Berechnung der KKF herangezogen.

Panel-Modelle

Bei der Anwendung von Pooled-Regressionen werden die Informationen über die Querschnittseinheiten (hier: die Anbieter) vernachlässigt. Demnach wird eine einfache Regressionsgleichung der Form

(A5) $$y_t = \beta_1 + \beta_2 x_{2t} + \ldots + \beta_k x_{kt} + \varepsilon_t ,$$

geschätzt, wobei y_t die zu erklärende Variable zum Zeitpunkt t, x_{it} die erklärenden Variablen, $k=1..K$, β_k die partiellen Regressionskoeffizienten und $\varepsilon \sim N(0,\sigma^2)$ den Störterm darstellt (vgl. Hill, Griffith und Judge, 2001). Folglich werden alle verwendeten Variablen als Zeitreihen behandelt.

Bezeichnet man nun die einzelnen Anbieter mit $i = 1...N$, so lässt sich die einfache Regressionsgleichung um die Querschnittseinheiten erweitern. Hierbei sind grundsätzlich zwei verschiedene Modelle denkbar. Unter der Annahme **fixer Effekte** folgt:

(A6) $$y_{it} = \beta_{1i} + \beta_2 x_{2it} + \ldots + \beta_k x_{kit} + \varepsilon_{it}$$

Hierbei werden zwar für alle Anbieter identische Steigungsparameter in Bezug auf die endogenen Variablen berechnet, allerdings wird unterstellt, dass sich die Heterogenität der Anbieter in einer jeweiligen Konstante (β_{1i}) bemerkbar macht.

Wird ein **Random-Effects** Modell unterstellt, so ergibt sich eine weitere Regressionsgleichung der Form:

(A7) $$y_{it} = \beta_{1i} + \beta_2 x_{2it} + \ldots + \beta_k x_{kit} + \varepsilon_{it}, \quad \text{mit} \quad \beta_{1i} = \overline{\beta}_1 + \mu_i.$$

Dabei ist $\overline{\beta}_1$ ein unbekannter Parameter, der den durchschnittlichen Achsenabschnitt des gesamten Samples abbildet, während μ_i unbeobachtbare Zufallskomponenten sind, die die individuellen Differenzen im Verhalten der einzelnen Anbieter abbilden. Demnach sind im Fixed-Effects-Modell die Unterschiede der Firmen rein deterministisch, während das Random-Effects Modell stochastische Differenzen unterstellt.

Diffusionsprozesse

Eine übliche Analyse von ökonomischen Diffusionsprozessen erfolgt anhand sogenannter logistischer Funktionen, damit der typische s-förmige Verlauf in adäquater Weise abgebildet werden kann. Grundsätzlich lassen sich verschiedene Funktionen unterscheiden, die durch die unterschiedliche Anzahl der benötigten Modellparameter gekennzeichnet sind. Folgende Modelle wurden von uns benutzt:

1) eine logistische Funktion mit zwei Parametern:

(A8) $$y = \frac{1}{1 + \exp\left(-\beta_1 \left(TIME - \beta_2\right)\right)}.$$

2) eine logistische Funktion mit drei Modellparametern:

(A9) $$y = \frac{\beta_0}{1 + \exp\left(-\beta_1 \left(TIME - \beta_2\right)\right)}.$$

3) das allgemeine logistische Modell mit vier Parametern:

(A10) $$y = \alpha + \frac{\beta_0}{1 + \exp\left(-\beta_1 \left(TIME - \beta_2\right)\right)}.$$

Letzteres liefert die umfangreichsten Informationen über den analysierten Prozess. Danach lassen sich der untere asymptotische Wert (α), der obere asymptotische Wert (β_0), die durchschnittliche Wachstumsrate (β_1) und die Periode mit dem höchsten Wachstum oder den Wendepunkt der s-Kurve (β_2) bestimmen. Mit y wird die jeweilige Penetrationsrate (in %) und mit *TIME* eine Trendvariable bezeichnet.

4. Kapitel: Wettbewerbsperspektiven für die Zukunft

§ 1: Wirtschaftliche Entwicklung bei UMTS

I. Einleitung

Jede wettbewerbspolitische Analyse einer Branche unter dem Blickwinkel eines möglichen Handlungsbedarfs muss den Blick auf die bevorstehenden Entwicklungen richten. Wenn die zukünftige Wettbewerbssituation eines Sektors betrachtet wird, der vor gravierenden technischen oder wirtschaftlichen Veränderungen steht, ist es mit einer einfachen Trendextrapolation der bisherigen Entwicklung nicht getan. Die neuen Bedingungen sind auf ihren möglichen Einfluss auf die Wettbewerbsintensität zu untersuchen.

Das zentrale Stichwort für die gravierenden Veränderungen des Mobilfunksektors der nächsten Jahre lautet UMTS (Universal Mobile Telecommunication System). Man spricht hier generell vom Mobilfunk der dritten Generation (3G).[1] Dabei geht es in der technischen und wirtschaftlichen Konzeption vor allem um mobile Datenanwendungen, mobilen Zugang zum Internet und breitbandige Dienste, die es ermöglichen, entsprechende mediale Inhalte mobil zu nutzen.

Als ein Zwischenschritt zu UMTS (sowohl technisch als auch wirtschaftlich) kann GPRS betrachtet werden. Man spricht bei GPRS auch von 2,5G. GPRS verwendet das Funknetz (und die Frequenzen) von GSM, benötigt jedoch ein eigenes, datendienstespezifisches Kernnetz, das später auch von UMTS verwendet werden soll. Bei UMTS unterscheiden sich dagegen sowohl das Kern- als auch das Funknetz (vgl. Abb. 4.1) wesentlich von GSM.

Da die Märkte für mobile Sprachtelefonie als weitgehend gesättigt gelten und für mobile Datendienste große Wachstumsraten prognostiziert werden, kommen sowohl GPRS als auch UMTS große Bedeutung für die Mobilkommunikation zu.

Während bei GSM noch die Kommunikation mittels „selbsterzeugter" Sprache der Nutzer im Vordergrund stand, werden es bei UMTS voraussichtlich die Dienste und Inhalte sein, die extern (d.h. nicht von den Nutzern selbst) produziert werden. Diese werden teilweise von den Mobilfunknetzbetreibern selbst angeboten werden, teilweise jedoch auch von Dritten. Dies gilt insbesondere für Medieninhalte wie Nachrichten, Musik, Videos etc.

---

1 Die erste Generation (1G) ist der analoge Mobilfunk (NMT, AMPS, TACS, C-450). Die zweite Generation (2G) ist GSM-900 und GSM-1800.

Daraus wird sich nicht nur eine horizontale, sondern auch eine vertikale Konkurrenz zwischen Netzbetreibern und Inhalteanbietern entwickeln, die möglicherweise die Sektorstruktur wesentlich verändern könnte.

II. Technische Konzeption und Nutzungserwartungen

Bei GSM erfolgt die Datenübertragung verbindungsorientiert, d.h. es muss eine dauernde End-to-End-Verbindung während der Übertragung (Gespräch) realisiert werden (vgl. z.B. Siegmund, 2002). Während dieser Zeit wird die Kapazität in Anspruch genommen, auch wenn gerade keine Signale zu übertragen sind. Dies erscheint für Datendienste grundsätzlich technisch ineffizient, wenn man berücksichtigt, dass dort der Datenverkehr typischerweise in Form von Paketen zu einzelnen Zeitpunkten (burstartig) stattfindet, während zur übrigen Zeit keine Übertragung erfolgt.

Bei UMTS und GPRS erfolgt die technische Datenübertragung dagegen in Form von Paketen (ähnlich wie im Internet), was den genannten Erfordernissen von Datendiensten gut entspricht. Dabei werden die Informationen in kleine Datenpakete zerteilt und jeweils mit einer Zieladresse versehen. Diese Datenpakete werden über verschiedene Wege verschickt und erst in der Funkzelle des Empfängers wieder zur ursprünglichen Information zusammengesetzt. Dieses Verfahren wird als Wideband Code Division Multiple Access (W-CDMA) bezeichnet (vgl. dazu z.B. auch Siegmund, 2002).

Dadurch wird die Kapazität der Funkkanäle nur dann in Anspruch genommen, wenn tatsächlich Daten übertragen werden. Beim Web-Browsing können deshalb mit der verfügbaren Kapazität in der gleichen Zeit mehrere zusätzliche Kunden bedient werden. Daher ist die paketorientierte Datenübertragung technisch deutlich effizienter als die verbindungsorientierte Datenübertragung.

Bei GSM werden auf einer Trägerfrequenz acht Sprechverbindungen in entsprechenden Zeitschlitzen übertragen. Die Sprachinformation wird digitalisiert und in einem der Zeitschlitze komprimiert gesendet. Das Empfängerendgerät wandelt die Bits wieder in ein kontinuierliches Sprachsignal um. Über eine solche Verbindung können auch Daten gesendet werden. Die Datenübertragungsrate beträgt dabei 9,6 kbit/s. In GPRS können mehrere Zeitschlitze gebündelt werden und somit dem Kunden bei Bedarf eine höhere Datenübertragungsgeschwindigkeit angeboten werden. Die theoretische Obergrenze beträgt 171,2 kbit/s. Realistischer ist es, von 50 kbit/s auszugehen (vgl. Siegmund, 2002).

Bei UMTS können theoretische Übertragungsraten von fast 2 Mbit/s erreicht werden, was aber nur bei eingeschränkter Mobilität möglich ist. In Fahrzeugen mit hoher Geschwindigkeit geht man von 144 kbit/s, und in Vorstädten mit mittlerer Mobilität von 384 kbit/s aus. Die Übertragungsgeschwindigkeit ist 200 mal schneller als bei GSM und etwa 30 mal schneller als im ISDN-Festnetz (vgl. Siegmund, 2002).

UMTS und GPRS ermöglichen es dem Kunden, stundenlang online zu sein, ohne einen Funkkanal zu belegen. Der Verbindungsaufbau erfolgt wesentlich rascher als in GSM, weil nur zwischen dem Endgerät und der nächstgelegenen Sendestation vereinbart werden muss, welcher Funkkanal gerade frei ist und zur Datenübertragung zur Verfügung gestellt wird. Deshalb ist der Kunde ständig erreichbar.

Für GPRS wird das bestehende Funknetz weiter verwendet. Es werden keine zusätzlichen Antennen und Sendeeinrichtungen gebaut. Die Aufrüstung des GSM-Netzes auf GPRS erfordert nur bei Basisstationen und den BTS (base station controller) geringe Änderungen (vgl. Siegmund, 2002). Damit sind im Gegensatz zu UMTS nur geringe zusätzliche Investitionen in die Netzinfrastruktur notwendig.

Das Transportnetz für GPRS ist allerdings ein neues Netz. Zu jeder BSC wird eine PCU (Packet Control Unit) angeschlossen. Hier findet eine Weichenstellung statt. Der Sprachverkehr geht weiterhin (d.h. wie bei GSM) zur MSC, der Paketdatenverkehr wird von der PCU in das neue Transportnetz zum SGSN (Serving GPRS Support Node) weitergeleitet. Dieser übernimmt für paketvermittelte Datendienste im Wesentlichen dieselben Funktionen wie die MSCs für Sprache und verbindungsorientierte Datendienste. Vom SGSN werden die Daten zum GGSN (Gateway GPRS Support Node) weitergeleitet (vgl. Siegmund, 2002). Dieses Netzelement stellt das Tor zum Internet, zu einem anderen GPRS-Netz oder zu einem Firmenintranet dar.

Bei der Einführung von GPRS nahm Österreich eine Führungsposition ein. *Mobilkom* hat im Juli 2000 das weltweit erste kommerzielle und flächendeckend ausgebaute GPRS-Netz in Betrieb genommen. *T-Mobile*, *One* und *tele.ring* folgten Anfang 2001. Österreich war damit eines der ersten Länder, in dem alle GSM-Mobilfunkbetreiber GPRS realisiert hatten.

GPRS ist sowohl in technischer als auch in kommerzieller Hinsicht ein wichtiger Schritt von der zweiten Generation der mobilen Kommunikationssysteme (GSM) zur dritten Generation (UMTS). Aus technischer Sicht gilt dies, weil die Netzarchitektur von UMTS auf der bestehenden Netzarchitektur von GSM und GPRS aufbaut (vgl. Abb. 4.1). Bei der Einführung von UMTS wird ein neues Funknetz RAN (Radio Access Network) an die bestehenden Transportnetze von GSM und GPRS angeschlossen. Im weiteren Netzausbau sind dann eigene UMTS-Vermittlungsknoten vorgesehen, die ein neues UMTS-Transportnetz bilden werden.

Aus kommerzieller Sicht ist GPRS ein wesentlicher Schritt zu UMTS, weil der Markt dadurch vorbereitet wird. Viele UMTS-Anwendungen sind grundsätzlich auch schon mit GPRS möglich, wenn auch mit gewissen Einschränkungen, die durch die geringeren Datenraten bedingt sind. Ein typisches Beispiel: GPRS eignet sich sehr gut zur Übertragung von stehenden Bildern. Wenn sich die Anwender daran gewöhnt haben, diese Möglichkeit zu nutzen, werden sie vielleicht auch bewegte Bilder übertragen wollen, wofür sich UMTS gut eignet.

UMTS arbeitet mit besonders kleinen Funkzellen. Die Struktur des Funknetzes ist vergleichsweise kleinräumig angelegt. Dadurch haben die Sender (upstream und downstream) besonders kleine Sendeleistungen. Die Antennen stehen also noch dichter als bei GSM-1800. Dadurch wird die geografische Position des Nutzers exakter bestimmbar. Dies ist für eine Reihe von mobilen Diensten erforderlich, die den jeweiligen Standort des einzelnen Kunden berücksichtigen (Location Based Services).

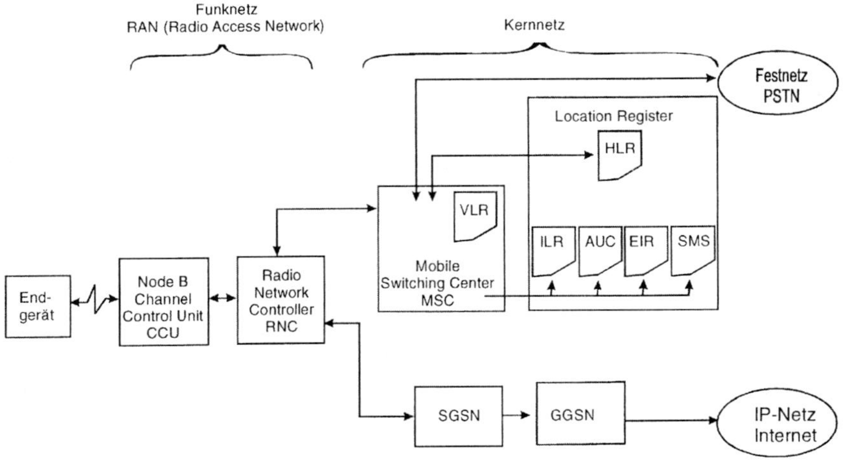

Abb. 4.1: UMTS-Architektur[2]

Die GSM-Netze sind fast ausschließlich auf Sprachverkehr ausgelegt und für mobile Datenkommunikation (Ausnahme SMS) nur wenig geeignet. Für die Konzipierung von UMTS standen dagegen gerade die mobilen Datendienste (inkl. Internetzugang und Medieninhalte) im Mittelpunkt. UMTS repräsentiert insofern die Entwicklung von mobilen Sprachnetzen zu multimedialen Mobilkommunikationsnetzen. Während in den ersten Jahren in den UMTS-Netzen noch überwiegend Sprachnutzung stattfinden wird, gehen Schätzungen davon aus, dass 2010 die Datendienste etwa die Hälfte ausmachen und dann deutlich weiter steigen werden.

	2004	%	2007	%	2010	%
Sprache	5372	33.8	13628	33.3	29064	33.6
Location-Based Services	826	5.2	1559	3.8	2916	3.4
Mobile Internet Access	494	3.1	1277	3.1	3047	3.5
Multimedia Messaging, Business	348	2.2	2777	6.8	7201	8.3
Multimedia Messaging, Consumer	1675	10.5	3520	8.5	5545	6.5
Mobile Intranet/Extranet Access	1788	11.2	5250	12.8	14759	17.1
Unterhaltung	5410	34	12967	31.7	23876	27.6
Summe	15913	100	40978	100	86408	100

Abb. 4.2: Erwartete Erlöse aus UMTS-Diensten bis 2010 in der EU (in Mio. $)[3]

2 Vgl. Ericsson (2001) und Kiesewetter (2002, S. 22). VLR: Visitor Location Register, HLR: Home Location Register, ILR: Interworking Location Register, AUC: Authentication Center, EIR: Equipment Identity Register, SMS: Short Message Service, SGSN: Serving GPRS Support Node, GGSN: Gateway GPRS Support Node.

Die absehbaren Schwerpunkte der UMTS-Nutzung (vgl. die Beiträge in Kruse, 2003c) können durch drei Begriffe charakterisiert werden: Kommunikation, Transaktionen und Inhalte (vgl. Abb. 4.2 und Abb. 4.3). Dabei ist davon auszugehen, dass Kommunikationsdienste in der Anfangszeit deutlich überwiegen werden. Transaktionen und Inhalte werden im Laufe der Zeit zunehmen. Es könnte sehr gut sein, dass die medialen Inhalte später einmal den Hauptteil der UMTS-Nutzung ausmachen werden.

Die Datendienste werden zu einem Teil von den Netzbetreibern selbst angeboten, zu einem stetig wachsenden Teil jedoch auch von Dritten, wozu unter anderem auch Medienunternehmen gehören. Dies ändert die vertikale Struktur des Sektors erheblich und führt zu einer neuen Konkurrenz-Situation, nämlich derjenigen zwischen Mobilfunk-Netzbetreibern und Dienste- und Inhalte-Anbietern um Wertschöpfungsanteile.

Umsätze im UMTS-Bereich bis 2010 für die aktuellen 15 EU-Mitgliedsstaaten.

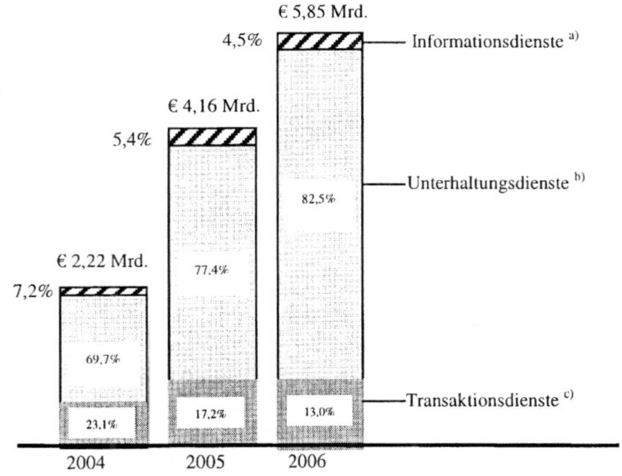

a) Ortsunabhängige (statische) und ortsabhängige (dynamische) Informationen, persönliche Sicherheit durch Standortverfolgung/-übermittlung, persönliche Gesundheitsüberwachung.

b) Wetten, Spiele, Stand-/Bewegtbilder, Klingeltöne, Handysymbole (Leons), Partnervermittlung und andere zeitvertreibende Anwendungen.

c) Kauf von Dienstleistungen (z.B. Theatervorstellung) oder Produkten (z.B. Buch), die nicht vollständig über das mobile Endgerät selbst genutzt werden sowie Abwicklung von Bankgeschäften. Aus den EITO-Umsatzprognosen für Transaktionsdienste ist nicht zu entnehmen, ob die vorhergesagten Umsätze auch die Erlöse enthalten, die auf die eigentlich verkauften Leistungen entfallen.

Abb. 4.3: Umsatzprognose für mobilfunkbasierte Informations-, Unterhaltungs- und Transaktionsdienste in Deutschland in den Jahren 2004–2006 [4]

Gegenwärtig wird nicht damit gerechnet, dass UMTS von einer sogenannten Killer-Applikation bestimmt sein wird. Vielmehr werden zahlreiche Einzelanwendungen er-

3 Die Prognose ist entnommen aus FMK (2003), Quelle: UMTS Forum Telecompetition Inc. (2001).

4 Die Abbildung ist entnommen aus Gerpott (2003, S. 175), Quelle: EITO (2002, S. 237).

wartet, die jeweils nur moderate Umsätze versprechen (vgl. z.B. Höttges, 2003). Allerdings dürften derartige Prognosen nicht sehr belastbar sein und können durch entsprechende Marktentwicklungen und erfolgreiche Dienste schnell Makulatur werden.

Die folgenden Beispiele für mobile Datendienste beschreiben einige gegenwärtige Erwartungen, ohne indes umfassend zu sein.

(a) Mobiler **Internet-**Zugang. Ein wesentliches Element der UMTS-Nutzung ist der mobile Zugang zu Internet und E-Mail
- Mobiler Zugang zum Internet
- Mobiler Zugang zum Firmen-Intranet
- Empfang und Versand von E-Mails

(b) **Location Based Services** (LBS) sind ebenfalls häufig genannte Beispiele für mobile Datendienste von UMTS. Darunter versteht man standortbezogene Informationen, wobei der jeweilige Standort vom Mobilfunksystem ermittelt und nicht erst vom Nutzer eingegeben werden muss. Durch geringere Zellgrößen erfolgt die geografische Ortung der Endgeräte wesentlich exakter als bei GSM. Beispiele sind nach Höttges (2003)
- Identifizierung der nächstgelegenen Hotels, Restaurants, Geschäfte, Tankstellen, Geldautomaten etc.
- Stadtführer und Landkarten mit Sehenswürdigkeiten
- Standort-individualisierte Nachrichten (z.B. Wetter, Verkehr etc.)
- „Friend Finder": Anzeige von Freunden oder Geschäftspartnern in der Nähe

(c) Das mobile **Multimedia Messaging** (MMS) ist eine interpersonale Kommunikation mit wesentlich größeren Datenmengen als bei SMS. Es umfasst insbesondere
- Texte beliebiger Länge inkl. Grafiken etc.
- Mobile Fotografie
- Empfang und Versand von Tönen und Melodien
- Empfang und Versand von Bildern und Videos
- MMS-Nachrichtenangebote in Bild und Ton
- Musikstücke als Klingeltöne

(d) Ein Beispiel für die gewerbliche Nutzung von mobilen Datendiensten ist ein elektronisches **Erfassungssystem für Straßenbenutzungsgebühren**. Beim System „Toll Collect" werden die Nutzungsgebühren für LKW auf mautpflichtigen Strecken mit Hilfe von GPS-Satellitenortung zeitnah ermittelt und mobilfunkbasiert abgerechnet.

(e) **Transaktionen** über UMTS umfassen z.B.

- Kauf von Gütern und Dienstleistungen
- Mobile Teilnahme an Online-Auktionen
- Mobile Wertpapiergeschäfte (Brokerage)
- Bankgeschäfte etc. vom mobilen Endgerät

(f) **Mobiles Ticketing.**[5] Die elektronischen Reservierungs-, Buchungs- und Abrechnungs-Systeme werden nicht nur mobil (d.h. über das Handy) nutzbar sein, sondern z.B. auch papierlose Tickets auf dem Handy und eine elektronische Einlasskontrolle am Veranstaltungsort möglich machen (vgl. Neuhaus, 2003). Die Rolle der UMTS-Endgeräte umfasst dann

- Präsentation der Veranstaltung
    - Weiterführende Informationen über Events, Akteure etc.
    - Fotos, Texte, Sound-Files, Konzert-Videos
- Saalplandarstellung auf Einzelplatzebene mit Verfügbarkeitsinformation
- Saalplanbuchung auf Einzelplatzebene
- Registrierung des Kunden
- Zahlungsabwicklung über Mobilfunk (oder andere Zahlungsarten)
- Eintrittskarten
    - entweder Zustellung der konventionellen Tickets oder Barcode-Ticket-Versand auf das Handy
    - sofort nach Bestellung und bis kurz vor Veranstaltungsbeginn
- Einlasskontrolle über das Handy
    - Scannen des Barcodes
    - Automatische Einlasskontrolle am Veranstaltungsort.

(g) Mobilfunk-basierte **Zahlungssysteme** werden bei UMTS nicht nur wichtiger für die Abwicklung der vorher genannten kommerziellen Prozesse, sondern auch schneller und komfortabler in der Anwendung. (vgl. zu den mobilfunkbasierten Zahlungssystemen ausführlich Gerpott, 2003).

(h) Die Unterstützung von **Geschäftsprozessen** umfasst ein weites Spektrum möglicher Anwendungen. Dazu gehört nicht nur der mobile Zugriff auf spezifische, aktuelle Informationen bei Verhandlungen, Verkaufsgesprächen etc. Diesbezüglich überwindet UMTS einen Engpass, der gegenwärtig hinsichtlich Übertragungskapazität und Verfügbarkeit besteht (FMK, 2003). UMTS bietet als breitbandiger mobiler Dienst zahlreiche Anwendungsmöglichkeiten im Rahmen von Geschäftsprozessen. Beispiele sind die Unterstützung und Steuerung von Außendienstmitarbeiter, Kundenservice, m-Business etc.

---

5 Auch im ÖPNV bieten sich Anwendungsmöglichkeiten für Mobiles Ticketing und werden z.T. schon gegenwärtig via SMS genutzte (vgl. Netzzeitung vom 23.7.2003).

1. Mediale Informations- und Unterhaltungs-Inhalte

Die medialen Informationsangebote von UMTS dürften zunächst vor allem die mobilen Varianten von Internet-Texten, Bildern, Grafiken etc. sein, die ihrerseits häufig von Printobjekten stammen.

Dies bedeutet, dass Verlagsinhalte (typischerweise Texte und Bilder), die bisher im Wesentlichen über das Trägermedium Papier vertrieben wurden, zusätzlich in digitaler Form mit gleichem oder adaptiertem Format über den UMTS-Vertriebsweg angeboten werden. Das Interesse der Zeitungs- und Zeitschriften-Verlage besteht darin, dass ihre Inhalte und ihre Marke über UMTS und andere elektronische Vertriebskanäle und -plattformen möglichst überall erhältlich (ubiquitär) sind. Sie verwenden damit UMTS auch für die „Digitalisierung" ihrer Printmarken (Seebeck, 2003). Die Medienunternehmen nutzen dabei ihre Kernkompetenz (u.a. Design und Betrieb von Datenbanken, Content-Management- und Redaktionssystemen, Management von Urheberrechten etc). Ihre Redaktionen beliefern die entsprechenden Kanäle mit den jeweiligen Inhalte-Adaptionen.

Die Multimedia-Anwendungen, welche die Übertragung von bewegten Bildern in Echtzeit (Video) erfordern, werden erst mit UMTS möglich sein. Alle anderen Anwendungen können mit GPRS bereits realisiert werden, sie werden dann bei UMTS allerdings schneller und komfortabler.

Als Inhalte mit einem nennenswerten Erlöspotenzial kommen in Betracht:
- Musik,
- Filme,
- Erotik,
- Gewinnspiele und Wetten,
- interaktive Spiele.

Es bestehen unterschiedliche Meinungen und Erwartungen dazu, in welchem Maße zukünftig weitere Erlösquellen in Form von zahlungspflichtigen Inhalten erschlossen werden können (Päch, 2003; Jensen, 2003). Hierfür eignen sich grundsätzlich nur Premium-Inhalte. Die Nutzer werden in der Regel nicht bereit sein, für allgemeine Nachrichten, Wetter- oder Sportinformationen, die über andere Medien gratis erhältlich sind, extra zu zahlen (Züll, 2003). Chancen für „Pay-Content" bestehen vermutlich nur im Bereich exklusiver Informationen oder sehr spezieller, personalisierter Services.

2. Fazit

Eine wesentliche Komponente sind bei UMTS die Dienste und Inhalte, die alle Betreiber zu entwickeln und zu vermarkten gezwungen sein werden, da andernfalls keine Anreize für die Kunden geschaffen werden können, von GSM auf UMTS und möglicherweise noch zu einem anderen Anbieter zu wechseln.

Diese Dienste und Inhalte bieten insofern auch einen zusätzlichen, potenziell hochrelevanten Wettbewerbsparameter für die Unternehmen. Dies würde voraussetzen, dass die Dienste und Inhalte von Dritten sich auf den UMTS-Netzen unterscheiden (siehe unten). Wenn dies der Fall sein sollte, wäre die Heterogenität der Netzbetreiber-Angebote entsprechend höher.

III. Vertikale Wertschöpfungs-Konkurrenz

Während die Netzbetreiber bei GSM die gesamte Wertschöpfungskette kontrollieren, führt UMTS zu wesentlich differenzierteren Wertschöpfungsrelationen. Bei GSM wurden die Endgeräte abgesehen von SMS nur zum Telefonieren genutzt und generierten damit die Umsätze. Für die Kunden waren die entscheidenden Kriterien solche, die von den Netzbetreibern bestimmt wurden, wie Verfügbarkeit, Tarife und Endgeräte.

UMTS wird aller Voraussicht nach nur bei Verfügbarkeit von attraktiven und vielfältigen Diensten und Inhalten erfolgreich vermarktbar sein. Dies erfordert eine Vielzahl von Dienste- und Inhalteanbietern. Bei UMTS werden die Anbieter von Diensten und Inhalten deshalb eine wesentlich größere Rolle spielen. Dazu werden die Netzbetreiber mit den Inhalteanbietern neue Kooperationsformen entwickeln müssen, die über reine Zulieferverhältnisse hinausgehen.

Die UMTS-Netzbetreiber verfügen unmittelbar über den Kundenzugang und stellen sich deshalb die Inhalteanbieter am liebsten als reine Zulieferer vor. Die Inhalteanbieter ihrerseits sind häufig im Besitz von Inhalten, Know-how und Rechten, die sie über einen zusätzlichen Vertriebsweg vermarkten wollen. Sie stellen sich die Netzbetreiber am liebsten als technische Dienstleister für ihre Inhalte vor, die für sie den Datentransport auf die Endgeräte sowie Abrechnungs- und Inkasso-Funktionen übernehmen.

Die spätere Realität wird vermutlich zwischen beiden extremen Vorstellungen liegen, wobei dies je nach Diensten und Inhalten durchaus unterschiedlich sein kann und stark von der Attraktivität und Positionalität der jeweiligen Inhalte und Marken abhängt. Auf jeden Fall ist dies gegenwärtig noch unsicher und wird Gegenstand einer vertikalen Wertschöpfungs-Konkurrenz zwischen Netzbetreibern und Inhalteanbietern sein.

Die erste Realisierung einer entsprechenden Kooperation zwischen Netzbetreibern und Inhalteanbietern stellt die *i-mode*-Plattform dar, die als erste Etappe auf dem Weg zu „Mobile Multimedia" betrachtet werden kann. *i-mode* ist eine Entwicklung des japanischen Mobilfunk-Unternehmens *NTT DoCoMo*. Seit dem Start im Februar 1999 hat *NTT DoCoMo* in Japan in drei Jahren über 36 Millionen *i-mode*-Kunden gewonnen. Verschiedene Mobilfunkanbieter in Europa haben Lizenzen für die hiesigen Versionen von *i-mode* erhalten.[6] Als Trägertechnologie nutzt *i-mode* gegenwärtig GPRS und später auch UMTS.

Über die *i-mode*-Plattform bieten zahlreiche Inhalteanbieter den Kunden Informationen und Entertainment an, wie z.B. Nachrichten und Dienste aus Politik, Wirtschaft, Freizeit, Lifestyle, Sport und Reise sowie Spiele etc.

---

6 Dazu gehören *E-Plus* in Deutschland, *KPN Mobile* in den Niederlanden, *Base* in Belgien, *Bouygues Telecom* in Frankreich und *Telefonica Moviles* in Spanien.

Die Inhalteanbieter bestimmen selbst, welche Inhalte sie gratis zur Verfügung stellen und welche Inhalte für die Kunden entgeltpflichtig sind. Die monatliche Abogebühr liegt zur Zeit zwischen 0,25 und zwei Euro (Dirks, 2003).

Davon verbleiben 86 Prozent beim Inhalteanbieter. Die restlichen 14 Prozent erhält der Mobilfunknetzbetreiber für die Bereitstellung der technischen Plattform sowie die Rechnungsstellung, das Inkasso und die Kundenbetreuung. Der UMTS-Netzbetreiber erhält jedoch vor allem die Gebühren für die Netznutzung (Airtime).

Eine Voraussetzung für eine erfolgreiche Entwicklung von UMTS wird sein, dass beide Seiten dauerhaft Vorteile aus der Kooperation generieren, sodass eine kontinuierliche Win-Win-Situation zwischen Mobilfunkbetreibern und Inhalteanbietern gegeben ist.

Den Inhalteanbietern, die häufig Medienunternehmen sein werden, bieten sich durch UMTS neue Möglichkeiten, ihre originären Produkte über einen neuen Vertriebskanal zu vermarkten. Dies kann auch für ihre traditionellen Produkte vorteilhaft sein, da die Bekanntheit gesteigert werden kann.

Die Medienunternehmen werden vielfach als die Hauptgewinner der neuen mobilen Möglichkeiten gesehen. Die Vision, die sich dahinter verbirgt, geht davon aus, dass multimediale Inhalte auch auf UMTS-Endgeräten verfügbar sein werden, sodass ortsunabhängig auf Bewegbild- und Tondaten zugegriffen werden kann. Von einer solchen Entwicklung würden vermutlich vor allem die Unternehmen profitieren, die die Rechte an attraktiven Bewegbild- oder Tondaten haben. Für die Netzbetreiber würde dies eine weitere Gefährdung ihrer Geschäftsmodelle bedeuten.

Unterschiedliche Auffassungen und Interessen gibt es zu der Frage, inwieweit es exklusive Beziehungen zwischen einzelnen Netzbetreibern und Inhalteanbietern geben wird. Letzteres könnte (zumindest in der Anfangszeit) insbesondere für Netzbetreiber vorteilhaft sein,[7] um ihr Angebot attraktiv zu gestalten und von den Konkurrenten abzusetzen.

Es gibt schon jetzt Kooperationen zwischen einzelnen Netzbetreibern und Inhalteanbietern, um sich frühzeitig exklusive Inhalte zu sichern und sich dadurch von den anderen Mobilfunkbetreibern zu unterscheiden. So hat z.B. *Mobilkom* exklusive Kooperationen mit *ORF* und *Reuters* als Nachrichtenlieferanten geschlossen. Dazu wird es für UMTS-Geräte konzipierte Nachrichtenvideos geben. Die Nachrichtenagentur *Reuters* stellt UMTS-Informationen bereit. Im Unterhaltungsbereich bestehen Kooperationen mit der internationalen Sportrechteagentur *ISPR*[8] und mit Filmverleihern.

Viele Inhalteanbieter werden sich vermutlich jedoch nicht dauerhaft auf exklusive Beziehungen einlassen, insbesondere wenn sie über besonders attraktive Inhalte und/oder starke Marken verfügen. Sie wollen sich im Vertrieb ihrer Inhalte und in der Verbreitung ihrer Marken nicht durch den zwangsläufig begrenzten Marktanteil eines bestimmten Netzbetreibers limitieren lassen.

---

7 Es sind neue Anbieterszenarien denkbar bzw. schon in der Vorbereitung, die den Zugang zu spezifischen Inhalten mit fixen bzw. exklusiven Betreibern oder Endgeräten verbinden.

8 Z.B. können die Tore der Österreichischen Fußballbundesliga beinahe live – mit einer Verzögerung von wenigen Minuten – auf UMTS-Handys gesehen werden.

Es ist zu erwarten, dass sich diesbezüglich im Laufe der Zeit ein differenziertes Bild von exklusiven und nicht-exklusiven Inhalteanbieter-Netzbetreiber-Relationen ergeben wird. Das würde aus heutiger Sicht erhebliche Unsicherheiten und Risiken für die UMTS-Netzbetreiber mit sich bringen.

Die Netzbetreiber verfügen über den Zugang zum Kunden, der auch auf Dauer ihre Domäne bleiben wird und in dem die Chance gesehen wird, die enormen Investitionen in Netze und Lizenzen zu amortisieren. Daher werden die Netzbetreiber bestrebt sein, über ihre dominierende Stellung in diesem Bereich durch eigene Dienste und Inhalte weitere Umsatzpotenziale zu erschließen. Dies kann auch darin bestehen, dass sie solche Inhalte, Daten und Services, die sie von den Medienunternehmen geliefert bekommen, rebranden und mit ihrem eigenen Preismodell an ihre Kunden weitergeben. Die Medienunternehmen befürchten deshalb, in die Lieferantenrolle zurückgedrängt zu werden.

Bei der Aufteilung der Erlöse gibt es im Vorfeld des UMTS-Starts erwartungsgemäß unterschiedliche Auffassungen von Inhalteanbietern und Mobilfunk-Netzbetreibern. Die Netzbetreiber erhalten bei *i-mode* in Japan die Netznutzungserlöse plus 9 Prozent der aus Inhalten generierten Umsätze. In Deutschland ist diesbezüglich bei *i-mode* von 14 Prozent die Rede. Einige Medienvertreter fordern darüber hinaus, dass sie einen Anteil an den Minutenerlösen der Netzbetreiber erhalten (Züll, 2003).

§ 2: *UMTS-Konzessionierung*

Die wirtschaftliche Situation der Netzbetreiber wird durch UMTS deutlich verschärft. Dies resultiert erstens aus der noch höheren Wettbewerbsintensität und zweitens aus den hohen Investitions- und Lizenzaufwendungen, die nur bei sehr guter Marktentwicklung zu amortisieren sein werden.

I. Konzession und Frequenzauktionen in Europa

1. Frequenzvergabe durch Auswahlprozesse oder Auktionen

Die Frequenzen für den *analogen* Mobilfunk wurden in den europäischen Ländern (und auch in Österreich) fast ausschließlich an die etablierten Telekommunikationsunternehmen vergeben, die in aller Regel Monopolstellungen im Mobilfunk innehatten. Eine Ausnahme war hier Großbritannien.

Die 900-MHz-Frequenzen für GSM wurden in den meisten Ländern (und auch in Österreich) teils als Erweiterung bestehender Positionen der etablierten Unternehmen, teils in kriteriengesteuerten Auswahlverfahren („Beauty Contest") bei der Lizenzierung vergeben.

Auch die 1800-MHz-GSM-Frequenzen wurden noch überwiegend auf traditionelle Weise ohne Auktionen vergeben (Kruse, 2003b). Ausnahmen sind hier Österreich, Deutschland und die Niederlande.

Bei UMTS wurden zum ersten Mal im Mobilfunk in Europa in größerem Umfang Auktionen durchgeführt. Von Ökonomen war dies schon seit längerer Zeit als generelle Vergabemethode gefordert worden (vgl. z.B. Coase, 1959; McMillan, 1994, 1995). Die Vorteile von Auktionen gegenüber alternativen Methoden wie das Windhundverfahren („first-come-first-served"), Lotterie, Kriterien-Auswahl („Beauty Contest") oder diskretionären Entscheidungen der politischen Instanzen können hier nicht im Einzelnen erörtert werden. Sie bestehen nicht nur in einem transparenten, nicht-diskriminierenden Verfahren mit vergleichsweise geringen Transaktionskosten, sondern lassen auch effiziente Ergebnisse erwarten.

Auch wenn Auktionen wegen ihrer Effizienz von den meisten Ökonomen als Allokationsverfahren bevorzugt werden (und dies auch hier nicht bestritten werden soll), ist dennoch fraglich, ob dafür die UMTS-Auktionen gute Beispiele sind. Dies wird im Folgenden ebenso deutlich werden wie die große Relevanz von Sonderfaktoren. Dazu werden nachfolgend einige Elemente und Spezifika dieser Auktionen in europäischen Ländern diskutiert, die deutlich machen, dass sich nicht alle Faktoren im Einflussbereich der Regulierungspolitik befinden.

2. Angebot und Nachfrage nach Frequenzen

Das Grundprinzip kann anhand von Abb. 4.4 verdeutlicht werden. Angenommen, es steht eine Menge von F_2 Frequenzen zur Verfügung (Angebotsfunktion A_2) und die Nachfragefunktion danach ist N_3. Letztere wird gebildet aus den aggregierten Zahlungsbereitschaften (Wertschätzungen) aller daran interessierten Unternehmen. Dann bildet sich in der Auktion idealtypisch ein Preis P_3, der sich auch bei freiem Frequenzhandel ergeben würde. Alle Gebote, die oberhalb oder gleich P_3 sind, kommen zum Zuge, Gebote, die kleiner als P_3 sind, nicht. Diese Selektion nach Zahlungsbereitschaft ist der Kern der Effizienzerwartungen an Auktionen.

Wenn stattdessen die Nachfragefunktion nach Frequenzen N_4 wäre, z.B. weil die Netzbetreiber die zukünftigen Erlös- und Gewinnchancen höher einschätzen, würde sich bei einem adäquaten Auktionsdesign ein Preis P_4 bilden.

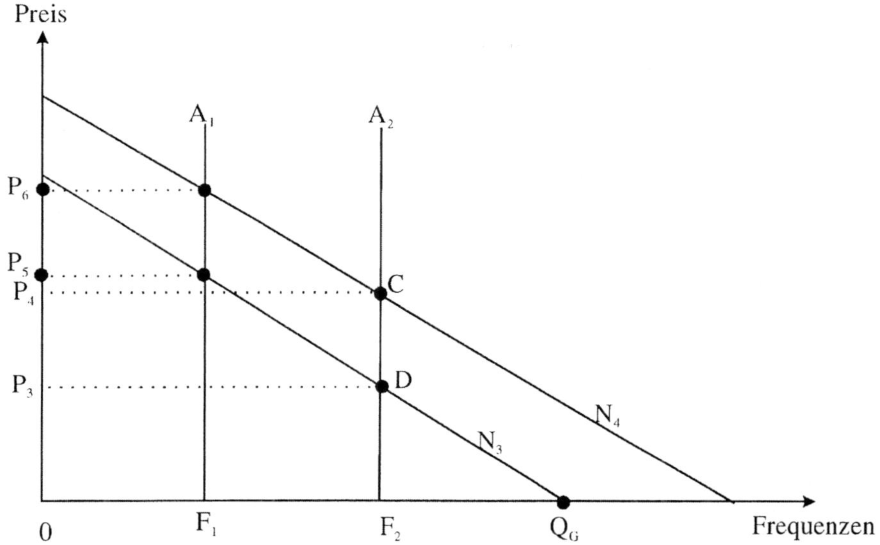

Abb. 4.4: Angebot und Nachfrage nach Frequenzen und Frequenzpreise

Ebenfalls bedeutsam für Frequenzpreise ist das Frequenzangebot. Falls dieses nur F_1 (Angebotsfunktion A_1) betragen würde, wäre der Preis bei N_3 P_5 und bei N_4 P_6. Das Frequenzangebot wird bei den Auktionen fast immer als vorgegeben betrachtet, was es tatsächlich nur bei kurzfristiger Betrachtung ist. Dies wiederum folgt aus einer staatlichen intermodalen Frequenzallokation (häufig aufgrund internationaler Vereinbarungen), die dem betreffenden Nutzungsbereich bestimmte Frequenzen zuteilt.

Falls die Frequenzen (ähnlich wie Grundstücke) frei (d.h. auch intermodal, vgl. Kruse, 1995b) handelbar wären,[9] würden hohe Frequenzpreise in einer Nutzungsart dazu führen, dass aus anderen Bereichen Frequenzen angekauft würden, sodass sich die Preise tendenziell angleichen und die Frequenzen grundsätzlich in derjenigen Verwendungsart genutzt werden, in der sie den höchsten gesamtwirtschaftlichen Wert haben. Dies wäre eine ökonomisch effiziente intermodale Frequenzallokation.

Solange die Frequenzen nicht intermodal handelbar sind, trifft der Staat bzw. die Regulierungsbehörde eine diskretionäre Entscheidung über die für einen Dienst (z.B. UMTS) verfügbaren Frequenzen. Diese Entscheidung kann natürlich verfehlt sein, wobei die aktuellen Entscheidungsräume der Behörde häufig aufgrund früherer Festlegungen auf nationaler oder internationaler Ebene gering sein können. Grundsätzlich sind besonders hohe Frequenzpreise für einzelne Dienste (wie bei UMTS in einigen Ländern) ein Indiz für eine zu geringe Frequenzausstattung.

9 Auch bei Grundstücken gibt es Nutzungseinschränkungen durch Bebauungspläne etc. und Enteignungsrechte für wichtige Anliegen der Allgemeinheit.

3. Vergabeverfahren und Diskriminierung

Vergleichen wir die UMTS-Konzessionierung in den verschiedenen Ländern anhand von Abb. 4.5. Obwohl die Technik und das verfügbare Frequenzspektrum praktisch überall identisch waren, zeigen sich erhebliche Unterschiede aufgrund unterschiedlicher Regulierungsentscheidungen und unterschiedlicher Konzessionsvergabemethoden. Es fällt zuerst auf, dass sieben von 16 Ländern keine Auktionen, sondern immer noch Auswahlverfahren verwendet haben. Dazu gehören die skandinavischen Länder Schweden, Norwegen und Finnland sowie Frankreich, Spanien, Portugal und Polen. Wenn wir die Frequenzgebühren (pro Kopf der Bevölkerung) betrachten, ist es auffällig, dass die UMTS-Betreiber in diesen Ländern deutlich geringere Frequenzgebühren zu zahlen hatten als diejenigen in Auktionsländern.

Ein Problem für die europäische Wettbewerbspolitik folgt aus der Tatsache, dass die Auswahlverfahren zum Teil recht intransparent waren. Diese Prozeduren stehen immer unter dem Verdacht, dass die nationalen Regierungen sie benutzt haben, um ausländische Unternehmen zu diskriminieren.

Die Ergebnisse der UMTS-Lizensierung zeigen, dass diese Bedenken nicht unberechtigt sind (vgl. McKinsey, 2002, S. 16). Von 37 Lizenzen, die durch Auktionen vergeben wurden, wurden 68 Prozent durch multinationale Betreiber gewonnen. In den Auswahlverfahren wurden dagegen nur 28 Prozent der Lizenzen an multinationale Betreiber vergeben. Das deutet darauf hin, dass die Auswahlverfahren tendenziell zum Vorteil von nationalen Unternehmen waren.

4.Internationaler Vergleich der UMTS-Auktionen: Erlöse als Maßstab

Spalte 7 in Abb. 4.5 zeigt, dass die Auktionen in den einzelnen Ländern sehr unterschiedliche Frequenzgebühren erbracht haben. Dies kann offensichtlich nicht durch unterschiedliche Pro-Kopf-Einkommen der entsprechenden Länder erklärt werden. Einige Interpretationen zu den Ergebnissen der UMTS-Auktionen folgen in den nächsten Punkten.

Zunächst stellt sich die Frage nach einem adäquaten Vergleichsmaßstab. Die meisten Bewertungen der einzelnen Auktionen basieren ausschließlich oder überwiegend auf dem Kriterium der Erlöse, verstanden als gesamter Auktionserlös pro Kopf der Bevölkerung des betreffenden Landes (Spalte 7). Nach diesen Pro-Kopf-Frequenzgebühren sind die Länder in der Tabelle geordnet. Aber sind die Erlöse überhaupt ein volkswirtschaftlich geeigneter Bewertungsmaßstab?

In der Regel ist die erwartete Maximierung der Erlöse der Hauptgrund, in bestimmten Situationen eine Auktion durchzuführen. Dieses Ziel bestimmt häufig auch die Wahl des Auktionsverfahrens. Insofern ist es in vielen Fällen auch adäquat, die Erlöse als Kriterium der Bewertung für die Auktionen zu verwenden.

Land	Zeit-	Methode	Zahl GSM-Anbieter	Zahl der UMTS Lizenzen: Angebot / Vergabe	Zahl der Lizenzen (GSM + UMTS)	Lizenz-Gebühren (in Euro pro Einw.)	Kosten-Wert-Index
1	2	3	4	5	6	7	8
Großbritannien	April 2000	Auktion Engl.+SB	4	5 / 5	5	648	3240
Deutschland	Aug 2000	Auktion Engl.	4	4-6 / 6	6	610	3660
Italien	Okt 2000	Auktion Engl.	4	5 / 5	6	212	1060
Niederlande	Juli 2000	Auktion Engl.	5	5 / 5	5	171	855
Österreich	Nov 2000	Auktion Engl.	4	4-6 / 6	6	103 + PvE[10]	618
Dänemark	Sept 2001	Auktion Vickrey	4	4 / 4	5	95	380
Polen	Dez 2000	unklar, administrativ	3	3 / 3	3	51	151
Griechenland	Juli 2001	Auktion Engl.+SB	3	4 / 3	3	45 + PvE	135
Belgien	März 2001	Auktion Engl.+SB	3	4 / 3	3	44	132
Portugal	Dez 2000	Auswahl	3	4 / 4	4	40	159
Spanien	März 2000	Auswahl	3	4 / 4	4	13 / 37 + PvE	148
Frankreich	Feb 2001	Auswahl	3	4 / 2	3	169 / 23 + PvE	47
Schweiz	Dez 2000	Auktion Engl.	3	4 / 4	4	19	76
Norwegen	Dez 2000	Auswahl	2	4 / 4	4	11	44
Schweden	Dez 2000	Auswahl	3	4 / 4	5	0.0 + PvE	0
Finnland	März 1999	Auswahl	3	4 / 4	4	Gratis	-

Abb. 4.5 : UMTS Lizenzvergabe in Europa

Allerdings gilt dies nicht für die hier zur Diskussion stehenden Frequenzauktionen. Einer der wichtigsten Gründe für die Regulierungsbehörden, Auktionen zu veranstalten (anstatt wertende Kriterienauswahl oder andere administrative Prozeduren), ist es, ein

10 In Österreich zahlen die Betreiber 0,1 Prozent vom Umsatz für die Finanzierung der Regulierungsbehörde.

möglichst gutes Funktionieren des Wettbewerbs auf den betreffenden Mobilfunkmärkten und vor allem eine möglichst hohe Effizienz zu erreichen.[11]

Dabei wird generell unterstellt, dass die Zahlungsbereitschaft der Firmen bei den Frequenzauktionen ein guter Indikator für ihre Effizienz auf dem Mobilfunkmarkt ist.[12] Allerdings fanden bei UMTS die Auktionen viele Jahre vor den Zeitpunkten statt, an denen sich Effizienzunterschiede zeigen könnten. Die Technologie und der spätere UMTS-Markt ist für alle neu und unsicher. Insofern sagt die gebotene Summe in der Auktion vermutlich weniger über die spätere Effizienz einer Firma aus als über das Selbstbewusstsein und die Risikofreude der Manager.

Ob die Auktionserlöse ein adäquates Kriterium zur Beurteilung ist, ist also fraglich. Das beste Argument für seine Verwendung ist jedoch der Mangel an besseren Alternativen. Insbesondere fehlt es an alternativen Maßstäben, die zum gegenwärtigen Zeitpunkt hinreichend quantifizierbar sind. Die eigentlich relevante Zielgröße der Effizienz der jeweiligen UMTS-Märkte dürfte sich kaum vor Ende dieses Jahrzehntes zeigen.

5. *Wettbewerb und Effizienz*

Eine alternative Methode, die Ergebnisse der Auktionen ökonomisch zu beurteilen, ist die Abschätzung der zukünftigen Intensität des Wettbewerbs anhand der erzeugten Marktstruktur, da diese die Effizienz der Marktergebnisse wesentlich beeinflussen wird.[13] Insofern könnte man annehmen, dass die Effizienz mit der Anzahl der Netzbetreiber ansteigt.

Allerdings hängt die „optimale" Zahl der Anbieter (ebenso wie in anderen Märkten) von verschiedenen Faktoren ab,[14] wenn sie überhaupt bestimmbar ist. In technologisch und wirtschaftlich dynamischen Märkten ändert sich dies zudem ständig und beinhaltet auch für die jeweiligen Experten eine hohe Unsicherheit.

Bezüglich des UMTS-Mobilfunkmarktes bestand der für „natürlich enge" Märkte nicht untypische Tradeoff zwischen Skaleneffekten und Wettbewerbsintensität. Je mehr alle vermuteten Skaleneffekte ausgeschöpft werden, desto geringer wird die Zahl der Anbie-

---

11 Daneben haben Auktionen Vorteile wie Nichtdiskriminierung, Transparenz, minimale Transaktionskosten etc.

12 Damit wird vorausgesetzt, dass die Mobilfunkmärkte dauerhaft wettbewerblich sind, da anderenfalls die Zahlungsbereitschaft die Erwartung auf Monopolrenten reflektieren könnte.

13 Dies hat auch Folgen für die Attraktivität einer Lizenz. Der einfache Pro-Kopf-Erlös erscheint auch deshalb nicht ganz adäquat, als die gesamt Frequenzmenge, die in allen Länden gleich hoch war (nämlich 2x60 MHz gepaarte und 25 MHz ungepaarte Frequenzen) in unterschiedlicher Weise auf die Betreiber verteilt wurden, da die Zahl der UMTS-Lizenzen von zwei bis sechs reichte, mit einem Schwerpunkt auf vier Lizenzen. Um die daraus zu erwartenden Unterschiede in der Wettbewerbsintensität in irgendeiner Weise zu erfassen, wurden für die Werte in Spalte 8 die Werte aus Spalte 7 mit der Zahl der UMTS Lizenzen multipliziert.

14 Zu nennen sind hier insbesondere Skaleneffekte, Marktvolumen, Ausmaß der Produktvariation, Ausmaß der Produktdifferenzierung, sowie technologischen und wirtschaftlichen Entwicklungen, Wachstumsraten etc.

ter und damit tendenziell die Wettbewerbsintensität. Je mehr Anbieter im Markt sind, desto wahrscheinlicher ist es, dass Skaleneffekte ungenutzt bleiben.

Nach Meinung vieler Experten sind mindestens zwei UMTS-Frequenzpakete (also mindestens je 10 MHz uplink und downlink) erforderlich, um ein UMTS-Netz wirtschaftlich sinnvoll betreiben zu können. Andere halten mindestens 2 x 15 MHz für erforderlich, um die gewünschten Funktionalitäten (z.B. Hand-over in Fahrzeugen) adäquat realisieren zu können.

Ausgehend von den verfügbaren 2 x 60 MHz an gepaarten Frequenzen bedeutet letzteres, dass vier Betreiber lizenziert werden können. Dies ist in den meisten Ländern auch genau so beabsichtigt gewesen (vgl. Abb. 4.5, Spalte 5), während in einigen Ländern fünf Lizenzen angeboten wurden (in Großbritannien, Italien und Niederlande). In Deutschland und Österreich war die Auktion so gestaltet, dass je nach Auktionsergebnis eine Vergabe von vier, fünf oder sogar sechs Lizenzen möglich war.

Jede Vorwegnahme der Marktstruktur durch die Zahl der Lizenzen von Seiten der Regulierungsbehörde beinhaltet erhebliche Fehlerrisiken. Wenn die Regulierungsbehörde diese Entscheidung unter Unsicherheit zu treffen hat, kann sie grundsätzlich einen Fehler erster Art („zu viele" Lizenzen) oder einen Fehler zweiter Art („zu wenig" Lizenzen) machen. Allerdings können die späteren Marktprozesse mit beiden „Fehlern" unterschiedlich gut umgehen.

In Märkten mit hohen Markteintrittsbarrieren sind die Wettbewerbskräfte zur Herstellung einer adäquaten, effizienten Marktstruktur (durch Konkurse) bei „zu vielen" Netzen grundsätzlich relativ wirkungsvoll. Allerdings wird dies bei hohen Marktaustrittsbarrieren aufgrund versunkener Investitionen (wie das bei Mobilfunk-Netzbetreibern der Fall ist) länger dauern und mit hohen Verlusten der Unternehmen verbunden sein.[15]

Eine Korrektur der regulatorisch vorgegebenen Marktstruktur durch endogene Marktkräfte ist bei „zu wenigen" Netzen bei hohen Markteintrittsbarrieren schwierig oder gar nicht möglich. Insofern sind Märkte, in denen relativ viele Mobilfunklizenzen vergeben wurden (wie in Österreich, Deutschland, Italien, Großbritannien und Dänemark), vom Standpunkt der Wettbewerbsintensität aus betrachtet, eher vielversprechend.

Grundsätzlich könnte das Risiko eines Regulierungsfehlers reduziert werden, wenn die Zahl der Lizenzen innerhalb der Auktionen durch den Bietprozess selbst bestimmt wird, da dann die ökonomisch relevanten Einschätzungen der Bieter aus der betreffenden Industrie in die Ergebnisse einfließen. Dieses Argument ist theoretisch überzeugend, hängt aber stark vom Informationsstand der Bieter und der Prognostizierbarkeit der relevanten industrieökonomischen Faktoren und zukünftigen Marktentwicklungen ab.

Die Frequenzauktionen in Deutschland und Österreich waren die einzigen, in denen die Lizenzzahl (in der Spanne von vier bis sechs) endogen bestimmt wurde. In beiden Ländern wurden auf diese Weise jeweils sechs UMTS-Lizenzen vergeben.

---

15 Bei diesen Märkten bedeutet ein Konkurs eines Unternehmens nicht gleichzeitig eine Reduzierung der Anbieterzahl, da sich (nach Abschreibung eines großen Teils der versunkenen Investitionen) eher ein Nachfolgebetreiber finden wird, der dann entsprechend geringere Deckungsbeiträge erwirtschaften muss.

Im Licht der nachfolgenden Entwicklungen betrachtet, kommen allerdings erhebliche Zweifel, ob die obige Prämisse bezüglich Information und Prognosefähigkeit der Bieter erfüllt war. Dies zeigt sich besonders daran, dass in Österreich eines (*3G Mobile* von *Telefonica*) und in Deutschland zwei (*Quam* von *Telefonica/Sonera* und *Mobilcom* mit *France Telecom*) Unternehmen, die bereits die Konzessionsgebühr entrichtet haben, nicht in den Markt eintreten werden und somit die Konzessionsgebühr abschreiben müssen.

6. Auktionsverfahren

In der ökonomische Literatur über Auktionen (vgl. McAfee und McMillan, 1987; Rasmusen, 2001; Klemperer, 1999) werden üblicherweise vier Haupt-Auktionsverfahren unterschieden, nämlich die Englische Auktion (aufsteigende Auktion), die Holländische Auktion (absteigende Auktion), die verdeckte Höchstpreis-Auktion (Discriminating Sealed-Bid-Auktion) und die verdeckte Zweitpreis-Auktion (Vickrey-Auktion), die hier nicht näher erörtert werden sollen.

Außer in Dänemark, wo eine Vickrey-Auktion stattfand, haben für unser Thema im Wesentlichen die Englische und die verdeckte Höchstpreis-Auktion praktische Bedeutung. Letztere ist ersterer bezüglich einiger wesentlicher Kriterien deutlich überlegen, insbesondere bezüglich einer Kollusion unter den Bietern und einer eintrittsblockierenden Strategie. Beides ist bei einer Englischen Auktion leichter und risikofreier zu realisieren und damit ceteris paribus wahrscheinlicher.

Der Vorteil der verdeckten Verfahren bei diesen beiden Kriterien, nämlich dass sie einmalige Spiele („one-shot-games“) sind, ist gleichzeitig ihr Nachteil, wenn auf Seiten der Bieter komplexere Zusammenhänge zu berücksichtigen sind. Wohl aus diesem Grunde ist die Englische Auktion das Standardverfahren bei UMTS gewesen, gelegentlich (Großbritannien, Belgien, Griechenland) ergänzt durch Sealed-Bid-Elemente in der Schlussrunde.

Das aufsteigende Englische Verfahren, das von den Bewerbern keine verbindlichen Ex-ante-Bewertungen erfordert, da sie jederzeit „nachlegen“ können, bringt es mit sich, dass bei fortdauernder Bietrivalität viele Runden stattfinden und eventuell hohe Preise erzielt werden können,[16] während die Auktionen andernfalls unter Umständen nur kurz sind.

Die Bietrivalität ist in hohem Maße von den Strategien der Unternehmen bezüglich der einzelnen nationalen Märkte abhängig (vgl. Punkt 10). Ihr Fehlen lässt nicht unbedingt auf Kollusion schließen. Länder mit vergleichsweise geringer Wettbewerbsintensität, hohen Betreibergewinnen und noch unterentwickeltem Mobilfunk-Markt (relativ geringe Penetrationsraten) kann man insofern eher als Ziel von Strategien internationaler Mobilfunk-Unternehmen erwarten als Märkte (wie Österreich) mit hoher Wettbewerbsintensität und hoher Penetrationsrate.

---

16 Dies gilt insbesondere bei niedrigen Mindestgeboten und niedrigen Mindestinkrementen.

Klemperer (2001b) reklamiert für die von ihm beratene britische Auktion (Binmore und Klemperer, 2002), dass sie die erfolgreichste gewesen sei, und zwar wegen ihres optimalen Auktionsdesigns. Die Auktionen in anderen Ländern litten nach Meinung von Klemperer unter ihrem mehr oder minder inadäquaten Design (mit der einzigen Ausnahme von Dänemark) und scheiterten. Dies gilt nach seiner Meinung auch für Deutschland und Österreich.

Er versucht die Ergebnisse der einzelnen Länderauktionen durch ihre spezifischen Designcharakteristika und andere Gründe zu erklären. Allerdings liefern die verwendeten Auktionsverfahren als erklärende Variable nicht allzu viel Varianz, da sie überwiegend Englische Auktionen waren. Viele der Einzelargumente sind isoliert betrachtet durchaus zustimmungsfähig. Insgesamt erscheinen sie jedoch weitgehend als Ex-post-Erklärung und sehr fallspezifisch. Die meisten der überzeugenden Erklärungen beziehen sich nicht auf das Auktionsdesign, sondern auf andere Tatbestände. Das Hauptargument bleibt die Tatsache, dass in Großbritannien hohe Erlöse erzielt wurden.

Grundsätzlich sind die Auktionsregeln für das Ergebnis von großer Bedeutung. Allerdings ist fraglich, inwieweit die generelle Auktionstheorie die Länderunterschiede bei den UMTS-Auktionen erklären kann, wie dies von einigen Theoretikern nahegelegt wird (vgl. z.B. Klemperer, 2001b). Industrie-, zeit- und länderspezifische, sowie andere Faktoren als auch einmalige Bedingungen, von denen die wichtigsten hier erörtert werden, sind mindestens ebenso relevant, sodass eine Analyse, die sich nicht intensiv mit den spezifischen Bedingungen in den Mobilfunkmärkten auseinandersetzt, wenig Erklärungskraft besitzt.

Eine weitgehend unbeachtete, aber dennoch sehr folgenreiche Regel im Vorfeld der Auktionen, sollte dennoch erwähnt werden. Jeder potenzielle Bieter musste sich lange vorher anmelden. Auf diese Weise konnte kein Bieter überraschend an einer Auktion teilnehmen, was eine eventuelle Kollusion für alle beteiligten Bieter wesentlich unsicherer gemacht hätte. Diese Regel ermöglichte es, die Zahl der unabhängigen Auktionsteilnehmer bereits im Vorwege zu reduzieren.

7. Entwicklungsphase von UMTS

Aus mehreren Gründen waren die Zeitpunkte der Auktionen sehr bedeutsam. Der erste wesentliche Grund bezieht sich auf die Positionierung der Auktionen in der Entwicklungsphase von UMTS. Der Standard befand sich noch im Prozess der technologischen Entwicklung. Außerdem bestanden zahlreiche Unsicherheiten über die wirtschaftlichen Charakteristika. Dies gilt noch heute und umso mehr für den Zeitpunkt der Auktionen vor mehr als drei Jahren.

Die Produkt- und Dienste-Charakteristika, die marktlichen Chancen und die Nachfrage als auch die technischen Spezifikationen und Restriktionen, potenzielle Probleme, Kosten, Kostenstrukturen (scale economies), die Verfügbarkeit von Endgeräten und von Diensten dritter Seite, die wettbewerblichen Beziehungen zu GSM und W-LAN etc. waren ziemlich unklar zum Zeitpunkt der ersten Auktionen im Jahr 2000.

Insofern war es für alle potenziellen Bieter außerordentlich schwierig, den Wert einer UMTS-Lizenz (und insofern auch den Wert eines bestimmten Umfangs an Spektrum) vernünftig abzuschätzen. Dies gilt speziell für solche Bieter, die auf dem betreffenden Markt neu sein würden, sogar in solchen Fällen, in denen sie selbst in anderen nationalen Märkten schon seit längerer Zeit als Mobilfunkanbieter tätig waren.

Die gesamte UMTS-Lizensierung in den europäischen Ländern kann deshalb im Prozess der technologischen Entwicklung sowie der marktlichen Entwicklung von UMTS als „zu früh" betrachtet werden.

Dadurch waren die UMTS-Bieter in besonderem Maße dem Risiko des Fluch des Gewinners („winner's curse") ausgesetzt, d.h. dem Risiko „zu viel" zu zahlen. Auf der anderen Seite ist es aus der Auktionstheorie gut bekannt, dass der Mangel an Informationen bei den Bietern zu einem Verhalten führt, das man als „downward biasing" bezeichnet. Die Auktionsteilnehmer bieten dann aus Vorsicht weit weniger, um den Fluch des Gewinners zu vermeiden.

Das Bietverhalten in solchen Hochpreisländern wie Großbritannien und Deutschland, das für die meisten Experten sehr überraschend war, kann insofern als ein Fluch des Gewinners interpretiert werden.

Die geringeren Erlöse in anderen Ländern können insofern als ein downward-biasing-Verhalten der Unternehmen betrachtet werden. Dies ist besonders deshalb nachvollziehbar, weil die finanziellen Ergebnisse der UMTS-Auktionen in Großbritannien und in Deutschland im April und August 2000 einen Schock in der europäischen Telekommunikationsbranche auslösten. Solche außerordentlich hohen Frequenzgebühren zu vermeiden, die für ihre Geschäftspläne ruinös sein würden, war ein generell und intensiv diskutiertes Thema in der Telekommunikationsbranche in Europa. Dies gilt speziell in solchen europäischen Ländern, in denen die nächsten Auktionen einige Wochen oder Monate später abgehalten werden sollten.

8. Das Ende der Telekommunikations-Blase

Der zweite zentrale Grund für die Bedeutung der zeitlichen Struktur ist die außergewöhnliche Entwicklung der Telekommunikations-Wirtschaft in den Jahren 1999 bis 2001. Betrachten wir dazu die Zeitpunkte der einzelnen Auktionen und deren Ergebnisse anhand von Abb. 4.6.

Der Verlauf der Kurve zeigt den Telekommunikations-Index der europäischen Telekommunikations-Aktien von 1999 bis 2002 (Skala auf der linken Seite). Auf der Zeitachse sind die relevanten Länder mit ihren Auktions-Zeitpunkten abgetragen. Die Punkte (rechte Seite, rechte Skala) repräsentieren die Erlöse pro Kopf der Bevölkerung aus Abb. 4.5, Spalte 7. Die Kreuze (rechte Seite, linke Skala) markieren den Indexwert aus Abb. 4.5, Spalte 8.

Der steile Anstieg der Telekommunikations-Aktienkurse Ende 1999 und das außergewöhnlich hohe Niveau von Herbst 1999 bis etwa Sommer 2000 ist später als Blase

(„bubble“) bezeichnet worden. Dies wäre bei Verwendung eines Internet-Index noch deutlicher ausgefallen.

Die Auktionen in Großbritannien und Deutschland erfolgten also zeitlich noch auf dem Höhepunkt dieser Blase. Vorausgegangen war ein Jahrzehnt einer Mobilfunk-Erfolgsgeschichte mit zum Teil extrem hohen Wachstumsraten in vielen europäischen Ländern. Gerade gegen Ende der 90er Jahre gab es noch einmal einen starken Anstieg der Penetrationsraten (vgl. Kapitel 1).

Zusätzlich gab es eine generelle Interneteuphorie, die in diesen Jahren zahlreiche überoptimistische Fehleinschätzungen erzeugte. Dies wurde später als Internethype charakterisiert und ist insbesondere im Hinblick auf die Kapitalmärkte und das Investorenverhalten relevant. Zum damaligen Zeitpunkt waren Investorenmittel für Mobilfunk- und Internetprojekte reichlich vorhanden.

Der Zeitpunkt der Auktionen dürfte einen wesentlichen Teil der außerordentlich hohen Auktionsergebnisse und Lizenzgebühren in Großbritannien und Deutschland erklären. Vermutlich haben die meisten Unternehmen den Wert der Lizenzen deutlich überschätzt, insbesondere aber die Sieger, d.h. die Lizenznehmer.

Insofern die Industrieperspektiven in der Telekommunikation im Laufe der Jahre 2000 und 2001 realistischer wurden und die hohen Erlöse in Großbritannien und Deutschland als Ergebnis des Fluch des Gewinners interpretiert werden können, ist es nicht mehr gerechtfertigt, diese als ein Maßstab für andere Länder-Auktionen zu verwenden.

Als der Internet- und Mobilhype sowie der Überoptimismus verschwand und die Aktienkurse von Telekommunikationsfirmen fielen, fingen die Akteure in der Branche an, auch die UMTS-Lizenzen realistischer zu bewerten (möglicherweise im Laufe der Zeit zu pessimistisch).

Dies kann eventuell einen wesentlichen Teil der niedrigeren Resultate (z.B. in der Schweiz, Belgien, Griechenland, Dänemark) erklären. Der Auffassung, dass diese Auktionen Desaster gewesen seien und dies überwiegend auf ein falsches Auktionsdesign zurückgeführt werden könne, kann deshalb nicht zugestimmt werden. Diese geringen Erlöse dürften die Bewertung der UMTS-Lizenzen zum damaligen Zeitpunkt ganz gut widergespiegelt haben.

Die außerordentlich hohen Frequenzgebühren in Großbritannien schufen besondere Anreize für die Bieter in den nachfolgenden Ländern, sich mit der Höhe ihrer Gebote zurückzuhalten, d.h. downward bidding-Strategien zu verfolgen, und vielleicht auch kollusionsähnliche Verhaltensweisen anzustreben.

Es ist in gewisser Weise überraschend, dass die meisten „späteren“ Regulierungsbehörden (mit Ausnahme von Dänemark) immer noch auf das Englische Auktionsdesign vertrauten. Eher wären Sealed-Bid-Elemente angeraten gewesen wären (mindestens aus der fiskalischen Perspektive der jeweiligen Regierung). Ob auf diese Weise allerdings die generelle Effizienz verbessert worden wäre, bleibt dennoch fraglich.

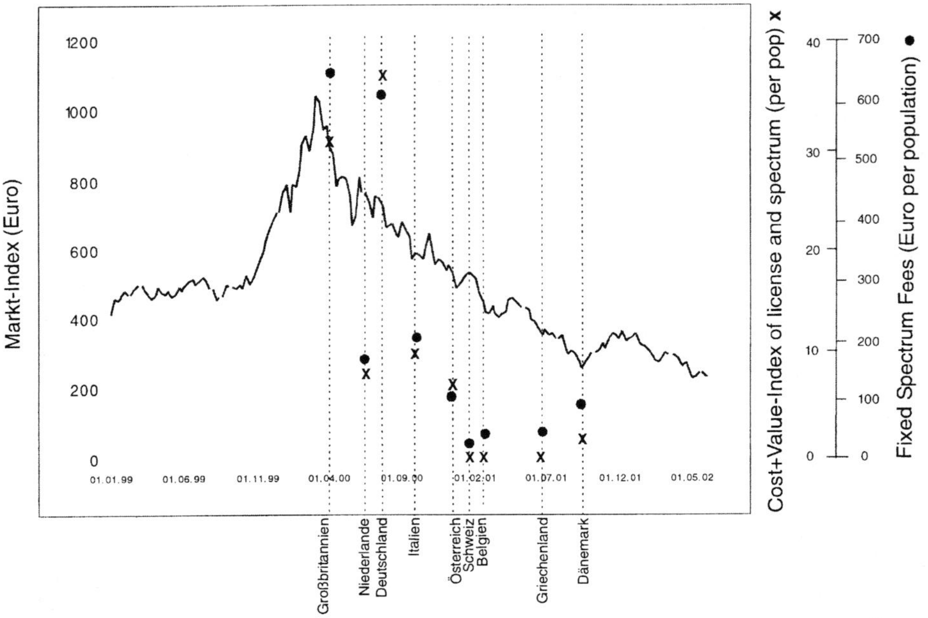

Abb. 4.6: UMTS Lizenzvergabe in Europa und Telekommunikationsaktienkurse[17]

9. Neue Anbieter im Mobilfunkmarkt

Es war ein Ziel von Regulierungsbehörden, mit UMTS neue Anbieter in die häufig relativ engen Mobilfunkmärkte (meist nur drei Anbieter) zu bringen. Insofern kann es auch als Kriterium für die Auktionen verwendet werden.

Allerdings befinden sich die Faktoren, die für Newcomer Anreize schaffen, in einen Markt einzutreten, oft nicht in der Hand der Regulierungsbehörden. In Boomphasen sind eher Newcomer zu erwarten als in einer Rezession. Da die Auktionen in Großbritannien, Deutschland und den Niederlanden noch in der Hochphase der Telekommunikations-Märkte stattfanden, waren dort eher zahlungsbereite Newcomer zu erwarten als später, was für die erstgenannten beiden Länder auch zutrifft. Allerdings sind auch in anderen Ländern zusätzliche Anbieter in den Mobilfunkmarkt gekommen, z.B. in Österreich.

Großbritannien demonstrierte seine Präferenz für den Markteintritt neuer Anbieter explizit, indem es das wertvollste Frequenzpaket für einen Newcomer reservierte. Diese Regelung könnte als Subvention für einen Newcomer interpretiert werden, allerdings auch als legitimer Versuch, die Wettbewerbsnachteile von Newcomern gegenüber den Etablierten zu reduzieren. Die ökonomische Bewertung hängt im Wesentlichen von der „effizienten Marktstruktur“ ab, die einstweilen noch nicht bekannt ist.

17 Quelle für die Aktienkurse: Dow Jones Stoxx Telecom.

Ein weiterer, wesentlicher und zeitrelevanter Faktor für das Auftreten von Newcomern betrifft die veränderte Sichtweise bezüglich der Wettbewerbsverhältnisse zwischen GSM und UMTS. Während in den ersten Konzept-Phasen die Meinung vorherrschend war, dass UMTS einen ganz neuen Markt kreieren würde, änderte sich dies im Laufe der Zeit. Es wurde immer klarer, dass (mindestens in den ersten Jahren) die meisten Erlöse von denselben Diensten (insb. Sprache) kommen würden, die bereits in den existierenden GSM-Märkten vorhanden waren. Dies gilt insbesondere dann, wenn man die GSM-Erweiterung in Form von GPRS in Betracht zieht.

Ein UMTS-Betreiber ohne GSM-Netz (oder mindestens Zugang zu einem GSM-Netz), um eine regionale Funkversorgung außerhalb des UMTS-Netzes zu erreichen, und ohne eine vorhandene Kundenbasis würde in jedem Fall ganz erhebliche Wettbewerbsnachteile gegenüber den etablierten Mobilfunk-Netzbetreibern haben.

Die wirtschaftlichen Unterschiede zwischen Etablierten und Newcomern, die vorher genannt wurden (sowie die Relevanz der GSM-Kundenbasis für GSM), sind gravierender als ursprünglich (insb. von den Regulierungsbehörden) vermutet wurde. Dies ist erst im Laufe der Zeit deutlicher wahrgenommen worden. Unter diesen Umständen wurde es immer weniger wahrscheinlich, dass ernsthafte Newcomer über eine Lizenzauktion in den Markt eintreten.

In einigen Ländern werden die Newcomer-Probleme noch größer sein, entweder weil bereits vier oder mehr Mobilfunknetze den Markt versorgen (z.B. Niederlande, Großbritannien, Dänemark, Italien, Deutschland und Österreich) oder aufgrund einer spezifischen Markt Entwicklung wie in Österreich. Der letztkonzessionierte GSM-Anbieter *tele.ring* hat immer noch gravierende Erlösprobleme. Dies hat erstens mit der besonders späten Konzessionierung im Jahre 1999 zu tun.[18] Zweitens war der Markt in Österreich bereits besonders weitgehend gesättigt (hohe Penetrationsrate), und drittens herrscht ein intensiver Wettbewerb mit einem niedrigen Preisniveau. Unter solchen Bedingungen ist ein Markteintritt immer schwierig.

Das gilt auch für jeden UMTS-Newcomer. Diese werden außerdem davon ausgehen, dass jeder GSM-Etablierte für eine UMTS-Lizenz kämpfen würde, um sein bisheriges Geschäft und seine unternehmerische Zukunft zu verteidigen. Für diese sind ihre versunkenen Kosten in die bestehenden Netze hier nicht mehr entscheidungsrelevant (vgl. von Weizsäcker, 1980 und Vickers, 1989), anders als für die Newcomer, die die Investitionen erst tätigen müssen.

Insofern ist der ökonomische Wert einer UMTS-Lizenz in einem bestimmten Land für einen etablierten Anbieter weit höher als für einen Newcomer. Die Zahlungsbereitschaft der Newcomer ist damit ceteris paribus geringer.

Wenn Englische Auktionen verwendet werden, können die etablierten Anbieter die vorher genannten Vorteile in der Auktion nutzen und Newcomer vom Eintritt fernhalten. Diese würden genau dieses antizipieren und sich entsprechend verhalten.

18 *tele.ring* war damit der letzte GSM-Netzbetreiber in Europa, der noch ein vollständiges, flächendeckendes Netz aufgebaut hat.

Allerdings wurde dieser Effekt in vielen Ländern dadurch gemildert, dass die Zahl der UMTS-Lizenzen um eins größer war als die Zahl der bisherigen Anbieter auf dem Mobilfunkmarkt des betreffenden Landes (siehe Abb.4.5). Potenzielle Newcomer wurden so ermutigt, an der Auktion teilzunehmen, da auch ihre Rivalen um einen „freien" Platz Newcomer waren.

In Deutschland und Österreich, wo die Zahl der Lizenzen endogen bestimmt wurde, dürften die potenziellen Newcomer erwartet haben, dass die Etablierten nicht all zu viel Kosten (in Form hoher Auktionsgebote) aufwenden würden, um Konkurrenten fernzuhalten, da sie auf diese Weise die Marktstruktur nicht wirklich substanziell verändern könnten.

Das Design in Deutschland und Österreich ließ es wie gesagt zu, dass zwei Newcomer Lizenzen erwerben konnten. Dies wurde im Vorfeld im Wesentlichen damit kritisiert, dass die Incumbents es schaffen würden, die Newcomer aus dem Markt fernzuhalten (vgl. Jehiel und Molduvanu, 2000). Falls diese Überlegungen theoretisch überzeugend gewesen sein sollten, wurden sie jedenfalls durch die Realität falsifiziert.

10. Spezifika in den ersten großen Ländern

Abbildung 4.5 zeigt, dass die signifikantesten Unterschiede in den Spektrumpreisen zwischen Großbritannien und Deutschland einerseits und dem Rest der europäischen Länder andererseits bestanden. Dies hat (außer mit den bereits genannten Gründen) auch mit der spezifischen Größe dieser Länder und ihrer Bedeutung für einen „paneuropäischen Mobilfunkmarkt" zu tun. Großbritannien und Deutschland wurden als zwei von sehr wenigen europäischen Kernländern betrachtet, in denen ein Unternehmen präsent sein müsste, falls es ein europäisches (oder gar weltweites) Mobilfunk-Unternehmen werden wollte.[19]

Da Großbritannien und Deutschland zu den ersten Auktionsländern gehörten, hatten einige Unternehmen Anreize zu demonstrieren, dass sie eine führende Rolle im europäischen Mobilfunk spielen wollten. Insofern können ihre hohen Gebote bzw. ihr langes Verbleiben im Bietprozess als bewusstes Signalisieren dieser Strategie interpretiert werden.

Ihre Gebote reflektierten vermutlich die Erwartungen, dass ein signifikanter „first winner advantage" bestehen würde, insbesondere in Bezug auf Länder, in denen UMTS-Lizenzen vergeben werden sollten. Diese Erwartung kann sowohl für folgende Auktionen relevant gewesen sein als auch in Bezug auf Länder, die Auswahlverfahren vornahmen. Dort waren die Lizenzen nämlich vergleichsweise billig. Sie haben möglicherweise angenommen, dass diejenigen, die bereits in Auktionsländern gewonnen hatten, als „gesetzte" UMTS-Anwärter betrachtet werden würden.

In Deutschland sind die GSM-Marktführer *Vodafone* und *T-Mobile* dafür kritisiert worden, dass sie versucht hätten, Newcomer aus dem Markt herauszuhalten. Es ist jedoch

19 Die meisten anderen großen Ländern in Europa verwendeten keine Auktionen, sondern Kriterienauswahlverfahren (außer Italien).

fraglich, ob ihr Bietverhalten tatsächlich im Wesentlichen durch Marktstrukturziele bestimmt gewesen ist. Dies erscheint nicht sehr überzeugend, wenn ihre außerordentlich starke Marktposition in Relation zu der der potenziellen Newcomer in Betracht gezogen wird. Plausibler ist die Absicht, das volle Paket von 2x15 MHz an Spektrum zu erhalten, was in anderen europäischen Ländern als eine wesentliche Voraussetzung für guten Service, Qualität und Kosteneffizienz angesehen wurde.

Erstaunlicher ist das Bietverhalten (8,5 Mrd. Euro für nur 2x10 MHz UMTS-Spektrum und mit fünf zukünftigen Wettbewerbern) der zwei verbliebenden Newcomer in den Endrunden der UMTS-Auktion (nämlich *France Telecom/Mobilcom* und *Telefonica/Sonera*). Sie wussten, dass sie völlig neue Netze und eine Kundenbasis erst würden aufbauen müssen. Hier ist der Fluch des Gewinners noch extremer. Dies kann wahrscheinlich nur durch die damalige Hypesituation erklärt werden.

II. UMTS-Konzessionierung und Regulierung in Österreich

In Österreich wurden die UMTS-Lizenzen und Frequenzen durch eine Auktion vergeben, nachdem die Lizenzen vorher mit bestimmten Auflagen (z.B. Versorgungsgrad) und Rechten (z.B. National Roaming) versehen wurden. Letzteres wird weiter unten erörtert.

1. UMTS-Auktionen in Österreich

a) Regeln

Die für UMTS verfügbaren Frequenzen waren in Österreich die gleichen wie in anderen Ländern, nämlich 2x60 MHz gepaart (uplink/downlink) und 25 MHz ungepaart, also insgesamt 145 MHz. Die internationale Standardisierung basiert auf gepaarten Fünferblöcken (also 2 x 5 MHz), wobei für die UMTS-Funktionalität mindestens zwei solcher Blöcke erforderlich sind.[20] Eine höhere Qualität kann allerdings mit drei Blöcken erreicht werden.

Es ist von der Regulierungsbehörde sowohl darauf verzichtet worden, die bestehenden GSM-Betreiber exklusiv zu prädesignieren, als auch darauf, diese (wie in Großbritannien) zu benachteiligen. Die etablierten Betreiber und die potenziellen Newcomer wurden bei UMTS grundsätzlich symmetrisch behandelt (außer bezüglich 2G-3G-Roaming, siehe unten).

20 Zwei gepaarte Frequenzpakete sind nötig, um eine max. Datenrate von 384 kBit/s bei einer Zellgröße von etwa 1 km zu übertragen (vgl. FMK, 2003, S. 25). Dabei kann die Kommunikation zu Fahrzeugen bis zu einer Geschwindigkeit von 129 km/h gewährleistet werden. Das ungepaarte Frequenzpaket wird in Picozellen (sehr kleine Funkzellen mit sehr hohen Datenraten von bis zu 2 Mbit/s) bei einem Radius von 60 m eingesetzt.

Das Auktionsverfahren entsprach weitgehend dem deutschen Design. Die Regulierungsbehörde hat die Zahl der UMTS-Konzessionen bzw. Netzbetreiber nicht a priori festgelegt, sondern dies den Auktionsprozessen überlassen.

Es wurden in der ersten Stufe zwölf Blöcke mit jeweils 2x5 MHz für den gepaarten und in der zweiten Stufe fünf Blöcke von je 5 MHz für den ungepaarten Bereich versteigert. Es wurde je Stufe eine simultane Englische Auktion durchgeführt, d.h. alle 12 Pakete wurden in einem einzigen Auktionsprozess vergeben. Dabei durfte in der ersten Stufe jeder Lizenzbewerber mindestens zwei und höchstens drei Pakete ersteigern. Bei dem gewählten Auktionsverfahren hätten also vier, fünf oder sechs Betreiber Lizenzpakete erhalten können.

Mit der simultanen Englischen Auktion ist die Regulierungsbehörde das Risiko eingegangen, dass die bestehenden GSM-Betreiber das Neuhinzukommen weiterer Netzbetreiber verhindern. Dies wäre bei der Englischen Auktion möglich gewesen, wenn die Zahlungsbereitschaft für eine solche marktstrategische Zielsetzung hoch genug gewesen wäre. Allerdings wäre dann die Zahl der UMTS-Betreiber immer noch ebenso hoch gewesen wie das in anderen Ländern a priori festgelegt wurde (vgl. Abb. 4.5, § 4, II.) nämlich vier mit jeweils drei Frequenzpaketen.

b) Verlauf und Ergebnisse der Auktion und Bewertungen

Es wurden relativ hohe Mindestgebote[21] für die UMTS-Lizenzen in Österreich festgesetzt. Die Auktion fand Anfang November 2000 statt und war bereits nach zwei Tagen beendet. Die Abb. 4.7 gibt einen Überblick über die Ergebnisse (vgl. FMK, 2003):

	Anzahl der gepaarten Frequenzpakete	Lizenz-Gebühren in Mio. Euro	Anzahl der ungepaarten Frequenzpakete	Lizenz-Gebühren in Mio. Euro	Summe der Lizenz-Gebühren Mio. Euro
Mobilkom	2	121	2	50	171
T-Mobile	2	120	2	51	171
One	2	120	0		120
tele.ring	2	113	0		113
Hutchison 3G	2	114	1	25	139
3G Mobile (Telefonica)	2	118	0		118
Summe	12	706	5	126	832

Abb. 4.7: Überblick über die Ergebnisse

Bei der Auktion ist also die maximale Zahl von sechs Konzessionen erreicht worden. Damit sind Österreich und Deutschland die einzigen Länder, in denen sechs UMTS-Betreiber lizenziert wurden (vgl. Abb. 4.5).

21 Das Mindestgebot für ein Frequenzpaket zu 2x5 MHz aus dem gepaarten Bereich betrug 50,87 Mio. Euro, für ein Paket zu 1x5 MHz aus dem ungepaarten Bereich 25,44 Mio. Euro.

Dass die Zahl der Konzessionen nicht kleiner war, hat nicht nur mit den positiven Erwartungen der beiden Newcomer zu tun, sondern auch mit der Tatsache, dass die etablierten Netzbetreiber (möglicherweise auch nach den Erfahrungen in Deutschland) eine Entry-Block-Strategie nicht als lohnend betrachtet haben. Dies dürfte auch mit den geringen Renten zusammenhängen, die der Markt bisher wettbewerbsbedingt erzeugt hatte und für die Zukunft (bei UMTS) erwarten ließ.

Betrachten wir zur Verdeutlichung den Extremfall eines bisherigen Monopolisten. Wenn dieser an einer Frequenzauktion teilnimmt, die über die zukünftigen Anbieterzahlen entscheidet, wird er durch hohe Gebote viele (im Extremfall alle) Frequenzen erwerben, wenn die Auktionsregeln dies zulassen, um seine Monopolrenten zu verteidigen.[22]

Ein ähnlicher Effekt (wenngleich weniger sicher) könnte in einer kollusiven Oligopolsituation eintreten, wenn die Anbieter ihre Extragewinne aufgrund überhöhter Preise verteidigen wollen. Es wäre dabei jedoch höchst unsicher, ob dies gelingen würde, da für solche Aktivitäten erhebliche Kollektivgutprobleme zwischen den Anbietern bestehen.

Wenn jedoch die Preise ohnehin auf einem kompetitiven Niveau sind (und keine Extragewinne anfallen), besteht auch kein signifikantes Interesse an (möglicherweise teuren) „Investitionen in die Marktstruktur". Außerdem galten die beiden Newcomer *Hutchison* und *3G Mobile* (*Telefonica*) als strategisch entschlossen und finanzkräftig genug, UMTS-Lizenzen in Österreich zu erwerben.

c) Höhe der Frequenzerlöse

Nach der Auktion ist kritisiert worden, dass die Frequenzerlöse nicht den Erwartungen entsprochen hätten, die durch die Auktionen in Großbritannien und Deutschland entstanden waren. Dabei ist zunächst festzuhalten, dass die österreichischen Frequenzgebühren international gesehen keineswegs besonders niedrig waren. Die Abb. 4.5, Spalte 7 zeigt, dass die staatlichen Erlöse von 103 Euro pro Einwohner in Österreich im europäischen Vergleich im oberen Bereich liegen, vor allem, wenn man die „Ausreißer" Großbritannien und Deutschland außer Betracht lässt. Dies wird noch deutlicher, wenn der Index in Spalte 8 zugrundegelegt wird, der die Zahl der Konzessionen einbezieht.

Darüber hinaus kommen zur Erklärung des Ergebnisses mehrere Gründe in Betracht: Erstens die vorher genannte geringe Zahlungsbereitschaft der etablierten Betreiber für eine (auktionstechnisch mögliche) Errichtung strategischer Markteintrittsbarrieren gegen neue Anbieter im Mobilfunkmarkt und zweitens der für die Netzbetreiber glückliche Umstand, dass schon früh in der Auktion nicht mehr als zwei Newcomer um die beiden maximal freien Plätze konkurrierten.

Drittens spielt die zeitliche Reihenfolge eine Rolle, d.h. die vorangegangenen Erfahrungen in anderen Ländern, insbesondere in Großbritannien und Deutschland. Nach diesen Auktionen mit außerordentlich hohen Frequenz-Gebühren breitete sich in der europäi-

---

22 Aus diesem Grunde würde eine Regulierungsbehörde in einem solchen Fall vermutlich keine Englische Auktion verwenden, sondern eine verdeckte Auktion.

schen Mobilfunkbranche die Einschätzung aus, dass einige Erwerber dem Fluch des Gewinners anheim gefallen waren. Hierzu trug insbesondere die Erfahrung aus Deutschland bei, wo wenige Monate vorher mit gleichem Auktionsdesign die Konzessionäre bestimmt wurden. Dort kostete allein der Versuch der beiden großen GSM-Netzbetreiber, noch in der dritten Woche eine sechste Lizenz zu verhindern und selbst drei Frequenzpakete zu erwerben, die Betreiber insgesamt etwa 15 Mrd. Euro, ohne dass das Ziel erreicht worden wäre.

2. Regulierung bei UMTS

a) Versorgungsgrad

In Österreich ist die UMTS-Konzession mit der Verpflichtung zu bestimmten Versorgungsgraden (definiert als Anteil der versorgten ansässigen Bevölkerung an der gesamten ansässigen Bevölkerung) verbunden. UMTS-Dienste sind mit folgenden Versorgungsgraden kommerziell anzubieten: Spätestens am 31. Dezember 2003 mit 25 Prozent Versorgungsgrad; spätestens am 31. Dezember 2005 mit 50 Prozent Versorgungsgrad. In den versorgten Gebieten ist ein Trägerdienst mit einer Datenrate von mindestens 144 kbit/s anzubieten. Der genannte Versorgungsgrad ist mittels selbst betriebenem Netz zu erfüllen, also ohne Berücksichtigung der Flächendeckung durch National Roaming.

b) National roaming 3G-3G

In den Konzessionsurkunden ist explizit festgelegt, dass der Konzessionär privatrechtliche National-Roaming-Verträge mit anderen UMTS-Betreibern (3G-3G) abschließen darf. Eine rechtliche Verpflichtung besteht jedoch nicht, die Regulierungsbehörde kann keinen Netzbetreiber dazu zwingen.

Roaming-Verträge sind aber nur dann zulässig, wenn damit Gebiete abgedeckt werden sollen, die über die konzessionsbedingte Versorgungspflicht hinausgehen, die mit eigenen Netzen sichergestellt werden muss.

National Roaming zwischen Netzbetreibern ist gelegentlich als potenzielles Instrument der Wettbewerbsbeschränkung betrachtet worden. Überwiegend wird darin jedoch (speziell für die Anfangsphase neuer Netze und Dienste) ein Instrument gesehen, die universelle Verfügbarkeit für die Kunden in allen Regionen möglichst schnell zu erreichen.[23]

Die Ermöglichung von National Roaming unter den UMTS-Netzbetreibern ist ökonomisch zweckmäßig und unter den hier genannten Bedingungen generell wettbewerbspolitisch unproblematisch.

---

23 Dies gilt auch für UMTS, da Erlöse aus National Roaming Anreize für die Versorgung auch von Nicht-Ballungsgebieten schaffen.

c) National Roaming 3G-2G

Ein neueintretender Wettbewerber mit einer UMTS-Konzession, der über kein GSM-Netz verfügt, hat das Recht, National Roaming bei einem GSM-900- oder GSM-1800-Betreiber zu verlangen, wenn er einen Versorgungsgrad von 20 Prozent erreicht hat. Dies ist für eine Zeit von vier Jahren zu gewähren, wobei der Roaming-Umfang mit den selbst erbrachten Leistungen des 2G-Betreibers identisch sein muss. Die Konditionen sind den Verhandlungen der beiden Netzbetreiber überlassen. Im Streitfall entscheidet die Regulierungsbehörde.

Eine regulatorische Verpflichtung der vier 2G-Betreiber, dem neuen 3G-Konzessionär *Hutchison 3G*, der nicht über ein eigenes GSM-Mobilnetz verfügt, 2G-Nutzungsmöglichkeiten zu bieten, ist darauf angelegt, dessen Wettbewerbsnachteil zu verkleinern.

Mobilkom hat im September 2002 mit *Hutchison 3G Austria* einen National-Roaming-Vertrag geschlossen, um den zukünftigen Hutchison-Kunden im Bereich der GSM-Telefonie und des GSM/GPRS Datenverkehrs die Nutzung des A1-Netzes von *Mobilkom* außerhalb der *Hutchison*-UMTS-Versorgung zu ermöglichen.

d) Infrastruktur-Sharing

Unter Infrastruktur-Sharing (IS) versteht man die gemeinsame Nutzung von Netzelementen durch zwei oder mehrere Netzbetreiber. Dies betrifft insbesondere das RAN, das aufgrund der kleinzelligen Struktur von UMTS besonders kostenintensiv ist. In Anbetracht des geringeren Verkehrsvolumens gilt dies vor allem für ländliche Gebiete. Insofern ist Infrastruktur-Sharing volkswirtschaftlich positiv zu bewerten (vgl. Kruse, 2002).

Wettbewerbspolitische Probleme könnten entstehen, wenn Netzelemente durch IS koordiniert werden, die die wettbewerbliche Unabhängigkeit am Markt beeinträchtigen können. Dies betrifft insbesondere das Core Network (Kernnetz).

Auf dieser Linie liegt auch die Position der RTR (vgl. RTR, Positionspapier, 28.1.2002). Sie erlaubt nicht nur die gemeinsame Nutzung der Standorte (Masten, Antennen, Kabel). In Österreich müssen - rechtlich erzwingbar - die Eigentümer eines Antennenstandortes dessen Mitbenutzung anderen Konzessionären gestatten, sofern dies technisch möglich ist.

Eine gemeinsame Nutzung von Node-B, die das Senden und Empfangen von Nutzdaten erledigen, ist zulässig, wenn die Node-B-Funktionalitäten logisch getrennt sind, d.h. wenn jeder Netzbetreiber seine eigene Funktionsherrschaft behält. Das Gleiche gilt für RNC-Sharing, also für die gemeinsame Nutzung der Steuerungselemente für die Funkabwicklung.

Dagegen ist das Zusammenlegen von Frequenzen (Frequenz-Pooling) nicht zulässig. Außerdem ist das Core-Network-Sharing nicht gestattet.

3. Fazit

Seit der UMTS-Lizenzvergabe im November 2000 sind die Erwartungen im Mobilfunksektor ebenso wie in der allgemeinen Telekommunikation wesentlich skeptischer geworden. Entsprechend sind die Kapitalmarktbewertungen für Mobilfunk-Unternehmen und deren spezifische Aktiva (wie Lizenzen und Frequenzen) deutlich zurückgegangen. Dies gilt für zahlreiche europäische Länder.

Das spanische Telekommunikations-Unternehmen *Telefonica* hat in einer ganzen Reihe von Ländern UMTS-Lizenzen erworben (vgl. Kap. 1). Aufgrund der veränderten Bewertungen lässt es diese jedoch in verschiedenen Ländern ungenutzt, schreibt die zum Teil beträchtlichen Lizenz-Investitionen zwangsläufig auf null ab und baut keine Netze auf. Dies gilt u.a. auch für Österreich, Deutschland und die Schweiz.

Der andere österreichische UMTS-Newcomer *Hutchison* hingegen baut sowohl in Österreich als auch in einigen anderen Ländern UMTS-Netze auf und wird als Mobilfunk-Anbieter neu auf den österreichischen Markt kommen. Die Kapitalkraft des Unternehmens und seine Präsenz in anderen europäischen Ländern lässt erwarten, dass damit ein weiterer starker Spieler auf den österreichischen Mobilfunkmarkt kommt.

In Österreich stehen damit bei UMTS fünf unabhängige Mobilfunknetze in Konkurrenz zueinander. Dies ist für ein vergleichsweise kleines Land von acht Millionen Einwohnern eine hohe Zahl, die einen intensiven Wettbewerb erwarten lässt.

§ 3: Wettbewerbsperspektiven bei UMTS

Für die Prognose des zukünftigen Wettbewerbs kann bezüglich des theoretischen Backgrounds auf Kapitel 2 verwiesen werden. Die dortigen Strukturfaktoren werden hier auf den künftigen österreichischen UMTS-Markt angewendet, in Abb. 4.8 zusammengefasst und der früheren Bewertung von GSM gegenübergestellt.

I. Anbieterzahl, Symmetrie und Markteintrittsbarrieren

1. Anbieterzahl

Es wurden sechs UMTS-Konzessionen vergeben. Allerdings bauen von den Konzessionsnehmern nur fünf tatsächlich ein Netz auf. Dies ist jedoch immer noch im internationalen Vergleich eine hohe Zahl (vgl. Abb. 4.5), insbesondere wenn man das relativ geringe Volumen des österreichischen Marktes (acht Mio. Einwohner) in Betracht zieht.[24]

24 Im (gemessen an der Bevölkerung) etwa zehnmal größeren deutschen Markt kann man nur von vier Betreibern ausgehen, da die anderen beiden ebenfalls kein Netz aufbauen und ihre Lizenzen zurückfallen.

Hinzu kommt *Tele2*, das als MVNO als zusätzlicher unabhängiger Mobilfunkanbieter anzusehen ist.

Somit werden sechs Betreiber im Wettbewerb stehen. Von der Zahl der Anbieter her sind also keine wettbewerbsbeschränkenden Effekte zu erwarten, unter den spezifischen Bedingungen des Mobilfunks eher im Gegenteil.

2. Symmetrie

Die Symmetrie der Anbieter ist zukünftig bei UMTS noch geringer als schon bei GSM. Zusätzlich zu den schon bestehenden Unterschieden zwischen den vier GSM-Netzbetreibern (bezüglich Marktanteil, Kundenstruktur, Kostenstruktur etc.) kommt hinzu, dass sowohl *Hutchison* als auch *Tele2* sich davon in verschiedener Hinsicht deutlich unterscheiden.

Hutchison agiert bei GSM als Roaming-Partner von *Mobilkom*, während *Tele2* als MVNO auf dem *One*-Netz operiert. Beide verfügen noch über keinen nennenswerten Kundenstamm, sind aber in hohem Maße darauf angewiesen, schnell Teilnehmer zu gewinnen, um ihre skalenbedingten Kostennachteile zu verringern.

Allein die Asymmetrie zwischen den sechs Anbietern (im Zusammenhang mit den spezifischen Kostenfaktoren spricht für eine hohe Wettbewerbsintensität.

3. Markteintrittsbarrieren

In Österreich entfällt durch das neue TKG seit August 2003 die Konzessionierungspflicht. Damit entfällt auch die Konzessionierung als institutionelle Markteintrittsbarriere. Eine solche besteht zwar grundsätzlich noch durch die Frequenzvergabe, ist jedoch aus mehreren Gründen deutlich weniger restriktiv und ökonomisch weniger bedeutsam als in der Vergangenheit. Erstens wird in der Zukunft der Handel mit Frequenzen erlaubt sein, wenngleich vermutlich nur intramodal, also im Rahmen der Frequenzallokation im Mobilfunk insgesamt.

Andererseits könnte sich eine rechtliche Markteintrittsmöglichkeit aus der Tatsache ergeben, dass die Konzession und die zugeteilten Frequenzen von *Telefonica* am Anfang des Jahres 2004 an die Regulierungsbehörde zurückfallen werden, da *Telefonica* seine Versorgungsauflagen aus der Konzession nicht erfüllt. Die Frequenzen können grundsätzlich entweder an die vorhandenen Mobilfunknetzbetreiber verteilt werden, wofür bei der absehbaren Marktlage viel spricht, oder für einen Frequenzhandel freigegeben werden. Sie könnten jedoch auch - sofort oder später - an einen weiteren Newcomer vergeben werden. Mindestens müssen die jetzigen Anbieter mit dieser Möglichkeit rechnen, was eine etwaige Kollusionsneigung reduzieren würde.

Eine weitere deutliche Senkung der Eintrittsbarrieren im österreichischen Mobilfunkmarkt folgt aus der Chance, als MVNO einzutreten. Der Fall *Tele2* hat gezeigt, dass dies rechtlich und tatsächlich möglich ist. Auf jeden Fall müssen die aktuellen Anbieter dies in Betracht ziehen.

II. *Kostenstruktur*

1. Fixkosten

Die Kostenstruktur ist auch bei UMTS durch eine hohe Fixkostenintensität des Netzbetriebs geprägt, d.h. für den telekommunikativen Teil des Angebotes an die Kunden.[25]

Hinzu kommt, dass die Konzessionsgebühren für die Netzbetreiber ebenfalls Fixkosten darstellen. Die Konzessionsgebühren an den Staat sind bereits gezahlt und müssen ebenso wie die Investitionen in die Netzinfrastruktur durch Deckungsbeiträge aus dem laufenden Betrieb amortisiert werden.

Die hohen Fixkosten sorgen für starke Mengensteigerungs- und Preissenkungsanreize und somit für eine hohe Wettbewerbsintensität.

2. Irreversible Kosten

Sowohl die Investitionen in die Netzinfrastruktur als auch diejenigen in die Konzessionsgebühren (Frequenzgebühren) des Staates sind nicht nur fix, sondern auch irreversibel.[26]

Die Irreversibilität der Investitionen bewirkt eine hohe Marktaustrittsbarriere und erhöht den Druck auf Unternehmen, die gegenwärtig nicht kostendeckend arbeiten, durch aktiven Parametereinsatz (z.B. Preissenkungen) die Absatzmengen zu erhöhen, um Deckungsbeiträge zu generieren.

III. Elastizität der Nachfragefunktion, Homogenität und Markttransparenz

1. Nachfrage-Elastizität

Die Elastizität der Marktnachfrage wird bei UMTS vermutlich von Beginn an sehr hoch sein. Für die normale Sprachkommunikation werden die GSM-Netze als Substitutionskonkurrenz weiterhin vorhanden sein.

Die UMTS-Datendienste und Inhalte sind noch nicht gut entwickelt. Ihr Nutzen muss den Kunden erst vermittelt werden. Bis auf einige Pioniernutzer wird dies vermutlich nur gelingen, wenn die Preise moderat sind. Die Betreiber werden ihr UMTS-Angebot nur dann in den erforderlichen Mengen absetzen können, wenn der Preisabstand zu GSM nicht allzu groß ist.

---

25 Letztere Einschränkung ist nur relevant, wenn man davon ausgeht, dass bei UMTS Dienste und Inhalte von Dritten eine große Rolle spielen werden.

26 Für die Frequenzgebühren gilt die unternehmensspezifische Irreversibilität nicht mehr, wenn die Frequenzen handelbar sind, das heißt wenn sie bei einem Marktaustritt liquidiert werden können. Welcher Preis dabei erzielbar ist, hängt wesentlich vom Grund des Marktaustritt (Unternehmens- oder Markt-Probleme) ab.

Zwischen GSM und UMTS handelt es sich um eine asymmetrische Substitutionsbeziehung. UMTS weist eine größere Funktionalität, größere Bandbreiten etc. auf als GSM. Somit kann UMTS die bisherigen GSM-Dienste (also insbesondere Sprachtelefonie, sowie bei GPRS Datendienste) substituieren, aber nicht umgekehrt (bzw. nur partiell).

Ob das superiore Gut UMTS das in diesem Sinne inferiore Gut GSM im großen Umfang substituieren oder gar verdrängen wird, hängt entscheidend davon ab, zu welchem Preis es angeboten wird und wie hoch die Zahlungsbereitschaft der Kunden sein wird.

Außerdem besteht eine Substitutionskonkurrenz zwischen UMTS und Wireless-LAN. Die hohe Elastizität der Marktnachfragefunktion ist für die absehbare Zukunft einer der ganz wesentlichen Faktoren für eine hohe Wettbewerbsintensität.

2. Homogenität

Für den telekommunikativen Teil und damit auch für die Sprachdienste werden die UMTS-Angebote ähnlich homogen sein wie bei GSM. Dies liegt einerseits an der hohen technischen Standardisierung und andererseits an den Konzessionsvorgaben (Versorgungsgrad etc.) der Regulierungsbehörde.

Bezüglich der Dienste und Inhalte, die von Dritten angeboten werden, können die UMTS-Angebote der einzelnen Betreiber durchaus unterschiedlich sein, wenn sich exklusive Beziehungen zwischen Inhalteanbietern und Netzbetreibern herausbilden. Wenn dies nicht der Fall ist und die externen Inhalte über alle Netze vermarktet werden, besteht auch diesbezüglich Homogenität. Heterogene Produkte bestehen dann nur bezüglich derjenigen Dienste, die die Netzbetreiber selbst anbieten.

Die Homogenität der Angebote der Konzessionäre wird also davon abhängen, welche Relevanz und welchen Differenzierungsgrad die netzbetreibereigenen Dienste aufweisen und in welchem Umfang sich exklusive Vermarktungsbeziehungen für attraktive Inhalte herausbilden werden.

3. Markttransparenz

Auch zukünftig dürfte gelten, dass der Mobilfunk ein Trendprodukt ist und sehr viel Medienaufmerksamkeit erfahren wird, was vermutlich ebenso wie bei GSM mit regelmäßigen Preisvergleichen verbunden sein dürfte. Eine gewisse Einschränkung der vertikalen Markttransparenz könnte sich ebenso wie bei GSM durch die große Zahl unterschiedlicher Tarife ergeben, die jeweils mehrere Preiskomponenten (Grundgebühr, Gesprächspreise in diverse Zielnetze zu unterschiedlichen Zeiten, Roaming etc.) enthalten.

4. Wechselkosten

Da es sich bei UMTS um ein neues Produkt handelt, bei dem die Netzbetreiber noch keine Altkunden haben, sind Wechselkosten noch auf längere Zeit für die Preispolitik der Anbieter weniger relevant. Außerdem gilt die MNP (Mobilfunknummernportabilität) auch für UMTS-Netze, sodass die Wechselkosten relativ gering sein werden.

IV. Unsicherheit und vertikale Struktur

1. Unsicherheit

Die technischen und die wirtschaftlichen Bedingungen sind in der UMTS-Welt wesentlich unsicherer und ergebnisoffener als in der GSM-Welt der 90er Jahre. Die Konvergenz der klassischen Telekommunikationsdienste mit dem Internet, sowie mit breitbandigen Diensten und mit Inhalten, die bisher über die konventionellen audiovisuellen Medien-Strukturen vermarktet wurden, bringt zahlreiche Strategieoptionen und damit auch Fehlermöglichkeiten mit sich.

Die technische und wirtschaftliche Dynamik und die damit einhergehende Unsicherheit für die Netzbetreiber werden also in der UMTS-Welt deutlich höher sein als bei GSM, was ebenfalls für eine hohe Wettbewerbsintensität spricht.

Zahlreiche erfolgsrelevante Faktoren und Produkte (z.B. welche Dienste als Umsatztreiber und als Motive für Netzwechsel der Kunden wirken) werden sich erst im Zeitablauf herausbilden.

2. Vertikale Struktur

Die Unsicherheit gilt nicht nur für die horizontalen, sondern auch für die vertikalen Beziehungen. Dabei ist insbesondere zu berücksichtigen, dass die Struktur der Wertschöpfungsebenen bei UMTS differenzierter als bei GSM sein wird, wie in § 4, I. ausführlich erörtert wurde. Ein relevanter Teil der Gesamtumsätze wird an Inhalteanbieter fließen, von denen einige wenige über exzellente Erlösmöglichkeiten verfügen, da sie positionale Güter hoher Attraktivität anbieten.

Es entsteht eine zusätzliche vertikale Konkurrenzbeziehung zu Inhalteanbietern um Wertschöpfungsanteile. Die Struktur der Wertschöpfungsebenen wird bei UMTS differenzierter als bei GSM sein. Die Netzbetreiber werden eine geringere eigene Kontrolle darüber ausüben können.

V. Fazit zur zukünftigen Wettbewerbssituation im österreichischen Mobilfunk

Bereits der GSM-Mobilfunk ist in den letzten Jahren durch intensiven Wettbewerb geprägt, wie in den vorangegangenen Kapiteln dargelegt wurde. Nicht nur die industrieökonomischen Strukturfaktoren deuten auf eine hohe Wettbewerbsintensität hin (noch einmal aufgelistet in Abb. 4.8, Spalten b und c). Auch die tatsächlichen Verhaltensweisen der Netzbetreiber bestätigen die theoretisch erwartete Intensität des Wettbewerbs. Im Ergebnis wird dies durch die im internationalen Vergleich niedrigen österreichischen Mobilfunkpreise bestätigt.

Der Ausblick auf die UMTS-Welt lässt erwarten, dass der Wettbewerb noch intensiver wird. Die Faktoren sind in Abb. 4.8, Spalten d und e aufgelistet und den Bewertungen von GSM gegenübergestellt.

Die Anbieterzahl wird bei UMTS durch den Markteintritt von *Hutchison* um einen Netzbetreiber ansteigen. Hinzu kommt *Tele2* als MVNO. Da beide Newcomer sich von den Etablierten bezüglich ihrer Struktur und Interessenlage deutlich unterscheiden, ist die Symmetrie weiterhin gering.

Die Markteintrittsbarrieren sind nicht nur wegen der Zahl der Anbieter weniger relevant, sondern auch durch die zukünftigen Möglichkeiten von MVNO-Markteintritten und aufgrund verfügbarer UMTS-Frequenzen und Frequenzhandel. Auch die Kostenstruktur bei UMTS spricht wie bei GSM für intensiven Wettbewerb.

Die Elastizität der Marktnachfrage wird bei UMTS höher sein als bei GSM, unter anderem wegen der bestehenden Substitutions-Konkurrenz.

Homogenität und Markttransparenz sind weiterhin relativ hoch. Die Wechselkosten für Bestandkunden sinken durch MNP und sind bei UMTS über einige Zeit weniger relevant.

Die technische und wirtschaftliche Unsicherheit ist bei UMTS deutlich höher als bei GSM, was gegen Kollusion spricht. Die vertikalen Relationen zu Dienste- und Inhalte-Anbietern sind komplizierter und unsicherer.

Der Vergleich der beiden Spalten zeigt, dass die Strukturfaktoren bei UMTS insgesamt noch stärker für Wettbewerb im österreichischen Mobilfunk sprechen als schon bei GSM.

Der intensive Wettbewerb auf den Endkundenmärkten und die geringe Zahlungsbereitschaft der Kunden werden es vermutlich sehr schwer machen, die hohen versunkenen Investitionen in UMTS-Netze und Konzessionen durch Deckungsbeiträge in den nächsten Jahren zu amortisieren.

	Strukturfaktor	Bisher, GSM Wert	Relevanz für hohe (+) u. geringe (-) Wettbewerbs-intensität	Zukünftig, UMTS Wert	Relevanz für hohe (+) u. geringe (-) Wettbewerbs-intensität
	a	b	c	d	e
1	Anbieterzahl	4	o	5 +1	+
2	Symmetrie	gering	+	gering	+
3	Markteintrittsbarrieren	hoch	-	moderat	o
4	Fixkosten-Anteil	sehr hoch	+ +	sehr hoch	+ +
5	Irreversible Kosten	sehr hoch	+	sehr hoch	+
6	Elastizität der Marktnachfrage, incl. Substitutions-W.	eher hoch	+	sehr hoch	+ +
7	Homogenität	hoch	+	Tk: hoch Ih: mittel	+
8	Markttransparenz	relativ hoch	+	relativ hoch	+
9	Wechselkosten bei Bestandkunden	mittel	-	gering	+
10	Technische und wirtschaftliche Unsicherheit	mittel	+	hoch	++
11	Vertikale Sektorstruktur	voll VI		vertikale Ws-Kk	++
	Insgesamt		hoch		höher

Abb. 4.8: Strukturfaktoren der Wettbewerbsintensität bei UMTS in Österreich

5. Kapitel: Regulierung des Mobilfunks?

§ 1: Grundlagen

I. Einführung

Bevor einzelne Felder potenzieller Mobilfunkregulierung, die diskutiert oder bereits zur Anwendung kommen, genauer analysiert werden, ist es erforderlich, einige ordnungspolitische Grundlagen zu erörtern.

Grundsätzlich ist jeder Regulierungseingriff in einer marktwirtschaftlichen Ordnung ein Fremdkörper und mit einer Veränderung von Anreizstrukturen sowie mit Risiken von Ineffizienzen verbunden. Dies gilt vor allem, wenn die Probleme temporärer Art sind, die Regulierung aber langfristig angelegt ist. Dann werden im Laufe der Zeit in der Regel die Regulierungsvorteile geringer und die Regulierungsnachteile gravierender. Von politischen Instanzen wird dies häufig nicht hinreichend in den Blick genommen (vgl. z.B. Baldwin und Cave, 1999).

Zu den objektiven Schwierigkeiten jeder Regulierung kommen institutionelle Probleme hinzu. So sind regulierende Instanzen zum einen aufgrund ihrer bürokratischen Struktur anfällig für Fehlentscheidungen. Zum anderen wird auf Regulierungsentscheidungen unter Umständen politisch Einfluss genommen, wobei politische Interessen häufig von kurzfristigen Zielen bestimmt sind.

Temporäre und stärker noch dauerhafte Regulierungseingriffe bedürfen einer spezifischen ordnungspolitischen Legitimation, die eine theoretische und empirische Analyse des Sektors voraussetzt.

Erstens bedarf es des Nachweises eines systematischen Funktionsmangels. Dies erfordert nicht nur eine kurzfristige, sondern auch eine langfristige Analyse. Es ist konkret zu begründen, dass Wettbewerbsversagen vorliegt bzw. zukünftig zu erwarten ist. Dazu ist die Marktstruktur (Marktanteile, Markteintrittsbarrieren und andere Faktoren) und das Marktverhalten zu analysieren. Letztlich geht es hierbei um die Frage des Marktergebnisses, nämlich ob wesentliche Ineffizienzen entstehen.

Zweitens muss es für ein Problem auch Instrumente geben, die das Problem wirklich lösen, ohne dass Nebenwirkungen den eventuell positiven Effekt neutralisieren. Selbst wenn Wettbewerbsmängel vorliegen, ist nicht gesagt, dass auch geeignete Instrumente zu deren Behebung zur Verfügung stehen. Dies ist ein stark unterschätztes Problem im Kontext der Wettbewerbs- und Regulierungsdiskussion. Es erfordert also Kosten-Nutzen-Analysen von Instrumenten und Institutionen (vgl. auch Dixit, 1996).

Die ökonomischen Kriterien für Regulierungsbedarf sind eindeutig:[1] Dieser kann nur dann vorhanden sein, wenn als Folge der Kombination von Subadditivität (Natürliches Monopol) und hohen Markteintrittsbarrieren eine Monopolresistenz gegeben ist.[2] Eine daraus resultierende dauerhafte Monopolstellung eines Unternehmens führt dann im Zeitablauf zu verschiedenen technischen, allokativen und qualitativen Ineffizienzen.

Die Abb. 5.1 veranschaulicht die verschiedenen Kombinationen der genannten ordnungspolitischen Faktoren. Die horizontale Achse zeigt von links nach rechts ansteigende Skaleneffekte mit dem gekennzeichneten Bereich der Subadditivität. Die vertikale Achse beinhaltet die Höhe der Markteintrittsbarrieren (bzw. den Umfang der Marktirreversibilität).

Die Felder 1, 2, 4, 5, 7 und 8 repräsentieren Normalfälle funktionierenden Wettbewerbs in polypolistischen und oligopolistischen Märkten. Dabei sind die Märkte in Feld 7 und 8 (aufgrund der hohen Irreversibilität der Investitionen) durch höhere Investitionsrisiken der Unternehmen gekennzeichnet. Sie zeigen gegebenenfalls auch stärkere kurzfristige Abweichungen der Preise etc. vom längerfristigen Gleichgewicht und eventuell kurzfristige Anpassungsfriktionen.

In den Märkten der Felder 3, 6 und 9 ist Subadditivität gegeben. Feld 3 umfasst Natürliche Monopole, bei denen die Marktirreversibilität (und andere Markteintrittsbarrieren) gering sind. Dies bedeutet, dass potenzielle Konkurrenz entsprechende Disziplinierungswirkungen auf die Effizienz des Angebots entfaltet. Solche Märkte lassen keine dauerhaften Ineffizienzen erwarten und beinhalten keinen Regulierungsbedarf.

Das Feld 9 bezeichnet in der Kombination von Subadditivität und Marktirreversibilität den ordnungstheoretischen Kern des Monopolproblems. Das sind diejenigen Märkte, für die Resistenz besteht und damit grundsätzlich ein Regulierungsbedarf vorhanden sein kann.[3]

---

1 In einem allgemeineren Sinne kann ein Regulierungsbedarf auch durch Kollektivgutprobleme, externe Effekte oder Informationsprobleme entstehen (vgl. z.B. Fritsch, Wein und Ewers, 2003). Wir konzentrieren uns in unserer Analyse auf Regulierungsbedarf, der durch dauerhafte Monopole bzw. Marktmacht entsteht.

2 Entscheidend ist die Subadditivität der langfristigen Kostenstruktur. Sie ist dann gegeben, wenn ein bestimmter Output von einem einzelnen Betrieb zu geringeren Totalkosten produziert werden kann als von jeder größeren Zahl von Betrieben. Anders formuliert: Die Subadditivität der Totalkosten ist immer dann gegeben, wenn es nicht möglich ist, die Gesamtproduktion so auf zwei oder mehr Betriebe aufzuteilen, dass die Totalkosten niedriger sind als bei Produktion in einem Betrieb (vgl. auch Panzar, 1989).

3 Diese einfache Aussage erfordert jedoch einige Relativierungen. Je heterogener und differenzierter die Präferenzen der Kunden sind, umso wahrscheinlicher ist es, dass einem Newcomer mit einem alternativen Produkt ein profitabler Markteintritt gelingt. Eine ähnliche Relativierung ergibt sich bei technischem Fortschritt und/oder bei Nachfrageänderungen im Zeitablauf. Die Resistenz ist tendenziell umso geringer, je schneller sich die Technologien in Form von Produkt- und/oder Prozess-Innovationen und/oder die Nachfrage im Zeitablauf verändern. Außerdem können intersektorale Wirkungen die ordnungspolitische Bedeutung der Monopolresistenz relativieren. Angenommen, das Monopol hätte intermodale Konkurrenz von einer anderen Branche. Beispielsweise ste-

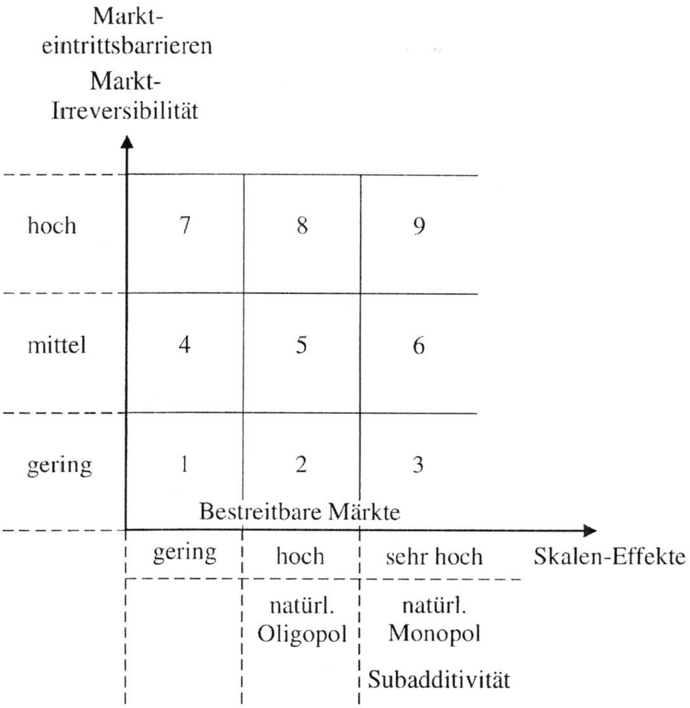

Abb. 5.1: Subadditivität und Markteintrittsbarrieren (Marktirreversibilität)

Im Telekommunikationsfestnetz fällt im Wesentlichen die Teilnehmeranschlussleitung (TAL) in Feld 9. Dies kann grundsätzlich die Regulierung sowohl der TAL-Miete als auch der Interconnection-Entgelte begründen. Ein Regulierungsbedarf gilt nicht für die überregionalen Übertragungswege, die keine subadditive Kostenfunktion aufweisen und (je nach Technik und Marktabgrenzung) auch nicht überwiegend marktirreversibel sind. Vor allem gilt es nicht für Fern- und Auslandsgespräche, die in Feld 1 der Abbildung 5.1 fallen (bei entsprechend regulierten Entgelten für Zuführung und Terminierung).

Aufgrund der relativ komplexen Struktur der etablierten Festnetzanbieter hat die Regulierung der TAL eine besondere Bedeutung, da die TAL einen monopolistischen Engpassbereich („Bottleneck") darstellt (vgl. Kruse und Haucap, 2002; sowie die Beiträge in Immenga et al., 2001). In einem solchen Fall ist in der Regel eine Zugangs- und

hen einige Verkehrs- und Versorgungs-Monopole in einem Substitutionswettbewerb mit Unternehmen anderer Branchen. Dies gilt z.B. für Eisenbahnen auf verschiedenen Personen- (zu Flugzeugen, Bussen und Kraftfahrzeugen) und Güterverkehrsmärkten (zu Lastkraftwagen und Binnenschiffen). Ein weiteres Beispiel sind Wärmemärkte, auf denen nicht nur monopolistische Industrien untereinander (Gas, Fernwärme, Elektrizität), sondern auch mit nicht-monopolistischen Energieträgern (Heizöl, Kohle) in Konkurrenz stehen.

Preisregulierung erforderlich, um funktionierenden Wettbewerb in vor- oder nachgelagerten Märkten zu ermöglichen.

Ein weniger striktes, aber für reale Fälle praktikableres Kriterium für ordnungspolitischen Handlungsbedarf ist die Abwesenheit funktionsfähigen Wettbewerbs. Dieser wird in der Ökonomie an der Erfüllung vorgegebener Ziele gemessen. Hierunter sind im Wesentlichen Effizienzziele zu verstehen.[4] Bei funktionsfähigem (bzw. funktionierendem) Wettbewerb (Felder 1 und 2 in Abb. 5.2) ist Effizienz zu erwarten. Es besteht somit kein Regulierungsbedarf.

Das Fehlen funktionsfähigen Wettbewerbs ist allerdings noch keine hinreichende Bedingung für einen Regulierungsbedarf. Bei niedrigen Markteintrittsbarrieren (im Idealfall bei einem bestreitbaren Markt) wäre nämlich dennoch Effizienz zu erwarten. Abbildung 5.2 zeigt, dass nur für Feld 4 ein Regulierungsbedarf begründbar ist.

	funktionsfähiger Wettbewerb	Kein funktionsfähiger Wettbewerb
Nicht-bestreitbarer Markt, hohe Markteintrittsbarrieren	2 z.B. Mobilfunk	4 z.B. Teilnehmeranschlussleitung
Bestreitbarer Markt, niedrige Markteintrittsbarrieren	1 z.B. Ferngespräche	3 z.B. Ortsgespräche

Abb. 5.2: Funktionsfähiger Wettbewerb und bestreitbarer Markt

Da im Telekommunikationsfestnetz einzelne Teilbereiche der Infrastruktur entweder (in langfristiger Betrachtung) resistente Monopole oder (darüber hinaus gehend nur in kurzfristiger Sicht) faktische Monopole waren, erforderte eine Liberalisierung zunächst eine spezifische Regulierung von bestimmten Elementen, wenn der diskriminierungsfreie Zugang zu den faktischen, monopolistischen Engpassbereichen sichergestellt werden soll.

Im Mobilfunk ist die Situation vollständig anders. Hier wurde von Anfang an bei der Liberalisierung, die in vielen Ländern mit der GSM-Einführung zusammenfiel (vgl. Kapitel 1), ein Infrastrukturwettbewerb auf der Basis physischer Netze induziert.[5] Die

4 Im Konzept von Kantzenbach (1967) sind fünf Funktionen genannt. Mit Ausnahme der „funktionellen Einkommensverteilung nach der Marktleistung" handelt es sich im Wesentlichen nur um eine andere Gliederung und Etikettierung verschiedener Arten von Effizienzzielen, nämlich „Angebot nach den Käuferpräferenzen", „Produktionsfaktoren in ihren produktivsten Einsatzmöglichkeiten", „flexible Anpassung der Produktion an exogene Datenänderungen", „Durchsetzung des technischen Fortschritts" (Formulierungen hier etwas verkürzt). Vgl. dazu auch Kruse (2003a).

5 Die ordnungspolitische Grundphilosophie der Liberalisierung im Mobilfunk und die seitherige Praxis ist, den Wettbewerb über die ganze Wertschöpfungstiefe zu installieren, d.h. sowohl bei

weiteren Anbieter waren ebenfalls netzbasiert und bis zum Endkundenvertrieb vertikal integriert. Insofern sind praktisch alle Regulierungsbegründungen aus dem Festnetzbereich im Mobilfunk irrelevant, da wegen der Duplizierung der Infrastruktur keine monopolistischen Engpassbereiche („Bottlenecks") vorhanden sind.

Die wichtigste Aufgabe einer staatlichen Regulierung im Mobilfunk besteht in der Sicherstellung eines volkswirtschaftlich effizienten Umgangs mit der knappen Ressource Frequenzen. Es soll hier nicht diskutiert werden, ob die Mobilfunk-Frequenzen in ökonomischer Sicht tatsächlich knapp sind oder ob die wahrgenommene Knappheit nur das Ergebnis einer in*ter*modal inadäquaten Frequenzallokation auf konkurrierende Nutzungsansprüche ist (vgl. Kruse, 2003b).

Die Gewährleistung einer ökonomisch effizienten in*tra*modalen Frequenzallokation wurde für die Regulierungsbehörden besonders schwierig, da von praktisch allen Beobachtern und Entscheidungsträgern in Unternehmen und Behörden die Wachstumsraten des Mobilfunks unterschätzt und die Skaleneffekte überschätzt wurden. Außerdem war aufgrund unterschiedlicher Frequenzwerte, Netzkosten und Konzessionierungszeitpunkte eine wettbewerbliche Balance besonders schwierig. In der Anfangsphase bestand zudem in fast allen Ländern bei den politischen Entscheidungsträgern noch eine unzureichende Einsicht in die Vorzüge pretialer (d.h. preisgesteuerter) Ressourcen-Allokationsverfahren und des Verzichts auf staatliche Einflussnahme.

Abgesehen von der Frequenzallokation besteht die Aufgabe der ordnungspolitischen Instanzen im Mobilfunk im Wesentlichen in dem, was für andere Sektoren die allgemeinen Wettbewerbsbehörden sicherzustellen haben, nämlich die Abwesenheit wettbewerbsbeschränkender Verhaltensweisen und Strukturen zu gewährleisten.[6]

Nur wenn erhebliche Wettbewerbsbeschränkungen und daraus resultierende Ineffizienzen existieren und diesen nicht mit den klassischen wettbewerbsrechtlichen Instrumenten zu begegnen ist, kommen spezifische Regulierungsmaßnahmen in Betracht.

Dabei ist immer zu berücksichtigen, dass jede Mobilfunk-Konzession quasi einen Vertrag zwischen dem Unternehmen und der Regulierungsbehörde darstellt.[7] Die Investitionen in die Netze erfolgen erst auf Grundlage der Bestimmungen dieses Vertrages sowie aufgrund bestimmter wirtschaftlicher Erwartungen bezüglich der Erlöse und Kosten des Marktes. Für letzteres trägt jedes Unternehmen (bei gegebener Regulierung) das Risiko. Dieses ist im Mobilfunk (im Gegensatz z.B. zu Ferngesprächsdienstleistungen) grundsätzlich hoch, da ein wesentlicher Teil der Investitionen marktirreversibel ist und somit nur marktspezifisch amortisiert werden kann.

Diensten als auch bei Infrastrukturen. Dies ist im Mobilfunk relativ gut realisierbar gewesen, da keine Subadditivität (Natürliches Monopol) gegeben war. Außerdem befand sich der Sektor technologisch an einem Neuanfang (GSM).

6 Die Frage, ob der Wettbewerb im Mobilfunk besser durch eine spezielle Regulierungsinstanz oder eine allgemeine Wettbewerbsbehörde sichergestellt werden kann, soll hier nicht weiter vertieft werden (vgl. dazu Geradin und Kerf, 2003, sowie Haucap und Kruse, 2003). Stattdessen gehen wir von den tatsächlichen Gegebenheiten aus, bei denen spezielle Regulierungsinstanzen für den Mobilfunk zuständig sind.

7 Zur vertragsökonomischen Interpretation der Regulierung vgl. Goldberg (1976), Kruse (1987) sowie Crocker und Masten (1996).

Aus transaktionsökonomischer Sicht sind derartig spezifische Investitionen (hier in den Konzessionsvertrag) immer in der Gefahr, dass sie unter bestimmten Bedingungen ausgebeutet werden können, wenn der Vertragspartner sich opportunistisch verhält.

Als solches wäre es zu werten, wenn die Regulierungsbehörde den konzessionierten Netzbetreibern zwar einerseits das Investitionsrisiko überlässt, sie später jedoch bei erfolgreicher Entwicklung durch weitere Regulierungsmaßnahmen belastet (vgl. Haucap, 2003a). Dies gilt in noch höherem Maße, wenn der Staat seinerseits erhebliche Knappheitsgewinne bei der Frequenzvergabe abschöpft oder besondere Versorgungsgradauflagen (und damit Investitionsauflagen) macht.

Auch wenn diese Zusammenhänge etwas theoretisch formuliert sind, sollte doch deutlich werden, dass die Regulierungsbehörde gegenüber einem Konzessionär, der umfangreiche irreversible Investitionen getätigt hat, wie das bei Mobilfunknetzbetreibern der Fall ist, eine weit höhere Verantwortung hat, überraschende Belastungen zu unterlassen, als das in Bereichen und gegenüber Unternehmen mit weniger spezifischen Investitionen und Risiken der Fall ist.

III. Probleme der Preis-Regulierung einzelner Erlöselemente

Da der Wettbewerb auf Mobilfunkmärkten generell, und speziell in Österreich, gut funktioniert, wird nicht ernsthaft in Betracht gezogen, die Endkundenpreise der Mobilfunkanbieter zu regulieren.

Allerdings werden für Vorleistungspreise (insbesondere Terminierungsentgelte) Preisregulierungen vorgeschlagen oder (wie in Österreich) bereits praktiziert. Darüber hinaus werden Regulierungseingriffe (z.B. VNBAM) in Betracht gezogen, die ihrerseits eine Regulierung von Preiselementen nach sich ziehen würden.

Derartige Preisregulierungen, die im Einzelnen nachfolgend (§2 bis §5) erörtert werden, werfen allerdings gemeinsame, spezifische Probleme für die ausführenden Regulierungsbehörden auf, die mit den besonderen Bedingungen des Mobilfunks zusammenhängen.

Hierzu gehört erstens der geringe Anteil variabler Kosten (bzw. der kurzfristigen Grenzkosten) und der hohe Anteil fixer und gemeinsamer Kosten an den Totalkosten. Daher benötigen die Unternehmen über ihre kurzfristigen Grenzkosten hinaus hohe Deckungsbeiträge, um ihre Gesamtkosten zu decken.

Zweitens zeigen bestimmte Kundengruppen (insbesondere Privatkunden) eine geringe Zahlungsbereitschaft bezüglich Tarifelementen, die für sie Fixkosten darstellen. Diese Gruppen vermeiden Tarife mit hohen monatlichen Grundgebühren. Sie reagieren außerdem mit ihrer Nachfrage besonders positiv auf Angebote mit geringen Start-up-Kosten (die nur mittels hoher Subventionen durch die Netzbetreiber realisierbar sind).

Da es im Wettbewerb nicht möglich ist, die gesamten Fixkosten allein über die monatlichen Grundgebühren und die Anschlussgebühren zu finanzieren, müssen die variablen Gesprächsgebühren einen relativ hohen Deckungsbeitrag liefern.

Die resultierenden Preisstrukturen scheinen somit relativ weit von den Kostenstrukturen abzuweichen, sodass sich erstens die Frage stellt, ob dies als allokativ ineffizient zu bezeichnen ist. Zweitens stellt sich das Problem, ob eine Regulierungsbehörde über die nötigen Informationen verfügt, die für eine effiziente Preisregulierung erforderlich wären.

Die Preisregulierung beim Mobilfunk unterscheidet sich in einem weiteren Punkt ganz entscheidend von einer „normalen“ Monopolpreisregulierung. Letztere hat die Zielsetzung, die überhöhten (und damit allokativ ineffizienten) Monopolpreise auf ein allokativ effizientes Preisniveau zu senken, das im einfachsten Falle durch die langfristigen Grenzkosten und Durchschnittskosten definiert ist. Auch wenn selbst diese einfache Aufgabe in der Praxis durch eine ganze Reihe von gravierenden Problemen (Kostenrechnung, technisch und qualitativ ineffiziente Anreize etc.) erschwert wird, ist dennoch die ökonomische Logik eindeutig und nachvollziehbar.

Wenn im Mobilfunk, dessen Unternehmen als Ganzes und auf den meisten Teilmärkten in direktem Wettbewerb stehen, ein einzelner Preis reguliert wird, ist dies einem System kommunizierender Röhren mit unterschiedlichen Flüssigkeiten ähnlich, bei dem man die Füllmenge einer Röhre künstlich nach unten drückt. Dies wird zur Folge haben, dass der Spiegel in anderen Röhren ansteigt.

Bei der aktuellen Regulierungsdiskussion im Mobilfunk entsteht gelegentlich der Eindruck, die Regulierungsbehörden könnten an einer Stelle eine Änderung vornehmen (z.B. Terminierungsentgelte senken oder VNBAM oder MNP einführen) und alles andere würde konstant bleiben (siehe z.B. Oftel, 2001a). Tatsächlich ist letzteres jedoch nicht der Fall, da die Unternehmen sich (schon aus Gründen der Gesamtkostendeckung im Wettbewerb) an die neue Situation anpassen müssen und insofern andere Parameter ändern. Eine Regulierungsbehörde setzt damit in der Regel eine Änderung der relativen Preise bzw. der Erlösstrukturen in Gang, wobei die Nettoeffekte nicht immer absehbar sind.[8]

Im Mobilfunk können wir grob vier Arten von Erlösen unterscheiden:

(1) Anschlussgebühren und Endgeräteverkäufe,

(2) monatliche Grundgebühren,

(3) Gespräche der Kunden (ins Festnetz, ins Ausland, in andere Mobilnetze etc.),

(4) Terminierungsentgelte.

Wenn wir von den jeweiligen Erlösen die zurechenbaren Kosten dieser einzelnen Produkte (bzw. Tarifbestandteile) abziehen, erhalten wir die Deckungsbeiträge der verschiedenen Erlösarten zu den Gemeinkosten des Mobilfunknetzbetreibers.

Da sich die Preise nicht allein an Kostenmaßstäben orientieren können wenn Gemeinkosten vorliegen, müssen bei der Preissetzung die Zahlungsbereitschaft der Kunden und die Elastizität der betreffenden Nachfrage berücksichtigt werden. Die volkswirtschaftlich effiziente Preisstruktur in einem solchen Fall der Mehrprodukt-Produktion

8 Für eine Kritik an dieser Praxis siehe auch Gual (2003).

mit einem Block gemeinsamer (nicht-produktspezifischer) Kosten wird als Ramsey-Preisstruktur bezeichnet (vgl. z.B. Viscusi, Vernon und Harrington, 2000).

Ramsey-Preise sind dadurch charakterisiert, dass bei der Abweichung von den Grenzkostenpreisen zwecks Gemeinkostendeckung[9] die Aufschläge auf die einzelnen Produkte umgekehrt proportional zu den Preiselastizitäten der Nachfrage gesetzt werden. Mit anderen Worten: Produkte mit preisinelastischer Nachfrage (d.h. geringer Mengenreaktion) erhalten hohe prozentuale Aufschläge und tragen einen relativ großen Teil zur Deckung der Fix- bzw. Gemeinkosten bei. Produkte, bei denen die jeweilige Nachfrage relativ elastisch (d.h. mit starken Mengeneffekten) reagiert, erhalten nur einen geringen Aufschlag auf die Grenzkosten und tragen nur wenig zur Gemeinkostendeckung bei (vgl. u.a. Dotecon, 2001a).

Bemerkenswert ist in diesem Zusammenhang, dass Ramsey-Preise bezüglich der Preis*struktur* nicht nur wohlfahrtsoptimal (d.h. allokativ effizient) sind, sondern auch für den Anbieter gewinnmaximal (vgl. z.B. Laffont und Tirole, 2000). Jedes Mehrprodukt-Unternehmen wird also bemüht sein, seine Tarifstruktur entsprechend der Ramsey-Regel festzusetzen. Das Unternehmen wird bei den Erlösarten, die sich einer relativ elastischen Nachfrage gegenübersehen, die Preise nur sehr moderat über das Grenzkostenpreisniveau anheben und den größten Teil der Deckungsbeiträge zu den Gesamtkosten aus denjenigen Tarifbestandteilen mit einer vergleichsweise geringeren Nachfrageelastizität generieren.

Anders als im Monopol, bei dem Preise mit einer Ramsey-Struktur im *Niveau* zu hoch und damit allokativ ineffizient sein können, gilt dies bei funktionierendem Wettbewerb nicht. Hier wird das Preis*niveau* durch die Konkurrenz der Anbieter in der Nähe des effizienten Preis*niveaus* gehalten. Also: Auf wettbewerblichen Märkten wie im Mobilfunk sind Ramsey-Preise insgesamt auch allokativ effizient.

Eine solche Deckungsbeitragspolitik, die an der Zahlungsbereitschaft und Reaktionsweise der Kunden orientiert ist, existiert selbstverständlich auch in anderen Branchen. So wird z.B. ein Restaurant seine Preise für Menüs, A-la-Carte-Gerichte und Getränke ebenfalls an der unterschiedlichen Zahlungsbereitschaft und Reagibilität der Kunden ausrichten. Die Aufschläge auf die Grenzkosten (Kosten des produktspezifischen Einkaufs bzw. der Zubereitung) sind daher typischerweise bei verschiedenen Produkten unterschiedlich. In aller Regel sind die Deckungsbeiträge dort höher, wo die Nachfrage relativ inelastisch reagiert (z.B. bei Getränken). Somit sind die Deckungsbeiträge zu den Gemeinkosten (Räume, Einrichtung, Küche etc.) sehr unterschiedlich, und die Preis*struktur* ist mit der Kostenstruktur nicht kongruent.[10] Für das effiziente Preis*niveau* sorgt der Wettbewerb unter den Restaurants.

---

9 Die Gemeinkosten müssen mittelfristig durch die Summe der Deckungsbeiträge der verschiedenen Produkte gedeckt werden. Dies sind hier die Deckungsbeiträge aus Anschlussgebühren, monatlichen Grundgebühren, diversen Arten von Gesprächsminutenpreisen, Terminierungsentgelten, Zuführungsentgelten etc. Alle Tarifbestandteile bzw. Erlösquellen können in diesem Sinne auch als „Produkte“ interpretiert werden.

10 Die italienische Usance des „coperto“ (quasi eine Grundgebühr pro Gast) ist also ein (wenngleich kleiner) Schritt in die Richtung zu mehr Kostennähe der Preisstruktur. Wenn ein Restaurant eine

Während in einigen Ländern mit den Erlösen aus Anschlussgebühren und Handy-Verkäufen positive Deckungsbeiträge erzielt werden, sind in anderen die Handy-Subventionen der Netzbetreiber typischerweise (selbst bei Prepaid-Tarifen) deutlich höher als die Anschlussgebühren, sodass negative Deckungsbeiträge anfallen, die aus anderen Erlösarten zusätzlich gedeckt werden müssen. Grund dafür ist die Komplementarität zwischen der Anschlussleistung und den über den Anschluss geführten Gesprächen. Dabei kann man davon ausgehen, dass bei vielen Kunden die Entscheidung für ein Mobilfunknetz weniger stark von den Gesprächspreisen als von den monatlichen Grundgebühren abhängt.

Der enorme Erfolg der Prepaid-Tarife, die die Teilnehmerzahlen im Mobilfunk in den letzten Jahren stark gesteigert haben, ist wesentlich darauf zurückzuführen, dass bei Prepaid-Tarifen die Grundgebühren entfallen.

Deshalb decken die Netzbetreiber in Österreich einen sehr großen Teil ihrer Gemeinkosten aus Gesprächsumsätzen. Zu diesen Gesprächen gehören sowohl aktive als auch passive, d.h. abgehende und eingehende Gespräche. Letztere generieren die Terminierungserlöse. Ohne diese Erlöse wären Prepaid-Kunden oft nicht rentabel. Bei einem Wegfall des Prepaid-Angebots würden insgesamt weniger Verbraucher am Mobilfunk teilnehmen, die Penetrationsrate würde sinken.

Es besteht ein komplementärer Zusammenhang zwischen Anschluss- und Grundgebühren einerseits und Gesprächsgebühren andererseits. Dies bedeutet, dass ein Betreiber ohne Kunden, die sich einbuchen und (außer bei Prepaid) Grundgebühren zahlen, keine Gesprächserlöse erzielen kann. Während die Ramsey-Regel in reiner Form die Unabhängigkeit der Nachfragefunktionen unterstellt, wird der differenzierende Effekt bei der hier gegebenen Komplementarität noch verstärkt.

Für die Regulierungsbehörde besteht neben der Kostenermittlung also ein weiteres wesentliches Problem in der Abschätzung der jeweiligen Preiselastizitäten, also der Reaktionen der Kunden, bei diversen Tarifelementen.

§ 2: Regulierung der Terminierungsentgelte?

Im Fokus der Regulierungsbehörden verschiedener Länder stehen seit einiger Zeit die Terminierungsentgelte im Mobilfunk. Bei diesen wird unterstellt, dass sie auf monopolistischen Märkten zustande kommen. Im Gegensatz zu einigen anderen Ländern werden die Terminierungsentgelte im österreichischen Mobilfunk von jeher reguliert.

Im Folgenden wird nach einer Begriffsklärung zunächst die Frage erörtert, ob eine freie Preisbildung bei der Mobilterminierung (zwischen originierenden und terminierenden Netzbetreibern) tatsächlich zu ineffizienten Ergebnissen führen würde, d.h. zu überhöhten Preisen. Anschließend betrachten wir die gegenwärtigen Terminierungspreise im

---

fixkostendeckende Eintritts- oder Tischbelegungsgebühr erheben würde, wäre dies für manche Kunden abschreckend. Ein Gast, der fernbleibt, generiert jedoch auch keinen Umsatz.

internationalen Vergleich und erörtern schließlich die regulatorische Vorgehensweise bezüglich der Terminierungsentgelte.

I. Was sind Mobilterminierungsentgelte?

Wenn jemand aus einem anderen Netz angerufen wird, bedarf es für die Realisierung des Gesprächs der Mitwirkung des eigenen Netzbetreibers. Dieser gewährleistet die Verbindung auf der Strecke zwischen dem Übergabepunkt (Point of Interconnection) und dem Endgerät. Diese Dienstleistung wird als Terminierung bezeichnet.

Telefongespräche werden in der Regel komplett dem anrufenden Teilnehmer in Rechnung gestellt, d.h. der Anrufer zahlt für das Gesamtgespräch.[11] Dies wird als Calling-Party-Pays (CPP) bezeichnet.[12] Das originierende Netz wiederum zahlt seinerseits für die Terminierungsleistung des anderen Netzes. Diese Entgelte, die das terminierende Netz dem originierendem Netz für diese Dienstleistung berechnet, heißen Terminierungsentgelte.

Unter Mobilterminierung versteht man dementsprechend die Terminierungsleistung eines Mobilfunknetzes für Verbindungen, die in anderen Netzen originiert werden. Bei dem originierenden Netz kann es sich sowohl um ein Festnetz (inkl. Verbindungsnetzbetreiber) als auch um ein anderes Mobilfunknetz handeln, wie in Abbildung 5.3 dargestellt ist. Das terminierende Mobilfunknetz B erhält also von den originierenden Fest- oder Mobilfunknetzen das Terminierungsentgelt.

Bei dem originierenden Netz gehören die Terminierungsentgelte zu den kurzfristigen Grenzkosten der einzelnen Gespräche bzw. Verbindungsminuten.

II. Preisbildung bei Terminierungsleistungen

Um ihren Kunden Verbindungen in alle Mobilfunknetze anbieten zu können, fragen die originierenden Netze Terminierungs-Dienstleistungen bei jedem einzelnen Mobilfunknetz nach. Die Terminierungsentgelte werden zwischen Originierungsnetz und Terminierungsnetz ausgehandelt, sofern sie nicht reguliert und behördlich festgesetzt werden.

---

11 Ausnahmen sind Gespräche zu Service-Nummern im 0800-Bereich oder zu inländischen Mobilfunkteilnehmern, die sich gerade im Ausland befinden (International Roaming).

12 Dies ist im Festnetz generell und im Mobilfunk in den meisten Ländern der Fall. Im Mobilfunk gibt es jedoch auch Länder, in denen der Mobilteil des eingehenden Gesprächs vom jeweiligen Mobilteilnehmer selbst bezahlt wird (Receiving Party Pays), z.B. in den USA und Hongkong. In anderen Fällen gilt dies z.B. für den internationalen Teil der Verbindung, wenn der Teilnehmer im Ausland angerufen wird (obgleich er grundsätzlich einem CPP-Prinzip unterliegt).

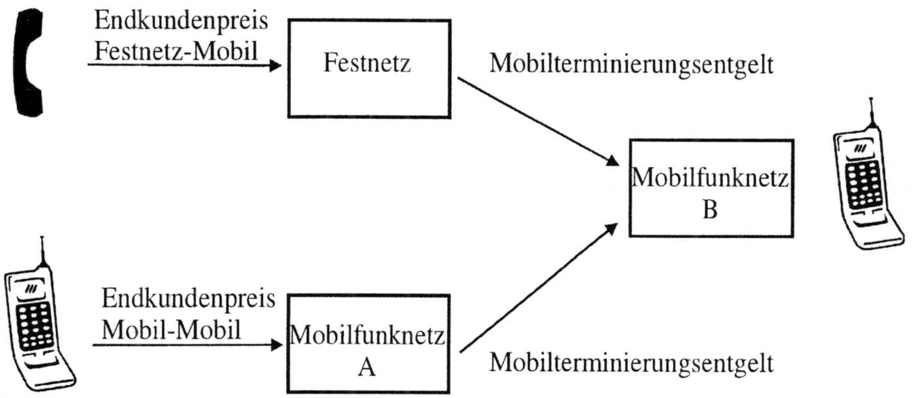

Abb. 5.3: Mobilterminierung

Für eine bestimmte Gruppe von Gesprächen (nämlich alle zwischen den Teilnehmern dieser beiden Netze in diese „Richtung") ist das Mobilfunknetz des angerufenen Teilnehmers der einzige Anbieter. Daraus wird von einigen Regulierungsbehörden geschlossen, (1) dass diese Gruppe einen eigenen „relevanten Markt" bildet, da keine Substitutionsbeziehungen „nach außen" bestehen, und (2) dass das jeweils terminierende Netz eine Monopolstellung inne hat, da zur Erreichung eines spezifischen Teilnehmers nur dieses Mobilnetz die Terminierungsleistung erbringen kann (vgl. ACCC, 2001; Oftel, 2001b; EU, 2003).

Beides ist zwar formal richtig,[13] jedoch nicht sehr aussagekräftig zur Beschreibung der Marktverhältnisse bei der Preisbildung.

Für diese Gruppe von Gesprächen stellt jedoch auch das originierende Netz den einzigen Nachfrager dar, wenn man davon ausgeht, dass ein Festnetzanrufer nicht über mehrere Festnetzanschlüsse und die Mobilanrufer nicht über mehrere Mobilfunkkarten verfügen, die kurzfristig austauschbar sind.

Vor diesem Hintergrund wird die in den Regulierungsargumenten unterstellte Marktstruktur relativiert. Dem Monopol des terminierenden Mobilfunknetzes auf der Angebotsseite stünde dann eine monopolähnliche Nachfrageseite gegenüber, sodass wir nahezu von einem bilateralen Monopol ausgehen können.

Im Mittelpunkt von Kontroversen stehen häufig die Festnetzbetreiber als Nachfrager von Mobilterminierungsleistungen (vgl. Kurth, 2003). Auch wenn diese auf regulierungspolitischer Ebene gelegentlich die Mobilterminierungsentgelte kritisieren, muss berücksichtigt werden, dass insbesondere die großen Festnetzanbieter schon aufgrund ihres Telekommunikationsvolumens in einer guten Verhandlungsposition sind, die Mobilterminierungsentgelte niedrig zu halten. Falls die Entgeltforderungen eines Mobil-

13 Die ökonomische Antwort auf die Frage nach dem adäquaten „relevanten Markt" geht immer von den Substitutionsbeziehungen der betreffenden Dienstleistung aus. Es ist insofern gerechtfertigt, dass der Terminierungsmarkt als eigener relevanter Markt definiert wird. Es handelt sich hier in der Tat kurzfristig um eine Monopolstellung des terminierenden gegenüber den jeweils originierenden Netzen.

funknetzbetreibers deutlich über ein relevantes Vergleichsniveau hinausgehen sollten, könnte ein Festnetzbetreiber theoretisch leichter auf die Gespräche in ein Mobilfunknetz verzichten als letzteres auf Gespräche aus dem Festnetz.

Da die Mobilfunknetzbetreiber de facto zur Nichtdiskriminierung verpflichtet sind, führt die Verhandlungsstärke eines großen Festnetzbetreibers auch zur Senkung der Vorleistungskosten für die kleineren Verbindungsnetzbetreiber.

Allerdings lassen die Regulierungsvorschriften in der Telekommunikation die gänzliche Verweigerung einer Zusammenschaltung in der Regel nicht zu, sodass beide Seiten zur Realisierung einer Zusammenschaltung verpflichtet sind.

Damit besteht für die Verhandlungen zweier Netze über die betrachtete Gruppe von Verbindungen ein bilaterales Monopol, bei dem definitionsgemäß der Partner nicht substituierbar ist. Dies ähnelt einer Lohnverhandlungs-Situation, bei der die Gegenseite kurzfristig ebenfalls nicht substituierbar ist. Dennoch müssen beide Seiten aus Eigeninteresse zügig zum Vertragsabschluss kommen und werden bei verfehlten Abschlüssen mittel- oder längerfristig durch Mengenreaktionen des Marktes sanktioniert.

Existieren solche negativen Mengenreaktionen auch bei Terminierungsentgelten? Werden die Mobilfunknetze durch endogene marktliche Wirkungen aus Eigeninteresse daran gehindert, ihre Terminierungsentgelte überhöht anzusetzen?

Dies wird von einigen Regulierungsbefürwortern bezweifelt (vgl. ACCC, 2001; Oftel, 2001b). Sie weisen darauf hin, dass bei CPP ein angerufener Teilnehmer, dessen Mobilfunknetz eventuell überhöhte Terminierungsentgelte in Rechnung stellt, nicht selbst für diese Leistung zahlt, wie das bei RPP (Receiving Party Pays) der Fall wäre (vgl. Doyle und Smith, 1998). Stattdessen wird das Terminierungsentgelt vom originierenden Netzbetreiber getragen, der es in die Endkundenpreise einrechnet. Dabei wird vor allem angenommen, dass die Terminierungspreise für den angerufenen Teilnehmer bei seiner Nachfrageentscheidung für ein bestimmtes Mobilnetz nicht relevant sind.

Dennoch existieren mindestens zwei disziplinierende Mengenreaktionen für den Fall überhöhter Terminierungsentgelte:

1. Anrufer-Verhalten und Terminierungserlöse

Da die Terminierungsentgelte ein wesentlicher Teil der kurzfristigen Grenzkosten des originierenden Netzes sind, kann erwartet werden, dass die originierenden Netze höhere Terminierungskosten einzelner Zielnetze auf ihre Preise überwälzen.

Dies ist bei den Festnetzpreisen für Gespräche in Mobilnetze auch typischerweise der Fall. In Österreich ist *Telekom Austria* sogar regulatorisch dazu verpflichtet, diese Differenzen weiterzugeben. Bei Mobilfunkgesprächen in andere Mobilnetze gilt dies nicht immer, da die Differenzen der Terminierungsentgelte einzelner Netze im Verhältnis zum Endkundentarif meist relativ gering sind.[14]

---

14 Empirisch nachvollziehen lässt sich dies tatsächlich z.B. für Großbritannien von 1993 bis 1999 (als dies noch weitgehend unreguliert war). Die jeweiligen Terminierungsentgelte schlagen sich im Zeitablauf in etwa in den entsprechenden Festnetz-Endkundenpreisen nieder (vgl. Newbery, No-

Wenn höhere Terminierungsentgelte in höheren Endkundenpreisen der originierenden Netze resultieren, ist es für deren Kunden relativ teuer, einen Gesprächspartner dort anzurufen. Die Anrufer können darauf auf verschiedene Weise reagieren:

- Reduzierung der Zahl und insbesondere der Dauer von Gesprächen in relativ teure Mobilfunknetze,
- Substitution durch andere Kommunikationswege, z.B. SMS, email oder Fax,
- Gesprächspartner auf seinem Festnetzanschluss anrufen, Nachrichten an das Sekretariat oder den Anrufbeantworter übermitteln, usw.,
- kostenabwälzende Substitution bedeutet, dem Anzurufenden eine Nachricht (z.B. SMS, email, Festnetz-Mailbox) zu übermitteln, dass dieser ihn zurückrufen möge. Die Folge ist, dass damit Terminierungsgebühren vermieden und die Kommunikationskosten auf den Gesprächspartner abgewälzt werden.

Im Ergebnis haben alle diese Reaktionsweisen einen Mengen- und Erlösrückgang für die Terminierungsleistung des betreffenden Mobilfunknetzes zur Folge. Auch wenn diese Möglichkeiten kein direkter Ersatz eines Mobilfunkgesprächs sind, so sind sie dennoch als weite Substitute zu bezeichnen, die durchaus eine disziplinierende Wirkung auf die Terminierungsentgelte haben. Aufgrund der sehr geringen Grenzkosten der Terminierung sind unter Umständen relativ deutliche Wirkungen auf dessen Deckungsbeiträge zu erwarten. Der quantitative Effekt hängt von der Preiselastizität ab. Diese wird dann gemindert, wenn die jeweiligen Anrufer über die Preise für Rufe in unterschiedliche Mobilnetze nicht hinreichend informiert sind.

2. *Abonnenten-Verhalten*

Obwohl die Abonnenten bei CPP die Terminierungsentgelte für eingehende Gespräche nicht bezahlen, werden sie bei überhöhten Terminierungsentgelten nicht neutral sein, sondern ebenfalls in der Tendenz negativ reagieren. Erstens haben sie selbst eine Wertschätzung für passive Gespräche. Das heißt, ein Kommunikationsvorgang ist in der Regel für beide Partner von Nutzen, wenngleich jeweils nur einer dafür zahlt. Zweitens trägt der Abonnent eines Netzes mit hohen Terminierungsraten unter Umständen die Kosten der Vermeidungsreaktion des Kommunikationspartners. Drittens entsteht ein negativer Imageeffekt für ein Netz, wenn es besonders teuer ist, dieses anzurufen. Insofern haben die entsprechenden Mobilfunkanbieter geringere Abonnentenzahlen im eigenen Netz zu erwarten.

Wir können davon ausgehen, dass grundsätzlich eine marktliche Disziplinierungswirkung auf die Höhe der Mobilterminierungsentgelte besteht, und zwar insbesondere für den Fall, dass die Terminierungsentgelte vom üblichen Niveau nach oben abweichen.

Wenn die Terminierungsentgelte hoch sind, haben die Netzbetreiber einen besonders starken Anreiz, zusätzliche Mobilfunkkunden zu gewinnen, um insgesamt möglichst hohe Terminierungserlöse zu erzielen. Sie würden eventuell die Terminierungsgebühren

---

riega und Waverman, 2000, S. 17). In Deutschland gilt bei vielen Fetznetzgesprächen in unterschiedliche Mobilfunknetze im Wesentlichen das Gleiche, bei Mobil-zu-Mobil-Gesprächen (wegen einer Vereinfachung der Tarifstruktur) in geringerem Maße.

dazu verwenden, die Anschluss- und Grundgebühr zu subventionieren. Die Mobilfunkpreise für die Endkunden werden somit niedriger sein (vgl. Wright, 1999 und 2002) und die Penetrationsraten höher.

III. Terminierungsentgelte in Europa

Ein internationaler Vergleich der Mobilterminierungsentgelte zeigt deutliche Unterschiede. Abb. 5.4 zeigt die durchschnittlichen Mobilterminierungsentgelte in verschiedenen europäischen Ländern am Anfang des Jahres 2003 in Eurocent pro Minute (ohne Mehrwertsteuer).[15] Da in einigen Ländern (Belgien, Niederlande, Dänemark, Norwegen, Schweiz) Grundgebühren pro Gespräch oder (wie in Frankreich, Spanien, Griechenland) Mindestgebühren pro Gespräch erhoben werden, wurden die Terminierungsentgelte einheitlich für ein Zweiminuten-Gespräch berechnet.

Da in einigen Ländern (im Gegensatz zu anderen) zwischen Haupt- und Nebenzeit unterschieden wird, wurden beide Tarife mit je 50 Prozent gewichtet.[16] Da die einzelnen Netzbetreiber in den nationalen Märkten (mit Ausnahme von Portugal und Dänemark) unterschiedliche Terminierungsentgelte berechnen, wurden diese mit ihren Teilnehmer-Marktanteilen gewichtet.

Die Ergebnisse zeigen, dass das teuerste Land (Schweiz) doppelt so hohe Terminierungsentgelte aufweist wie das billigste (Luxemburg). Die durchschnittlichen Terminierungsentgelte in Österreich gehören zu den niedrigsten in Europa.

Die dunklen Balken in Abb. 5.4 zeigen Länder, in denen die Terminierungsentgelte reguliert werden, die helleren unregulierte Länder. Das empirische Bild widerlegt die gängige Vermutung, dass die unregulierten Länder signifikant höhere Terminierungsentgelte aufweisen.

Die Terminierungsentgelte sind im Laufe der letzten Jahre deutlich gesunken, im europäischen Durchschnitt von etwa 27 Cent pro Minute Anfang 1998 auf etwa 16 Cent pro Minute Ende 2002. Dies gilt grundsätzlich sowohl für regulierte als auch für unregulierte Länder.[17]

Bemerkenswert ist die Tatsache, dass die einzelnen Netzbetreiber in vielen nationalen Märkten stark abweichende Terminierungspreise aufweisen. Die Netzbetreiber mit hohen Marktanteilen haben typischerweise niedrigere Terminierungsentgelte als die kleineren Netzbetreiber. Dies widerspricht der Intuition, dass die Marktführer eine größere Verhandlungsstärke haben müssten als die Kleineren.[18] Der Grund dürfte darin liegen,

15 Vgl. für die Ausgangsdaten Cullen (2003, Tabelle 23) und Ruhle (2003, S. 37ff). Soweit für einzelne Länder Differenzen auftraten, wurde das arithmetische Mittel verwendet.

16 Soweit in einzelnen Ländern (z.B. Großbritannien, Irland) preislich zwischen Gesprächen wochentags abends/nachts und am Wochenende differenziert wird, wurden beide Tarife gleichgewichtig erfasst.

17 Z.B. sind in Deutschland die Terminierungsentgelte von 1998 bis 2001 von etwa 54 Cent pro Minute auf etwa 15 Cent pro Minute gesunken (vgl. Kurth, 2003, S. 7).

18 In Deutschland hat z.B. der nach Marktanteilen kleinste Betreiber, *O2*, um 25 Prozent höhere Terminierungsentgelte als die Marktführer *T-Mobile* und *Vodafone*.

dass die kleineren Netzbetreiber sich gewissermaßen hinter den großen verstecken und dass ihre speziellen Tarife nicht gesondert wahrgenommen werden. Dies ist unter Regulierungsgesichtspunkten vor allem deshalb von Bedeutung, weil die großen Netzbetreiber, die üblicherweise im primären Fokus der Regulierungsbehörden stehen, bereits die niedrigeren Preise haben.

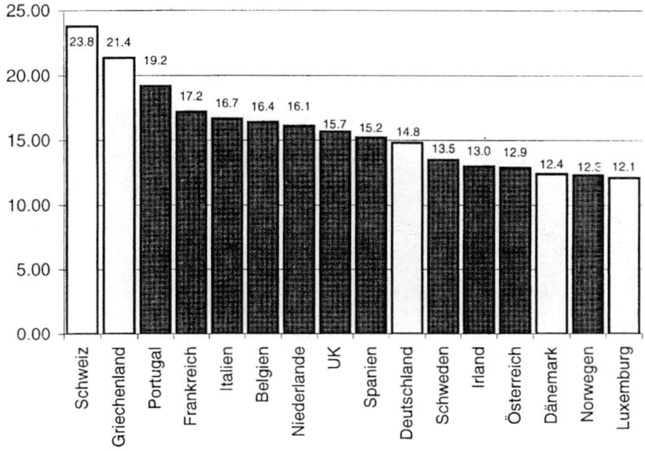

Abb. 5.4: Terminierungsentgelte in Europa

IV. Regulierungsbedarf bei Terminierungsentgelten ?

Selbst wenn die Prämisse einiger Regulierungsbehörden akzeptiert wird, dass ein Mobilfunknetzbetreiber ein Monopol für Terminierungsleistungen in sein Netz hat, wäre dann automatisch Regulierungsbedarf gegeben?

Keineswegs, denn aktuelle Monopolstellungen führen in mittel- und längerfristiger Betrachtung nicht immer zu Ineffizienzen, sondern sind Übergangs- oder Partialphänomene. Dies gilt z.B. für transitorische Innovationsmonopole wie dasjenige eines Schumpeter-Unternehmers, der als erster ein neues Produkt anbietet, aber im Laufe der Zeit neue Konkurrenten erhält, oder etwa für Monopole auf bestreitbaren Märkten, auf denen die Markteintrittsbarrieren so niedrig sind, dass allein die Möglichkeit des Markteintritts Ineffizienzen verhindert. Drittens gibt es eine Reihe von Monopolstellungen, bei denen eine Substitutionskonkurrenz zu benachbarten Märkten oder Sektoren besteht, die Preiserhöhungsspielräume wirksam begrenzt. Letztere dürfte im Fall der Mobilterminierung vorliegen.

Regulierungsbedarf entsteht nur dann, wenn ein dauerhaft resistentes Monopol vorliegt. Dies gilt insbesondere dann, wenn es sich dabei um die notwendigen Vorleistungen („essential facilities“) für potenziell wettbewerbliche Märkte handelt.

Ein strukturelles Problem eines monopolistischen Bottlenecks, das eine staatliche Preisregulierung rechtfertigen könnte, besteht bei Terminierungsentgelten offensichtlich nicht. Es werden keine nachgelagerten Wettbewerbsmärkte in ihrer Funktionsfähigkeit beeinträchtigt.

Dennoch könnte im konkreten Fall ein überhöhter Preis gegeben sein, der eine ordnungs- bzw. wettbewerbspolitische Befassung nahe legt.

Es ist dafür erstens zu zeigen, dass die Marktkräfte so beeinträchtigt sind, dass die Mobilterminierungsentgelte deutlich über das adäquate Niveau steigen können. Es müsste nachgewiesen werden, dass die bestehenden Terminierungsentgelte im konkreten Fall „zu hoch“ und somit allokativ ineffizient sind.

Falls dies festgestellt werden sollte, wäre zweitens zu zeigen, dass ein Instrument verfügbar ist, das diese Probleme beseitigen kann, ohne seinerseits andere ökonomische Probleme zu erzeugen, und zwar nicht nur in kurz-, sondern auch in längerfristiger Perspektive.

Um zu überprüfen, ob eine hinreichende marktliche Disziplinierung der Terminierungsentgelte besteht oder ob die genannten Effekte quantitativ nicht gravierend genug sind, z.B. aufgrund von Informationsmängeln der Kunden, könnte die Wettbewerbsbehörde ganz pragmatisch einen internationalen Vergleich anstellen. Dies ist im GSM-Mobilfunk wegen der international weitgehend gleichen technologischen Bedingungen aussagekräftiger als in vielen anderen Sektoren, wenngleich einzelne Kosteneinflussfaktoren (z.B. die Topografie) von Land zu Land variieren. Ein internationaler Vergleich (siehe §2, III.) zeigt, dass die österreichischen Terminierungsentgelte schon jetzt zu den niedrigsten in Europa gehören.

Die ökonomische Abneigung gegen eine Regulierung der Terminierungsentgelte basiert auch auf dem Fehlen eines theoretisch überzeugenden und praktikablen Maßstabs, nach dem der richtige Preis beurteilt werden kann. Während sich in einigen Sektoren die langfristigen Grenzkosten als theoretisches Kriterium eignen, ist ein solcher produktspezifischer Kostenmaßstab bei hohen gemeinsamen (nicht zurechenbaren) Kosten mehrerer Produkte sehr problematisch.

Auch wenn der Markt für Terminierungsleistungen (als Bestandteil der eingehenden Gespräche) einem genauso intensiven Wettbewerb unterläge wie der Markt für ausgehende Mobilfunkgespräche, könnten die Deckungsbeiträge pro Minute beider Gesprächstypen eventuell deutlich voneinander abweichen, da die wettbewerbsadäquaten Preisstrukturen stark von den spezifischen Verhaltensweisen der Kunden bestimmt werden. Dies kann von einer Regulierungsbehörde kaum adäquat nachgebildet werden.

Das grundsätzliche Problem mangelnder Eignung der Kosten als Regulierungsmaßstab bei Terminierungsentgelten gilt auch für die unterschiedlichen Entgelte großer und kleiner Netze. Auch in einigen Ländern mit Terminierungsregulierung sind die Entgelte kleinerer Netzbetreiber deutlich höher als diejenigen der größeren, in Großbritannien z.B. um etwa 25 Prozent und in Österreich sogar um über 80 Prozent. Derartige Preisdifferenzen auf dem gleichen Markt für verschiedene Anbieter regulatorisch festzusetzen, erscheint ökonomisch grundsätzlich fragwürdig.

§ 3: Verbindungsnetzbetreiberauswahl im Mobilfunk
Regulatorische Einführung von Preselection und Call-by-Call im Mobilfunk?

I. Was ist VNBAM?

Bei der „Verbindungsnetzbetreiberauswahl im Mobilfunk" (VNBAM) können die Kunden eines Mobilfunknetzbetreibers (MNB) für ihre selbst initiierten Gespräche den Verbindungsnetzbetreiber (VNB) separat auswählen.

Die Verbindungsnetzbetreiberauswahl (VNBAM) beinhaltet die Möglichkeit für Mobilfunkkunden, grundsätzlich für jede Art von Gesprächen, insbesondere aber für Fern- und Auslandsgespräche, den Verbindungsnetzbetreiber separat auszuwählen. Bisher ist es gängige Praxis, dass ein Mobilfunkbetreiber den Fernverkehr selbst über eigene Übertragungswege ausführt und die Gespräche erst zur Terminierung (außer bei On-net-Gesprächen) an den betreffenden Festnetz- oder Mobilnetzbetreiber übergibt. Bei Auslandsgesprächen wird der Übergabepunkt im Einzelfall von den jeweiligen Verbindungsländern abhängen.

Bei der Verbindungsnetzbetreiberauswahl sind Call-by-Call und Preselection zu unterscheiden:

(1) Call-by-Call bedeutet, dass der Anrufer bei jedem einzelnen Gespräch den Verbindungsnetzbetreiber auswählt und zwar durch Vorwahl einer spezifischen Netzbetreiberkennziffer. Wenn der Kunde keine Netzbetreiberkennziffer vorwählt, wird das Gespräch vom jeweiligen Anschlussnetzbetreiber (hier also der betreffende Mobilfunknetzbetreiber) durchgeführt und abgerechnet.

(2) Bei Preselection wird der gesamte In- und/oder Auslandsverkehr eines Mobilfunkkunden über das Verbindungsnetz geführt, für das der Kunde sich zuvor entschieden hat. Die Nutzung des gewählten anderen Verbindungsnetzes wird dann zum Regelfall, ohne dass der Kunde eine Netzbetreiberkennziffer wählen muss.

    Die Preselection-Angebote unterscheiden sich danach, ob der Kunde trotz Preselection noch die Möglichkeit hat, für einzelne Gespräche den Verbindungsnetzbetreiber durch Call-by-Call auszuwählen (Override).

Das VNBAM-Prinzips ist in Abb. 5.5 veranschaulicht. Der Mobilfunkteilnehmer (Mob) ruft von seinem Handy einen Gesprächspartner in einem anderen (oder dem gleichen, T_O) Netz an.[19] Dazu wird der Verkehr per Funk zu einer Basisstation (BS) geführt und

19 In Abb. 5.5 sind unten rechts nach den jeweils terminierenden Netzen sechs Typen von Mobilfunkgesprächen unterschieden worden. TO repräsentiert Verbindungen zu einem Gesprächspartner innerhalb des gleichen Mobilfunknetzes.

von dort weiter zur zuständigen Vermittlungsstelle im Mobilnetz (MSC). Bisher wird der Verkehr vom Mobilfunknetzbetreiber über sein eigenes Verbindungsnetz geführt und zielnah in das terminierende Anschlussnetz übergeben.

Bei VNBAM übernimmt der jeweils ausgewählte Verbindungsnetzbetreiber (VNB_i) das Gespräch an einem Netzübergang (NÜ), führt dieses über sein eigenes Verbindungsnetz und übergibt es zur Terminierung an das jeweilige Anschlussnetz des Gesprächspartners.

Das VNBAM-Modell beinhaltet im Kern einen Wettbewerb zwischen den Verbindungsnetzen der MNB und einem oder mehreren alternativen VNB.

Selbstverständlich steht es jedem MNB frei, seinen Kunden die VNBAM zu gewähren, wenn das Unternehmen dies für vorteilhaft erachtet. Wenn allerdings die MNB regulatorisch dazu verpflichten werden sollen, ist eine gute ökonomische Begründung erforderlich. Grundsätzlich könnte gewissermaßen netz-systematisch und analog zum Festnetz argumentiert werden, indem nicht nur im Festnetz zwischen Anschlussnetzen und Verbindungsnetzen unterschieden wird, sondern auch in Mobilnetzen. Beide könnten als getrennte Märkte zu behandeln sein. Analog zum Festnetz könnte das Postulat erhoben werden, dass den Kunden die Möglichkeit zu geben ist, sich separat für Produkte auf den beiden Märkten zu entscheiden.

Der Forderung nach einer VNBAM-Regulierung liegt in der Tat die Vorstellung einer gewissen Analogie zum Festnetz zugrunde, bei dem im Zuge der Liberalisierung die VNB eingeführt wurde. In Deutschland wurden bei der Festnetzliberalisierung Anfang 1998 sowohl Call-by-Call als auch Preselection eingeführt. Insbesondere die Call-by-Call-Möglichkeit war in der Folge der entscheidende Faktor für die schnelle Entwicklung kompetitiver Strukturen (Kruse, 2001b). Sie war wesentlich für den Markteintritt und den Erfolg zahlreicher neuer Verbindungsnetzbetreiber, für deren raschen Marktanteilerwerb und für einen recht zügigen Marktanteilsverlust der *Deutschen Telekom* bei Fern- und Auslandsgesprächen. Demgegenüber entwickelte sich Preselection langsamer, aber inzwischen kontinuierlich (vgl. z.B. Monopolkommission, 2001).

In Österreich verlief die Entwicklung der Einführung von VNBA ähnlich: Durch Entscheidungen der Regulierungsbehörde wurde im Jahr 1998 *Telekom Austria* zunächst zur Einführung von Call-by-Call verpflichtet. Etwa eineinhalb Jahre später wurde auch die Verpflichtung zur Preselection durch Regulierungsentscheidungen geschaffen. Ebenso wie in Deutschland führte die Einführung von VNBA zu einem rapiden Marktanteilsverlust des ehemaligen Monopolanbieters *Telekom Austria* am Markt für feste Sprachtelefonie.

Im Detail unterscheiden sich die Verpflichtungen zur VNBA jedoch voneinander. In Österreich beschränkt sich die VNBA-Verpflichtung nicht auf Fern- und Auslandsgespräche. Grundsätzlich muss es möglich sein, auch regionale Gespräche über VNBA zu führen. Außerdem kennt die österreichischen Regulierungssituation keine Differenzierung im Preselection-Bereich bezüglich der Möglichkeit des „Overrides", d.h. der Möglichkeit von Call-by-Call trotz Preselection-Voreinstellung. Für die Endkunden muss gewährleistet sein, dass im Einzelfall die Voreinstellung durch Wahl des Call-by-Call-Auswahlcodes umgangen wird.

Die VNB-Auswahl im Festnetz wurde im Wesentlichen dadurch realisiert, dass die früheren Monopol-Unternehmen als Betreiber nahezu aller Anschlussnetze von den Regulierungsbehörden dazu verpflichtet wurden, den neuen Verbindungsnetzbetreibern diese Möglichkeit zu bieten - und zwar zu regulatorisch festgelegten Konditionen für Zuführung und Terminierung.

Diese Regulierungsvorschrift ist ordnungspolitisch durch (1) das vorherige faktische Monopol bei Verbindungsnetzen und (2) das dauerhaft resistente Monopol bei den Anschlussnetzen zu begründen. Das heißt, Infrastruktur-Wettbewerb ist im Festnetz beim Anschlussnetz bei den gegenwärtigen Technologien praktisch ausgeschlossen.[20] Wettbewerb bei Verbindungsnetzen kann also nur herbeigeführt werden, wenn die Kunden der monopolistischen Anschlussnetze die Möglichkeit der Verbindungsnetzbetreiberauswahl erhalten.

Dies ist beim Mobilfunk grundlegend anders. Nicht nur die Verbindungsnetze der MNB, sondern auch die Anschlussnetze (Basisstationen, BSC etc.) standen von Anfang an im Wettbewerb. Es war eine explizite ordnungspolitische Konzeption bei der GSM-Einführung, dass jeder Inhaber einer Mobilfunklizenz sein eigenes Funknetz zu errichten hatte. Auf diese Weise sind die separaten GSM-Netze von *Mobilkom*, *T-Mobile*, *One* und *tele.ring* entstanden.

20 Dies ist allerdings nicht unabhängig von der Regulierung. Je niedriger die regulierten Netznutzungsentgelte sind, desto geringer sind die Anreize alternativer Anbieter, in entsprechende Infrastrukturen zu investieren.

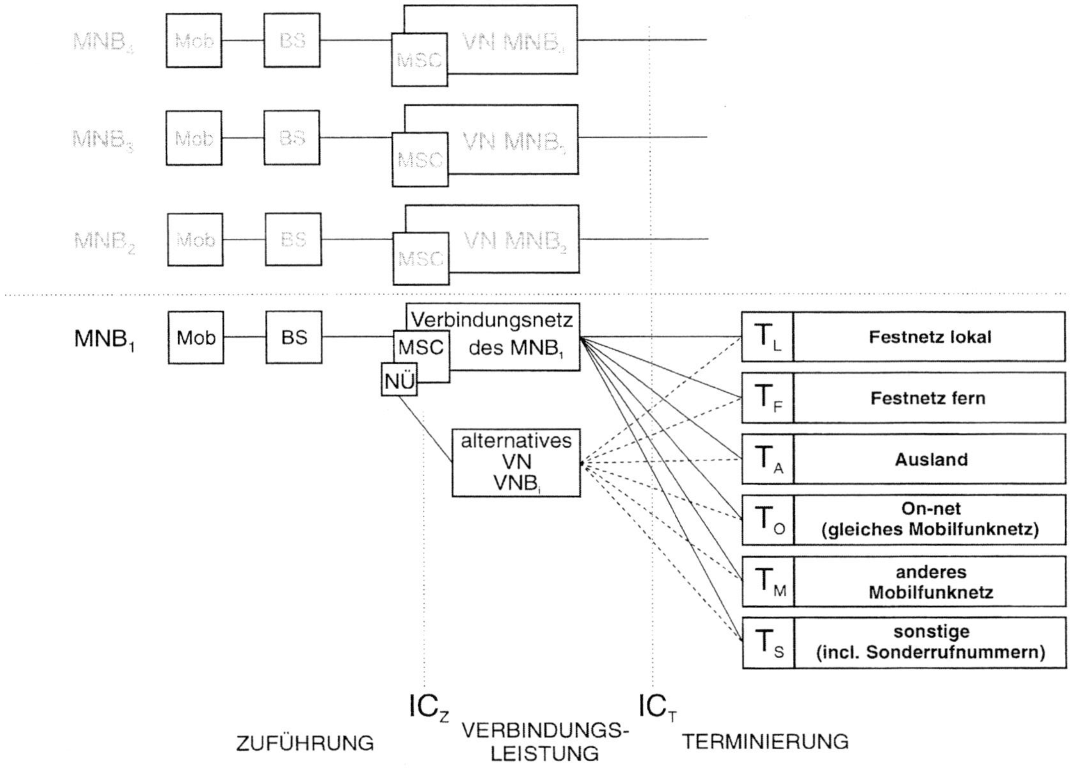

Abb. 5.5: Verbindungsnetzbetreiberauswahl im Mobilfunk

Die Existenz von vier GSM-Netzen (in Abb. 5.5 links oben) hat die bedeutsame Konsequenz, dass jeder Kunde die Preise für Inlandsgespräche und Auslandsgespräche vom Mobiltelefon zwischen den vier MNB vergleichen und sich danach für eines der Netze entscheiden kann. Somit besteht bezüglich der Verbindungsnetzbetreiberleistung zwischen den MNB Wettbewerb.

Es wird also deutlich, dass ordnungspolitisch keine Analogie zwischen Festnetzen und Mobilfunknetzen besteht. Insofern ist kein Erfordernis für die regulatorische Einführung der VNBAM erkennbar.

Falls die Regulierungsbehörden dennoch für Mobilfunknetzbetreiber die Umsetzung der Verbindungsnetzbetreiberauswahl obligatorisch anordnen, stellt sich ein weiteres Regulierungsproblem: Da die Verbindungsnetzbetreiber für entsprechende Angebote auf die Zuführungsleistungen der Mobilfunknetze angewiesen sind, müssten die Zuführungspreise reguliert werden. Zusätzlich könnte das Problem auftreten, ob und gegebenenfalls zu welchen Konditionen die Mobilfunknetzbetreiber verpflichtet werden sollen, für die Verbindungsnetzbetreiber die Rechnungsstellung und das Inkasso zu übernehmen.

II. Wettbewerbseffekte nach VNBAM-Einführung

Falls die VNBAM regulatorisch eingeführt würde, wären erhebliche Veränderungen auf mehreren betroffenen Märkten zu erwarten. Im Folgenden wird dies in mehreren Schritten skizziert: Erstens der Wettbewerb der Verbindungsnetzbetreiber untereinander, zweitens die unmittelbaren Preisreaktionen der Mobilfunknetzbetreiber und drittens die mittelfristige Wettbewerbsfähigkeit der VNB und der MNB.

Betrachten wir zunächst das Verhalten der VNB unter der vorläufigen Annahme, dass die MNB ihre Preise etc. nicht ändern. Wenn die VNB auf der Grundlage regulierter Zuführungsgebühren (vgl. §3, V.) operieren und die Übertragungswege gegebenenfalls gemietet werden können, sind die Markteintrittsbarrieren relativ niedrig.[21] Es bieten dann vermutlich mehrere (eventuell zahlreiche) Unternehmen die Verbindungsleistung für Mobilfunkkunden an.

Auf überregionaler Ebene sind alternative Übertragungswege-Infrastrukturen verfügbar, die zum Teil erhebliche Überkapazitäten aufweisen. Es ist zu erwarten, dass die einzelnen VNB im Wettbewerb den Preis unter die Durchschnittskostendeckung drücken, eventuell bis nahe an die kurzfristigen Grenzkosten. Dies allein würde später aufgrund mangelnder Gesamtkostendeckung zum Ausscheiden vieler VNB-Unternehmen führen.

Wenn die VNB die MNB stark unterbieten und erhebliche Mengeneffekte zu Lasten der MNB eintreten, werden diese ihre Preise für Verbindungsleistungen ebenfalls senken. Eine solche Reaktion entspricht der unternehmerischen Rationalität der MNB aufgrund der hohen Fixkostenanteile.

21 Um den Verbindungsnetzbetrieb technisch realisieren zu können, muss im Wesentlichen in Vermittlungs- und Kollokationseinrichtungen investiert werden. Diese sind nur zum Teil marktirreversibel. Die zusätzlichen Investitionen des VNB sind insbesondere dann gering, wenn es sich um ein Unternehmen handelt, das auch als Festnetz-VNB tätig ist.

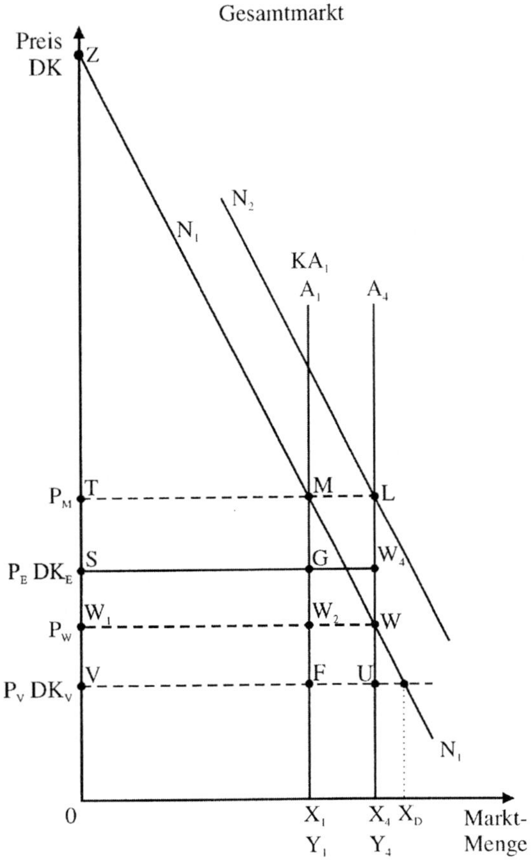

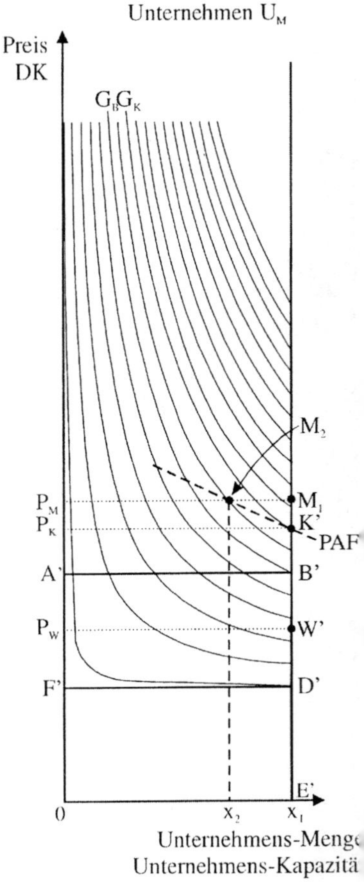

Abb. 5.6:
Preisreaktion auf Überkapazität

Abb. 5.7:
Isogewinnlinien des Unternehmens

Dies lässt sich mit Abb. 5.6 veranschaulichen. Die Analyse betrifft nur den Markt für Verbindungsleistungen und unterstellt zur Vereinfachung, dass die Kostenstruktur sowohl für Mobilfunk- als auch für Verbindungsnetzbetreiber gilt.[22] Bei der Nachfragefunktion N_I realisiert der MNB vor Einführung von VNBAM den Punkt M (Vollaus-

22 Die Kosten bei Vollauslastung (für den MNB entspricht dies OX1GS) sind zur Hälfte variabel (OX1FV) und zur Hälfte irreversibel-fix (VFGS). Falls die Fixkosten höher als 50 Prozent wären (was auf dem betrachteten Markt eher realistisch ist), würden die nachfolgend gezeigten Effekte noch deutlicher heraustreten.

lastung bei Kapazität Y_1), indem er den Preis P_M setzt. Das heißt, der Mobilfunknetzbetreiber erwirtschaftet aus den Verbindungsleistungen einen Gewinn SGMT, den er als Deckungsbeitrag für sein Mobilfunknetz betrachtet. SGMT ist in Abb. 5.7, die die unternehmensindividuelle Gewinnsituation darstellt, durch die Isogewinnlinie repräsentiert, auf der sich M_1 befindet.

Nehmen wir an, dass sich durch den VNB-Markteintritt die Marktkapazität von Y_1 auf Y_4 erhöht. Da die Verbindungsnetzbetreiber den Mobilfunknetzbetreiber unterbieten, sinkt dessen Absatzmenge von x_1 auf x_2 (in Abb. 5.7), und er rutscht von Punkt M_1 zu Punkt M_2, d.h. auf ein niedrigeres Gewinnniveau bei Unterauslastung.

Bei den gezeigten Isogewinnlinien und einer einigermaßen elastischen Preisabsatzfunktion (wie PAF_1) bestehen Anreize für den MNB, seinen Preis von P_M auf P_K zu senken, um die Menge x_1 (Vollauslastung) zu erreichen, wodurch seine Gewinne gesteigert würden (höheres Isogewinnlinienniveau). Dies reduziert die Mengen der VNB, worauf diese (aufgrund eines analogen Kalküls) ebenfalls ihre Preise senken würden.

In der Darstellung der Abb. 5.6 sinkt der Preis somit auf P_W. Dieser Prozess findet theoretisch erst sein Ende bei den variablen Kosten (Grenzkosten), d.h. beim Preis P_V. Bei diesem Preis würden nicht nur keine Deckungsbeiträge zum Mobilteil des MNB erwirtschaftet. Es könnten hier auch keine Deckungsbeiträgen zu den fixen Kosten des Verbindungsnetzes erwirtschaftet werden, und zwar weder vom MNB noch von den VNB.

Eine solche Situation könnte nur kurzfristig bestehen, bis hinreichend viele Unternehmen ausgeschieden sind und die verbleibenden Unternehmen ihre Preise wieder erhöhen. Es ist klar, dass die gezeigte Preissenkung des MNB keine Verdrängungsstrategie darstellt (vgl. Haucap und Kruse, 2003a). Sie ist vollständig kompatibel mit der „kurzfristig naiven Gewinnmaximierung". Der geschilderte Prozess beinhaltet keine strategische Aktion zur Verdrängung der neuen Konkurrenten.

Mittelfristiger Wettbewerb zwischen VNB und MNB

Wenn der Wertschöpfungsanteil des Verbindungsnetzbetriebs an der Gesamtleistung (z.B. Mobilfunkgespräch von Wien ins Innsbrucker Ortsnetz) klein ist, stellt sich die Frage, woher ein alternativer Verbindungsnetzbetreiber die Vorteile generieren könnte, um den Kunden attraktive Angebote zu machen.[23]

Mittelfristig haben die VNB nämlich sowohl bei den Kosten als auch auf der Nachfragerseite Wettbewerbsnachteile gegenüber den MNB.

Letztere sind quasi die natürlichen Verbindungsnetzbetreiber für ihre Abonnenten. Bei alternativen VNB-Call-by-Call-Gesprächen müssen ihre Kunden jeweils eine besondere Netzkennziffer vorwählen, sich über einzelne Tarife informieren, gesonderte Rechnungen bezahlen etc. Das lohnt sich für einen Konsumenten nur bei entsprechend deut-

23 Dabei ist allerdings unterstellt, dass die Regulierungsbehörde keine Zuführungspreise festsetzt, die für den Mobilfunknetzbetreiber nicht kostendeckend sind. Die Höhe des Zuführungsentgeltes entscheidet primär über die Konkurrenzfähigkeit von alternativen Call-by-Call- und Preselection-Angeboten im Mobilfunk. Bei Einführung einer VNBAM wäre die Höhe des Zuführungsentgeltes, das die Regulierungsbehörde festlegt, die alles determinierende Größe.

lichen Preisvorteilen gegenüber dem eigenen MNB. Realistisch ist dies allenfalls ganz am Anfang der VNBAM-Einführung, solange der MNB bei seinem alten Preis bleibt. Nach der Preisreaktion der MNB ist der preisliche Anreiz für die meisten Kunden vermutlich nicht mehr groß genug, vor allem dann nicht, wenn sich im Wettbewerb ähnliche Preise von VNB und MNB herausbilden.

Auf der anderen Seite haben die VNB spezifische Kostennachteile gegenüber den MNB. Im reinen Verbindungsnetzbetrieb bei Fern- und Auslandsgesprächen wird ein VNB, sofern er auch als Festnetz-Anbieter tätig ist, keine wirtschaftlich relevanten Skalennachteile gegenüber den MNB haben. Allerdings wird er auch keine Kostenvorteile aufweisen. Da die Märkte für die Dienstleistungen überregionaler Übertragungswege wettbewerblich funktionieren, könnte ein Mobilfunknetzbetreiber die Dienste der effizienten Übertragungswege (soweit dies nicht ohnehin ihre eigenen sind) als Vorleistungen einkaufen.

Gravierende Kostennachteile der VNB bestehen insbesondere für die quantitativ große Zahl der Gespräche, in denen der Angerufene sich (fest oder mobil) im gleichen Ort befindet wie der mobile Anrufer. Hier ist der Verbindungsnetzanteil sehr klein. Der gleiche Kostennachteil besteht auch für On-Net-Gespräche, also solche, bei denen der Angerufene ein Teilnehmer des gleichen Mobilfunknetzes ist.

Außerdem haben die Verbindungsnetzbetreiber zusätzliche Kosten für Werbung und Vertrieb, für Rechnungsstellung und Inkasso etc. zu tragen. Wenn diese Faktoren im Zusammenhang betrachtet werden, zeigt sich, dass die VNB wirtschaftlich keine nachhaltige Marktchance haben, sofern sie nicht durch die Regulierung künstlich protegiert werden.

III. Implikationen für die Erlösstrukturen

Aufgrund der oben (vgl. §1, III.) genannten Verhaltensweisen der Kunden und der Kostenstrukturen und unter dem Druck des Wettbewerbs zwischen den Mobilfunknetzbetreibern haben sich eine Vielzahl von Tarifen herausgebildet.[24] Durch diese Art der Tarifdifferenzierung tragen die einzelnen Kundensegmente unterschiedlich stark zu den Fix- und Gemeinkosten bei (vgl. Laffont und Tirole, 2000). Auf jeden Fall gilt, dass die MNB einen sehr großen Teil ihrer Deckungsbeiträge aus den Erlösen für ein- und ausgehende Gespräche erzielen müssen.

24 Von den Tarifen sind einige für Vieltelefonierer and andere eher für Wenigtelefonierer adäquat. Typischerweise zahlen Vieltelefonierer eine höhere Grundgebühr als Wenigtelefonierer. Dafür sind aber auch ihre Gesprächsgebühren niedriger. Am höchsten sind die Gesprächsgebühren typischerweise für Prepaidkunden, die in der Regel gar keine monatliche Grundgebühr zu entrichten haben.

1. Versunkene Netz-Investitionen

Die MNB haben beim Auf- und Ausbau ihrer Netze große Summen investiert. Diese Investitionen sind zu einem hohen Prozentsatz auch versunken (irreversibel). Daraus resultiert eine Kostenstruktur mit einem hohen Anteil fixer Kosten. Die MNB benötigen also erhebliche Deckungsbeiträge (Erlöse über die kurzfristigen Grenzkosten hinaus), um die Netzkosten zu decken.

Nach Maßgabe der Verhaltensweisen der Kunden im Wettbewerb müssen diese in großem Umfang aus den variablen Gesprächsminuten kommen, d.h. die Minutenpreise für eingehende (Terminierungsentgelte) und ausgehende Gespräche müssen ein Vielfaches der betreffenden kurzfristigen Grenzkosten betragen, um die Netz-Investitionen amortisieren zu können.

2. Investitionen in die Kundenbasis

Eine ähnliche Inkongruenz zwischen Erlösmöglichkeiten und Kostenstruktur wird bei der Analyse eines einzelnen Kundenverhältnisses im Zeitablauf ersichtlich.

Die Deckungsbeiträge aus den Grundgebühren sind die tatsächlichen monatlichen Grundgebühren eines Teilnehmers, reduziert um die monatlichen Grenzkosten eines Anschlusses. Bei den Gesprächsgebühren errechnen sich die Deckungsbeiträge als Differenz der Minutenpreise abzüglich der minutenspezifischen Grenzkosten. Multipliziert mit der Zahl der monatlichen Gesprächsminuten ergeben sich unterschiedliche Deckungsbeiträge für Viel- und Wenig-Telefonierer. Die Deckungsbeiträge, die ein Kunde im Laufe der Zeit generiert, hängen also stark von seinem Gesprächsvolumen ab. Um den kundenspezifischen Deckungsbeitrag zu ermitteln, müssen zudem die kundenspezifischen Inkrementalkosten für Kundenverwaltung, Rechnungsstellung, etc. berücksichtigt werden, die nicht sinnvoller Weise einem bestimmten Dienst zugerechnet werden können. Wenn man die Einzelkunden-Deckungsbeiträge einer Periode nun über alle Kunden des Mobilfunknetzbetreibers addiert, erhält man die periodischen Deckungsbeiträge zu den Fixkosten.

Zur Gewinnung eines Kunden im Wettbewerb mit anderen Mobilfunkanbietern werden in der Regel Handy-Subventionen gezahlt und weitere Kundengewinnungskosten (Provisionen an Händler etc.) aufgewendet. Die ersten Deckungsbeiträge sind also erforderlich, um die Aufwendungen des Netzbetreibers für die Gewinnung eines Kunden zu decken, den er ohne Handy-Subventionen, Händler-Provisionen usw. nicht hätte.

Die im Wettbewerb der Mobilfunknetzbetreiber herausgebildeten hohen Betreiber-Start-up-Kosten (Handy-Subventionen, Provisionen an Händler etc.) sind wirtschaftlich nur dann erklärbar, wenn diese durch spätere, zusätzliche Deckungsbeiträge aus Gesprächsminuten überkompensiert werden. Jeder Mobilfunknetzbetreiber tätigt damit also Investitionen in seine Kundenbasis, die irreversibel und damit risikobehaftet sind.

Gleichzeitig erhöht die Senkung der Kosten, die den Kunden gleich am Anfang entstehen (Start-up-Kosten), durch die Mobilfunkanbieter generell die Mobilfunkteilnehmerzahl.

3. Folgen der VNBAM

Wenn die VNBAM eingeführt wird, entsteht damit ein Wettbewerbsdruck auf Preise für ausgehende Gespräche, der die dort erwirtschafteten Deckungsbeiträge reduziert.

In welchem Maße dies der Fall ist, hängt von den regulierten Zuführungsgebühren (vgl. §3, V.) und damit de facto von der Regulierungsbehörde ab, da die Erlöse aus Zuführungsgebühren teilweise an die Stelle der „entfallenen" Gesprächserlöse treten. Wenn wir einmal davon ausgehen, dass die Regulierungsbehörde die Zuführungsgebühren in einer Höhe festsetzt, die den VNB einen profitablen Betrieb ermöglicht, führt dies vermutlich zu einer dramatischen Verringerung der Deckungsbeiträge für die MNB.

Bei VNBAM partizipieren die Verbindungsnetzbetreiber also an der Kundenbasis, die von den Mobilfunkanbietern mit hohem Kostenaufwand (Marketing, Vertrieb, Händlerprovisionen, Handy-Subventionen etc) geschaffen wurde. Ein Verbindungsnetzbetreiber nutzt also die Kundenbasis der Mobilfunknetzbetreiber gratis.

4. Reaktion der MNB

Wenn die Preise der MNB für Verbindungsleistungen durch die VNBAM auf ein solches Niveau herunterkonkurriert werden, dass keine hinreichenden Deckungsbeiträge zu den Kosten des Mobilfunknetzes mehr erwirtschaftet werden können, wären die MNB gezwungen, die gesamten Kosten des Mobilfunknetzes aus anderen Erlösquellen zu decken. Zu solchen anderen potenziellen Erlösquellen gehören insbesondere die

- Zuführungsgebühren,
- mobilen Terminierungsgebühren,
- monatlichen Grundgebühren
- und die Anschlussgebühren bzw. (negativen) Handysubventionen.

Der MNB könnte grundsätzlich

(1) die Handy-Subventionierung reduzieren oder einstellen,
(2) eine Anschlussgebühr für Neuabonnenten verlangen, die über die spezifischen Kosten hinausgeht,
(3) die monatlichen Grundgebühren erhöhen und/oder
(4) die Preise für die Terminierung in sein Netz erhöhen.

Da die Terminierungsgebühren (ebenso wie die Zuführungsgebühren) eventuell ebenfalls reguliert werden (vgl. §2), sind diese Optionen in ihren quantitativen Möglichkeiten begrenzt. Die anderen Optionen (1-3) führen aber dazu, dass einerseits die Start-up-Kosten für die Kunden und andererseits deren monatliche Fixkosten erhöht werden. Insofern besteht hier nur ein begrenzter Spielraum. Zudem entfällt die Möglichkeit zur Preisdifferenzierung zwischen Viel- und Wenigtelefonierern, wenn alle Teilnehmer gleichermaßen die VNBAM nutzen können, da sich unterschiedliche Grundgebühren für Viel- und Wenigtelefonierer kaum durchsetzen lassen, wenn die Kunden per Preselection und/oder Call-by-Call mit alternativen VNB telefonieren können (vgl. auch Laffont und Tirole, 2000).

In der Realität dürften sich die, bei solchen Tarifbestandteilen erforderlichen, drastischen Preiserhöhungen auf dem Markt nicht voll durchsetzen lassen, sodass in der Summe deutlich niedrigere Deckungsbeiträge für die Netzbetreiber verbleiben. Kurzfristig ist zusätzlich zu berücksichtigen, dass derartige Umstellungen der Tarifstrukturen aufgrund bestehender Verträge nicht schnell vorgenommen können, sondern erhebliche Zeiträume erfordern. Außerdem sind die bereits bestehenden Abonnementsverhältnisse in Form verbilligter Endgeräte subventioniert, und zwar in der Erwartung von Deckungsbeiträgen aus Gesprächsminuten, die jetzt ausfallen. Beides ist als eine regulatorisch erzeugte Entwertung von Investitionen der Mobilfunknetzbetreiber zu betrachten, die wirtschaftlich mit einer Enteignung vergleichbar ist.

Die Neugestaltung der Tarifstrukturen der MNB (geringe Verbindungspreise, höhere Grundgebühren, höhere Anschlussgebühren, Reduzierung der Endgerätesubventionen) würde zu einer Reduzierung der Teilnehmerzahlen führen, d.h. zu einer Verringerung der Penetrationsrate. Auch wenn die verbleibenden Mobilfunkkunden aufgrund geringerer Nutzungspreise etwas mehr telefonieren, wird dies vermutlich nicht die Erlöseinbußen kompensieren.

Ein besonderes Problem stellt sich für Prepaid-Tarife, die keinerlei Grundgebühr vorsehen. Insofern können daraus auch keine Deckungsbeiträge erwirtschaftet werden. Prepaid-Tarife würden vermutlich entweder eingestellt, mit „Grundgebühren pro Aufladevorgang" versehen oder durch Budgettarife ersetzt. Dies würde erheblich zum Sinken der Penetrationsrate beitragen.

IV. Ökonomische (In)Effizienz des VNBAM-Modells

Für eine volkswirtschaftliche Bewertung einer regulatorischen Einführung der VNBAM stellt sich einerseits die Frage nach dem Einfluss auf die allokative Effizienz, also nach den „richtigen" Preisen und Mengen. Andererseits ist möglicherweise die technische Effizienz tangiert, d.h. die Höhe der gesamtwirtschaftlichen Kosten der Leistungserstellung.

1. Technische Ineffizienz des VNBAM-Modells

Das Kriterium der technischen Effizienz bezieht sich auf die volkswirtschaftlich minimalen Kosten der Leistungserstellung. In der realen Welt geht es dabei um den Kostenvergleich konkreter Alternativen, hier also mit und ohne VNBAM.

Betrachten wir zunächst die Kosten der Verbindungsleistung (vgl. Abb. 5.5) für den idealtypischen Fall eines mobilen Gespräches in einen anderen (inländischen oder ausländischen) Ort (T_F, T_A). Jeder MNB realisiert dies bisher je nach Relation, Verkehrsvolumen, Verfügbarkeit etc. über eigene und/oder gemietete Übertragungswege. Dabei ist davon auszugehen, dass die Netzstruktur kostenmäßig optimiert wurde. In gleicher

Weise wird auch jeder VNB seinen Verkehr über eigene und/oder gemietete Übertragungswege führen, was in der Regel zusammen mit seinem Festnetzverkehr (in seiner Eigenschaft als Festnetz-VNB) erfolgen wird.

In der Regel wird ein VNB in diesem Fern- und Auslandsbereich über genügend Verkehr verfügen, um keine relevanten Skalennachteile gegenüber den MNB zu haben. Allerdings ist auch davon auszugehen, dass ein VNB keine Kosten*vorteile* haben wird. Da die Märkte für die Dienstleistungen überregionaler Übertragungswege wettbewerblich funktionieren, könnte auch jeder Mobilfunknetzbetreiber die Dienste der jeweils effizienten Übertragungswege auf den kompetitiven Festnetzmärkten als Vorleistungen einkaufen.

Zudem ist davon auszugehen, dass jeder MNB in der Ausgangssituation seine Netzstruktur einschließlich der Zahl und der Orte der Zusammenschaltungen optimiert hat. Dabei ist anzunehmen, dass insbesondere zu Destinationen mit hohem Verkehrsaufkommen (z.B. zu großen Netzbetreibern im inländischen Festnetz oder zu großen Mobilfunknetzen) an einer Vielzahl von Orten Zusammenschaltungen bestehen.

Ein sehr großer Teil aller mobil originierten Gespräche geht zu Gesprächspartnern, die sich im gleichen lokalen Bereich aufhalten. Dies umfasst Terminierungen in Festnetze (T_L) und in Mobilfunknetze (T_O, T_M). Deshalb kann unterstellt werden, dass ein besonders großer Teil des Ursprungsverkehrs im Einzugsbereich einer MSC (Vermittlungsstelle im Mobilnetz) verbleibt und gegebenenfalls quellnah übergeben wird. Bei Einbeziehung von Verbindungsnetzbetreibern wird mindestens ein zusätzlicher Durchlauf einer Vermittlungsstelle erforderlich.

Wenn viele VNB am Markt sind, wird jeder einzelne VNB bei jedem einzelnen Mobilfunknetz weniger Verkehr übernehmen, sodass die Verkehrsmenge pro Übergabepunkt gering ist. Dies bringt einerseits Skalennachteile und damit technische Ineffizienzen mit sich. Andererseits ändern sich als Folge nicht ausgeschöpfter Skaleneffekte (Bündelverluste) die jeweiligen Netzstrukturen bei geringen Verkehrsmengen. Der VNB wird sich nicht an allen Vermittlungsstellen mit dem Mobilfunknetzbetreiber zusammenzuschließen, sodass eine Konzentration an wenigen Netzübergängen auftreten würde, was die Zahl der Vermittlungsvorgänge erhöhen würde.

Wenn als Folge der VNBAM die Verbindungsleistung der MNB stark absinkt, wird über die jeweiligen Netzübergänge eine geringere Menge transportiert. In der Konsequenz kann dies dazu führen, dass einige der ursprünglich direkten Zusammenschaltungen des Mobilfunknetzbetreibers mit dem Zielnetz nicht mehr effizient sind. Er wird dann auch für den bei ihm verbleibenden Verkehr weniger Netzübergänge verwenden und selbst den Verkehr konzentrierter übergeben. Auch dies erhöht die Zahl der Vermittlungsvorgänge.

Die gravierenden Mehrkosten durch VNB entstehen bei der quantitativ großen Zahl von Gesprächen, in denen der Angerufene sich (fest oder mobil) im gleichen Ort befindet wie der mobile Anrufer. Hier ist der Verbindungsnetzanteil sehr klein und die Realisierung der VNBAM bringt volkswirtschaftliche Mehrkosten mit sich.

Offensichtlich gilt die technische Ineffizienz auch für On-Net-Gespräche (Gespräche, bei denen beide Kommunikationspartner Teilnehmer des gleichen Mobilfunknetzes sind). Hier würden durch die Zwischenschaltung eines VNB Mehrkosten entstehen. Dies betrifft den uns vorliegenden Daten zufolge je nach Netzbetreiber zwischen einem Drittel und der Hälfte der mobil originierten Gesprächsminuten, und über alle Netzbetreiber betrachtet weit über 40 Prozent der mobilen Verbindungsminuten. Bei Gesprächen in andere Mobilfunknetze müsste ein VNB mindestens eine Vermittlungsstelle und entsprechend mehr Übertragungswege zwischenschalten.

Daraus wird ersichtlich, dass nur für die Gespräche ins Ausland und in entfernte Ortsnetze im Inland durch die VNB keine Mehrkosten im Terminierungsbereich entstehen. Der Anteil der mobil originierten Gespräche, die Gegenstand einer solchen Apriori-Vorstellung von VNBAM sind, liegt (nach Schätzungen von Betreibern) vermutlich unter 20 Prozent.

Da die VNBAM eine Senkung der Penetrationsrate zur Folge haben wird, stellt sich die Frage, ob dies durch eine höhere Gesprächsnachfrage der verbleibenden Mobilfunkteilnehmer (steigende Anzahl der Gesprächsminuten pro Kunde und Monat) kompensiert würde. Wenn dies nicht der Fall wäre, würden sowohl kurz- als auch langfristig die Durchschnittskosten und die technische Ineffizienz des Gesamtsystems steigen.

2. *Allokative Effizienz?*

Die Einführung einer VNBAM drückt die Preise der Gesprächsminuten in Richtung auf die Grenzkosten und führt die Preisstrukturen in Teilen näher an die Kostenstrukturen heran. Bewirkt die Einführung des VNBAM-Modells damit eine Steigerung der allokativen Effizienz? Eine solche Schlussfolgerung lässt sich auf einem wettbewerblichen Markt mit unregulierter Preissetzung der Anbieter und freier Konsumentscheidung der Kunden grundsätzlich nicht ziehen.

Dies betrifft zunächst die Frage, ob die bisherigen Preisstrukturen im Mobilfunk mit Blick auf die spezifischen Kostenstrukturen als ineffizient zu bezeichnen sind. Im Mobilfunk bietet jeder Netzbetreiber den Kunden verschiedene Tarife zur Wahl an, die sich im Wesentlichen durch eine unterschiedliche Kombination von fixen (nutzungsunabhängigen) und variablen (gesprächsminutenabhängigen) Tarifbestandteilen unterscheiden. Geschäftskundentarife haben höhere Grund- und geringere Minutenpreise als Tarife für Privatkunden bzw. Wenigtelefonierer. Im extremen Maße gilt dies für Prepaid-Tarife, die gar keine Grundgebühr aufweisen.

Wenn die Privatkundentarife höhere Grundgebühren hätten (als Folge von VNBAM-Regulierung), würden die effektiven Durchschnittspreise pro Nutzungsminute für Wenigtelefonierer ansteigen, und ein Teil von ihnen würde auf die Teilnahme am Mobilfunk verzichten. Dies wäre allokativ ineffizient, weil ihre Zahlungsbereitschaft die (sehr geringen) volkswirtschaftlichen Grenzkosten übersteigt, also Konsumentenrente verloren geht.

Die Kundenpräferenzen zeigen sich in besonderer Weise an den Prepaid-Tarifen. Der große Mobilfunkboom Ende der 90er Jahre, der die Penetrationsraten enorm gesteigert hat, basiert zu großen Teilen auch auf der Einführung von Prepaid-Tarifen. Dies wiederum lässt sich in hohem Maße darauf zurückführen, dass diese Tarifvarianten keine monatlichen Grundgebühren aufweisen, die Kunden sich also nicht mit monatlichen Fixkosten belasten.

Das Gleiche gilt für die Handy-Subventionen, die ebenfalls dazu führen, dass die Preisstruktur von der Kostenstruktur abweicht. Allerdings entspricht dies erkennbar den Präferenzen der Privatkunden. Andernfalls wären im Wettbewerb Tarifvarianten ohne Handy-Subventionen und entsprechend niedrigeren Nutzungspreisen erfolgreich.

V. Rolle der Regulierung

Der Mobilfunknetzbetrieb ist von der Erteilung einer staatlichen Lizenz abhängig. Da die Lizenzen als profitabel erachtet und im Netzaufbau als eine gesellschaftliche Infrastrukturaufgabe gesehen wurde, ging die Lizenzerteilung bei der Marktöffnung 1996 und danach mit einer Anzahl weiterer Bedingungen einher. Beispielsweise einen bestimmten Versorgungsgrad zu bestimmten Terminen zu erreichen, eine bestimmte Technologie (d.h. einen bestimmten Standard) anzuwenden etc. Diese Bedingungen verursachen für die Lizenznehmer Kosten und/oder zusätzliche Risiken.

Eine Mobilfunklizenz ist, wie bereits erwähnt, ökonomisch als Vertrag zwischen der Regulierungsbehörde (Lizenzgeber) und dem Betreiberunternehmen (Lizenznehmer) zu betrachten. Der Lizenznehmer geht eine Reihe von Verpflichtungen ein. Er erhält dafür bestimmte Geschäftsmöglichkeiten, was bestimmte Erwartungen voraussetzt. Bezüglich der Regulierung kann er davon ausgehen, dass sein Vertragspartner diese nicht nach Tätigung der Investitionen zu seinen Lasten ändert. Letzteres wäre jedoch bei einer nachträglichen Einführung von VNBAM der Fall.

Es ist ein wesentlicher Unterschied, ob eine derartig gravierende Regelsetzung am Anfang oder später eingeführt wird. Im ersteren Fall wären zahlreiche Unternehmensentscheidungen bezüglich Investitionen, Preispolitik, Marktentwicklung etc. anders getroffen worden. Eine nachträgliche Einführung einer solchen VNBAM-Regulierung stellt also im Kontext des wirtschaftlich relevanten Lizenzvertrages ein opportunistisches Verhalten der Regulierungsbehörde dar.

1. Regulierung der Zuführungsgebühren

Zur Realisierung der VNBAM benötigt jeder VNB die Zuführungsdienstleistung des MNB zu seinem Verbindungsnetz (vgl. Abb. 5.5). Es ist bei freier Preissetzung der Zuführungsgebühren offensichtlich, dass der MNB starke Anreize hat, die Zuführungsgebühren sehr hoch festzulegen, da er auf diese Weise die VNB konkurrenzunfähig machen könnte (raising rivals costs). Das gesamte VNBAM-Konzept wäre also ohne eine Regulierung der Zuführungspreise zwecklos.

Diese Aussage gilt allerdings nur, wenn die Perspektive von vornherein auf die bereits vorhandenen Kunden eines bestimmten Mobilfunkanbieters gerichtet wird. Wird die Verbindungsleistung eines VNB hingegen als ein eigenständiges Produkt für die Konsumenten angesehen, das diese als solches nachfragen (wie z.B. einen bestimmten Markenartikel bei Waschmitteln oder Spirituosen), stehen die „mobilen Anschlussnetze" (analog zu einem Supermarkt für die vorgenannten Konsumgüter) zueinander im Wettbewerb, und eine Regulierung ihrer Preise wäre folglich nicht zu rechtfertigen.[25] Aus dieser Sicht müssten die VNB ihre Konditionen mit den MNB ebenso kommerziell aushandeln wie ein Waschmittel- oder Spirituosen-Produzent mit einer Supermarktkette.

Wenn es als erforderlich angesehen wird, dass zur Durchsetzung der VNBAM die Zuführungsgebühren reguliert werden, stellt sich das gravierende Problem des „Wie". Die Festsetzung des „richtigen Zuführungsentgeltes" ist aus verschiedenen Gründen sowohl kurzfristig als auch langfristig objektiv schwierig.

Die Zuführungsentgelte müssen nach der VNBAM-Einführung und entsprechender Veränderung der Tarifstrukturen praktisch (zusammen mit den Terminierungsentgelten) langfristig die gesamten Mobilfunknetzkosten abdecken. Hinzu kommen in kurzfristiger Sicht die Extrakosten der „Fehlinvestitionen" im Licht der nachträglichen Einführung.

Für die Regulierung der Zuführungsgebühren wäre ein geeigneter Maßstab zu definieren. Die langfristigen Inkrementalkosten (LRIC -Long Run Incremental Costs), also die langfristigen Kosten der zusätzlichen Leistungserstellung, wären wegen der oben dargelegten Gemeinkostenprobleme im Zusammenhang mit den spezifischen Tarif-Elastizitäten (aufgrund der fixkostenaversen Verhaltensweisen der Privatkunden) nicht adäquat. Es wäre für bestehende Mobilfunknetze schwierig, Zuführungskosten einigermaßen objektiv zu quantifizieren, um zu entsprechenden, regulierten Zuführungsentgelten zu gelangen.

Das Hauptproblem für die regulierungspolitische Praxis besteht jedoch darin, dass die Zuführungsgebühren, die von der Regulierungsbehörde festgesetzt werden, die Wettbewerbsverhältnisse unmittelbar determinieren. Wegen der unterschiedlichen Wertschöpfungsanteile von mobiler Zuführungsleistung (hoher Wertschöpfungsanteil) und Festnetzverbindungsleistung (geringer Wertschöpfungsanteil) beeinflussen schon relativ kleine prozentuale Änderungen der Zuführungsgebühren die Wettbewerbschancen der Verbindungsnetzbetreiber erheblich.

Über die Konkurrenzfähigkeit von alternativen Call-by-Call- und Preselection-Angeboten im Mobilfunk wird somit primär durch die Höhe des Zuführungsentgeltes entschieden. Wenn sich eine Regulierungsbehörde erst einmal für VNBAM entschieden hat, besteht die reale Gefahr, dass sie die Zuführungsgebühr (auch ohne Bezug auf die ökonomisch relevanten Kategorien der Preisbildung) so niedrig festsetzt, dass ein Markteintritt für die VNB profitabel ist und tatsächlich erfolgt.

Bei Ausbleiben von Markteintritten wird die Regulierungsbehörde (unter dem Lobby-Druck potenzieller VNB) schlussfolgern, dass die Zuführungsentgelte zu hoch seien. Diese Folgerung wäre schon deshalb verfehlt, weil selbst bei zu niedrigen Zuführungsentgelten ein Markteintritt eventuell deshalb nicht erfolgt, weil (1) potenzielle VNB er-

---

25 Auch Supermarktketten werden nicht durch eine Regulierung gezwungen, bestimmte Fabrikate zu führen (möglicherweise noch zu regulierten Handelsspannen), obwohl es hier für einen Produzenten ebenso wie im Mobilfunk nur schwer möglich wäre, selbst durch Markteintritt auf der Einzelhandelsstufe eine nennenswerte Anzahl von Kunden zu erreichen. Wettbewerb im Kundenzugangsbereich gibt es ebenfalls in beiden Bereichen.

kennen, dass die Kostennachteile und/oder die Nachfragenachteile gegenüber den MNB auf Dauer zu groß sind, und/oder (2) die VNB die nach unten gerichtete Preisspirale (vgl. §3, II.) antizipieren.

Um den VNB ein Geschäftsmodell zu ermöglichen, müssten die Zuführungsentgelte vermutlich so niedrig liegen, dass dies als eine ökonomisch nicht vertretbare Ausbeutung von versunkenen Investitionen zu interpretieren wäre, die mit dem Lizenzvertrag nicht vereinbar ist.

2. Regulierung von Rechnungsstellung und Inkasso

Eine potenzielle Regulierungsdiskussion könnte sich auch auf die Rechnungsstellung und das Inkasso beziehen, da diese als Markteintrittserschwernisse für VNB wirken. Letzteres steht im Zusammenhang mit relativ hohen monatlichen Fixkosten im Vergleich mit den zu erwartenden Umsätzen. Es könnte die Forderung erhoben werden, dass die Regulierungsbehörde die jeweiligen Mobilfunknetzbetreiber verpflichtet, die Umsätze ihrer Kunden bei dritten VNB für diese zu erfassen, auf ihren Rechnungen auszuweisen, zusammen mit ihren Eigenumsätzen zu inkassieren und dann an die jeweiligen VNB weiterzuleiten.

Im Festnetzbereich werden die etablierten Anschlussbetreiber in manchen Ländern (wie z.B. in Deutschland) von der Regulierungsbehörde verpflichtet, den VNB zu festgesetzten Konditionen Rechnungsstellung und Inkasso anzubieten und durchzuführen. Ökonomisch gilt grundsätzlich für Fest- und Mobilfunknetze, dass Rechnungsstellung und Inkasso nicht dauerhaft als monopolistische Engpassbereiche gelten können, die eine längerfristige Regulierung rechtfertigen würden. Dauerhaft gehören für Telekommunikationsanbieter (ebenso wie für Unternehmen in anderen Branchen) Rechnungsstellung und Inkasso zu den Funktionen, für die sie selbst Sorge zu tragen haben – entweder durch eigene Vorkehrungen oder durch Dritte. Die Regulierungsvorschrift verhindert hier gegebenenfalls die Entwicklung entsprechender marktlicher Angebote.

Im Festnetzbereich kommt eine Third-Party-Billing-Regulierung allenfalls für eine Übergangsperiode in Betracht, da dies für die Entwicklung eines Sektors vom Monopol zum Wettbewerb ökonomisch effizient erscheint. Auch dort obliegt es der Regulierungsbehörde, rechtzeitig über das Auslaufen dieser Regulierung zu entscheiden.

Beim Mobilfunk ist die Frage, ob Third-Party-Billing durch die MNB von der Regulierungsbehörde verpflichtend eingeführt werden soll, negativ zu beantworten, weil die VNBAM-Einführung selbst nicht ökonomisch effizient ist und auch nicht zu einer nachhaltig wettbewerblich tragfähigen neuen Sektorstruktur führen würde.

VI. Fazit

Insgesamt lässt sich sagen, dass eine nachträgliche, obligatorische Einführung von VNBA ökonomisch nicht vertretbar ist. Falls ein Mobilfunkbetreiber auf freiwilliger

Basis Verbindungsnetzbetreiber zulässt, wenn er sich davon ein Marketing-Argument gegenüber potenziellen Kunden verspricht, ist dagegen allerdings nichts einzuwenden.

§ 4: Mobile Virtual Network Operators und Service Provider

I. Was ist ein Mobile Virtual Network Operator (MVNO) ?

Die einzelnen Definitionen für MVNO weichen geringfügig voneinander ab,[26] stimmen jedoch im Kern überein: Ein MVNO ist im Wesentlichen dadurch gekennzeichnet, dass er Mobilfunkdienstleistungen für Endkunden anbietet, ohne über eigene Frequenzen und ein eigenes Funknetz (Basisstationen) bzw. bei UMTS ein eigenes Radio Access Network (RAN) zu verfügen. Allerdings verfügt ein MVNO über eigene SIM-Karten und eine eigene Mobilfunknetzkennziffer (Network Code) und vermarktet die Mobilfunkdienstleistungen eigenständig.

Ein MVNO verfügt in der Standard-Konzeption über einige Elemente des Kernnetzes, insbesondere Vermittlungseinrichtungen (MSC), Teilnehmerregister (HLR, AuC), Netzübergänge etc. Grundsätzlich könnte er diesbezüglich jedoch auch die Einrichtungen eines (oder mehrerer) Mobilfunknetzbetreibers nutzen.

Der MVNO nutzt mindestens die Funknetzdienstleistung (von der Funkschnittstelle bis zur MSC) von einem oder mehreren MNB. Bezüglich der Basisstationen und der zu nutzenden Frequenzen ist er also auf jeden Fall auf Kooperationen bzw. Nutzungsverträge mit den Netzbetreibern angewiesen.

Es wird hier als „Normalfall" davon ausgegangen, dass ein MVNO mit *einem* bestimmten Netzbetreiber Nutzungsverträge abgeschlossen hat. Die Möglichkeit der Nutzung mehrerer Funknetze wird später betrachtet.

Die Abbildung 5.8 zeigt eine solche MVNO-Standardkonfiguration für ein GSM-Netz.[27] Sie macht deutlich, dass vom MVNO die Basisstationen des jeweiligen Netzbetreibers genutzt werden, der den Verkehr über die zuständige MSC in die MSC des MVNO führt. Dieser realisiert die Weiterleitung in andere Netze sowie die Kontrolle, Abrechnung usw.

Die gleiche Standardkonzeption gilt grundsätzlich analog für ein UMTS-MVNO. Ein MVNO nutzt im Wesentlichen das RAN (von der Funkschnittstelle bis zum Radio Network Controller) eines UMTS-Netzbetreibers und betreibt die übrigen Einrichtungen (insbesondere diejenigen zur Verfügbarmachung von Diensten und Inhalten, Internetzugängen usw.) selbst.

---

26 Vgl. z.B. Oftel (1999a), Curley (2001), Kiesewetter (2002) sowie de Vlaam und Maitland (2002).

27 Die Abbildung ist angelehnt an Curley (2001, S.4). Vgl. dazu auch Oftel (1999a).

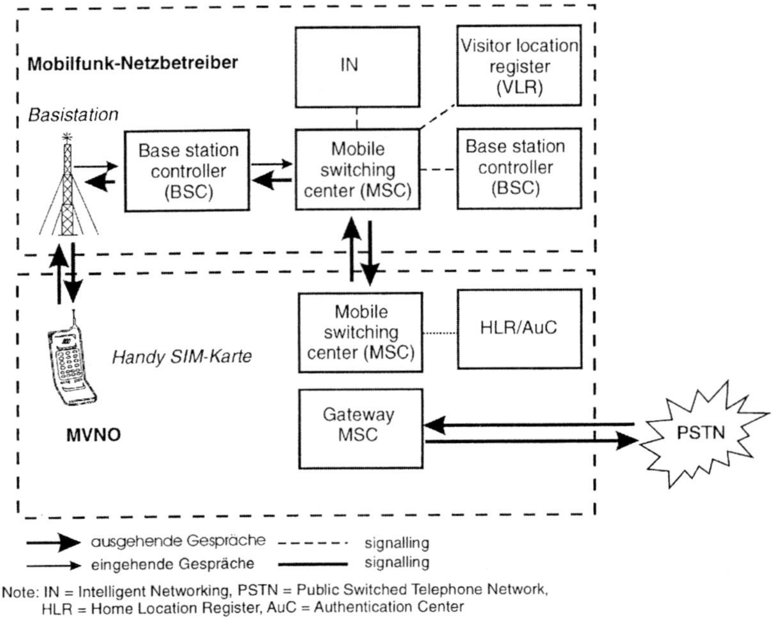

Abb. 5.8: MVNO-Architektur bei GSM (nach Curley, 2001)

Der MVNO tritt den Kunden gegenüber als eigenständiger Anbieter in Erscheinung, hat seine eigene Marke und seinen eigenen Kundenstamm. Der MVNO macht seine eigenen Endgeräte- und Diensteangebote bzw. Dienstepakete (basic und value added) und implementiert seine eigenen Preisstrukturen. Er ist insofern vom Netzbetreiber vollständig unabhängig.

Vom Standpunkt des einzelnen Kunden ähnelt das Erscheinungsbild eines MVNO demjenigen eines Service Providers. Service Provider (vgl. §4, IV.) sind Unternehmen, die Dienstleistungen mindestens eines (in der Regel aber mehrerer) Netzbetreiber unter eigenem Namen vermarkten und unter Umständen eigene Dienstleistungen hinzufügen und mit diesen verknüpfen.

Mit Ausnahme des unmittelbaren Kundenverhältnisses sind die Unterschiede jedoch beträchtlich (vgl. Curley, 2001; Kiesewetter, 2002), da die Service Provider im Wesentlichen als Großhändler für die Produkte der Netzbetreiber agieren.

Die Service Provider verfügen über keinerlei eigene Netzinfrastrukturen, keine Netzbetreiberkennziffern und keine eigenen SIM-Karten.[28] Die Spielräume für eine eigene Produkt- und Preispolitik sind wesentlich kleiner, und die Marke des Service Providers

28 Sie verwenden in der Regel die SIM-Karten des Netzbetreibers, die sie mit eigenem Aufdruck als Karte des betreffenden Service Providers kennzeichnen und als solche gegenüber den Kunden mit eigenen Preisen und auf eigene Rechnung vermarkten.

steht neben derjenigen des jeweiligen Mobilfunknetzbetreibers, in dessen Netz der betreffende Kunde fest eingebucht ist.

Bei „National Roaming“ nutzt ein Kunde eines Netzes B ebenfalls das Netz A (mit eigener SIM). Allerdings handelt es sich hier im Wesentlichen um die partielle Nutzung eines Netzbetreibers in nicht selbst abgedeckten Gebieten, wo die Grenzkosten von A gering sind und B ohnehin als Konkurrent präsent ist.

II. Wirtschaftliche Perspektiven für MVNOs und ökonomische Folgen

Ein MVNO tritt auf dem Markt als in jeder Hinsicht eigenständiger Anbieter von Mobilfunkdiensten im weitesten Sinne (inkl. Inhalte bei UMTS) in Erscheinung und damit in Konkurrenz zu den bereits vorhandenen Netzbetreibern.

Es besteht aus gesamtwirtschaftlicher Sicht (vgl. Oftel, 1999a, Kiesewetter, 2002) grundsätzlich die Erwartung auf

- neue Dienste, vielfältigere Diensteangebote, differenzierte Pakete etc.,
- neue Kombinationen von Mobilfunk- mit Festnetzangeboten etc. „aus einer Hand“,
- Wettbewerbsdruck auf die Preise der bisherigen Anbieter,
- Innovationsschübe in technischer und wirtschaftlicher Hinsicht.

Derartige Erwartungen zum Vorteil der Konsumenten und der volkswirtschaftlichen Effizienz erscheinen in dem Maße realistisch, wie der bisherige Wettbewerb auf dem betrachteten Markt eingeschränkt bzw. nicht so intensiv war, sodass die etablierten Netzbetreiber nicht alle Effizienz- und Innovationspotenziale ausgeschöpft haben. Auf einem Markt mit intensivem Wettbewerb sind derartige Erwartungen eher theoretischer Natur.

Als MVNO kommen grundsätzlich in Anbetracht:

- Unternehmen, die völlig neu in den Mobilfunkmarkt eintreten wollen,
- Festnetz-Anbieter, die ihre Produktpalette erweitern wollen (Telekommunikationsangebote aus einer Hand), insbesondere wenn Festnetzbetreiber (im Zuge einer marktlichen Fixed-Mobile-Konvergenz) die Notwendigkeit sehen, ein eigenes Mobilfunk-Angebot zu machen bzw. als Paket dem Kunden anzubieten. Sie könnten dies als MVNO oder als Service Provider realisieren,
- Netzbetreiber aus anderen Ländern, die eine europaweite oder internationale Marke schaffen wollen und in dem betreffenden Markt keine Lizenz erhalten,
- Unternehmen, die (vor allem bei UMTS) Anbieter von besonders attraktiven Inhalten und Diensten sind und ihren Kundenzugang verbessern bzw. vom bisherigen Netzbetreiber unabhängiger machen wollen (Nutzung attraktiver eigener Inhalte von Unternehmen, die daran exklusive Rechte besitzen und es als profi-

tabel betrachten, diese selbständig zu vermarkten statt sie ihrerseits den Netzbetreibern zur Vermarktung zu überlassen),

- Unternehmen, die bisher als Service Provider tätig waren und ihren Wertschöpfungsanteil vergrößern bzw. ihren Kundenzugang verbessern wollen,
- Unternehmen, die eine UMTS-Lizenz erhalten haben, ohne über ein GSM-Angebot zu verfügen, um schon im Vorwege einen Kundenstamm aufzubauen oder die zunächst noch mangelhafte Flächendeckung bei UMTS zu ergänzen (fließender Übergang zu National Roaming).

Aus ökonomischer Sicht stellt sich zunächst die Frage, ob MVNO marktlich eingeführt würden und ob die MVNO eine Wettbewerbschance haben. Da ein MVNO mindestens einen wesentlichen Teil der Mobilfunk-Wertschöpfung (nämlich das kostenintensive Funknetz) von einem Netzbetreiber mieten muss, hängt die Wettbewerbsfähigkeit stark davon ab, zu welchen Konditionen er die entsprechende Dienstleistung erhält. Da dies im Normalfall in kommerziellen Verhandlungen zwischen den einzelnen MVNO und den einzelnen MNB erfolgt, müssen wir die Interessenlage der Netzbetreiber einbeziehen.

Vom Standpunkt des einzelnen Netzbetreibers ist das Auftreten eines (oder mehrerer) MVNO zweischneidig. Einerseits ist jeder MVNO ein zusätzlicher Konkurrent auf dem Endkundenmarkt, der eventuell die Preise drückt, den Kunden qualitativ bessere Angebote macht, eventuell die eigene Teilnehmerzahl reduziert und somit insgesamt das eigene Marktrisiko erhöht. Die bestehenden Netzbetreiber in ihrer Gesamtheit werden in aller Regel das Auftreten von MVNOs als eine unerwünschte neue Konkurrenz betrachten.

Andererseits bringt ein MVNO auf das Funknetz des kooperierenden Mobilfunknetzbetreibers zusätzlichen Verkehr und damit zusätzliche Erlöse durch die Entgelte für die Funknetznutzung. In dem einfachen Standardfall, dass ein potenzieller MVNO den Zugang zu einem Netz sucht, konkurrieren die bestehenden Netzbetreiber um den „Zuschlag".

Dieser ist von besonderem Interesse für einen Netzbetreiber, der erhebliche Überkapazitäten aufweist und über einen relativ geringen Marktanteil verfügt, wie dies im Mobilfunk insbesondere für spät lizenzierte Betreiber typisch ist. Unausgelastete Kapazitäten bewirken, dass der zusätzliche MVNO-Verkehr mit sehr geringen Grenzkosten abgewickelt werden kann.

Dagegen haben Netze, die schon weitgehend ausgelastet sind (bzw. bei denen die Kapazität durch weitere Investitionen in Zellteilung etc. erhöht werden müsste), was besonders für früh lizenzierte, etablierte Netzbetreiber gilt, deutlich höhere Opportunitätskosten für eine MVNO-Nutzung und weniger Interesse an zusätzlichem MVNO-Verkehr. Schon bei rein kostenorientierter Preiskalkulation würde ein solcher MNB höhere Nutzungspreise festsetzen.

Hinzu kommt, dass ein Netzbetreiber mit großen Marktanteilen von zusätzlichen Konkurrenten in der Regel absolut mehr betroffen sein wird, wenn unterstellt wird, dass Teilnehmer und Verkehrsmengen des MVNO von den etablierten MNB proportional zu ihren Marktanteilen abgezogen werden.

Bezüglich beider Effekte besteht damit ein Kollektivgutproblem: Der Netzbetreiber, der einen MVNO aufnimmt, hat selbst die Erlöse (Deckungsbeiträge) zusätzlicher Nutzung, während die eventuellen Konkurrenznachteile alle Netzbetreiber betreffen. Von daher sollten unter Wettbewerbsbedingungen also relativ gute Voraussetzungen bestehen, dass MVNOs in den Markt eintreten.

Bei kommerziellen Aushandlungen wird ein kleiner Netzbetreiber (d.h. ein solcher mit wenig Teilnehmern, aber einem flächendeckenden Netz) eher als ein großer Netzbetreiber einem MVNO einen attraktiven Preis anbieten können, der gleichwohl einzelwirtschaftlich rational ist.

Von der vorher erörterten Situation, dass ein bestimmtes MVNO-Unternehmen bei einem MNB das Funknetz nutzt, ist der Fall zu unterscheiden, dass ein MVNO die Funknetze mehrerer oder aller Netzbetreiber nutzt (Multi-RAN-MVNO). Ein Vorteil kann für den MVNO darin bestehen, dass er jeweils dasjenige Netz in Anspruch nehmen kann, das an einem bestimmten Ort zu einer bestimmten Zeit die beste Verfügbarkeit und Qualität aufweist, soweit dies zwischen den Netzen unterschiedlich ist. Dafür entstehen jedoch auch höhere Kosten der Zusammenschaltung und Interoperabilität mit allen Netzen.

Bezüglich der teilnehmerstarken Netze gilt weiterhin, dass sie eine solche Rolle ablehnen werden. Ihre Opportunitätskosten werden hoch und damit die entsprechenden Preise für MVNO unattraktiv sein. Bei einem Multi-RAN-MVNO sinkt jedoch tendenziell auch das Interesse kleiner Netzbetreiber, da der zusätzliche Verkehr auf dem eigenen Netz entsprechend geringer ist und die Verhandlungsposition gegenüber einem MVNO bei Entgeltfestsetzungen schlechter ist.

Auch bei gerade kostendeckenden Netzentgelten in kleinen Netzen (mit wenig Teilnehmern und Überkapazität) stellt sich die Frage, worin die Vorteile eines MVNO liegen könnten, die es ihm ermöglichen, erfolgreich mit den etablierten Netzbetreibern zu konkurrieren.

Wenn der Mobilfunkmarkt eines Landes isoliert betrachtet wird, ist ein erfolgreicher Markteintritt eines MVNO nur vorstellbar, wenn die Wettbewerbsintensität nicht sehr hoch ist und somit entsprechende Ineffizienzen (insbesondere in allokativer oder qualitativer Hinsicht) entstanden sind und/oder Produkt- oder Prozess-Innovationen nicht schnell genug erfolgen. Bei intensivem Wettbewerb zwischen den MNB wird es ein MVNO sehr schwer haben, über längere Zeit konkurrenzfähig zu bleiben und Gewinne zu realisieren. Insbesondere auf einem schon jetzt wettbewerbsintensiven Markt mit weitgehend ausgereizten Kostensenkungsmöglichkeiten und voll erschlossenen Kundenpotenzialen ist kaum ersichtlich, wie ein MVNO einen profitablen Markteintritt realisieren könnte.

Etwas anders könnte die Beurteilung der MVNO-Chancen ausfallen, wenn die MVNO-Vorteile auf dem betreffenden Mobilfunkmarkt im Wesentlichen durch Synergie- oder Marketing-Effekte mit anderen Märkten entstehen. Dies könnten z.B. internationale Anbieter sein, die mit ihrer eigenen Marke europaweit präsent sein wollen und in einem Land eine fehlenden Frequenz/Lizenz via MVNO-Status kompensieren. Das gleiche kann für Festnetz-Anbieter gelten, wenn hinreichend viele Kunden Paketangebote für feste und mobile Telekommunikation präferieren.

Eine weitere Möglichkeit besteht in der marktlichen Vorbereitung eines neuen Technologieschrittes, z.B. vor der UMTS-Einführung. Für einen zukünftigen UMTS-Anbieter kann es von Vorteil sein, schon für GSM-Dienstleistungen eine Marke zu etablieren und einen Kundenstamm aufzubauen.

III. Die Rolle der Regulierung bei der MVNO-Einführung

Unter regulatorischen Gesichtspunkten stellt sich zunächst die Frage, ob die Regulierungsbehörde MVNOs zulassen sollte.

Da MVNOs potenziell zusätzlichen Wettbewerb in einen bestehenden Markt bringen können, ohne zusätzliche Frequenzen zu beanspruchen,[29] ist aus ökonomischer Sicht kein Grund erkennbar, warum diese nicht zugelassen werden sollten.

Diese Beurteilung basiert auf den Prämissen, dass (a) den Netzbetreibern bei ihrem Markteintritt und den damit verbundenen Investitionsentscheidungen *nicht* zugesichert wurde, dass keine MVNOs zugelassen werden, und (b) dass der MVNO und der MNB die Konditionen (insb. die Entgelte für die Funknetznutzung) auf kommerzieller Basis aushandeln, sodass sie als beiderseits vorteilhaft angesehen werden können. Wegen der auf Netzbetreiberseite relativ komplexen Opportunitätskostenkalküle, die von zahlreichen Faktoren abhängen, ist dies eine wesentliche Voraussetzung.

Wird unterstellt, dass wegen des Mangels an Mobilfunk-Frequenzen (und des Verbotes von Frequenzhandel) kein Markteintritt auf der Netzbetreiberebene möglich ist, so stellt ein MVNO die weitreichendste (d.h. wertschöpfungsintensivste) Möglichkeit dar, in den Mobilfunkmarkt einzutreten. Dies tangiert die Aussage, die Mobilfunkmärkte seien durch hohe Markteintrittsbarrieren gegen Newcomer geschützt, was im Wesentlichen auf der mangelnden Frequenzverfügbarkeit basiert. Je freier der Marktzugang als MVNO ist, desto weniger hoch sind die Markteintrittsbarrieren im Mobilfunkmarkt.

Eine ganz andere Frage ist, ob es ökonomisch akzeptabel wäre, wenn die Regulierungsbehörde das MVNO-Modell regulatorisch erzwingen würde. Die Frage ist dann also, ob die Regulierungsbehörde Netzbetreiber verpflichten kann und sollte, einem MVNO die Nutzung fremder Funknetze zu ermöglichen.

Dies wäre ein recht weitgehender Eingriff der Regulierung in die unternehmerischen Verfügungsrechte, die Investitionskalküle und die Lizenzverträge. Ein solcher erscheint allenfalls dann bedenkenswert, wenn der betreffende Mobilfunkmarkt erhebliche Wettbewerbsbeschränkungen aufweist, die nicht nur kurzfristiger Natur sind.

Die regulatorische Einführung von MVNOs hätte man zum Beispiel bei der GSM-Lizenzierung in Betracht ziehen können, nachdem man sich aus Gründen weitreichender Skaleneffekte im Funknetzbereich entschieden hatte, nur sehr wenige (häufig nur zwei) GSM-Lizenzen zu vergeben. Die regulatorische Einführung von MVNOs hätte dann vor der Vergabe der Lizenzen bekannt sein müssen.

---

29 Die Frequenzallokation ist nämlich die einzige ökonomische Legitimation für ein Lizenzerfordernis und damit die Beschränkung des Marktzutritts.

Dabei wären die Implikationen der MVNO-Konzeption in die Investitions- und Angebots-Entscheidungen eingegangen, zudem hätte simultan damit ein Entgeltmodell für die Funknetznutzung entwickelt werden können, das die Kosten und Investitionsrisiken wirtschaftlich adäquat und anreizkompatibel auf Netzbetreiber und MVNOs verteilt.

Eine MVNO-Option hat grundsätzlich auch bei der UMTS-Lizenzierung bestanden. Wenn man davon ausgeht, dass (1) im UMTS-Funknetz (RAN) bei der gegebenen Frequenzausstattung sehr weitreichende Skaleneffekte vorhanden sind (im technischen Bereich der Sendernetze und/oder aufgrund von Bündelvorteilen der Frequenznutzung), und (2) dass die effizienz- und innovationsrelevanten Aspekte von UMTS, insbesondere im Bereich der Dienste und Inhalte (sowie eventuell im Kernnetz) liegen, hätte man ein MVNO-Modell vorsehen können. Dies hätte die Zahl der RANs in einzelnen Regionen (insb. in ländlichen Räumen) geringer gehalten (und damit Kosten gespart) und dennoch eine größere Zahl von wettbewerblichen Anbietern von UMTS-Dienstleistungen zur Folge gehabt (vgl. Kruse, 2002).

Würden z.B. bei einer MVNO-Regulierung nur die einzelnen Netzbetreiber in den nicht selbst versorgten Regionen den Status von MVNOs erhalten, so wären ähnliche Effekte wie beim National Roaming die Folge. Alternativ könnten jedoch auch Anbieter eingeschlossen werden, die in keinem Teil des Landes als Netzbetreiber auftreten. Diese regulatorische Möglichkeit besteht jedoch nicht mehr, nachdem die Lizenzen mit bestimmten Frequenzen vergeben und hohe Summen dafür eingenommen wurden.

Die ökonomische Kernfrage für eine regulatorische Einführung von MVNOs betrifft die Netznutzungsentgelte, die die Regulierungsbehörde vorgeben müsste. Wenn diese Entgelte bei einem regulatorischen MVNO-Gebot kommerziellen Verhandlungen überlassen blieben, könnte jeder MNB durch hohe Entgelte die Nutzung unrentabel machen und damit den MVNO-Auftritt de facto verhindern. Dies ist eine ganz analoge Problematik, wie sie sich auch bei VNBAM (vgl. §3) stellt.

Eine adäquate Regulierung der Entgelte wirft erhebliche methodische Probleme auf, die auf der gleichen Ebene liegen wie die bereits oben erörterten. Dies gilt insbesondere dann, wenn MVNOs bei bereits aufgebauten Netzen, also nach erfolgten Investitionen der Netzbetreiber, eingeführt werden sollen. Hier besteht insbesondere die Gefahr, dass die regulierten Entgelte die Investitionsrisiken und die Opportunitätskosten des jeweiligen Netzbetreibers nicht adäquat widerspiegeln, eventuell Quasirenten enteignen und insofern auch keine effizienten Anreize für zukünftige Investitionen geben.

Die Opportunitätskosten des jeweiligen Netzbetreibers können als Untergrenze des „zulässigen" Preisbereichs angesehen werden. Da diese in der Regel für alle Netzbetreiber unterschiedlich sind (d.h. für die teilnehmerstarken älteren Netze höher als für die jüngeren Netze mit weniger Teilnehmern), entsteht das Problem unterschiedlicher Entgelte für große und kleine Netze. Dies führt dazu, dass dann nur die kleinen Netzbetreiber de facto einem MVNO-Gebot unterliegen.

In internationaler Betrachtung zeigt sich, dass bisher nur in sehr wenigen Ländern MVNOs vorhanden sind und dass eine regulatorische Verpflichtung in noch weniger Ländern besteht (Kiesewetter, 2002, S. 42).

Als Fazit gilt, dass eine regulatorische Verpflichtung zu MVNOs nicht zu rechtfertigen ist, wenn der jeweilige Mobilfunkmarkt bisher wettbewerblich adäquat funktionierte und die Wettbewerbsintensität somit relativ hoch war. Auf einem solchen Markt könnte eine regulatorische MVNO-Einführung keine volkswirtschaftlichen Vorteile bewirken. Insofern ist nicht zu begründen, warum MVNOs in Österreich regulatorisch erzwungen werden sollten.

IV. Service Provider

Service Provider sind Unternehmen, die die Dienstleistungen eines Netzbetreibers unter eigenem Namen vermarkten (vgl. für das Folgende Kruse, 1995c). Die Service Provider erhalten für diese Marketing- und Vertriebsleistungen und gewisse andere Dienstleistungen (Betrieb einer Hotline, Prüfung der Bonität, Übernahme des Inkasso-Risikos, Werbeanstrengungen etc.) eine Provision, die in Deutschland in der Größenordnung von 18 bis 25 Prozent liegt und nach verschiedenen Tarifelementen gestaffelt ist.

In Großbritannien und in Deutschland haben die Regulierungsbehörden die Service Provider obligatorisch eingeführt, indem die Netzbetreiber in der Lizenz verpflichtet wurden, Service Provider zu Konditionen zuzulassen, die ihnen eine Marktchance gewährt.[30]

(1) Sollten Service Provider überhaupt zugelassen werden? Es ist keinerlei Grund ersichtlich, warum Service Provider im österreichischen Mobilfunkmarkt nicht zuzulassen wären. Wettbewerbsbeschränkende oder sonstige negative Effekte, die die positiven Wirkungen im Sinne einer vielfältigeren Angebotspalette und eines intensiveren Wettbewerbs auf der Marketing- und Vertriebsstufe kompensieren könnten, sind nicht zu erkennen.

Werden Service Provider marktlich eingeführt? Diese Frage muss aus der Entwicklung der 90er Jahre unterschiedlich beurteilt werden. In einigen Ländern sind die Service Provider am Markt erfolgreich gewesen (z.B. in Deutschland, zumindest gemessen an den Teilnehmerzahlen) in anderen weniger. In einer Reihe von Ländern sind die Mobilfunk-Service Provider nicht in Erscheinung getreten, weil die jeweiligen Netzbetreiber sie nicht als Vertragspartner akzeptiert haben, da sie offensichtlich keinen positiven Wertschöpfungsbeitrag darin gesehen haben.

Es kann davon ausgegangen werden, dass unter den Bedingungen des 3G-Mobilfunks die potenzielle Rolle der Service Provider vermutlich eher größer werden wird. Dies ist auf verschiedene Faktoren zurückzuführen. Ein Grund ist die Tatsache, dass die Netzbetreiber in einigen Ländern aufgrund hoher Lizenzgebühren und hoher Investitionskosten gezwungen sein werden, jede Gelegenheit wahrzunehmen, Verkehr auf ihr Netz

30 Als Folge dieser Entscheidung sind mit dem Start des GSM-Netzes in Deutschland 14 Service Provider (z.B. *Debitel, Talkline, Mobilcom, Hutchison* etc.) in den Markt eingetreten. Einige von ihnen haben einen erheblichen Erfolg auf dem deutschen Mobilfunkmarkt erzielt und einen bedeutenden Beitrag zur (in Anbetracht des Dyopols) immer noch relativ zügigen Entwicklung des Mobilfunks in Deutschland geleistet.

zu bekommen und insofern auch diesbezügliche Angebote von Service Providern nutzen werden.

In diesem Zusammenhang ist von Bedeutung, dass UMTS nur dann für die Netzbetreiber zum wirtschaftlichen Erfolg werden kann, wenn genügend innovative Dienstleistungen zur Verfügung stehen, die bei GSM nicht angeboten werden, und diese für die Kunden attraktiv genug sind, um sie zu einem Umstieg von GSM auf UMTS zu veranlassen. Das Gleiche gilt für eine Reihe von Inhalten, die im Informations- oder Unterhaltungsbereich liegen können. Für einige solcher Inhalte und Dienste liegen die Verwertungsentscheidungen bei bestimmten Rechteinhabern, die ihrerseits das Interesse haben könnten, ihre eigenen Inhalte selbständig zu vermarkten (und zwar insbesondere diejenigen, die über attraktive positionale Inhalte verfügen). Diese könnten dann eine Rolle als Service Provider bei (einem oder vermutlich eher) mehreren UMTS-Netzen in Erwägung ziehen.

Die Netzbetreiber werden insbesondere gegenüber den Inhabern einiger attraktiver Rechte wenig Verhandlungsmacht haben und bestrebt sein, derartige Dienste über ihr Netz verfügbar zu machen, um Umsätze generieren zu können. Hierbei ist noch offen, ob in Zukunft bestimmte Dienste oder Inhalte von anderen als von den Netzbetreibern selbst exklusiv über einzelne Netze, über mehre Netze oder über alle Netze vermarktet werden.

(2) Es stellt sich zweitens die Frage, ob Service Provider regulatorisch erzwungen werden sollten? Das bedeutet, dass die Regulierungsbehörde die Netzbetreiber zwingen müsste, Service Provider für ihr Netz zuzulassen und ihnen adäquate Konditionen zu gewähren.

Die Beantwortung dieser Frage hängt im hohen Maße von der bislang bestehenden Wettbewerbsintensität ab. In einem Monopolmarkt kann es durchaus gerechtfertigt sein, dass die Regulierungsbehörde auch Service Provider zwingend vorschreibt, um überhaupt Wettbewerb zu ermöglichen. Auch in einem engen oligopolistischen Markt kann dies noch eine vertretbare Vorgehensweise sein, insbesondere dann, wenn die tatsächliche Wettbewerbsintensität gering ist.

In einem Markt mit mehreren bzw. vielen Netzbetreibern erscheint dies jedoch nicht geboten, insbesondere dann nicht, wenn die Wettbewerbsintensität zwischen den Betreibern hoch ist, wovon in Österreich auszugehen ist.

Das entscheidende Problem für die Regulierungsbehörde besteht auch nicht darin, den Netzbetreibern die Service Provider vorzuschreiben, sondern darin, regulatorische Vorschriften über die Konditionen zu machen, die die Netzbetreiber den Service Providern zu gewähren haben. Dies ist gerade bei einer nachträglichen Einführung eine äußerst schwierige Aufgabe.

I. Einleitung

Die Portabilität von Mobilfunknummern (kurz: MNP) bedeutet, dass ein Mobilfunkkunde die Möglichkeit hat, bei einem Anbieterwechsel seine bisherige Mobilfunknummer „mitzunehmen" und innerhalb des neuen Netzes weiter zu nutzen. Das bedeutet, dass durch die Einführung von MNP ermöglicht wird, dass Mobilfunkteilnehmer (eingeschränkte) Verfügungsrechte über ihre Mobilfunknummer erwerben.

Ein einzelner Anbieter kann MNP nur schwer allein einführen, da die Implementierung einer vollständigen MNP die Koordination aller Netzbetreiber erfordert. In der Praxis wird die Einführung von MNP in der Regel durch Anweisungen von Regulierungsbehörden oder anderen politischen Entscheidungsträgern angeordnet. So ist die Einführung von MNP in der Europäischen Union mit der Verabschiedung des neuen Regulierungsrahmens für den Telekommunikationssektor beschlossen worden und für alle Mitgliedsstaaten ab/seit Juli 2003 verpflichtend.[31] Das heißt, dass die Netzbetreiber verpflichtet werden, den Kunden zu ermöglichen, ihre Nummer von einem zu einem anderen Netzbetreiber mitzunehmen. Außerdem wird den Netzbetreibern bei MNP in aller Regel untersagt, für die Portierung der Nummer eine Gebühr zu erheben, die über die tatsächlichen Kosten hinausgeht.

Der Kernpunkt der Thematik besteht darin, dass die Aufgabe der eigenen Mobilfunknummer für die Konsumenten Kosten verursacht, wenn Konsumenten eine hohe Wertschätzung für „ihre" Telefonnummer haben und diese nicht aufgeben wollen. Ohne MNP entstehen daher sogenannte Wechselkosten. Diese bedeuten zum einen für diejenigen Konsumenten, die dennoch wechseln, eine Nutzeneinbuße. Zum anderen wird ein Teilnehmer eventuell nicht zu einem für ihn ansonsten günstigeren (z.B. billigeren) Anbieter wechseln, wenn er eine hohe Wertschätzung für „seine" Telefonnummer hat, sodass für Anbieter eventuell Preisspielräume nach oben entstehen und der Wettbewerb leidet.

Diese Wechselkosten können zwar durch die Einführung von MNP reduziert werden. Auf der anderen Seite verursacht MNP jedoch auch nicht unerhebliche Kosten, und zwar sowohl auf Seiten der Netzbetreiber, die die technischen Voraussetzungen schaffen und die Folgen der Portierung in der Praxis abwickeln müssen, als auch ggf. für die Anrufer (z.B. schwierige Kostenkontrolle in Folge reduzierter Preistransparenz).

Diese ökonomischen Kosten und Nutzen von MNP gilt es im Folgenden näher zu analysieren, da ohne weiteres nicht klar und offensichtlich ist, ob Kosten oder Nutzen von MNP überwiegen. Es gilt also, die volkswirtschaftlichen Vor- und Nachteile einer Portierung abzuwägen. Ziel des vorliegenden Abschnitts ist es daher, die mit MNP verbun-

31 Maßgeblich ist hier Artikel 30 der neuen Richtlinie über Universaldienst und Nutzerrechte bei elektronischen Kommunikationsnetzen und –diensten (Universaldienstrichtlinie), die am 25. Juli 2003 in Kraft getreten ist.

denen Kosten und Nutzen zu untersuchen und die Auswirkungen, die die Einführung von MNP auf Mobilfunkmärkte haben wird, näher zu analysieren.

Zu diesem Zweck wird im nächsten Unterabschnitt zunächst die ökonomische Theorie von Märkten mit sogenannten Wechselkosten vorgestellt und diskutiert. Anschließend werden verschiedene technische Lösungen zur Implementierung von MNP vorgestellt, bevor Kosten und Nutzen von MNP explizit analysiert werden. Im Anschluss daran werden wir auf empirische Studien zu MNP in ausgewählten Ländern eingehen und von ersten Erfahrungen berichten.

II. Märkte mit Wechselkosten

1. Was sind Wechselkosten?

Viele Märkte sind dadurch gekennzeichnet, dass es für Kunden nicht möglich ist, reibungslos von einem Anbieter zu einem anderen zu wechseln. Vielmehr fallen bei einem Anbieterwechsel oft sogenannte Wechselkosten („switching costs") an. Ganz allgemein können alle Kosten, die bei einem Anbieterwechsel für die Kunden entstehen, als Wechselkosten bezeichnet werden.[32]

Wechselkosten können aus vielerlei Gründen entstehen: So ergeben sich z.B. aus vielen Kundenbindungsprogrammen (wie z.B. Vielfliegerprogrammen im Luftverkehr oder dem „Happy Digit"-Programm der *Deutschen Telekom*) Wechselkosten, weil ein Kunde bei einem Anbieterwechsel tendenziell seine bis dahin gesammelten „Punkte" entwertet. Durch die Kundenbindungsprogramme bzw. die so kreierten Wechselkosten ergibt sich ex post eine stärkere Produktdifferenzierung, die für Folgekäufe relevant ist, weil Kunden nun, ceteris paribus, die Produkte bevorzugen, an deren Kundenbindungsprogrammen sie teilnehmen.

Wechselkosten können sich auch aus vertraglichen Bindungen und Verpflichtungen ergeben oder aus Informations- und Transaktionskosten (wie z.B. dem Ablesen von Zählerständen bei Versorgungsunternehmen) bestehen.[33]

Ganz allgemein kann zwischen endogenen und exogenen Wechselkosten unterschieden werden. Exogene Wechselkosten sind nicht originär im Verhalten der Unternehmen am Markt begründet, sondern durch strukturelle Eigenheiten des Marktes quasi natürlich gegeben. So entstehen z.B. für Konsumenten oft Informations- und Suchkosten beim Anbieterwechsel. Endogene Wechselkosten hingegen beruhen auf strategischen Entscheidungen der Unternehmen. So dienen z.B. Kundenbindungsprogramme und Vertragsstrafen bei vorzeitiger Beendigung eines Kundschaftsverhältnisses dazu, den An-

---

32 Der Großteil der ökonomischen Fachliteratur untersucht hier die Wechselkosten auf Konsumentenseite, da diese für die Wechselentscheidung der Konsumenten maßgeblich sind (siehe z.B. Klemperer 1987a, 1987b, 1988, 1995). Schwarz-Schilling und Stumpf (1999) zählen hingegen auch die Kosten, die dem neuen und dem alten Anbieter durch den Wechsel des Kunden entstehen, zu den Wechselkosten. Diese Kosten beeinflussen die Wechselentscheidung der Konsumenten in dem Maße, in dem sie sich in Preisen niederschlagen.

33 Einen Überblick über mögliche Quellen von Wechselkosten bieten Shapiro und Varian (1998, S.117).

bieterwechsel für Konsumenten durch den Aufbau von Wechselkosten unattraktiv zu machen. Endogene Wechselkosten sind daher keine volkswirtschaftlichen Kosten, da sie keinen Verzehr realer Ressourcen darstellen, sondern durch einen Transfer zwischen Anbieter und Nachfrager (in der Regel in Form eines Preisnachlasses oder Bonus) begründet sind. Hingegen sind exogene Wechselkosten mit einem realen Ressourcenverzehr verbunden, sodass sie volkswirtschaftlich gesehen echte Kosten darstellen und die auf einem Markt maximal realisierbare Wohlfahrt direkt schmälern.

2. *Wechselkosten auf Mobilfunkmärkten*

Auch auf Mobilfunkmärkten existieren Wechselkosten. Abgesehen von Kundenbindungsprogrammen und Vertragsstrafen bei vorzeitiger Beendigung eines Mobilfunkvertrages entstehen Wechselkosten auch, wenn ein Mobilfunkteilnehmer seine Telefonnummer bei einem Anbieterwechsel nicht behalten kann. Dabei handelt es sich bei den ohne MNP vorhandenen Wechselkosten um exogene Wechselkosten, während die Wechselkosten, die aus Kundenbindungsprogrammen und der Vertragsgestaltung resultieren, endogen sind.

Ohne die Möglichkeit, seine Mobilfunknummer zu behalten und mit zu einem alternativen Anbieter zu nehmen, verursacht der Anbieterwechsel Kosten für Konsumenten. So muss ein Konsument bei einem Anbieterwechsel ohne MNP potenzielle Anrufer von seiner neuen Nummer informieren. Eventuell müssen neue Visitenkarten und Briefbögen bedruckt werden, und möglicherweise entgehen dem Teilnehmer nutzenstiftende Gespräche, wenn Anrufer die neue Telefonnummer des Teilnehmers nicht kennen. Diese Kosten entstehen nicht, wenn der Kunde bei einem Anbieterwechsel seine Telefonnummer behalten kann.

Die Wechselkosten, die bei fehlender MNP existieren, können individuell von Kunde zu Kunde verschieden sein. Dabei werden die Wechselkosten eines Teilnehmers umso höher sein, je größer der Wert der Mobilfunknummer für ihn ist. So ist z.B. für Personen, die ihr Mobiltelefon geschäftlich nutzen und für die es wichtig ist, mobil und erreichbar zu sein (wie z.B. kleine Handwerksbetriebe), der Wert einer Telefonnummer tendenziell höher als für eine Privatperson, die nur wenig telefoniert.

Die Wechselkosten, die den Konsumenten ohne MNP entstehen, können durch die Einführung von MNP eliminiert werden (wenn die Nummernportierung für die Konsumenten unentgeltlich ist) oder zumindest reduziert werden (wenn für die Nummernportierung den den Konsumenten eine Gebühr auferlegt wird). Welche Auswirkungen ergeben sich jedoch durch die Existenz von Wechselkosten?

3. *Auswirkungen von Wechselkosten auf den Wettbewerb*

Die Existenz von Wechselkosten gibt Anbietern eine gewisse Marktmacht gegenüber dem bestehenden Kundenstamm in Form eines Preissetzungsspielraums, der wiederum das Potenzial für zusätzliche Gewinne bietet. Märkte mit Wechselkosten sind daher in der Regel durch eine andere Preisstruktur gekennzeichnet als Märkte ohne Wechselkosten. Vor allem drei Effekte sind hier wichtig:

Erstens können Unternehmen ihren Preissetzungsspielraum gegenüber ihrem bestehenden Kundenstamm bis zu einem gewissen Grad ausnutzen, da die Kunden durch die Wechselkosten de facto zunächst einmal gebunden sind, wenn sie sich für einen Anbieter entschieden haben. Durch die Wechselkosten ergibt sich ein sogenannter „Lock in"-Effekt, d.h. die Kunden sind bei einem Anbieter „eingeschlossen". Bei Wechselkosten in Höhe von *S* kann ein Unternehmen *A* von seinem Kundenstamm einen um bis zu *S* höheren Preis als ein Konkurrenzunternehmen *B* nehmen (d.h. $p_A \leq p_B + S$), ohne dass die Kunden zu Unternehmen *B* abwandern. Somit wird es schwieriger, durch Preisunterbietungen Kunden von der Konkurrenz abzuwerben, sodass auch ein Markteintritt für neue Anbieter tendenziell erschwert wird.[34] Der Preiswettbewerb auf Märkten mit Wechselkosten scheint daher, vordergründig gesehen, schwächer als auf Märkten ohne Wechselkosten (vgl. z.B. Schwarz-Schilling und Stumpf, 1999).

Zweitens kommt die Befürchtung hinzu, dass die Existenz von Wechselkosten die Aufrechterhaltung einer kollusiven Marktsituation erleichtern kann, da Wechselkosten die individuelle Preisabsatzfunktion jedes Unternehmens weniger elastisch werden lassen, sodass der Mengeneffekt einer kleinen Preisunterbietung geringer ist als bei einer elastischen Nachfragesituation. Daher besteht nur ein geringer Anreiz zu einer individuellen Preisunterbietung durch einen einzelnen Anbieter. Bestehende Wechselkosten erfordern für die Abwerbung von Altkunden jedoch erhebliche Preisunterbietungen und senken deshalb die Wahrscheinlichkeit eines Ausbruchs aus einer kollusiven Marktsituation. Auch aus diesen Überlegungen heraus scheinen Märkte mit Wechselkosten weniger wettbewerbsintensiv zu sein als Märkte ohne Wechselkosten.

Drittens gilt jedoch zu beachten, dass Wechselkosten den Kunden an einen Anbieter binden und dass diese Kundenbindung für das Unternehmen einen Wert bedeutet, da sie die Basis für zukünftige Gewinne bildet (vgl. auch Farrell und Shapiro, 1988). Der heutige Kundenstamm bzw. Marktanteil eines Unternehmens wirkt positiv auf seine zukünftigem Gewinne.

Der Wert der Kundenbasis eines Unternehmens besteht dabei in den über sämtlichen Kunden summierten Wechselkosten. Selbst wenn die Wechselkosten des einzelnen Kunden für sich betrachtet vergleichsweise niedrig sind, können sie doch eine große strategische Bedeutung für das Unternehmen besitzen. Bei der Preisbildung werden Mobilfunkanbieter daher zwischen möglichen Gewinnen aus der bestehenden Kundenbasis und denen von akquirierten Neukunden unterscheiden. So führt eine Preissenkung tendenziell zu einer höheren Anzahl von Neukunden, gleichzeitig werden jedoch die Gewinne aus der bestehenden Kundenbasis geschmälert. Daher differenzieren Unternehmen in ihrer Preispolitik oft zwischen etablierten Teilnehmern und Neukunden. Während die Preise für den bestehenden Kundenstamm möglichst hoch gehalten werden sollen, werden möglichen Neukunden gleichzeitig attraktive Angebote unterbreitet. Dies kann z.B. über die Subventionierung von Endgeräten, günstige Einsteigertarife oder den Verzicht auf Anschlussgebühren geschehen.

---

34 Ob es allerdings auf Märkten mit Wechselkosten ökonomisch gesehen zuviel oder zuwenig Markteintritt gibt, ist unklar (vgl. Klemperer, 1988).

Gerade weil also Unternehmen einen gewissen Preissetzungsspielraum gegenüber dem bestehenden Kundenstamm haben, hat ein Kunde, wenn er sich erst einmal für einen Anbieter entschieden hat und der sog. „Lock in" erfolgt ist, auch einen höheren Wert als auf Märkten ohne Wechselkosten. Aus diesem Grund wird der Wettbewerb *um* den Neukunden jedoch auf Märkten mit Wechselkosten auch besonders aggressiv sein. Gerade wenn Unternehmen Preise differenzieren können und mehrteilige Tarife anbieten, wird um Neukunden mit Prämien und Subventionen (wie z.B. Endgerätesubventionen) konkurriert. Diese Konkurrenz um Kunden kann soweit gehen, dass Unternehmen sich gegenseitig ihre gesamten Gewinne hinunterkonkurrieren (vgl. Caminal und Matutes, 1990). Insbesondere neue Anbieter (*N*) ohne etablierten Kundenstamm sind daher gezwungen, Kunden durch massive Preisunterbietungen gegenüber etablierten Anbietern (*E*) zum Wechsel zu bewegen (d.h. $p_N < p_E - S$). Diese massiven Preisunterbietungen sind mit MNP nicht notwendig, da ja die Wechselkosten (*S*) bei MNP niedriger sind.

Insgesamt betrachtet wird das Fehlen von MNP jedoch von vielen Ökonomen als nicht unwesentlicher Behinderungsaspekt für den Wettbewerb auf Mobilfunkmärkten angesehen, vor allem weil die fehlende Netzbetreiberportabilität den Anbietern einen Preissetzungsspielraum in Höhe der Wechselkosten bietet, wenn Kunden sich erst einmal für einen Anbieter entschieden haben, und sich zudem die Kollusionswahrscheinlichkeit erhöhen kann und die Abwerbung von Altkunden vor allem im Geschäftskundenbereich ohne MNP schwerer wird und nur durch kräftige Preisnachlässe möglich ist (vgl. Schwarz-Schilling und Stumpf, 1999). Die Einführung von MNP würde dementsprechend zu einer Intensivierung des Wettbewerbs führen. Damit verbunden wären die in der Regel mit einer Intensivierung des Wettbewerbs einhergehenden Preis- und Kostensenkungen sowie potenziellen Verbesserungen der Dienstleistungsqualität, die gemeinsam zu einer Wohlfahrtssteigerung führen.

Gleichzeitig bedeutet eine rechtliche Verpflichtung zur Gewährleistung von MNP jedoch auch eine Reduktion der Wechselkosten der Konsumenten bis auf die Transaktionskosten des Betreiberwechsels, und somit auch eine Verringerung des Wertes, den ein Kunde für ein Unternehmen hat. Daher müssen neue Anbieter im Wettbewerb um Kunden weniger aggressiv vorgehen und können auch durch geringere Preisunterbietungen Kunden von etablierten Anbietern abwerben. Die Einführung von MNP wird deshalb *auch* dazu führen, dass sich der Preisabstand zwischen etablierten und neuen Anbietern tendenziell verringern wird, wobei die etablierten Anbieter ihre Preise, ceteris paribus, zwar senken werden, die neuen jedoch im Gegenzug ihre Preise anheben können (vgl. Bühler und Haucap, 2003). Vor allem werden die Endgerätesubventionen tendenziell reduziert, weil Kunden einen geringeren Wert haben als ohne MNP, da sie ja einfacher wieder wechseln können und weniger an ein Unternehmen gebunden sind. Der Preiseffekt ist somit insgesamt nicht eindeutig und differenziert zu betrachten.

Zu beachten ist des weiteren, dass durch die Einführung von MNP als auch durch die tatsächlichen Portierungsvorgänge reale Kosten verursacht werden. Wenn Mobilfunknetzbetreiber eine Wechselgebühr für die Nummernportierung erheben können, um die entstehenden Kosten aus MNP zu decken, so werden hierdurch die Wechselkosten der Konsumenten wieder erhöht. Je nach Höhe der Wechselgebühr, werden die oben beschriebenen Effekte somit relativiert. Im Extremfall, in dem die Kosten für MNP und somit auch die Gebühren für die tatsächliche Portierung den Wert übersteigen, den

Nachfrager ihren Telefonnummern beimessen, führt die Einführung von MNP, im Gegensatz zu dem, was im Allgemeinen unterstellt wird, überhaupt nicht zu einer Reduzierung der Wechselkosten.[35]

In jedem Fall müssen die Kosten für MNP vom Markt in irgendeiner Weise getragen werden. Inwieweit die Kosten allein von den Produzenten aufgebracht werden, indem die Produzentenrente sinkt, oder auf die Konsumenten überwälzt werden (können), hängt u.a. von der Wettbewerbsintensität auf dem betroffenen Mobilfunkmarkt ab.

Kosten sowie Nutzen aus MNP sollen nun im nächsten Abschnitt näher beleuchtet werden. Um jedoch die Kosten, die mit der Einführung von MNP verbunden sind, zu erörtern, sollen kurz mögliche Technologien zur Realisierung von MNP vorgestellt werden.

III. Mobilfunknummerportabilität (MNP): Kosten und Nutzen

1. Technologien zur Realisierung von MNP

Im Rahmen einer Kosten- und Nutzenbetrachtung von MNP ist eine Differenzierung zwischen den technisch grundsätzlich verschiedenen Lösungsarten zur Realisierung von MNP hilfreich. Ganz allgemein wird dabei zwischen On-switch- und Off-switch-Lösungen unterschieden, die im Folgenden in schematischer und funktioneller Weise dargestellt werden (vgl. dazu auch NERA/Smith, 1998).

a) On-switch-Lösungen

Unter On-switch-Lösungen versteht man eine MNP-Technologie, bei der die Information über den Aufenthaltsort des portierten Mobilfunkteilnehmers in der Vermittlungszentrale des Betreibers gehalten wird, bei dem der Teilnehmer ursprünglich Kunde war. Dieser Betreiber ist in den folgenden Schaubildern mit Donor Mobile Network (Geber) bezeichnet. Das Recipient Mobile Network (Empfänger) stellt den Mobilfunknetzbetreiber dar, zu dem der Kunde gewechselt ist. Als dritter Anbieter ist das Originating Network (Initiator) verzeichnet. Von diesem geht der Anruf an den portierten Mobilfunkkunden aus. Alle am Portierungsprozess beteiligten Netzwerkbetreiber befinden sich über die als Points of Interconnection (POI) bezeichneten Knotenpunkte in Interaktion (vgl. NERA/Smith, 1998, S. 20).

Bei On-switch-Lösungen kann ganz allgemein zwischen der Rufweiterleitung (call forwarding oder onward routing) und dem Gesprächrückwurf (call drop back) unterschieden werden. Die Rufweiterleitung stellt aus technischer Sicht die einfachste Variante dar. Sie verlangt lediglich minimale Änderungen an bestehenden Verbindungs- und Umleitungseinrichtungen und ist in der folgenden Abbildung schematisch abgebildet.

35 Auch wenn nicht die Konsumenten eine Gebühr für die Portierung ihrer Nummer zahlen, sondern nur das empfangende Netz eine Gebühr an das abgebende Netz entrichtet bleibt diese Argumentation erhalten, da der empfangende Netzbetreiber seine Endgerätesubvention reduzieren wird, wenn er für die Kosten der Nummernportierung zu zahlen hat.

Sollte sich ein Mobilfunkteilnehmer entschließen, abermals zu einem alternativen Netzbetreiber zu wechseln, so wird der Datensatz des Kunden im Donor switch auf die Weiterleitung zum neuen Empfänger umgestellt. Das bisherige Recipient Mobile Network des Kunden wird an dieser Stelle aus der operationellen Durchführung des Gespräches herausgenommen.

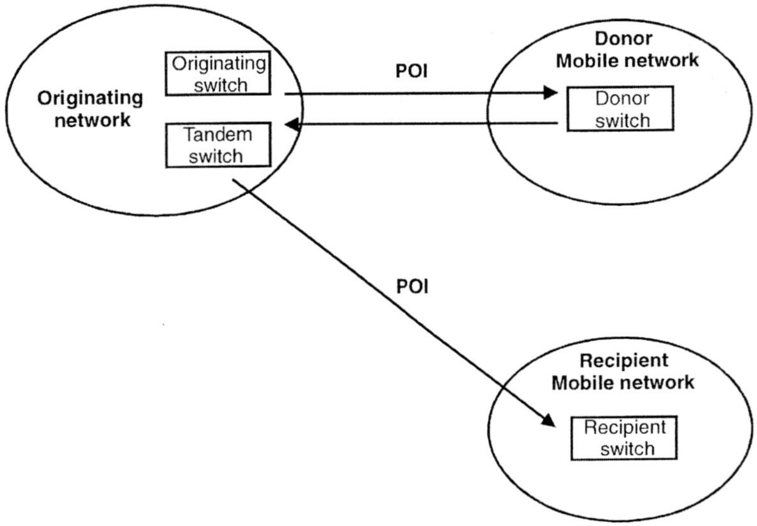

Quelle: NERA / Smith, 1998, S.20

Abb. 5.9: Call Forewarding Solution

Diese Art der Weiterleitung von Telefongesprächen ist in einer Vielzahl von Varianten im Festnetz verschiedenster Länder erfolgreich durchgeführt worden. Problematisch ist bei diesem Verfahren jedoch, dass die Gesprächsweiterleitung zum portierten Teilnehmer dadurch realisiert wird, dass das „portierte" Gespräch auf gesonderten Kapazitäten umgelenkt wird und Netzwerkressourcen tendenziell ineffizient genutzt werden. So ist der Einsatz einer zweiten internen Hilfstelefonnummer, die Vorschaltung eines Wegweisers zum Empfänger in Form eines Routing-Zusatzes oder die Einführung eines komplett neuen Nummernraumes für portierbare Nummern notwendig. Zudem ist das Mobilfunknetz, dem der portierte Teilnehmer ursprünglich angehörte, bei jedem Gespräch involviert. Da die Kosten der Portierung bei einer MNP-Lösung mittels Rufweiterleitung mit zunehmender Portierung stark ansteigen, wird die Rufweiterleitung nur als ein Übergangszustand in Frage kommen (vgl. NERA/Smith, 1998, S. 20ff.).

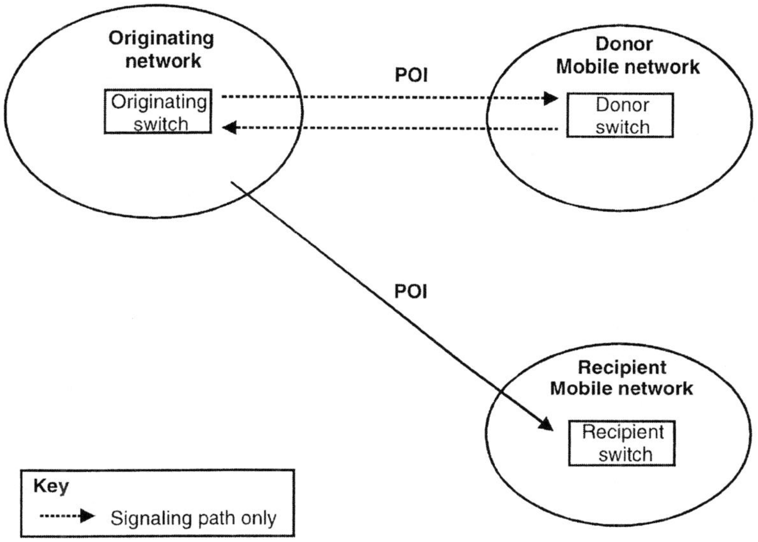

Quelle: NERA / Smith, 1998, S.26

Abb. 5.10: Call Drop Back

Die ineffiziente Nutzung von Netzwerkressourcen wird beim Gesprächrückwurf oder call drop back reduziert. Während des vom Originating Network initiierten Gesprächsaufbaus in Richtung des den Mobilfunkteilnehmer ursprünglich führenden Donor Network, findet ein Eingriff des Donor Switch statt. Er signalisiert dem Originating Network, nicht mehr für Gespräche des portierten Teilnehmers zuständig zu sein und versorgt den Originating Switch gleichzeitig mit der Information über den neuen Netzbetreiber des angewählten Mobilfunkkunden. Das anschließende Telefongespräch kommt dann nur zwischen dem Originating und dem Recipient Network zustande.

Auf diese Art und Weise wird die Leitung des Gespräches über den Umweg des Donor Network vermieden. Dies stellt eine signifikante Reduzierung der Kapazitätsbelastung am Knotenpunkt zwischen Originating und Donor Network dar und ist somit eher auch für einen längeren Zeitraum als adäquate Lösung geeignet (vgl. NERA/Smith, S.25ff.).

b) Off-switch-Lösungen

Im Gegensatz zum On-switch-Verfahren befindet sich bei Off-switch-Lösungen die Information über den Aufenthaltsort des portierten Mobilfunkteilnehmers nicht mehr im Netzwerk des Betreibers, der den Kunden ursprünglich geführt hat. Üblicherweise wird die Information über den Standort des jeweiligen Teilnehmers zwischen den einzelnen Netzbetreibern ausgetauscht und in einer Datenbank für einen zeitnahen Zugriff gespeichert. Die dadurch entstehende Möglichkeit, einen Anruf in einer sehr frühen Phase des Gesprächsaufbaues direkt zum portierten Nutzer zu leiten, kann die Gesamtkosten des geführten Telefonats reduzieren. Off-switch-Lösungen werden auch als intelligente Netzwerke (IN) oder IN-Lösungen bezeichnet.

Grundsätzlich sind hier zwei Varianten möglich. Zum einen kann eine dezentral organisierte Datenbank kreiert werden, bei der jeder Betreiber seine eigene Kopie verwaltet. Die einzelnen Kopien werden durch die Eingabe von Portierungsvorgängen auf einem aktuellen Stand gehalten und periodisch mit den Schwesterkopien der anderen Netzanbieter abgeglichen. Diese Variante wird zur Zeit erfolgreich von den Festnetzbetreibern zur Gewährleistung portierter Telefongespräche verwendet. Auf der anderen Seite ist es denkbar, eine zentrale Datenbank zu schaffen, die von einer eigenständigen Organisation gepflegt wird. Aus ihr können alle Mobilfunknetzbetreiber direkt die Standortdaten des Kunden beziehen, zu dem ein Gespräch aufgebaut werden soll. Im Folgenden sollen zwei Beispiele in ihrer Funktionsweise näher vorgestellt werden (vgl. NERA/Smith, 1998, S. 28ff.). In ihren Funktionen ähnliche Varianten befinden sich in Großbritannien und den Niederlanden im Einsatz.

Abbildung 5.11 stellt eine Variante zum Aufbau von Telefongesprächen an portierte Mobilfunkkunden im Off-switch-Verfahren unter der Einbeziehung eines Festnetzbetreibers dar, der gleichzeitig die Datenbank mit den Standortinformationen der jeweiligen Teilnehmer verwaltet.

Der Festnetzbetreiber dient über die Datenbank als Schnittstelle für alle aufzubauenden Telefongespräche. Seine Aufgabe ist es, alle Anfragen zum Gesprächsaufbau zu portierten Kunden unter Zuhilfenahme der Datenbankinformationen nummerntechnisch zu transformieren und somit zum richtigen Empfänger zu leiten. Dies stellt eine Ausweitung seiner bisherigen Aufgabe in Form einer simplen Gesprächsweiterleitung zu portierten Mobilfunkteilnehmern dar. Aus Abbildung 5.11 wird ebenfalls ersichtlich, dass auch direkte Gespräche zwischen zwei Mobilfunknetzen erst den Umweg über die Datenbank im Bereich des Festnetzbetreibers nehmen, selbst wenn eine unmittelbare Verbindung (POI) zwischen diesen beiden Netzen besteht. In solchen Fällen wäre ein direktes Routing zum Empfängernetzwerk unter der Nutzung des existierenden POI effizienter.

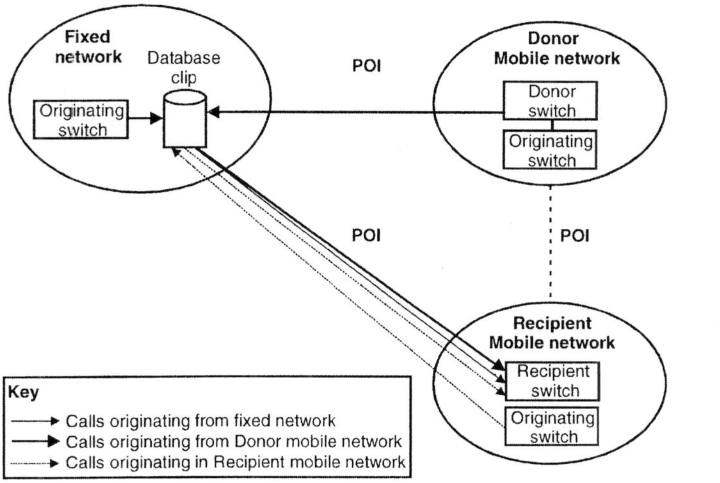

Quelle: NERA / Smith, 1998, S.32

Abb. 5.11: Fixed Network Look Up

Um die Weiterleitung über unangebrachte und ineffiziente Knotenpunkte zu verhindern, wurde das System des All operators look up entwickelt (Abbildung 5.12). Es ermöglicht jedem Netzwerkbetreiber, eine Nummerntransformation zur Identifikation eines portierten Kunden im Netzwerk seines neuen Anbieters selbst durchzuführen. Er hat danach die Wahl, über welche Verbindungen er sein Gespräch am günstigsten führen kann (vgl. NERA/Smith, 1998, S. 34f).

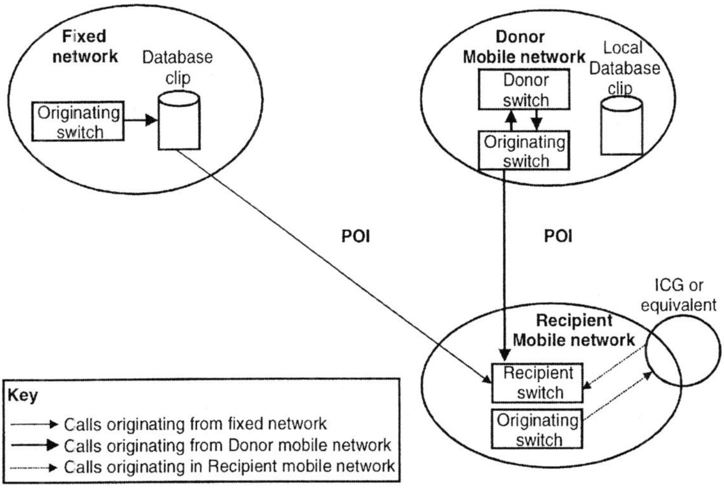

Quelle: NERA / Smith, 1998, S.34

Abb. 5.12: All Operators Look Up

2. Kosten von MNP

Die Technologie, die zur Einführung von MNP gewählt wird, hat entscheidenden Einfluss auf die Höhe und die Art der Kosten, die mit MNP verbunden sind. Dabei lassen sich betreiberseitig drei verschiedene Kostenarten ausmachen. Hinzu kommen mögliche Kosten auf Kundenseite. Dementsprechend kann eine Unterteilung der Kosten in vier Hauptgruppen vorgenommen werden (vgl. Smith/Arcome/NERA, 1997, S. 62 und NERA/Smith, 1998, S. 48ff):

- Kosten für Systementwicklung und Implementierung (set-up costs),
- Kosten pro Nummernportierung,
- Zusätzliche Verbindungskosten (conveyance costs) und
- Kosten auf Kundenseite.

a) Kosten für Systementwicklung und Implementierung (set-up costs)

Zu den Set-up-Kosten gehören alle einmaligen Kosten, die im Zusammenhang mit der Entwicklung der jeweiligen technischen Portierungslösung und ihrer Einrichtung stehen. Ebenfalls in diese Gruppe fallen Kosten, die bei der Umstellung eines bestehenden Systems auf eine andere Lösung entstehen, z.B. vom On-switch-Verfahren zu einer Off-switch-Lösung (vgl. Smith/Arcome/NERA, 1997, S. 62f). Zu nennen sind im Einzelnen Kosten für:

- Systementwicklung,
- die Anpassung der Software in den Vermittlungsstellen,
- die Entwicklung und Implementierung der betrieblichen Software (Operational Support System) zur Rechnungserstellung, Kundeninformation, Wartung etc.,
- die Pflege der notwendigen Datenbanken,
- die Änderung von betriebsinternen Arbeitsabläufen und
- den Datentransfer.

Die genannten Set-up-Kosten sind im Wesentlichen Fixkosten, die weitgehend unabhängig sind von der Zahl der tatsächlichen Nummernportierungen sowie vom Gesprächsaufkommen. Bei IN-Lösungen (Off-switch) sind diese Fixkosten tendenziell relativ hoch und abhängig von der Anzahl der betroffenen Netze, während die Set-up-Kosten bei On-switch-Verfahren als relativ gering einzustufen sind.

b) Kosten pro Nummernportierung

Die Kosten, die bei der Portierung von Mobilfunkteilnehmern nach einem On-switch-Verfahren entstehen, umfassen die Leistungen, die für die Weiterleitung des Gesprächs im Geber-Netzwerk erbracht werden müssen. Hinzu kommen erhöhte Aufwendungen in den Netzbetreiberfilialen und zugehörige verwaltungsbürokratische Vorgänge. Während diese Kosten bei On-switch-Lösungen relativ hoch zu sein scheinen, wird das Hinzufügen eines zusätzlichen portierten Teilnehmers zum Mobilfunknetz eines Betreibers nur noch geringe Änderungen am bestehenden System verursachen, sobald eine IN-Lösung implementiert ist. Laut NERA/Smith (1998, S.53) sollten bei einer datenbankbasierten Off-switch-Lösung die zu erwartenden Freischaltungskosten um die US$10 betragen.

Die Hauptkosten der Netzwerkzuweisung eines neuen Teilnehmers verursacht beim derzeitigen Stand der Technik und Vernetzungsgrad von EDV-Anlagen die Eingabe der kundenbezogenen Daten in die entsprechenden Terminals im Geschäft des Anbieters. Die von den Netzbetreibern geschätzte notwendige Zeit für die Kundendateneingabe wird mit 20 Minuten pro Teilnehmer beziffert. Dies entspricht NERA/Smith (1998, S.53) zufolge zusammen mit den restlichen nutzerverwaltungstechnischen Maßnahmen einem Kostenbetrag von US$75.

c) Zusätzliche Verbindungskosten (conveyance costs)

Bei On-switch-Lösungen kommt es aufgrund ihrer Systemstruktur zu einer ineffizienten Mitnutzung fremder Systemressourcen. Dies betrifft bei der einfachen Rufweiterleitung vor allem Verbindungs- und Verteilerkapazitäten im Geber-Netzwerk. Die Nutzung dieser Ressourcen verursacht Kosten. Dem Betreiber des Geber-Netzwerkes wird daran gelegen sein, die ihm durch die Nutzung seiner Kapazitäten durch Fremdfirmen entstandenen Kosten, von diesen erstatten zu lassen. Hierzu ist jedoch ein Erfassungssystem nötig, das die Dauer der Ressourcenbelegung auf jedem Abschnitt der Gesprächsübertragung protokolliert und in ein Abrechnungssystem einspeist. Die Bestimmung der endgültigen Verbindungskosten eines Telefongespräches wird sich umso schwieriger gestalten, je mehr Übertragungsabschnitte oder sogar Fremdnetze dieses während seiner Portierung durchläuft. Das Problem verschärft sich, wenn sich ein Mobilfunkteilnehmer im Laufe der Zeit zu einer mehrmaligen Portierung entschließt, seine Stammdaten jedoch weiter im Ursprungsnetzwerk gespeichert bleiben, wie bei der einfachen Rufweiterleitung üblich.

Die Gesprächsweiterleitung im On-switch-Modus zur Realisierung von MNP wird daher als ineffiziente Übergangslösung angesehen. Sobald MNP-Lösungen auf Basis von call drop back oder Datenbanken vollständig implementiert sind, entfallen die zusätzlichen Verbindungskosten durch die Nutzung ursprünglicher Geber-Kapazitäten (vgl. Smith/Arcome/NERA, 1997, S. 67).

d) Kundenseitige Kosten

Der Aufbau von Telefongesprächen zu portierten Mobilfunkteilnehmern kann von einer zeitlichen Verzögerung begleitet sein. Sie wird durch die zusätzliche Zeit verursacht, die das Telefongespräch benötigt, um über diverse Umleitungspunkte zum Empfänger zu gelangen. Die verwendete MNP-Technologie bestimmt dabei den Umfang dieser Verzögerung. Bei der Einführung von MNP mit Hilfe einer einfachen Rufweiterleitung kann laut NERA/Smith, 1998, S.55) im Durchschnitt von 0,3 Sekunden ausgegangen werden. Für Off-switch-Lösungen liegt der durchschnittliche Wert der Verzögerung bei 0,2 Sekunden. Zukünftig kann bei einer weiter fortschreitenden, speziell auf MNP ausgerichteten Technik eine weitere Senkung der Verzögerungszeit auf unter 0,1 Sekunde erwartet werden. Die durch MNP verursachten Kosten beim Gesprächsaufbau können ermittelt werden, indem die Verbindungsentgelte, die Anrufe zu portierten Teilnehmern betreffen, mit der entsprechenden Verzögerung multipliziert werden (vgl. NERA/Smith, 1998, S. 55).

e) Kostenvergleich

Insgesamt ist festzuhalten, dass die On-switch-Varianten des call forwarding und call drop back aufgrund der Nutzung bestehender Systemstrukturen in der Implementierungs- und Entwicklungsphase geringere Kosten verursachen und insgesamt mit geringeren Fixkosten verbunden sind als IN-Lösungen. Daher sind diese Lösungen vor allem dann sinnvoll, wenn die Anzahl der erwarteten Nummernportierungen relativ klein ist. Mit zunehmender Anzahl von portierten Nummern ist von den On-switch-Lösungen das call drop back kostengünstiger, da ineffiziente Gesprächsleitungen durch das Donor Netzwerk vermieden werden. Der Aufbau einer Datenbanklösung nach dem Off-switch-Verfahren verursacht zunächst höhere Kosten als on-switch-Varianten, da die Fixkosten der MNP-Einführung hier relativ hoch sind. Mit zunehmender Nummernportierung liegen die zu erwartenden Kosten der Off-switch-Varianten jedoch unter denen der On-switch-Lösungen. Grund dafür sind die geringeren variablen Kosten pro Portierung, das Entfallen zusätzlicher Verbindungskosten und die geringere Notwendigkeit zu Kapazitätserweiterungen.

3. Nutzen von MNP

a) Aus praktischen Studien bekannte Überlegungen

Nach der detaillierten Beschreibung der mit MNP verbundenen Kosten, gilt es nun den gesellschaftlichen Nutzen aus MNP zu analysieren. Von MNP profitieren Mobilfunkteilnehmer auf vielfältige Weise: Erstens profitieren die Teilnehmer, die den Anbieter wechseln und nun ihre alte Telefonnummer behalten können. Zweitens kommt die möglicherweise erhöhte Wettbewerbsintensität auf dem Mobilfunkmarkt z.B. in Form von Preissenkungen *allen* Konsumenten zugute. Und drittens ergibt sich ein Nutzen für die Anrufer, die ohne MNP eine falsche (d.h. die alte) Telefonnummer gewählt hätten. Daher wird der Nutzen, der für Konsumenten mit der Einführung von MNP verbunden ist, in der Regel in drei Kategorien unterteilt:[36]

aa) Typ-1-Nutzen entsteht für die Mobilfunkteilnehmer, die ihre Nummer bei MNP behalten, wenn sie ihren Anbieter wechseln. Dabei werden die Mobilfunkteilnehmer, denen der Typ-1-Nutzen entsteht, in zwei Gruppen unterteilt:

- Typ-1A-Teilnehmer sind diejenigen Nutzer, die auch ohne MNP ihren Anbieter wechseln. Der Nutzen, den diese Gruppe aus MNP zieht, besteht daher in den Kosten, die dadurch vermieden werden, dass diese Gruppe bei MNP nicht mehr ihre Mobilfunknummer aufgeben muss. Diese Kostenersparnis resultiert z.B. daraus, dass keine neue Visitenkarte

36 Diese Einteilung beruht auf einer von NERA in den 90er Jahren durchgeführten Studie über die Nummernportabilität im Festnetz in Großbritannien. Die Klassifikation ist von vielen anderen Studien für den Mobilfunk übernommen worden, z.B. NERA für Hong Kong, Ovum für die Niederlande, Schweden und Irland sowie Schwarz-Schilling und Stumpf (1999) für Deutschland.

und kein neues Briefpapier gedruckt werden muss, dass potenzielle Anrufer nicht informiert werden müssen und dass keine Anrufe „verloren gehen", weil dem Anrufer die neue Nummer des Teilnehmers nicht bekannt ist.

- Der Typ-1B-Teilnehmer wechselt nur dann zu einem anderen Anbieter, wenn aufgrund von MNP die Möglichkeit besteht, die alte Telefonnummer zu behalten, d.h. der Anbieterwechsel wird durch die Einführung von MNP induziert. Sein Nutzen aus der Einführung von MNP besteht aus dem Nutzenzuwachs aus dem Übergang zu einem alternativen Mobilfunkangebot, das meist tariflich günstiger ist oder besser den Präferenzen des betroffenen Verbrauchers entspricht. Der Gesamtnutzen des Typ-1B-Teilnehmers reduziert sich dabei jedoch um die Wechselkosten, die auch bei bestehender MNP durch einen Anbieterwechsel verursacht werden.

Der Typ-1-Nutzen wird zudem insgesamt insoweit reduziert, wie etwaige Gebühren für die tatsächliche Nummernportierung erhoben werden. Diese Gebühren sind vom Typ-1-Nutzen abzuziehen, um den Typ-1-Nettonutzen zu erhalten.[37]

bb) Der Typ-2-Nutzen ist das Ergebnis einer veränderten Wettbewerbsintensität und den daraus resultierenden Preis- und/oder Qualitätsänderungen, die allen Konsumenten zugute kommt.

cc) Der Typ-3-Nutzen schließlich kommt den Anrufern zugute, die einen portierten Teilnehmer anrufen. Teilnehmer mit portierten Nummern sind bei MNP leichter zu erreichen. Die Notwendigkeit, Adressverzeichnisse zu ändern oder die Auskunft anzurufen, entfällt.

Um jedoch vom Nutzen für die Verbraucher zum volkswirtschaftlichen Nutzen für Verbraucher *und* Anbieter zu gelangen, darf nicht nur die Veränderung der Konsumentenrente durch die Einführung von MNP betrachtet werden. Stattdessen gilt es, die Veränderung der Wohlfahrt, also der Summe aus Produzenten- und Konsumentenrente, zu betrachten.

Abgesehen von den bereits in Kapitel 3, §3 diskutierten Kosten der Implementierung von MNP, den Portierungskosten und den zusätzlichen Verbindungskosten wird durch die Einführung von MNP unter Umständen auch die Produzentenrente gemindert, d.h. die Gewinne der Anbieter reduzieren sich. Insofern dem Anstieg der Konsumentenrente durch gesunkene Preise eine Reduktion der Unternehmensgewinne gegenübersteht, sind diese entgangenen Profite mit dem Verbrauchernutzen zu verrechnen, um den Gesamteffekt auf die gesellschaftliche Wohlfahrt zu ermitteln. Insbesondere ist bei der Ermittlung des *gesellschaftlichen* Nutzens vom Typ-1B und vom Typ-2 zu berücksichtigen, dass dem Nutzenzuwachs, den Konsumenten durch den Wechsel zu einem alternativen, zumeist tariflich günstigeren Anbieter erfahren, die Gewinneinbuße der Anbieter gegenüberzustellen ist. Wird diese Gewinneinbuße nicht berücksichtigt, so wird der gesellschaftliche Nutzen vom Typ-1B und Typ-2 systematisch überschätzt. Der gesell-

---

37 Diese Gebühren können auch implizit (in Form reduzierter Endgerätesubventionen) anfallen.

schaftliche Wohlfahrtsgewinn ergibt sich aus der Veränderung in der Summe aus Konsumenten- und Produzentenrente.

Zu berücksichtigen ist dabei auch, dass die Einführung von MNP und die damit verbundene Reduzierung der Wechselkosten nicht zu einer pauschalen Absenkung aller Tarife führen wird. Die Gebühren für Gespräche und andere Dienste werden bei den etablierten Anbietern mit großem Kundenstamm aufgrund der veränderten Wettbewerbssituation zwar sinken, dasselbe wird jedoch auch für die Handysubventionen gelten, da ein Kunde bei MNP einen geringeren Wert hat als ohne MNP. Des weiteren werden relativ neue Anbieter ihre Preise nach der Einführung von MNP tendenziell erhöhen können, da sie nun weniger aggressiv um Kunden konkurrieren müssen als ohne MNP (vgl. auch Bühler und Haucap, 2003). Insgesamt gesehen ist der Preiseffekt, der sich aus MNP ergibt, daher nicht klar.

Die folgende Tabelle zeigt noch einmal zusammengefasst, welche unterschiedlichen Arten von Nutzen für den Verbraucher mit der Einführung von MNP verbunden sind:

Typ	Teilnehmer	Verbrauchernutzen	Beispiel
1A	Teilnehmer, die auch ohne MNP den Anbieter wechseln würden und mit MNP ihre Nummer behalten	Vermiedene Kosten des Nummernwechsels abzgl. etwaiger Portierungsgebühren	Kosten für Visitenkarten, kein Entgang nützlicher Gespräche
1B	Teilnehmer, die ohne MNP ihren Anbieter nicht wechseln würden aber mit MNP schon wechseln und ihre Nummer behalten	Nutzenzuwachs aus dem Wechsel zu einem alternativen Anbieter abzgl. aller auch bei MNP existierenden Wechselkosten	Wahl eines präferenzadäquateren oder tariflich günstigeren Angebots
2	Alle	Nutzen aus einer veränderten Wettbewerbsintensität	Preisänderungen, Änderungen im Serviceangebot
3	Anrufer	Vermiedene Umstellungskosten	Kosten für Anrufe bei der Auskunft, Kosten der Adressverwaltung

Abb. 5.13: Verbrauchernutzen von MNP

b) Nutzen aus „gestärkten" Verfügungsrechten: Investitionen in Nummernwert

Unberücksichtigt bleibt in den bisherigen Studien zur Nummernportabilität auch, dass Konsumenten durch Nummernportabilität ökonomisch gesehen stärkere Verfügungsrechte über „ihre" Nummer erhalten (vgl. Haucap, 2003b). Dies ist vor allem bei sogenannten Vanity-Nummern wichtig, deren Wert in der Regel vor allem durch den Teilnehmer und nicht durch den Telekommunikationsanbieter kreiert wird. Wenn Nummern beworben werden, erhöht sich auch ihr Wert und damit aber für den betroffenen Konsumenten auch die Wechselkosten, die ja gerade im Wert der Nummer bestehen. Somit hängen die Wechselkosten vom Verhalten des Konsumenten ab, d.h. der Wert einer Nummer ist nicht exogen vorgegeben, sondern eine endogene Größe. Durch die Einführung von MNP und die damit einhergehende Stärkung der Verfügungsrechte, wird daher auch die Bereitschaft auf Kundenseite zunehmen, in den Wert einer Nummer zu investieren. Ohne MNP hingegen werden Investitionen in den Wert einer Nummer tendenziell geringer ausfallen, d.h. sie werden ineffizient niedrig sein - wie fast immer, wenn ein Investor nicht die residualen Verfügungsrechte über das Investitionsobjekt besitzt (vgl. Grossman und Hart, 1986, und speziell für Telefonnummern Haucap, 2003b). Mit MNP hingegen haben Teilnehmer stärkere Anreize, in den Wert ihrer Nummer zu investieren.

c) Reduzierte Tariftransparenz und die möglichen Folgen

Ein in vielen Studien vernachlässigtes Problem, das sich durch die Einführung von MNP ergeben kann (aber nicht muss), ist die mögliche Verringerung der Preistransparenz bezüglich des Tarifs, der für Gespräche aus dem Festnetz in ein Mobilfunknetz bzw. aus einem Mobilfunknetz in ein anderes zu zahlen ist.

Ohne MNP kann ein Kunde anhand der Mobilfunknummer prinzipiell erkennen, in welches Netz er telefoniert. Dementsprechend ist zu erkennen, welcher Tarif zu zahlen ist. Dies ist umso einfacher möglich, je weniger Nummernräume von den Mobilfunkanbietern genutzt werden. Ist jeder Mobilfunkanbieter durch eine einzige Netzbetreiberkennzahl bestimmt wie dies momentan in Österreich der Fall ist (0650 für *tele.ring*, 0664 für *Mobilkom*, 0676 für *T-Mobile* und 0699 für *Connect/One*), so ist auch die Tariftransparenz für Fremdnetzgespräche besonders hoch. In anderen Ländern wie Deutschland hingegen nutzt schon heute jeder einzelne Mobilfunkanbieter mehrere unzusammenhängende Netzbetreiberkennzahlen, sodass viele Konsumenten nicht erkennen, ob sie ein bestimmtes Gespräch in das eigene Mobilfunknetz oder ein fremdes Netz führen. Prinzipiell können Anrufer jedoch ohne MNP anhand der Netzbetreiberkennzahl identifizieren, in welches Mobilfunknetz sie telefonieren.

Problematisch ist dieser Verlust an Transparenz dann, wenn sich die Tarife für Gespräche in verschiedene Mobilfunknetze unterscheiden. Dies ist häufig der Fall, vor allem auch aufgrund der unterschiedlichen Terminierungsgebühren. Die Unsicherheit über den zu zahlenden Tarif kann auf Seiten der Konsumenten dann zu einen Nachfragerückgang führen. Zudem können Anbieter geneigt sein, ihre Terminierungsgebühren zu erhöhen, sofern diese unreguliert sind, da sich eine Preiserhöhung nur zum Teil auf die Nachfrage nach Gesprächen in ihr Netz niederschlägt (vgl. Bühler und Haucap, 2003).

Eine Lösung kann darin bestehen, die Tarifierung nicht länger an den angerufenen Betreiber zu koppeln, sondern an die Nummer, wie Oftel dies in Großbritannien verfügt hat. Unterschiede bei den Terminierungsentgelten werden dann im Wege der Intercarrierabrechnung beglichen. Durch eine solche Lösung wird zwar erreicht, dass die Tariftransparenz nicht durch MNP beeinträchtigt wird, jedoch wird zugleich die Entwicklung eines wettbewerblichen Marktes für Terminierungsleistungen stark erschwert und zudem das Prinzip der Kostenorientierung aufgegeben.

Ein adäquateres Mittel wäre daher die Einführung eines Tonsignals oder – wie in Österreich geplant – einer automatischen Netzansage bei Gesprächen in fremde Mobilfunknetze, um so den Teilnehmern Transparenz darüber zu verschaffen, in welches Netz sie telefonieren. Zu beachten ist jedoch, dass diese Methode mit gewissen Set-up-Kosten, erhöhten Verbindungskosten und Kosten auf Konsumentenseite für den Fall einer Verzögerung im Gesprächsaufbau verbunden sein kann. Die Kosten einer reduzierten Tariftransparenz bzw. die Kosten der Lösung dieses Problems sind daher in jedem Fall in einer Kosten-Nutzen-Analyse für MNP zu berücksichtigen.

4. Empirische Einschätzungen von Kosten und Nutzen von MNP

In einer ganzen Reihe von Studien ist versucht worden, Kosten und Nutzen von MNP zu quantifizieren. Diese Studien sind allesamt *vor* der Einführung von MNP durchgeführt worden, um Entscheidungsträgern eine Hilfestellung zu geben; empirische Kosten-Nutzen-Analysen *nach* der Einführung von MNP existieren bisher noch nicht.

a) NERA/Smith-Studie für Hong Kong (1998)

NERA/Smith (1998) haben die Kosten und Nutzen der Implemtierung einer langfristigen MNP-Lösung, basierend auf einer Off-switch-Technologie, für Hong Kong analysiert. Je nachdem, welche *zusätzlichen* Churnraten unterstellt werden (zwischen 5 und 15 Prozent) und wie viele Kunden ihre Nummer tatsächlich portieren, ist von NERA/Smith (1998) über einen 10-Jahres-Zeitraum insgesamt ein Typ-1A-Nutzen von 42 bis 71 Euro pro Teilnehmer geschätzt worden. Hinzu kommt ein Typ-1B-Nutzen von insgesamt 5 bis 13 Euro pro Teilnehmer, ebenfalls über einen Zeitraum von 10 Jahren. Dies ist der wesentliche Nutzen, den MNP NERA/Smith (1998) zufolge für Hong Kong aufweist.

Der Typ-2-Nutzen aus einer erhöhten Wettbewerbsintensität wurde für Hong Kong als äußerst gering eingeschätzt, da die Wettbewerbsintensität bereits vor der Einführung von MNP hoch war. NERA/Smith (1998) beziffern diesen Typ-2-Nutzen auf etwa 1 Euro pro Teilnehmer über 10 Jahre. Hinzu kommt ein Typ-3-Nutzen von geschätzten 3 Euro pro Teilnehmer, sodass der gesamte Nutzen durch MNP über einen 10-Jahres-Zeitraum auf 49 bis 89 Euro pro Teilnehmer geschätzt wird.

Diesem Nutzen stehen insgesamt Kosten von etwa 70 bis 108 Millionen Euro gegenüber, wobei die Set-up-Kosten, je nach unterstelltem Szenario, zwischen 21 und 24,4 Millionen Euro liegen, die tatsächlichen Portierungskosten zwischen 24,9 und 33,85 Millionen Euro, die zusätzlichen Verbindungskosten zwischen 12,6 und 23,7 Millionen Euro und die kundenseitigen Kosten zwischen 1,7 und 15 Millionen Euro. Pro Teilnehmer ergeben sich somit Kosten von 23,5 bis 36,9 Euro, sodass der Gesamteffekt von MNP in jedem Fall positiv eingeschätzt wurde mit einem Wert zwischen 12 und 65,5 Euro pro Teilnehmer.

Festzuhalten ist, dass der Nutzen aus MNP für Hong Kong vor allem in dem resultierenden Typ-1-Nutzen und hier vor allem im Typ-1A-Nutzen gesehen wurde. MNP wurde in Hong Kong also nicht primär deshalb eingeführt, um den Wettbewerb auf dem Mobilfunkmarkt zu stärken (hier ist der Nutzen mit 1 Euro pro Teilnehmer in 10 Jahren äußerst gering), sondern um gerade den Teilnehmern, die auch ohne MNP wechseln, den Wert ihrer Nummer zu erhalten.

b) Oftel-Bericht für Großbritannien (1997)

Ein anderes Bild zeichnet der von Oftel (1997) vorgelegte Bericht zu MNP. Hier wird der Typ-1A-Nutzen mit 29 Euro pro Teilnehmer wesentlich niedriger geschätzt, der Typ-1B-Nutzen mit 23 Euro pro Teilnehmer hingegen wesentlich höher. Drastisch ist der Unterschied jedoch vor allem in der Einschätzung des Typ-2-Nutzens. Oftel (1997) geht hier von einem Nutzen von bis zu 69 Euro pro Teilnehmer aus, ein Vielfaches von dem Wert den NERA/Smith (1998) für Hong Kong ermittelt haben. Dies liegt daran, dass Oftel eine ganz signifikante Erhöhung der Wettbewerbsintensität durch MNP vermutet. Der Typ-3-Nutzen wurde genau wie in Hong Kong auf 3 Euro pro Teilnehmer beziffert, sodass insgesamt ein Nutzen von bis zu 124 Euro pro Teilnehmer geschätzt wurde.

Die Kosten für MNP sind für Großbritannien auf etwa 300 Millionen Euro bzw. 36,4 Euro pro Teilnehmer geschätzt worden, sodass sich insgesamt ein positiver Wert von bis zu 87,6 Euro pro Teilnehmer ergibt.

Wie sich gezeigt hat, war die im Oftel-Bericht geschätzte Anzahl an Portierungen jedoch deutlich zu hoch. Während Oftel (1997, Figure 5.4) davon ausging, dass von Anfang 1999 bis April 2003 etwa 4 Millionen Nummern portiert werden würden, waren es in der Realität in dieser Zeit nur 2,1 Millionen Nummern, also gerade etwas mehr als die Hälfte der geschätzten Zahl. Dies deutet darauf hin, dass auch der geschätzte Nutzen von MNP eher überschätzt wurde.

c) WIK-Papier für Deutschland (Schwarz-Schilling und Stumpf, 1999)

Das Wissenschaftliche Institut für Kommunikationsdienste (WIK) hat Ende 1999 im Auftrag der deutsche Regulierungsbehörde für Telekommunikation und Post (RegTP) eine Studie zu den Auswirkungen von MNP auf Wettbewerb und Verbraucherinteressen vorgelegt (vgl. Schwarz-Schilling und Stumpf, 1999). Das Gutachten unterscheidet sich von den o.g. Studien durch zwei Aspekte: Erstens wird nicht der Versuch unternommen, Kosten und Nutzen von MNP für Deutschland zu quantifizieren. Und zweitens werden nur die Verbraucherinteressen betrachtet, nicht jedoch die der Anbieter, sodass es sich nicht um eine vollständige Kosten-Nutzen-Analyse handelt, da die Veränderung der Produzentenrente nicht betrachtet wird.

Als Maßstab für das Verbraucherinteresse wird dabei implizit die kurzfristige Änderung der Konsumentenrente betrachtet. Langfristige Überlegungen, wie z.B. Auswirkungen auf Investitionsanreize und die mögliche Überwälzung der MNP-Kosten, spielen in der Studie keine Rolle. Der Wert der Studie ist daher äußerst begrenzt.

Nichtsdestotrotz kommt die Studie auf der Basis qualitativer Überlegungen zu dem Schluss, dass das Fehlen von MNP „den Wettbewerb im Mobilfunkmarkt wesentlich behindert" und die Einführung von MNP daher zu einer Intensivierung des Wettbewerbs verbunden mit Preis- und Kostensenkungen führt. Die Rente in Höhe der Wechselkosten fließt nach Spekulation der Verfasser in vollem Umfang den Konsumenten zu.

Die Schlussfolgerungen des WIK-Gutachtens sind jedoch aufgrund ihrer schwachen theoretischen und fehlenden quantitativen Untermauerung mit größter Vorsicht anzusehen.

d) Ovum-Studie für Irland (2000)

In Irland bestand bereits seit 1996 eine spezielle Form von MNP, die es Teilnehmern erlaubt hat, den Teil ihrer Nummer, der der Netzbetreiberkennzahl folgt, zu portieren. In Irland haben, wie auch in Österreich, Netzbetreiber ihre spezifische Netzbetreiberkennzahl (085 für *Meteor*, 086 für *Digifone*, 087 für *Eircell*). Jeder Anbieter nutzt hinter dieser Netzbetreiberkennzahl spezifische siebenstellige Zahlenkombinationen, die sich nicht überschneiden. Wechselt ein Kunde nun den Anbieter, kann er seine siebenstellige Nummer behalten und wechselt lediglich die dreistellige Netzbetreiberkennzahl, z.B. von 085 zu 086. Anrufe zur alten Telefonnummer werden nun auf eine Tonbandansage umgeleitet, die den Anrufer über die neue Nummer des Gesprächspartners informiert. Dieser Ansagedienst steht den Kunden für sechs bis zwölf Monate unentgeltlich zur Verfügung.

Da bereits eine solche spezielle Form von MNP in Irland existiert, ändert sich auch das volkswirtschaftliche Kosten-Nutzen-Kalkül. Schätzungen von Ovum (2000) zufolge wird durch die spezielle Form von MNP im Vergleich zu einer Situation ganz ohne MNP bereits ein Nettonutzen von mindestens 105 Million Euro (auf 10-Jahres-Basis) erzielt. Diese bestehen Ovum (2000, S.15) zufolge, fast ausschließlich aus Nutzen vom Typ 1A.

Der Übergang zu einer vollständigen MNP-Lösung führt, Ovum (2000) zufolge, zu einer Erhöhung dieses Typ-1A-Nutzens auf 163,8 Millionen Euro, erhöht jedoch zugleich die zusätzlichen Verbindungskosten um 50,8 Millionen Euro. Ein Übergang zu einer vollständigen MNP-Lösung ist daher laut Ovum (2000) nur ratsam, wenn dadurch der Wettbewerb unter den Anbietern intensiviert wird. Laut Ovum (2000) ist dies jedoch für Irland durchaus plausibel, da Irland von der EU im Jahr 2000 als der Mobilfunkmarkt mit der geringsten Wettbewerbsintensität in Europa eingestuft wurde (vgl. Ovum, 2000, S.14). Ovum (2000, S.13) geht daher davon aus, dass der Übergang zu einer vollständigen MNP-Lösung eine Preissenkung von etwa 3 Prozent mit sich bringen könnte. Dies würde auf 10-Jahres-Basis einem Typ-2-Nutzen von etwa 54,6 Millionen Euro bedeuten.

e) AAS/LECG-Studie für Neuseeland (2001)

Eine Studie über die Kosten und Nutzen von Nummernportabilität im Fest- und Mobilfunknetz haben AAS/LECG (2001) für Neuseeland angefertigt. Auch diese Studie kommt zu dem Schluss, dass der Nutzen von MNP die Kosten übersteigt und MNP daher eingeführt werden sollte.

Dabei geht die Studie von zwei verschiedenen Szenarien aus. Im ersten Szenario wird unterstellt, dass die gesamten Kosten für MNP über entsprechende Gebühren für die tatsächliche Nummernportierung gedeckt werden müssen. Im zweiten Szenario hingegen wird unterstellt, dass die Fixkosten für MNP über eine Erhöhung der Grundgebühr für alle Teilnehmer gedeckt werden, während bei der Nummernportierung als Gebühr nur die Inkrementalkosten für den tatsächlichen Portierungsvorgang erhoben werden.

Für Szenario 1 ergibt sich auf 10-Jahres-Basis durch MNP ein Typ-1A-Nutzen in Höhe von etwa 14 bis 23 Millionen Euro und ein Typ-1B-Nutzen in Höhe von etwa 16 Millionen Euro (vgl. AAS/LECG, 2001, S.77). Im zweiten Szenario hingegen werden für den Typ-1A-Nutzen Werte von 22 bis 149 Millionen Euro ermittelt und für den Typ-1B-Nutzen Werte zwischen 16 und 40 Millionen Euro (vgl. AAS/LECG, 2001, S.81). Für Typ-2- und Typ-3-Nutzen werden von AAS/LECG (2001) keine Schätzungen vorgenommen.

Die Kosten für MNP werden mit einem Wert von 24 Millionen Euro vergleichsweise niedrig angenommen. Dies liegt zum einen daran, dass in Neuseeland nur zwei Mobilfunknetze existieren, die von MNP betroffen wären. Zum anderen wird, im Gegensatz zu anderen Studien unterstellt, dass keine zusätzlichen Verbindungskosten entstehen.

Insgesamt basiert die Empfehlung von AAS/LECG (2001) für die Einführung von MNP in Neuseeland also vor allem auf dem Typ-1-Nutzen und nicht auf einer etwaigen Erhöhung der Wettbewerbsintensität.

f) Kritische Würdigung der Studien

Insgesamt kommen sowohl die betrachteten Studien als auch Studien für die Niederlande und Schweden zu dem Ergebnis, dass die Kosten einer MNP-Einführung niedriger sind als der zu erwartende Nutzen. Nicht eindeutig ist jedoch, inwiefern die Einführung von MNP tatsächlich den Wettbewerb merklich beflügeln wird. Hier werden in fast allen Studien die möglicherweise negativen Effekte einer reduzierten Preistransparenz vernachlässigt. Zudem wird nicht berücksichtigt, dass relativ neue Betreiber durch die Einführung von MNP nur noch geringere Preisabschläge im Vergleich zu den etablierten Anbietern gewähren müssen und daher die neueren Anbieter nach der Einführung von MNP, ceteris paribus, eine Tendenz zu einer Preiserhöhung haben werden.

Unstrittig ist hingegen, dass MNP deshalb mit einem Nutzen verbunden ist, weil Kunden, die den Anbieter wechseln, Kosten vermeiden können, die sonst durch die Aufgabe der bisherigen Mobilfunknummer anfallen. Wie einige Studien zeigen, kann allein diese Kostenvermeidung unter Umständen schon ausreichen, um die Einführung von MNP ökonomisch zu rechtfertigen. Wie das Beispiel Großbritannien zeigt, können die Vorteile von MNP und insbesondere die Anzahl der Nummern, die tatsächlich portiert werden, leicht überschätzt werden.

5. Internationale Erfahrungen

a) Überblick: MNP in Industrienationen

Als erstes Land der Welt hat Singapur im März 1997 MNP eingeführt, gefolgt von Großbritannien, Hong Kong und den Niederlanden, die alle im Jahre 1999 MNP eingeführt haben. Inzwischen ist MNP auch in einer Reihe von weiteren Industrienationen entweder bereits eingeführt oder aber die Einführung ist bereits regulatorisch vorgeschrieben. In der Europäischen Union ist MNP seit dem 25. Juli 2003 verpflichtend, wenn der neue Regulierungsrahmen für Telekommunikationsmärkte in Kraft tritt. Die folgende Tabelle gibt eine Übersicht über den Stand der MNP-Einführung in verschiedenen Industriestaaten:

Jahr	Staaten, die MNP einführen:
1997	Singapur
1999	Großbritannien, Hong Kong, Niederlande
2000	Spanien, Schweiz
2001	Australien, Schweden, Dänemark, Norwegen
2002	Belgien, Italien, Deutschland, Portugal
2003	Finnland, Luxemburg, Irland, Griechenland (geplant)
2004	Frankreich, Österreich, USA (geplant)
unklar	Kanada, Neuseeland, Japan, Südkorea, Taiwan, Mexiko u.a.

Quellen: 8th Implementation Report (EU) und INTUG: Mobile Number Portability

Abb. 5.14: Stand von MNP in ausgewählten Industrienationen

Wie aus der Tabelle ersichtlich wird, ist in den meisten Ländern MNP erst vor kurzer Zeit eingeführt worden oder aber die Einführung erfolgt in diesem Jahr, also 2003. Ob die Einführung in den USA wirklich im Jahr 2004 stattfindet, ist unklar, da die FCC Kommissare sich nicht einig darüber sind, ob die Einführung von MNP nicht weiter verschoben werden sollte.

Eine grundsätzliche gesetzliche Verpflichtung zu MNP oder ihrer Einführung besteht also außer in der EU in fünf anderen Staaten. Im Folgenden werden die Erfahrungen bereits eingeführter MNP in verschiedenen Ländern kurz referiert.

b) Singapur

Singapur war im März 1997 das erste Land, das MNP eingeführt hat. Das hängt vermutlich auch damit zusammen, dass Singapur bis 1997 (also sehr lange) ein Monopol des staatlichen Unternehmens *Singtel Mobile* besaß. Allerdings wurde MNP technisch zunächst als Anrufweiterschaltung realisiert, um später eine IN-Plattform zu implementieren. Den portierenden Kunden wurde eine monatliche Gebühr von etwa 5 Euro in Rechnung gestellt. Im Ergebnis haben in den ersten beiden Jahren nur zwei Prozent aller Mobilfunkkunden davon Gebrauch gemacht, was für den Beginn einer Liberalisierung in einem schon weit entwickelten Mobilfunkmarkt (nachdem vorher alle Mobilfunk-Teilnehmer beim Monopolisten waren) ein geringer Wert ist. Dies kann als Indiz dafür genommen werden, dass die Portierungsmöglichkeit der Mobilnummer von den Kunden nicht als besonders bedeutsam betrachtet wurde.

c) Hong Kong

In Hong Kong wurde die MNP im März 1999 eingeführt, d.h. zu einem Zeitpunkt, als 11 Netze (mit recht unterschiedlichen Marktanteilen) von sechs Betreibern in einem intensiven Wettbewerb standen. Die monatliche Churn-Rate beträgt in Hongkong etwa 3,5 Prozent. Ungefähr 60 Prozent der wechselnden Kunden nehmen ihre Mobilnummer zum neuen Netz mit. Dies ist für die Kunden gratis. Allerdings hat sich die Churn-Rate nach der Einführung von MNP nicht verändert. Dies legt den Schluss nahe, dass MNP die Wettbewerbsintensität nicht erhöht hat, wie auch von NERA/Smith (1998) bereits vor Einführung von MNP vermutet wurde.

d) Niederlande

In den Niederlanden wurde die MNP im April 1999 eingeführt, nachdem die fünf GSM-Netzbetreiber etwa 18 Monate Zeit hatten, sich darauf einzustellen. Im Portierungsfall darf das abgebende Netz dem aufnehmenden Netz einmalig etwa 22 Euro in Rechnung stellen. Letzteres kann seinen neuen Kunden mit maximal 9 Euro belasten, worauf die Netzbetreiber jedoch in der Regel verzichten. Im Mobilfunkmarkt der Niederlande betrug die jährliche Churn-Rate etwa 30 Prozent. Bis zum April 2002 haben etwa 217000 Kunden ihre Nummer portiert. Bei einem hypothetischen Wert einer Nummer von 50 Euro entspricht dies einem Typ-1-Nutzen von etwa 10 Millionen Euro.

e) Großbritannien

In Großbritannien wurde MNP nach längerer Ankündigungszeit zum Januar 1999 eingeführt. Die maximale Gebühr, die Oftel genehmigt hat, betrug für die Kunden etwa 40 Euro. Allerdings verzichten die Netzbetreiber offenbar in der Praxis auf deren Erhebung.

Bei einer Churn-Rate von 20 Prozent pro Jahr betrug die Zahl der Kunden, die ihre Nummer portierten, in der Anfangszeit etwa 5 Prozent der wechselnden Kunden. Die Zahl hat allerdings zugenommen, nachdem die Prozedur für den Nummernwechsel 2001 geändert wurde. Insgesamt haben jedoch bis heute weit weniger Teilnehmer ihre Nummer portiert als zunächst in der Oftel (1997)-Studie vermutet wurde.

f) Andere Staaten

- Spanien hat MNP seit November 2000. Bis September 2003 wurden knapp über eine Millionen Nummern portiert.
- In Dänemark wurde MNP im Juli 2001 eingeführt. Die Anzahl der Portierungen im ersten Jahr betrug etwa 214.000.
- In Italien gibt es MNP seit Juli 2002, im ersten Jahr wurde bereits fast eine Millionen Nummern portiert.
- In Deutschland wurden von November 2002 bis Juni 2003 etwa 80.000 Mobilfunknummern portiert.

Bezogen auf die einzelnen Netzbetreiber, die zu unterschiedlichen Zeitpunkten in den Markt eintreten, ist die Interessenlage bezüglich MNP unterschiedlich. Die jeweils etablierten Netzbetreiber sehen nicht nur die Kosten der MNP, sondern auch die möglicherweise erhöhten Abwanderungen von Kunden an neue Konkurrenten. Die neuen Netzbetreiber haben zwar ebenfalls die Investitionskosten der MNP, erwarten jedoch eventuell einfacher zusätzliche Kunden von den etablierten Netzbetreibern abzuwerben zu können, wenn diese ihre Mobilnummer mitnehmen können. Für neue Netzbetreiber wird der Wettbewerb zudem „angenehmer", da sie schon bei geringeren Preisvorteilen Kunden zum Wechsel bewegen können als ohne MNP. Der Preiseffekt, den die Einführung von MNP insgesamt mit sich bringt, ist daher nicht ohne weiteres klar. Wie die Ovum-Studie (2000) für Irland zeigt. wird zudem selbst auf Märkten mit relativ geringer Wettbewerbsintensität durch die Einführung von MNP keine drastische Erhöhung der Wettbewerbsintensität erwartet. Für Irland erwartet Ovum (2000) insgesamt eine Preissenkung von etwa 3 Prozent.

Schätzungen darüber, wie viel Konsumenten aufgrund von MNP zusätzlich zwischen den Netzbetreibern wechseln, variieren sehr stark. Während einige Studien von einer stark erhöhten Wechselaktivität ausgehen, schätzen andere den daraus resultierenden Typ-1B-Nutzen insgesamt als gering ein. Grundsätzlich könnte MNP zwar ein Instrument sein, die Wettbewerbsintensität zu erhöhen, wenn die Wechselkosten aufgrund der Nicht-Portierung als wesentlicher Grund für eine mangelnde Wettbewerbsintensität und für hohe Preise angesehen werden. Für Österreich dürfte dies jedoch unzutreffend sein, da die Wettbewerbsintensität auf dem Mobilfunkmarkt bereits hoch ist, die Preise im internationalen Vergleich besonders niedrig sind und auch in Zukunft (UMTS) intensiver Wettbewerb und geringe Preise zu erwarten sind.

Nichtsdestotrotz kann die Einführung von MNP auch auf einem Markt sinnvoll sein, auf dem bereits starker Wettbewerb besteht, weil MNP auch dadurch mit einem Nutzen verbunden ist, dass Kunden, die den Anbieter wechseln, Kosten vermeiden können, die sonst durch die Aufgabe der bisherigen Mobilfunknummer anfallen. Wie einige Studien zeigen, kann allein diese Kostenvermeidung unter Umständen schon ausreichen, um die Einführung von MNP ökonomisch zu rechtfertigen. Kommen positive Auswirkungen auf den Wettbewerb hinzu, so ist die Einführung von MNP ökonomisch gerechtfertigt. Sind allerdings die mit der Einführung von MNP verbundenen Kosten hoch, so wäre ein Verzicht auf MNP ökonomisch sinnvoll. Als Alternative könnte dann eventuell eine Lösung praktiziert werden, wie sie in Irland seit 1996 Anwendung gefunden hat. Insgesamt gesehen, deuten jedoch die bisherigen Studien allesamt daraufhin, dass die ökonomischen Vorteile von MNP die Nachteile wohl überwiegen.

§ 6: International Roaming

Als letzter Aspekt einer möglichen Mobilfunkregulierung sollen im Folgenden kurz internationale Roamingabkommen diskutiert werden. Sowohl bei nationalen Regulierungsbehörden wie Oftel (2000, 2001a) als auch bei der Europäischen Kommission (2000) bestehen seit geraumer Zeit Bedenken, dass vor allem der Wettbewerb beim internationalen Wholesale-Roaming nicht hinreichend funktioniert, um die gewünschten Effizienzwirkungen des Wettbewerbs zu entfalten.

Dabei geht es um folgendes: Durch internationale Roamingabkommen wird es für Kunden einen inländischen Mobilfunknetzes möglich, ihr Handy auch im Ausland zu nutzen und sowohl von dort anzurufen als auch dort unter der eigenen Mobilfunknummer angerufen zu werden. Typischerweise zahlt der Mobilfunkkunde, der sich im Ausland befindet, nicht nur für die Gespräche, die er von dort tätigt, sondern auch für die Zustellung/Terminierung der Gespräche, die ihn dort erreichen.

Ruft jemand den Kunden an, wenn dieser sich gerade mit seinem Handy im Ausland befindet, so zahlt nicht der anrufende Teilnehmer die Gebühr für die Zustellung/Terminierung im Ausland,[38] sondern der angerufene Teilnehmer. Diese Zustellungsgebühr wird ihm von seinem heimischen Netzbetreiber in Rechnung gestellt und entspricht typischerweise dem Preis eines internationalen Mobilfunkgesprächs (vgl. Stumpf, 2002). Auch die Gebühren für die selbst im Ausland initiierten Gespräche werden dem inländischen Mobilfunkteilnehmer durch seinen inländischen Netzbetreiber in Rechnung gestellt. Bezeichnet wird dies als Retail-Roaming.

Damit inländische Kunden aber überhaupt im Ausland mit ihrem Handy ohne Weiteres (also ohne Austausch der SIM-Karten oä.) telefonieren können und somit das Retail-Roaming möglich ist, müssen die inländischen Netzbetreiber mit wenigstens einem der Netzbetreiber im betreffenden Ausland ein internationales Roamingabkommen abschließen. Da diese internationalen Roamingabkommen in der Regel zwischen Mobilfunkbetreibern aus verschiedenen Staaten geschlossen werden, die nicht im selben Markt operieren und daher nicht in Konkurrenz zueinander stehen, haben beide Parteien starke Anreize, tatsächlich internationale Roamingabkommen abzuschließen. Dies ist für beide Parteien vorteilhaft, da ihre Kunden so auch im Ausland telefonieren können und ihr Produkt damit attraktiver wird. Zudem haben insbesondere Anbieter, die noch freie Netzkapazitäten haben, großes Interesse daran, weiteren Verkehr zur besseren Auslastung ihres Netzes zu bekommen.

Wie zwei Studien der International Telecommunications User Group (INTUG) nun belegt haben, waren die internationalen Roamingpreise für Endkunden im Jahr 2000 jedoch zum Teil mehr als 500% höher als die Gesprächspreise für inländische Mobilfunkgespräche (vgl. Sutherland, 2001). Diese Diskrepanz in den Preisen lässt sich laut Sutherland (2001) auf ein Versagen sowohl des Wettbewerbs als auch der Wettbewerbsbehörden zurückführen. Worin könnte dieses potenzielle Wettbewerbsversagen begründet liegen? Zwei Aspekte sind hier in der ökonomischen Literatur unterschieden worden.

---

38 Dies wäre vermutlich auch rechtlich problematisch durchzusetzen, da der Anrufer ja ggf. gar nicht weiß, dass sich der angerufene Mobilfunkteilnehmer zum Zeitpunkt des Anrufs nicht im Inland befindet.

Zum einen war auf den nationalen Märkten für internationale Roamingdienste die Angebotskonzentration sehr hoch. Der gemeinsame Marktanteil der beiden früh lizenzierten GSM-900-Betreiber hat laut Stumpf (2002) im Jahr 2000 auf den nationalen Märkten für internationale Roamingdienste typischerweise über 90% betragen. Deshalb seien entsprechend hohe Roamingpreise zu erwarten, zumal da die spät lizenzierten GSM-1800-Netzbetreiber mit strukturellen Markteintrittsbarrieren zu kämpfen hatten, die sich aus ihrem späten Marktzutritt ergaben (für eine detaillierte Analyse dieses Sachverhalts vgl. Stumpf, 2002).

Zum anderen kann sich beim internationalen Roaming eine ganz ähnliche Problematik ergeben, wie sie schon in § 5 im Zusammenhang mit der Mobilfunknummernportbilität beschrieben wurde. Durch die Unkenntnis über die genauen Tarife orientieren sich Mobilfunkteilnehmer fälschlicherweise nicht an den individuellen Preisen der einzelnen Anbieter, sondern an Durchschnittspreisen (vgl. Gans und King, 2000; Salsas und Koboldt, 2002). Bei Auslandsaufenthalten wissen Konsumenten oft nicht, wie teuer in den einzelnen Netzen die Terminierung und die Originierung von Gesprächen ist. Durch diese Preisexternalität kann es wie bereits in § 5 beschrieben zu ineffizient hohen Preisen kommen, da die Anbieter bei der Wahl ihrer Preise nur den Effekt auf ihre eigenen Erlöse berücksichtigen, nicht aber den Effekt, den eine Veränderung des Durchschnittspreises auf die Erlöse anderer Anbieter hat.

Sind diese beiden Überlegungen hinreichend überzeugend, um einen regulatorischen Eingriff in den Markt für internationale Roamingdienste zu rechtfertigen? Zunächst kann der Analyse von Salsas und Koboldt (2002) zufolge schon die gezielte Koordination der Roamingpreise oder eine verbesserte Information zu niedrigeren Preisen führen. Eine harte Preisregulierung ist dazu nicht erforderlich.

Zudem gibt es eine Reihe von Entwicklungen, die zu einer grundlegenden Verbesserung der Lage führen sollten, wie Stumpf (2002) überzeugend argumentiert. So können durch die Einführung von fernprogrammierbaren SIM-Karten („Over-the-Air Programming") Heimatnetzbetreiber ihre Kunden bei Auslandsaufenthalten gezielt auf die Gastnetze mit den günstigsten Wholesale-Roaming-Gebühren leiten. Da auch die später in den Markt gestarteten Netzbetreiber inzwischen in vielen Staaten über eine sehr weitgehende Netzabdeckung verfügen und Dualband-Handys mittlerweile sehr verbreitet sind, gibt es für einen Heimatnetzbetreiber kaum Argumente dagegen, den „kleinen", spät gestarteten Netzbetreibern (bei entsprechend günstigen Wholesale-Angeboten) einen bevorzugten Roaming-Status einzuräumen (vgl. Stumpf, 2002). Im Gegenteil ist davon auszugehen, dass gerade Anbieter mit freien Netzkapazitäten – oft sind dies die kleinen, spät lizenzierten Betreiber – starke Anreize haben, durch günstige Wholesale-Roaming-Entgelte Verkehr auf ihren Netzen zu generieren, um freie Kapazitäten auszunutzen.

In der Tat zeigt ein Vergleich der Tarife, die deutsche Mobilfunkteilnehmer zu entrichten haben, wenn sie in Österreich auf den Netzen der vier GSM-Netzbetreiber roamen (Stand: Dezember 2003), dass ein Roaming auf dem Netz von *tele.ring* deutlich günstiger ist als auf den Netzen von *One* und *T-Mobile*, die allerdings noch günstiger sind als *Mobilkom*, die für deutsche Mobilfunkteilnehmer am teuersten ist. Dies ist unabhängig von den Heimatnetzbetreibern der deutschen Roamer in Österreich und deutet darauf hin, dass die Anreize, durch günstige Tarife zusätzlichen Verkehr (durch internationales

Roaming ausländischer Besucher in Österreich) auf dem eigenen Netz zu attrahieren, umso stärker ausgeprägt zu sein scheint, je kleiner der Netzbetreiber ist. Ein solcher Druck durch die „kleinen" Wettbewerber sollte daher zumindest mittelfristig zu einem Sinken der internationalen Roaming-Gebühren für Ausländer in Österreich führen.

Ein weitere Entwicklung, die zu einem Sinken der internationalen Roaming-Entgelte führen sollte, sind transnationale Zusammenschlüsse oder Allianzen bzw. Kooperationen (vgl. dazu auch Salsas und Koboldt, 2002). Durch die starke Verbreitung einiger Anbieter wie *Vodafone* oder auch *T-Mobile* können diese ihren Kunden attraktive Roaming-Gebühren im Ausland anbieten (z.B. mit günstigen einheitlichen Roaming-Tarifen im Ausland). Dies wiederum führt dazu, dass der Druck auf rein national agierende Anbieter steigt, durch kräftige Preissenkungen weiterhin attraktiv zu bleiben für ausländische Gäste, die im Inland auf den eigenen Netzen roamen. Gleichzeitig nimmt auch der Druck zu, entweder durch das Formen internationaler Allianzen oder durch das Aushandeln günstiger Konditionen für die eigenen inländischen Mobilfunkkunden, die im Ausland auf fremden Netzen roamen, die Attraktivität des eigenen Netzes zu erhöhen (um so Kunden zu gewinnen bzw. zu halten). Schließlich kann auch das Auftreten sogenannter Roaming-Broker zu einem Druck auf die internationalen Wholesale-Roaming-Preise führen (vgl. Stumpf, 2002).

Fraglich ist schließlich auch, wie gravierend das oben beschriebene Problem der Unkenntnis der Nachfrager über die Roamingtarife in der Realität ist. Wenn die Konsumenten sich tatsächlich an den Durchschnittspreisen orientieren würden, sollten die Roamingtarife gerade der kleinen Anbieter besonders hoch sein und die der großen Anbieter verhältnismäßig niedrig (vgl. dazu Dewenter und Haucap, 2003), da die kleinen Anbieter nur einen schwachen Einfluss auf die Durchschnittspreise haben, sodass sie ihre Preise tendenziell stärker erhöhen werden. Empirisch ist dies jedoch für Österreich nicht zu finden, wenn man die Tarife der vier GSM-Netzbetreiber für deutsche Mobilfunkkunden betrachtet, die in Österreich roamen. Dies deutet nicht darauf hin, dass bei den Konsumenten Unkenntnis über die Roamingpreise herrscht.

Letzten Endes ist zudem auch bei der Frage des internationalen Roamings wieder – und dies ist analog zur Frage der Regulierung von Terminierungsentgelten - darauf hinzuweisen, dass es durchaus ökonomischen Effizienzkriterien im Sinne von Ramsey-Boiteux-Preisen entspricht, wenn die Preise für Dienste, deren Nachfrage relativ inelastisch ist, weit über den Grenzkosten liegen. Natürlich heißt dies nicht, dass *jeder* noch so hohe Preisaufschlag ökonomisch effizient ist. Es heißt allerdings, dass allein die Feststellung, dass die Roaming-Gebühren über den zurechenbaren Kosten liegen, überhaupt gar nichts über die Effizienz solcher Preise und einen möglichen Regulierungsbedarf aussagt.

Nach den üblichen ordnungstheoretischen Kriterien ist ein Regulierungsbedarf im Mobilfunk grundsätzlich nicht vorhanden. Es ist aufgrund der Marktstruktur, der insgesamt hohen Wettbewerbsintensität und der vergleichsweise niedrigen Preise in Österreich kein besonderer Handlungsbedarf für die Regulierungsbehörde erkennbar.

Gleichwohl kann nicht ausgeschlossen werden, dass in einzelnen Teilbereichen Wettbewerbsprobleme vorhanden sind, die eine wettbewerbspolitische Befassung angeraten sein lassen. Diese müssten jedoch theoretisch und empirisch aufgezeigt und im Zusammenhang mit den Folgen möglicher wettbewerbspolitischer Instrumente analysiert werden.

In einem wettbewerblich gut funktionierenden Sektor wie dem österreichischen Mobilfunk einzelne Eingriffe vorzunehmen, wirft eine Reihe von praktischen Problemen auf, da in der Regel Nebenwirkungen bei anderen Variablen induziert werden.

Es erscheint aufgrund einer Partialmarktanalyse der Mobilterminierung plausibel, dass hier Wettbewerbsprobleme entstehen könnten. Allerdings existieren auch eine Reihe von marktlichen Mechanismen, die erwarten lassen, dass das Ergebnis weitgehend kundenfreundlich und effizient ist, sodass sich eine Preisregulierung durch die Regulierungsbehörde erübrigt. Da die Mobilterminierungsentgelte in Österreich jedoch bereits reguliert werden und zu den niedrigsten in Europa gehören, ist hier keine Begründung für eine weitere Absenkung erkennbar.

Für die potenzielle Option der regulatorischen Einführung einer Verbindungsnetzbetreiberauswahl (Call-by-Call und Preselection im Mobilfunk) stellt sich die Frage nach der ökonomischen Zielsetzung.

Die Ferngesprächsleistung, die ein dritter Verbindungsnetzbetreiber offerieren würde, ist ein wesentlicher Teil des Kernproduktes eines Mobilfunk-Netzbetreibers, den dieser zusammen mit der mobilen Zuführung anbietet. Der Preis für diese Gesamtdienstleistung (bestehend aus Zuführung, Verbindung und Terminierung) steht im Wettbewerb der Mobilfunknetze und ist für die Entscheidung der Kunden ein zentrales Kriterium. Da Calling-Party-Pays gilt, sind also Zuführung und Verbindung im effektiven, intensiven Wettbewerb der Netzbetreiber.

Bei Einführung einer VNBA wäre die Höhe des Zuführungsentgeltes, das die Regulierungsbehörde festlegen müsste, die alles determinierende Größe. Sie entscheidet primär über die Konkurrenzfähigkeit von dritten Call-by-Call- und Preselection-Angeboten im Mobilfunk und sekundär über erhebliche Vermögenseffekte. Dabei ist zu berücksichtigen, dass die Netzbetreiber ihrerseits die Preise senken würden, um einen erfolgreichen Markteintritt zu verhindern.

Um Dritten ein Geschäftsmodell zu ermöglichen, müssten die Zuführungsentgelte vermutlich sehr niedrig liegen, was man als eine ökonomisch nicht vertretbare Abschöpfung von Quasirenten interpretieren müsste, die mit dem Konzessionsvertrag nicht vereinbar wäre.

Insgesamt kann man sagen, dass eine nachträgliche, obligatorische Einführung von VNBA ökonomisch nicht vertretbar ist.

Die Einführung von Mobile Virtual Network Operators ist grundsätzlich eine Möglichkeit, die Zahl der Mobilfunkanbieter gegenüber den Endkunden zu erhöhen, ohne zusätzliche Frequenzen zu benötigen und ohne weitere Funknetze errichten zu müssen. Sofern ein MVNO mit einem oder mehreren Netzbetreibern zu einer kommerziellen Vereinbarung gelangt, deren Funknetze für eigene Mobilfunkdienste nutzen zu können, ist dagegen aus ökonomischer Sicht nichts einzuwenden. Indem die Regulierungsbehörde dies zulässt, senkt sie gleichzeitig die Markteintrittsbarrieren im Mobilfunkmarkt.

Eine regulatorische Verpflichtung der Netzbetreiber, MVNOs zuzulassen, ist dagegen nicht akzeptabel. Bei einer obligatorischen Einführung durch die Regulierungsbehörde konzentrieren sich alle ökonomischen Fragen auf die Festlegung der Konditionen. Der adäquate Maßstab wäre diskussionsbedürftig, da die spezifischen Grenzkosten bei jedem Netz unterschiedlich wären und von der strategischen Ausrichtung abhingen. MVNOs wären vermutlich nur überlebensfähig, wenn ihnen regulatorisch Konditionen zugebilligt würden, die die Netzbetreiber als unfaire Abschöpfung von irreversibilitätsbedingten Quasirenten betrachten müssten. Hier kommt (gegenüber VNBAM) noch erschwerend hinzu, dass die MVNOs auf der Basis solcher Konditionen dann ihrerseits irreversible Investitionen tätigen würden.

Die Einführung der Nummernportabilität im Mobilfunk ist durch die im jüngsten Maßnahmenpaket der Europäischen Union enthaltene Universaldienstrichtlinie auch für Österreich verpflichtend. Da der österreichische Mobilfunkmarkt bereits von einer hohen Wettbewerbsintensität geprägt ist, wird durch MNP vermutlich kein wesentlicher zusätzlicher Impetus für den Wettbewerb ausgehen.

Nichtsdestotrotz kann die Einführung von MNP auch auf einem Markt sinnvoll sein, auf dem bereits starker Wettbewerb besteht, weil MNP auch dadurch mit einem Nutzen verbunden ist, dass Kunden, die den Anbieter wechseln, Kosten vermeiden, die sonst mit einem Nummernwechsel verbunden sind. Von daher ist auch vor dem Hintergrund der analysierten quantitativen Untersuchungen davon auszugehen, dass die Einführung von MNP volkswirtschaftlich sinnvoll ist.

Zu erwarten ist allerdings, dass sich durch die Einführung von MNP das Tarifgefüge dahingehend verändern wird, dass auf der einen Seite die Handysubventionen zurückgehen, sodass die Endgeräte für die Konsumenten dementsprechend teurer werden, während auf der anderen Seite die Gebühren für Gespräche und andere Dienste sinken werden. Der Grund für diese Entwicklung liegt in der Reduktion der Wechselkosten: Da die Kunden einfacher und schneller wechseln können, reduziert sich der Wert eines Kunden für die Anbieter, sodass auch sich auch die Konkurrenz um Kunden mit Hilfe der Handysubventionen abschwächen wird.

6. Kapitel: Fazit

Der österreichische Mobilfunk hat sich durch die Einführung wettbewerblicher Strukturen rapide verändert. Nach der Monopolphase, die bis 1995 Bestand hatte, ist es durch den sukzessiven Marktzutritt der drei Wettbewerber zum einen zu einem Anstieg der Teilnehmerzahlen und zum anderen zu einer Erhöhung der Diffusionsgeschwindigkeit gekommen. Darüber hinaus lassen sich z.T. auch deutliche Preissenkungen feststellen.

Auch im internationalen Vergleich hat sich gezeigt, dass der österreichische Mobilfunkmarkt durch eine hohe Wettbewerbsintensität gekennzeichnet ist, was sich in entsprechenden Penetrations- und Konzentrationsraten als auch im Preisniveau niederschlägt. Sowohl unsere theoretischen Erwägungen als auch die empirischen Analysen kommen zu dem Ergebnis, dass auf dem österreichischen Mobilfunkmarkt intensiver Wettbewerb herrscht.

Intensiver Wettbewerb bei GSM

Wie in Kapitel 2 dargelegt wurde, ist für Märkte mit mehreren Anbietern und Nachfragern anzunehmen, dass Wettbewerb vorhanden und funktionsfähig ist und im Ergebnis zu annähernder Effizienz führt, sofern keine speziellen Bedingungen marktstruktureller und/oder verhaltensmäßiger Art im Einzelfall dagegen sprechen. Unsere Analyse hat jedoch gezeigt, dass alle anderen relevanten Strukturbedingungen im österreichischen Mobilfunk für eine hohe Wettbewerbsintensität sprechen. Im Einzelnen können die Ergebnisse in folgenden Punkten zusammengefasst werden:

So ist ein enger Markt - insbesondere ein Dyopol (zwei Anbieter) - förderlich für kollusive Verhaltensweisen und somit für eine geringe Wettbewerbsintensität. Zwar ist eine enge Marktstruktur auch im österreichischen Mobilfunk gegeben, allerdings war dies Mitte der 90er Jahre stärker als heute der Fall. Mittlerweile sind bereits vier Netzbetreiber im GSM-Bereich tätig, was zweifellos ein Oligopol darstellt und somit eine deutlich höhere Wettbewerbsintensität erwarten lässt als im Dyopol. In Zukunft kommen noch *Tele2* und *Hutchison* hinzu, es kann also von einer weiteren positiven Wirkung auf die Wettbewerbsintensität ausgegangen werden.

Ebenso kann eine hohe Symmetrie der Anbieter als kollusionsförderlich betrachtet werden. Eine solche Situation ist in Österreich nicht einmal ansatzweise gegeben. Aufgrund der schrittweisen Konzessionierung und einiger anderer Faktoren (Frequenzen, Technik, Marktsättigung) sind die vier Betreiber in sehr unterschiedlichen Situationen (insbesondere bezüglich ihres finanziellen Ergebnisses) und haben demnach unterschiedliche Interessen bezüglich der Akzeptanz der aktuellen Marktanteilsstruktur.

Weiterhin sind Mobilfunkmärkte üblicherweise aufgrund von Konzessionierung und Frequenzknappheit durch hohe Marktzutrittsbarrieren gekennzeichnet, was generell die Existenz von Wettbewerbsbeschränkungen und preiserhöhenden Verhaltensweisen begünstigt. In Österreich hat die staatliche Frequenzvergabepolitik allerdings dafür gesorgt, dass die Betreiber bis vor kurzem mit der grundsätzlichen Möglichkeit der Zuteilung von Frequenzen (und einer Konzession) an zusätzliche Anbieter im 2G-Bereich rechnen mussten. Bei 3G ist ohnehin von weiterem Marktzutritt auszugehen.

Dennoch müssen die Markteintrittsbarrieren für weitere Netzbetreiber im 2G-Bereich als hoch bezeichnet werden, da diese noch schwierigere Bedingungen vorfinden würden als der vierte (*tele.ring*) und zukünftig (bei UMTS) fünfte (*Hutchison 3G Austria*). Diese Situation wäre auch kompatibel mit möglicherweise hohen Gewinnen des Marktführers, was jedoch nicht auf kollusive Praktiken zurückzuführen ist. Bei Einbeziehung der zusätzlichen Anbieter bei 3G sind die Markteintrittsbarrieren zwar objektiv weiterhin hoch, ihre Relevanz für Wettbewerbsbeschränkungen ist jedoch gering.

Die Wettbewerbsintensität ist dagegen tendenziell umso höher, je höher der Anteil der Fixkosten ist, da dann der Gewinneffekt von Absatzmengensteigerungen höher ist. Der Mobilfunknetzbetrieb ist besonders fixkostenintensiv aufgrund der hohen Investitionen in Netzinfrastruktur. Insofern ist jeder der österreichischen Netzbetreiber an zusätzlichen Teilnehmern und Gesprächsaufkommen besonders interessiert, um die Vorteile der Kostendegression zu realisieren.

Weiterhin lässt sich feststellen, dass die irreversiblen Kosten aufgrund der Netzinvestitionen sehr hoch sind. Das hat die Konsequenz, dass selbst bei hohen Unternehmensverlusten das betreffende Mobilfunknetz nicht aus dem Markt ausscheidet (also auch kaum verdrängt werden kann), sondern selbst nach einem Unternehmenskonkurs (und Übernahme mindestens der Aktiva durch ein anderes Unternehmen) weiter als Konkurrent auftritt. Da hohe irreversible Kosten hohe Fixkosten implizieren (wenn auch nicht umgekehrt), bestehen bei einem Preiskampf Anreize zur Preissenkung, im Extremfall bis in die Nähe der variablen Kosten.

Wettbewerbsbeschränkende Praktiken der österreichischen Mobilfunkanbieter sind nur genügend gewinnsteigernd und gegen individuelles Cheating (Preisunterbietung) gefeit, wenn die Marktnachfragefunktion hinreichend inelastisch ist. Unsere empirische Analyse hat jedoch keine Hinwiese ergeben, die für eine inelastische Nachfrage sprechen würden. Vielmehr sprechen die empirischen Indikatoren ebenso für eine hohe Wettbewerbsintensität.

Weitere Charakteristika des österreichischen Mobilfunks sind eine hohe Produkthomogenität und eine ebenfalls hohe Markttransparenz. Das Produkt GSM-Telefonie ist relativ homogen. Die Angebote der Betreiber und die Preise sind für die Kunden (aufgrund intensiver Medienberichterstattung) relativ transparent, vor allem im Vergleich zu anderen Konsumgütern. Somit liegen auch hier Faktoren vor, die für eine hohe Wettbewerbsintensität sprechen.

Wie auch in anderen Ländern bestehen in Österreich subjektive Wechselkosten der Kunden, die zumindest in einem gesättigten Markt die Anreize zur Preissenkung reduzieren. Wechselkosten können im Mobilfunk insbesondere durch den Wechsel der eigenen Mobilnummer entstehen, allerdings nur für bestimmte Kundengruppen. Der daraus theoretisch resultierende Preissetzungsspielraum kann jedoch erstens als gering gelten und wird zweitens mit der beschlossenen Einführung der Mobilfunknummernportabilität weiter reduziert.

Über längere Zeiträume (technisch und wirtschaftlich) stabile Märkte (bzw. diesbezügliche Erwartungen) sind für wettbewerbsbeschränkende Praktiken eher geeignet als innovative und dynamische Märkte mit hoher Unsicherheit, die in der Regel eine hohe Wettbewerbsintensität aufweisen. Ersteres galt für die österreichische GSM-Welt der 90er-Jahre. Heute sind die technischen und marktlichen Unsicherheiten und Innovationsraten beträchtlich, was intensiven Wettbewerb erwarten lässt.

Wenn die Anbieter oder genauer gesagt die Unternehmen und deren Entscheidungsträger für weiterhin stabil gehalten werden, bestehen eher Anreize für kollusive Verhaltensweisen als wenn zukünftig mit anderen Konkurrenten und veränderten Wettbewerbsverhältnissen gerechnet wird. Letzteres ist im österreichischen Mobilfunk der Fall, da UMTS zahlreiche neue Bedingungen schaffen wird und immer die Möglichkeit besteht, dass einzelne Anbieter anderen Eigentümern gehören als bisher.

Insgesamt kann man festhalten, dass die marktstrukturellen Bedingungen im österreichischen Mobilfunk gegen eine implizite Kollusion und für eine hohe Wettbewerbsintensität sprechen.

Statistische Analysen sprechen für hohe Wettbewerbsintensität

In der empirischen Analyse in Kapitel 3 wurden vor allem Marktstruktur- und Marktverhaltenselemente untersucht. Das Hauptaugenmerk lag dabei auf der Substitutionalität der Produkte und die Preiselastizität der Nachfrage. Dies geschah anhand von Marktdaten der letzten 5 Jahre, die uns von den österreichischen Mobilfunkbetreibern zur Verfügung gestellt wurden. Mithilfe verschiedener statistischer Methoden konnten somit Analysen durchgeführt werden, die über eine rein deskriptive Betrachtung des Marktes hinausgehen. Dabei wurden allerdings auch eine Reihe von Problemen identifiziert, welche nicht unerheblichen Einfluss auf die Interpretationsmöglichkeiten bezüglich der Ergebnisse nehmen.

Auch bei vorsichtiger Interpretation haben sich im Verlauf der Analyse jedoch eine Reihe von Indizien ergeben, die darauf hinweisen, dass auf dem österreichischen Mobilfunkmarkt kompetitives Verhalten vorliegt. Sowohl Umsätze als auch Gespräche und Gesprächsminuten der einzelnen Anbieter sind hochgradig negativ miteinander korreliert, und dies auch dann, wenn gemeinsame strukturelle Trends herausgerechnet werden. Dies lässt den Schluss von starken substitutionalen Beziehungen zu.

Die Analyse der Nachfrage- sowie der Zugangselastizitäten hat dagegen gezeigt, dass auch die Teilnehmerzahl (Netzwerkgröße) eine entscheidende Variable für das Nachfrageverhalten auf dem relevanten Markt zu sein scheint. Selbst wenn eine Analyse der Nachfrage pro Kopf vorgenommen wird, lässt sich noch ein statistisch signifikanter Einfluss der Teilnehmerzahlen identifizieren. Nichtsdestotrotz ist es *tele.ring* gelungen in den Markt einzutreten.

Insgesamt haben wir weder eine empirische Evidenz dafür gefunden, dass einer der Anbieter eine marktbeherrschende Stellung innehat, noch dafür, dass eine gemeinsame Marktbeherrschung vorhanden ist. Eher liegen hier Anzeichen dafür vor, dass eine rege Wettbewerbsintensität vorliegt. Dieses Ergebnis wird durch vergleichbare Studien unterstützt, die z.T. deutlich geringere Elastizitäten für andere Länder identifiziert haben.

Demnach lässt sich also auch im internationalen Vergleich eine hohe Wettbewerbsintensität im österreichischen Mobilfunksektor identifizieren.

Weitere Intensivierung des Wettbewerbs bei UMTS

Während bereits der GSM-Mobilfunk in den letzten Jahren durch intensiven Wettbewerb geprägt war, wie in den Kapiteln 2 und 3 festgestellt wurde, hat Kapitel 4 ergeben, dass bei UMTS ein noch intensiverer Wettbewerb zu erwarten ist. Die Anbieterzahl wird bei UMTS durch den Markteintritt von *Hutchison* um einen Netzbetreiber ansteigen. Hinzu kommt *Tele2* als MVNO. Beide Newcomer unterscheiden sich von den Etablierten deutlich bezüglich ihrer Struktur und Interessenlage.

Die Markteintrittsbarrieren sind nicht nur wegen der Zahl der Anbieter weniger relevant, sondern auch durch die zukünftigen Möglichkeiten von MVNO-Markteintritten und aufgrund verfügbarer UMTS-Frequenzen und Frequenzhandel. Auch die Kostenstruktur bei UMTS spricht wie bei GSM für intensiven Wettbewerb. Des Weiteren ist davon auszugehen, dass die Elastizität der Marktnachfrage bei UMTS höher sein wird als bei GSM, unter anderem wegen der bestehenden Substitutions-Konkurrenz. Zudem sinken die Wechselkosten durch die Einführung der Mobilfunknummernportabilität.

Die technische und wirtschaftliche Unsicherheit ist bei UMTS deutlich höher als bei GSM, was ebenfalls gegen Kollusion spricht. Die vertikalen Relationen zu Dienste- und Inhalte-Anbietern sind komplizierter und unsicherer. Insgesamt zeigt ein Vergleich der Strukturfaktoren, dass der Wettbewerb im österreichischen Mobilfunkmarkt noch stärker werden wird als er es schon bei GSM ist.

Kein weiterer Regulierungsbedarf im Mobilfunk

Was den Regulierungsbedarf im Mobilfunk betrifft, so ist dieser nach den üblichen ordnungstheoretischen Kriterien grundsätzlich nicht vorhanden. Aufgrund der Marktstruktur, der insgesamt hohen Wettbewerbsintensität und der vergleichsweise niedrigen Preise in Österreich ist kein besonderer Handlungsbedarf für die Regulierungsbehörde erkennbar. Gleichwohl kann nicht von vornherein bereits ausgeschlossen werden, dass in einzelnen Teilbereichen Probleme auftreten, die eine wettbewerbspolitische Befassung angeraten sein lassen. Diese müssten jedoch theoretisch und empirisch aufgezeigt und im Zusammenhang mit den Folgen möglicher wettbewerbspolitischer Instrumente analysiert werden.

In einem wettbewerblich gut funktionieren Sektor wie dem österreichischen Mobilfunk einzelne Eingriffe vorzunehmen, wirft eine Reihe von praktischen Problemen auf, da in der Regel Nebenwirkungen bei anderen Variablen induziert werden.

Es erscheint aufgrund einer Partialmarktanalyse der Mobilterminierung plausibel, dass hier Wettbewerbsprobleme entstehen könnten. Allerdings existieren auch eine Reihe von marktlichen Mechanismen, die erwarten lassen, dass das Ergebnis weitgehend kundenfreundlich und effizient ist, sodass sich eine Preisregulierung durch die Regulierungsbehörde erübrigt. Da die Mobilterminierungsentgelte in Österreich jedoch bereits reguliert werden und zu den niedrigsten in Europa gehören ist hier keine Begründung für eine weitere Absenkung erkennbar. Die regulatorische Einführung von Verbindungsnetzbetreiberauswahl (Call-by-Call und Preselection im Mobilfunk) ist ökonomisch nicht vertretbar, wie in Kapitel 5 dargelegt wurde.

Die Einführung von Mobile Virtual Network Operators ist grundsätzlich eine Möglichkeit, die Zahl der Mobilfunkanbieter gegenüber den Endkunden zu erhöhen, ohne zusätzliche Frequenzen zu benötigen und weitere Funknetze zu errichten. Sofern ein MVNO mit einem oder mehreren Netzbetreiber zu einer kommerziellen Vereinbarung gelangt, deren Funknetze für eigene Mobilfunkdienste nutzen zu können, ist dagegen aus ökonomischer Sicht nichts einzuwenden. Indem die Regulierungsbehörde dies zulässt, senkt sie gleichzeitig die Markteintrittsbarrieren im Mobilfunkmarkt. Eine regulatorische Verpflichtung der Netzbetreiber, MVNOs auf ihren Netzen zu regulierten Konditionen zuzulassen, ist dagegen nicht akzeptabel.

Die Einführung der Nummernportabilität im Mobilfunk ist durch die im jüngsten Maßnahmenpaket der Europäischen Union enthaltene Universaldienstrichtlinie auch für Österreich verpflichtend. Da der österreichische Mobilfunkmarkt bereits von einer hohen Wettbewerbsintensität geprägt ist, wird durch MNP vermutlich kein wesentlicher zusätzlicher Impetus für den Wettbewerb erfolgen. Es ist jedoch davon auszugehen, dass sich die Tarifstruktur tendenziell dahingehend ändern wird, dass die Subventionen bei Endgeräten abnehmen, während die Preise für einzelne Dienste (Gespräche, SMS, etc.) sinken.

Zusammenfassend lässt sich festhalten, dass der österreichische Mobilfunk durch eine hohe Wettbewerbsintensität gekennzeichnet ist, die aller Voraussicht nach in der Zukunft bei UMTS noch weiter zunehmen wird. Weitere staatliche Regulierungseingriffe sind daher nicht nur ökonomisch ungerechtfertigt und überflüssig. Vielmehr ist davon auszugehen, dass eine übermäßige Regulierung den Wettbewerbsprozess stören und negative Konsequenzen haben wird, und zwar sowohl für die am Markt agierenden Unternehmen als auch für die österreichischen Mobilfunkkunden.

Literaturverzeichnis

Australian Consumer and Competion Commission (ACCC), 2000, Pricing Methodology for the GSM Termination Service, Abschlussbericht, ACCC, Melbourne.

Ahn, H. und *M.H. Lee,* 1999, An Econometric Analysis of the Demand for Access to Mobile Telephone Networks, Information Economics and Policy 11, S. 297-305.

Amos Aked Swift (AAS) und *LECG,* 2001, The Costs and Benefits of Long Term Number Portability in New Zealand, AAS & LECG, Wellington, Neuseeland.

Aoki, R. und *J. Small,* 1999, The Economics of Number Portability: Switching Costs and Two-Part Tariffs, Arbeitspapier, Universität Auckland, Neuseeland.

Baldwin, R. und *M. Cave,* 1999, Understanding Regulation; Theory, Strategy, and Practice, Oxford University Press, Oxford.

Baumol, W.J., 1982, Contestable Markets: An Uprising in the Theory of Industry Structure, American Economic Review 72, S. 1-15.

Baumol, W.J., C.J. Panzar und *R.D. Willig,* 1982, Contestable Markets and the Theory of Industry Structure, Harcourt Brace, San Diego.

Berrer, H., C. Helmstein, W. Polasek, A. Schnabl und *R. Treitler,* 2003, Effekte der Telekom-Liberalisierung, Studie des Instituts für Höhere Studien, im Auftrag des Verbands Alternativer Telekom-Netzbetreiber, Wien.

Bester, H., 2003, Theorie der Industrieökonomik, 2. Auflage, Springer Verlag, Berlin.

Binmore, K. und *P. Klemperer,* 2002, The Biggest Auction Ever: The Sale of the British 3G Telecom Licenses, in: The Economic Journal 112, S. C74-C96.

Bolton, P., J.F. Brodley und *M.H. Riordan* , 2000, Predatory Pricing: Strategic Theory and Legal Policy, Georgetown Law Review 88, S. 2239-2330.

Bühler, S. und *J. Haucap,* 2003, Mobile Number Portability, Arbeitspapier Nr. 0303, Universität Zürich.

Bühler, S. und *F. Jaeger,* 2002, Einführung in die Industrieökonomik, Springer Verlag, Berlin.

Buigues, P.A., 2004, The New Regulatory Framework, erscheint in: P.A. Buigues und P. Rey (Hrsg.), The Economics of Antitrust and Regulation in Telecommunications, Edward Elgar, Cheltenham.

Caminal, R. und *C. Matutes,* 1990, Endogenous Switching Costs in a Duopoly Model, International Journal of Industrial Organization 8, S. 353-373.

Carlton, D.W. und *J.M. Perloff,* 2000, Modern Industrial Organization, 3. Auflage, Addison Wesley, Reading, MA.

Coase, R., 1959, The Federal Communications Commission, Journal of Law and Economics 2, S. 1-40.

Crocker, K.J. und *S.E. Masten*, 1996, Regulation and Administered Contracts Revisited: Lessons from Transaction-Cost Economics and Public Utility Regulation, Journal of Regulatory Economics 9, S. 5-39.

Cullen, 2003, Cross Country Analysis, February, London.

Curley, F., 2001, Mobile Virtual Network Operators, Arthur D. Little.

Das, P. und *P.V. Srinivasan,* 1999, Demand for Telephone Usage in India, Information Economics and Policy 11, S. 177-194.

de Vlaam, H. und *C. Maitland*, 2002, The Increasing Importance of Access in 3rd Generation Mobile Markets, Papier präsentiert auf der 13. Europäischen Regionaltagung der International Telecommunications Society (ITS), Madrid.

Dewenter, R., 2000, Messung von substitutionalen Beziehungen mit Hilfe von Kreuzkorrelationsfunktionen, Eine alternative Methode der Marktstrukturanalyse, Jahrbuch für Wirtschaftswissenschaften 51, S. 153-174.

Dewenter, R. und *J. Haucap*, 2003, Mobile Termination with Asymmetric Networks, Diskussionspapier Nr. 23, FG Volkswirtschaftslehre, Universität der Bundeswehr Hamburg.

Dirks, T., 2003, Mobiles Multimedia mit i-mode, in: Kruse, J. (Hrsg.), 2003, MultiMedia Mobil. Dienste und Inhalte über mobile Plattformen, Reinhard Fischer, München, S. 17-19.

Dixit, A.K., 1996, The Making of Economic Policy: A Transaction Cost Politics Perspective, Cambridge, MA: MIT Press.

Dotecon, 2001a, Ramsey Prices for Mobile Services, Paper prepared for BT Cellnet.

Dotecon, 20001b, Estimation of Fixed-to-Mobile Price Elasticities, Dotecon: London.

Doyle, C. und *J.C. Smith*, 1998, Market Structure in Mobile Telecoms: Qualified Indirect Access and the Receiver Pays Principle, Information Economics and Policy 10, S. 471-488.

Doyle, C., 2002, Market Definition and Dominance, Präsentation ITU Competition Policy Workshop, Genf.

Elixmann, D., G. Kulenkampff, U. Schimmel und *R. Schwab,* 2001, Internationaler Vergleich der TK-Märkte in ausgewählten Ländern - ein Liberalisierungs-, Wettbewerbs- und Wachstumsindex, Diskussionspapier Nr. 216 des WIK, Wissenschaftliches Institut für Kommunikationsdienste.

Engle, R.F. und *C.W.J. Granger*, 1987, Co-Integration and Error Correction: Representation, Estimation, and Testing, Econometrica 55, S. 251-276.

Ericsson, 2001, Die Infrastruktur von Mobilfunknetzen, Funktion und Elemente.

EU, 2003, Review of Mobile Wholesale Voice Call Termination Markets, Brüssel.

Europäische Kommission, 2000, Working Document on the Initial Findings of the Sector Inquiry into Mobile Roaming Charges, Brüssel, Dezember 2000.

Farrell, J. und *C. Shapiro*, 1998, Dynamic Competition with Switching Costs, *RAND* Journal of Economics 19, S. 123-137.

FMK, Prohaska, M., M. Hillbrand; C. Binder und *B. Nguyen*, 2003, Studie zur volkswirtschaftlichen Bedeutung des Mobilfunks in Österreich mit ausgewählter Betrachtung der UMTS-Einführung in Österreich, Studie der Trust Consult, Wien.

Foreman, R.D. und *E. Beauvais,* 1999, Scale Economies in Cellular Telephony: Size Matters, Journal of Regulatory Economics 16, S. 297-306.

Friedman, J. W., 1971, A Non-cooperative Equilibrium for Supergames, Review of Economic Studies 28, S. 1-12.

Fritsch, M., T. Wein, und *H.-J. Ewers*, 2003, Marktversagen und Wirtschaftspolitik, 5. Auflage, Vahlen Verlag.

Gans, J.S. und *S.P. King*, 2000, Mobile Network Competition, Customer Ignorance and Fixed-to-Mobile Call Prices, Information Economics and Policy 12, S. 301-327.

Gans, J.S., S.P. King und *G. Woodbridge*, 2001, Numbers to the People: Regulation, Ownership, and Local Number Portability, Information Economics and Policy 13, S. 167-180.

Garin-Munoz, T. und *T. Perez-Amaral*, 1998, Econometric Modelling of Spanish Very Long Distance International Calling, Information Economics and Policy 10, S. 237-252.

Geradin, D. und *M. Kerf*, 2003, Controlling Market Power in Telecommunications - Antitrust vs. Sector-Specific Regulation, Oxford University Press, Oxford.

Gerpott, T., 2003, Diffusion mobilfunkbasierter Zahlungssysteme, in: Kruse, J. (Hrsg.), 2003, MultiMedia Mobil. Dienste und Inhalte über mobile Plattformen, Reinhard Fischer, München, S. 181-209.

Gierl, H., 1987, Die Erklärung der Diffusion technischer Produkte, Duncker & Humblot: Berlin.

Goldberg, V.P., 1976, Regulation and Administered Contracts, Bell Journal of Economics 7, S. 426-448.

Granitz, E. und *B. Klein,* 1996, Monopolization by "Raising Rivals' Costs": The Standard Oil Case, Journal of Law and Economics 39, S. 1-47.

Grimm, V., F. Riedel und *E. Wolfstetter,* 2001, The Third-Generation (UMTS) Spectrum License Auction in Germany, in: Ifo-Studien 48, S. 123-144.

Grossman, S.J. und *O. Hart*, 1986, The Cost and Benefits of Ownership: A Theory of Vertical and Lateral Integration, Journal of Political Economy 94, S. 691-719.

Gual, J., 2004, Market Definition in the Telecoms Industry, erscheint in: Buigues, P. und P Rey (Hrsg.), The Economics of Antitrust and Regulation in Telecommunications, Edward Elgar: Cheltenham 2004.

Hamilton, J.D., 1994, Time Series Analysis, Princeton University Press, Princeton.

Haucap, J., 2001, Uniform Pricing Rules and Selective Price Cuts in Network Industries, Diskussionspapier Nr. 105, FG Volkswirtschaftslehre, Universität der Bundeswehr Hamburg.

Haucap, J., 2003a, The Economics of Mobile Telephone Regulation, Diskussionspapier No. 8, FG, Volkswirtschaftslehre, Universität der Bundeswehr Hamburg.

Haucap, J., 2003b, Telephone Number Allocation: A Property Rights Approach, European Journal of Law and Economics 15, S. 91-109.

Haucap, J. und *J. Kruse,* 2003a, Verdrängungspreise auf Telekommunikationsmärkten?, Mimeo, erscheint 2004 in: Perspektiven der Wirtschaftspolitik 5.

Haucap, J. und *J. Kruse,* 2003b, Ex-Ante-Regulierung oder Ex-Post-Aufsicht für netzgebundene Industrien?, Mimeo, erscheint in: Wirtschaft und Wettbewerb.

Hausman, J.A., 1987, Specification Tests in Econometrics, Econometrica 46, S.1251-1271, 1978.

Hausman, J.A., 1999, Cellular Telephone, New Products, and the CPI, Journal of Business and Economic Statistics 17, S. 188-194.

Hay, D.A. und *D.J. Morris*, 1994, Industrial Economics and Organization, Oxford University Press, Oxford.

Hill, R.C., W.E. Griffith und *G.G. Judge*, 2001, Undergraduate Econometrics, Zweite Auflage, John Wiley & Sons.

Holt, C. A., 1995, Industrial Organization: A Survey of Laboratory Research, in: John E. Kagel und Alvin E. Roth (Hrsg.), Handbook of Experimental Economics, Princeton University Press, Princeton, S. 349-443.

Höttges, T., 2003, Telefonieren, surfen, neue Dienste, alte Inhalte. Wie amortisieren die Netzbetreiber ihre Investitionen in Lizenzen und Netze? in: Kruse, J. (Hrsg.), 2003, MultiMedia Mobil. Dienste und Inhalte über mobile Plattformen, Reinhard Fischer, München, S. 9-16.

Immenga, U., C. Kirchner; G. Knieps und *J. Kruse* (Hrsg.), 2001, Telekommunikation im Wettbewerb. Eine ordnungspolitische Konzeption nach drei Jahren Marktöffnung, München (Beck).

Jehiel, P. und *B. Moldovanu*, 2000, A Critique of the Planned Rules for the German UMTS/IMT-2000 License Auction, Working Paper, University of Mannheim and University College London.

Jensen, B., 2003, Wie kann man mit UMTS Geld verdienen? in: Kruse, J. (Hrsg.), 2003, MultiMedia Mobil. Dienste und Inhalte über mobile Plattformen, Reinhard Fischer, München, S. 85-92.

Kantzenbach, E., 1967, Die Funktionsfähigkeit des Wettbewerbs, Göttingen.

Kantzenbach, E., E. Kottmann, und *R. Krüger,* 1996, Kollektive Marktbeherrschung: Neue Industrieökonomik und Erfahrungen aus der Europäischen Fusionskontrolle, Baden-Baden.

Kantzenbach, E. und *J. Kruse,* 1989, Kollektive Marktbeherrschung, Vandenhoeck & Ruprecht, Göttingen.

Kennedy, P., 1998, A Guide to Econometrics, Vierte Auflage, MIT Press: Cambridge, MA.

Kiesewetter, W., 2002, Mobile Virtual Network Operators - ökonomische Perspektiven und regulatorische Probleme, WIK-Diskussionsbeiträge 233, Bad Honnef.

Kiesewetter, W., L. Nett und *U. Stumpf,* 2002, Regulierung und Wettbewerb auf europäischen Mobilfunkmärkten, Diskussionspapier Nr. 236 des WIK, Wissenschaftliches Institut für Kommunikationsdienste, Bad Honnef.

Klemperer, P., 1987a, Markets with Consumer Switching Costs, Quarterly Journal of Economics 102, S. 375-394.

Klemperer, P., 1987b, The Competitiveness of Markets with Switching Costs, RAND Journal of Economics 18, S. 139-150.

Klemperer, P., 1988, Welfare Effects of Entry into Markets with Switching Costs, Journal of Industrial Economics 37, S. 159-165.

Klemperer, P., 1995, Competition When Consumers Have Switching Costs: An Overview with Applications to Industrial Organization, Macroeconomics, and International Trade, Review of Economic Studies 62, S. 515-539.

Klemperer, P., 1999, Auction Theory: A Guide to the Literature, Journal of Economic Surveys 13, S. 227-286.

Klemperer, P., 2001a, What Really Matters in Auction Design, Paper, Nuffield College, Oxford.

Klemperer, P., 2001b, How (Not) to Run Auctions: The European 3G Telecom Auctions, Draft Paper.

Klemperer, P., 2002, Some Observations on the German 3G Telecom Auction: Comments on Grimm, Riedel und Wolfstetter, Ifo-Studien 48, S. 145-156.

Knieps, G., 2001, Wettbewerbsökonomie, Springer, Berlin.

Kruse, J., 1987, Vertragsökonomische Interpretation der Regulierung, Jahrbuch für Neue Politische Ökonomie 6, S. 93-107.

Kruse, J., 1993, Lizenzierung und Wettbewerb im Mobilfunk, Springer Verlag, Heidelberg.

Kruse, J., 1995a, Kollusion, Wirtschaftswissenschaftliches Studium, S. 564-572.

Kruse, J., 1995b, Zugang zum Frequenzspektrum“, in: Ernst-Joachim Mestmäcker (Hrsg.), Kommunikation ohne Monopole II, Nomos Verlag, Baden-Baden, S. 449-472.

Kruse, J., 1995c, Die Rolle der Diensteanbieter im deutschen Mobilfunkmarkt und ihr Verhältnis zu den Netzbetreibern, Steuer und Wirtschaftsverlag, Hamburg.

Kruse, J., 1997, Marktbeherrschung auf dem deutschen Mobilfunkmarkt, Universität Hohenheim, Stuttgart.

Kruse, J., 2001a, Deregulierung in netzbasierten Sektoren, in: Berg, H. (Hrsg.), Deregulierung und Privatisierung: Erfahrungen - Probleme - Potentiale, Duncker & Humblot, Berlin, S. 71-88.

Kruse, J., 2001b, Entgeltregulierung bei Fern- und Auslandsverbindungen?, in: Immenga, U.; C. Kirchner; G. Knieps und J. Kruse (Hrsg.), 2001, Telekommunikation im Wettbewerb. Eine ordnungspolitische Konzeption nach drei Jahren Marktöffnung, Beck-Verlag, München, S. 111-127.

Kruse, J., 2002, Ein gemeinsames UMTS-Netz für die Schweiz, Studie für Avenir Suisse, Zürich.

Kruse, J., 2003a, Wettbewerb oder Regulierung in der mobilen Telekommunikation? in: TeleKommunikations und MedienRecht, Tagungsband zur Veranstaltung „Das neue TKG", 5. Dezember 2002, Humboldt-Universität zu Berlin, S. 8-12.

Kruse, J., 2003b, Competition in Mobile Communications and the Allocation of Scarce Resources: The Case of UMTS, erscheint in: Buigues, P. und P. Rey (Hrsg.), 2004, The Economics of Antitrust and Regulation in Telecommunications, Edward Elgar: Cheltenham.

Kruse, J. (Hrsg.), 2003c, MultiMedia Mobil. Dienste und Inhalte über mobile Plattformen, Reinhard Fischer, München.

Kruse, J. und *J. Haucap*, 2002, Zuviel Wettbewerb in der Telekommunikation? Anmerkungen zum zweiten Sondergutachten der Monopolkommission, Wirtschaftsdienst 85, S. 92-98.

Kurth, M., 2003, Mobilfunk-Festnetz, Partnerschaft oder angespannte Konkurrenz, Eröffnungsrede des T-Forums der RegTP, MMR-Beilage 1, S. 3-11.

Laffont, J.J. und *J. Tirole*, 2000, Competition in Telecommunications, MIT Press: Cambridge, MA.

Larouche, P., 2003, Opportunities and Challenges in the New SMP Regime, Papier präsentiert auf der 14. Europäischen Regionaltagung der International Telecommunications Society (ITS), Helsinki.

Lenhard, E., 2002, Die Regulierung des Mobilfunks dritter Generation, Deutscher Universitätsverlag, Wiesbaden

Martin, S., 2002, Advanced Industrial Economics, 2. Auflage, Blackwell: Oxford.

McAfee, R.P. und *J. McMillan*, 1987, Auctions and Bidding, Journal of Economic Literature 25, S. 699-738.

McGee, J.S., 1958, Predatory Price Cutting: The Standard Oil (N.J.) Case, Journal of Law and Economics 1, S.137-169.

McKenzie, D.J. und *J.P. Small*, 1997, Econometric Cost Structure Estimates for Cellular Telephony in the United States, Journal of Regulatory Economics 12, S.147-157.

McKinsey, 2002, Comparative Assessment of the Licensing Regimes for 3G Mobile Communications in the European Union and their Impact on the Mobile Communications Sector, final report for the European Commission, June 25.

McMillan, J., 1994, Selling Spectrum Rights, in: Journal of Economic Perspectives 8, No. 3, S. 145-162.

McMillan, J., 1995, Why Auction the Spectrum?, in: Telecommunications Policy 19, S. 191-199.

Mobile Communications, Business Inteligence for Mobile Industry Executives, Baskerville Telecoms, diverse Ausgaben.

Monopolkommission, 2001, Wettbewerbsentwicklung bei Telekommunikation und Post: 2001, Unsicherheit und Stillstand. Sondergutachten gemäß §81 Abs. 3 Telekommunikationsgesetz und §44 Postgesetz.

Neuhaus, D., 2003, Mobile Ticketing – Killerapplikation in der mobilen Welt, in: Kruse, J. (Hrsg.), 2003, MultiMedia Mobil. Dienste und Inhalte über mobile Plattformen, Reinhard Fischer, München, S. 97-108.

NERA und *Smith,* 1998, Feasibility Study & Cost Benefit Analysis of Number Portability for Mobile Services in Hong Kong, Final Report to OFTA, NERA/Smith: London.

Newbery, D., R. Noriega und *L. Waverman,* 2000, The Economics of Mobile Call Termination, LECG-Studie.

OECD, 1999, Oligopoly, Best Practice Roundtable 25, Committee on Competition Law and Policy, (DAFFE/CLP(99)25), Paris.

OECD, 2003, Communications Outlook, SourceOECD Science & Information Technology, No. 4, Paris.

Office of Directors of Telecommunications Regulation (ODTR), 2000, The Regulatory Framework of Access in the Mobile Market, ODTR, Dublin.

Oftel, 1997, Economic Evaluation of Number Portability in the UK Mobile Telephony Market, Oftel, London.

Oftel, 1999a, Mobile Virtual Network Operators: Oftel Inquiry into What MVNOs Could Offer Consumers: A Consultative Document Issued by the Director General of Telecommunications, Oftel, London.

Oftel, 1999b, Oftel Statement on Mobile Virtual Network Operators, Oftel, London.

Oftel, 2001a, Effective Competition Review: Mobile, Oftel, London.

Oftel, 2001b, Review of the Charge Control on Calls to Mobiles, Oftel, London.

Oftel, 2003, Director General's Statement on the Competition Commission's Report on Mobile Termination Charges, Oftel, London, 22. Januar 2003.

o.V., 2003, Handy-Knappheit bremst Hutchisons UMTS-Pläne, Handelsblatt vom 20.1.2003, S 18.

Ovum, 2000, Mobile Numbering and Number Portability in Ireland, A Report to the ODTR, Ovum, London.

Päch, S., 2003, Content auf allen Kanälen. Die Eroberung des Multi Access, in: Kruse, J. (Hrsg.), 2003, MultiMedia Mobil. Dienste und Inhalte über mobile Plattformen, Reinhard Fischer, München, S. 71-82.

Panzar, J.C., 1989, Technological Determinants of Firm and Market Organization, in: Schmalensee, R. und R.D. Willig (Hrsg.), Handbook of Industrial Organization, Bd. 1, North Holland: Amsterdam, S. 3-59.

Phlips, L., 1995, Competition Policy: A Game-theoretic Perspective, Cambridge University Press, Cambridge.

Posner, R. A., 1974, Theories of Economic Regulation, in: Bell Journal of Economics and Management Science 5, S. 335-358.

Pratt, A. und *T.M. Valletti,* 2001, Spectrum Auctions Versus Beauty Contests: Costs and Benefits, Rivista di Politicia Economica 91(3), S. 59-110.

Ramos, F.F.R., 1996, A Time Series Analysis to Asymmetric Market Competition Within a Structure, Working Paper, University of Porto.

Rasmusen, E., 2001, Games and Information: An Introduction to Game Theory, 3. Auflage, Blackwell: Malden, MA.

Rodini, M., M.R. Ward und *G.A. Woroch*, 2002, Going Mobile: Substitutability between Fixed and Mobile Access, Telecommunications Policy 27, S. 457-476.

RTR, Positionspapier, 28.1.2002.

Ruhle, E.-O., 2003, Auswirkungen von (nicht-) reziproken Terminierungsentgelten von Mobilfunknetzbetreibern auf den Wettbewerb, Gutachten, Düsseldorf.

Saiz, H. P., J. de Sande Caldera; L. Martin, 2002, MVNO Regulation: Weak or Strong? Lessons from Experience, Arbeitspapier, Universidad Politecnica de Madrid.

Salsas, R. und *C. Koboldt*, 2002, Roaming Free? Roaming Network Selection and Inter-Operator Tariffs, Working Paper, Dot.Econ: London.

Seebeck, C., 2003, Nicht Content ist King, der Kunde ist König! Medienunternehmen in der Rolle des Erfüllungsgehilfen für Telcos, Hard- und Software-Giganten, in: Kruse, J. (Hrsg.), 2003, MultiMedia Mobil. Dienste und Inhalte über mobile Plattformen, Reinhard Fischer, München, S. 39-53.

Schmidt, I., 2001, Wettbewerbspolitik und Kartellrecht, 7. Auflage, Lucius & Lucius, Stuttgart.

Schwarz-Schilling, C. und *U. Stumpf*, 1999, Netzbetreiberportabilität im Mobilfunkmarkt: Auswirkungen auf Wettbewerb und Verbraucherinteressen, WIK-Diskussionsbeiträge Nr. 199, Wissenschaftliches Institut für Kommunikationsdienste, Bad Honnef.

Selten, R., 1973, A Simple Model of Competition Where Four are Few and Six are Many, International Journal of Game Theory 2, S. 141-201.

Siegmund, G., 2002, Technik der Netze, 5. Auflage, Hüthig, Heidelberg.

Shapiro, C. und *H. Varian*, 1998, Information Rules: A Strategic Guide to the Network Economy, Harvard Business School Press, Boston.

Smith, Arcome und NERA, 1997, Technical Options and Costs for Achieving Number Portability, Final Report for the European Commission, Brüssel.

Stigler, George J., 1971, The Theory of Economic Regulation, Bell Journal of Economics and Management Science 2, S. 3-21.

Stumpf, U., 2002, Prospects for Improving Competition in Mobile Roaming, WIK Discussion Paper 232, WIK, Bad Honnef.

Sutherland, E., 2001, International Roaming Charges: Over-charging and Competition Law, Telecommunications Policy 25 (1-2), S. 5-20.

Telefónica, 1992, Análisis del Tráfico Telefónico Internacional de España con Diversos Países, Departmento de Métodos Cuantitativos, Telefónica, Madrid.

Teligen, 2001, European Index of Competitive Development, Brentford.

Tiao, G.C. und *G.E.P Box*, 1981, Modelling Multiple Time Series with Applications, Journal of the American Statistical Association 76, S. 802-816.

Vickers, J., 1989, The Nature of Costs and the Number of Firms at Cournot Equlibrium, International Journal of Industrial Organization, 7, S. 503-509.

Viscusi, W.K., *J.M. Vernon* und *J.E. Harrington*, 2000, Economics of Regulation and Antitrust, 3. Auflage, MIT Press, Cambridge, MA.

von Weizsäcker, C.C., 1980, A Welfare Analysis of Barriers to Entry, Bell Journal of Economics 11(2), S. 399-420.

Whalley, J. und *P. Curwen*, 2003, Licence Acquisition Strategy in the European Mobile Communications Industry, Working Paper, Strathclide Business School, Glasgow.

Wolfstetter, E., 2001, The Swiss UMTS Spectrum Auction Flop: Bad Luck or Bad Design, CESifo-Diskussionspapier.

Wright, J., 1999, Competition and Termination in Cellular Networks, Working Paper, University of Auckland, Dezember.

Wright, J., 2002, Access Pricing under Competition: An Application to Cellular Networks, Journal of Industrial Economics 50, S. 289-315.

Züll, J., 2003, Einstieg in die mobile Breitbandwelt – Die Rolle der Inhalteanbieter, in: Kruse, J. (Hrsg.), 2003, MultiMedia Mobil. Dienste und Inhalte über mobile Plattformen, Reinhard Fischer, München, S. 93-96.